细说

靖难之役

明成祖朱棣的戎马征程

刘威 ◎ 著

民主与建设出版社

·北京·

图书在版编目（CIP）数据

细说靖难之役：明成祖朱棣的戎马征程 / 刘威著
. -- 北京：民主与建设出版社，2024.5
ISBN 978-7-5139-4589-9

I. ①细… II. ①刘… III. ①靖难之役—研究 IV.
① K248.105

中国国家版本馆 CIP 数据核字（2024）第 081818 号

细说靖难之役：明成祖朱棣的戎马征程

XISHUO JINGNANZHIYI MINGCHENGZU ZHU DI DE RONGMA ZHENGCHENG

著　者	刘　威
责任编辑	唐　睿
视觉设计	戴宗良
出版发行	民主与建设出版社有限责任公司
电　话	（010）59417749　59419778
社　址	北京市海淀区西三环中路 10 号望海楼 E 座 7 层
邮　编	100142
印　刷	重庆亘鑫印务有限公司
版　次	2024 年 5 月第 1 版
印　次	2024 年 6 月第 1 次印刷
开　本	787 毫米 ×1092 毫米　1/16
印　张	25
字　数	323 千字
书　号	ISBN 978-7-5139-4589-9
定　价	99.80 元

注：如有印、装质量问题，请与出版社联系。

目录
CONTENTS

第一章

开端，逐元北方

北都风雨起

金贞祐三年（1215年），一支强悍的蒙古军队驱赶着投降而来的契丹人、汉人，疯狂地向一座高达四丈的城墙杀奔而去。这些冲在最前面的人衣衫褴褛、武器陈旧，乱哄哄的，怎么看也不像一支能取胜的军队。何况他们面前既有壕沟又有箭楼，无数箭矢从城墙上射来，轻而易举地贯穿了他们的身体，而他们只能疯狂地填埋壕沟、移除拒马，否则即便不会被城墙上的流矢击中，也会被身后蒙古骑兵的追魂箭射杀。

彼时正值夏季，天气本来应该无比炎热，但无论是守城将士还是攻城军队，都不停哆嗦着，不知道是不是恐惧让他们感受不到夏日的温度。也许人们会奇怪，面对如此不堪的乌合之众，占有地利的守军为何同样恐惧。事实上，蒙古大军已经包围这座城池长达十个月了，而增援守军的部队却在霸州（今河北霸州）被蒙古骑兵伏击，粮草辎重也被付之一炬。疲劳、饥饿、无助不断折磨着本就不多的守军，直到他们再也举不起刀剑、拉不开弓矢。

当年五月，守军指挥官完颜承晖服毒自尽，守将抹捻尽忠弃城逃遁，蒙古骑兵就此占领了这座恢宏的城池——金国的中都城（今北京）。

中都，辽国时又名燕京。作为女真金国统治中原的都城，这座城池的人口不低于四十万，界长三十余里，有十二座城门和十三米高的城墙，可谓黄河以北最大的都市。《元史·地理志一》称其"右拥太行，左挹（yì）沧海，枕居庸，奠朔方"，如此险要充分反映了中都这座城市的战略价值。因此，元世祖忽必烈于至元四年在此营建新城，后更名"大都"①。

---

① 《元史·地理志一》："四年，始于中都之东北置今城而迁都焉。"

"自封建变为郡县，有天下者，汉、隋、唐、宋为盛，然幅员之广，咸不逮元。"①

元朝由大漠兴起，四面出击，向西兼并了西域，灭亡了西夏，向东收揽了辽东，屠戮了女真，向南占领了江南，征服了南宋，故其地北逾阴山（今内蒙古自治区中部），西极流沙（今塔克拉玛干沙漠），东尽辽左（今辽宁省东部），南越海表（今西沙群岛）。②地域辽阔的元帝国首次以行省划分天下，设立了皇帝直辖的中书省，和十一个行中书省，分别称为岭北、辽阳、河南、陕西、四川、甘肃、云南、江浙、江西、湖广、征东③，省下又分路、府、州、县四等，共计一百八十五路，三十三府，三百五十九州，一千一百二十七县。

如此辽阔的王朝，强盛如汉唐也未曾有过。

可惜的是，蒙古人善于打天下，却未能彻底汉化，即便忽必烈曾推行汉法治汉地的政策，元帝国从本质上依然保留了很多草原政权的特征。不过数十年，元帝国在中原的统治便岌岌可危，数十万乃至上百万的义军席卷南北。坐拥天下第一大都市的元帝国，在大明王朝的兵锋下，第一次感受到大都摇摇欲坠的恐惧。

元顺帝至正二十四年（1364年），义军领袖朱元璋称吴王，以金陵（今江苏南京）为政治中心四面出击，相继消灭张士诚、方国珍等割据政权，尽数占领吴、楚之地，俨然成为各路义军中最大的势力。至正二十七年（1367年）十月，吴王朱元璋以徐达为征虏大将军，常遇春为征虏副将军，率甲士二十五万，由淮入河，长驱北伐，直指元帝国的心

---

① 出自《元史·地理志一》。

② 《元史·地理志一》："元东南所至不下汉、唐，而西北则过之，有难以里数限者矣。"

③ 《元史·地理志一》中明确提到元朝设立征东行省，但因其一度裁撤，并非常设行省，故多有争议。

脏——大都城。

《谕中原檄》（节选）[①]："自古帝王临御天下，皆中国居内以制夷狄，夷狄居外以奉中国，未闻以夷狄居中国而制天下也。自宋祚倾移，元以北夷入主中国，四海以内，罔不臣服，此岂人力，实乃天授。彼时君明臣良，足以纲维天下，然达人志士，尚有冠履倒置之叹。自是以后，元之臣子，不遵祖训，废坏纲常，有如大德废长立幼，泰定以臣弑君，天历以弟鸩兄，至于弟收兄妻，子烝父妾，上下相习，恬不为怪，其于父子君臣夫妇长幼之伦，渎乱甚矣……古云：'胡虏无百年之运'，验之今日，信乎不谬！当此之时，天运循环，中原气盛，亿兆之中，当降生圣人，驱逐胡虏，恢复中华，立纲陈纪，救济斯民……予恭承天命，罔敢自安，方欲遣兵北逐胡虏，拯生民于涂炭，复汉官之威仪。虑民人未知，反为我雠（chóu），挈（qiè）家北走，陷溺尤深。故先谕告：兵至，民人勿避。予号令严肃，无秋毫之犯。归我者永安于中华，背我者自窜于塞外。盖我中国之民，天必命我中国之人以安之，夷狄何得而治哉！予恐中土久污膻腥，生民扰扰，故率群雄奋力廓清，志在逐胡虏，除暴乱，使民皆得其所，雪中国之耻，尔民其体之！如蒙古、色目，虽非华夏族类，然同生天地之间，有能知礼义，愿为臣民者，与中夏之人抚养无异。故兹告谕，想宜知悉。"

作为朱元璋北伐大都的檄文，《谕中原檄》明确提出了此次北伐元帝国的目的，即是"驱逐胡虏，恢复中华，立纲陈纪，救济斯民"。换言之，朱元璋的北伐不单单是为了扩大自己的地盘，而是要将元帝国逐回塞外，恢复一个以汉人、汉法为核心的王朝，这表明这场战争是要摧

---

① 程敏政所编《皇明文衡》中将朱元璋北伐檄文冠名为《谕中原檄》，称此文作者乃是明初大儒宋濂。

毁元帝国对中原地区的统治，绝不是小打小闹的局部战争，而檄文中所提出的口号对当时不满元廷统治的百姓来说很有号召力，特别是在龙凤政权①的三路北伐相继失败后，朱元璋的出现让黄河以北的百姓再次看到了推翻元帝国的可能性，期盼北伐军到来的大有人在。

由此看来，元帝国正面临一场大决战，必须集结仅剩不多的军事力量对抗徐达、常遇春领导的二十五万北伐军。然而，作为统治阶层的蒙古贵胄非但不思挽大厦于将倾，反而忙于争权夺利，中央朝廷党同伐异，地方军阀拥兵自重，明知北伐大军日益逼近，却始终无法团结一致。

元顺帝时的元帝国除了被朱元璋占据的吴、楚之地外，巴蜀也被以明玉珍为首的夏政权抢走，也就是说，十一个行中书省就丢了四川、江浙、江西、湖广四个，剩下的行省中，征东其实早就被撤销了，当时已是高丽国、岭北、辽阳位于北境，大多数时候气候寒冷，人口稀少，不值一提，而云南远在西南，甘肃又悬于西北，距离大都太远不说，而且钱粮不足、兵源稀缺，自保尚且困难，更谈不上支援大都了。

如此看来，元顺帝真正可以利用的只有中书省、陕西、河南三地而已，故而中原地区便显得尤为重要，不仅成了保护大都城的屏障，而且也是大都兵马、钱粮的主要供给地，要保住大都，保住元帝国对华夏地区的统治，他们就必须平定中原地区，建立中原防线，这是大都防御体系中最重要的一环。

可叹的是，资源本就不多的元帝国并不能很好地整合以上三地的军、政资源，无论是中书省的山东、山西地区，还是河南、陕西两省，地方军阀割据始终是朝廷解决不了的难题，其中尤以元末两大帖木儿家

---

① 韩林儿、刘福通所领导的红巾军以大宋为国号，改年号为"龙凤"，故后世称其为"龙凤政权"。

族——孛罗帖木儿集团和察罕帖木儿集团最为棘手。

至正二十年（1360年），孛罗帖木儿、察罕帖木儿两大军阀为争夺冀宁（今山西太原）发生火并，内战很快波及山西、河南等地。身为皇帝的元顺帝软弱无能、两头讨好，只能用和稀泥的方式从中调解，最后两方谁也没有受到处罚，反而官运亨通，这无疑助长了地方军阀胡作非为的气焰。至正二十二年（1362年），察罕帖木儿在镇压义军时被叛将田丰、王士诚刺杀，[①]他的军队都由义子扩廓帖木儿（王保保）继承，孛罗帖木儿不顾大局，趁扩廓帖木儿出兵在外，大举进攻扩廓帖木儿的山西大后方，试图兼并原属于察罕帖木儿的地盘。元顺帝又一次和稀泥，只是下诏让双方精诚合作，中央朝廷的权威进一步动摇。

至正二十三年（1363年），围绕中央大权的归属，元廷内部的党争愈演愈烈，太子爱猷（yóu）识理达腊一派大有架空元顺帝的趋势，属于帝党的御史大夫老的沙在政治斗争中落败，被迫逃离大都，投奔了孛罗帖木儿。

然而，当太子爱猷识理达腊向孛罗帖木儿索要"逆臣"时，元顺帝却暗中指示孛罗帖木儿保护老的沙，孛罗帖木儿因此拒绝听命于太子。至正二十四年，太子胁迫元顺帝下诏褫夺了孛罗帖木儿的所有官职、爵位，孛罗帖木儿便以清君侧的名义犯阙，接连击败太子派出的讨逆大军，朝廷无奈妥协，只好交出了所谓的太子党，加封孛罗帖木儿为中书平章政事，兼知枢密院事、太保衔。

一个月后，不甘心失败的太子爱猷识理达腊与扩廓帖木儿结为同盟，组织两路大军再次讨伐孛罗帖木儿。然而，太子党的军队又一次战败，大

---

① 《元史·察罕帖木儿传》："（察罕）以十一骑从行，至王信营，又至丰营，遂为士诚所刺杀。"

都城很快也被孛罗帖木儿占领，狼狈的太子爱猷识理达腊不想束手就擒，在慌乱中突围，投奔了扩廓帖木儿，而被人挟持的元顺帝不得不封孛罗帖木儿为开府仪同三司、上柱国、太保、中书右丞相，节制天下兵马。

逃出生天的太子仍旧不甘心失败，在得到扩廓帖木儿的效忠后，第三次举兵讨伐孛罗帖木儿。这一次，太子党有扩廓帖木儿的野战军作为主力，很快就扭转了局势，不仅攻克了孛罗帖木儿的老巢，连孛罗帖木儿派去抵挡的军队也一并投降了太子，孛罗帖木儿本欲亲临一线组织抵抗，但军心早已离散。内外交困下的孛罗帖木儿无奈返回大都，最终被帝党刺杀于宫中，扩廓帖木儿携太子及各路兵马浩浩荡荡地重返大都城，元顺帝欣喜之余加封扩廓帖木儿为河南王，总领天下兵马。

孛罗帖木儿之乱平定后，元廷以为可以全力讨伐南方的各路义军了，于是命令扩廓帖木儿代太子出征，尽快南下讨灭义军，但是他们完全想错了。至正二十六年（1366年），河南王扩廓帖木儿下令征调关中李思齐、张良弼、脱列伯、孔兴四将的军队，准备一同南下镇压叛乱。结果张良弼、李思齐等人均不听令，反而建立了统一战线，推李思齐为盟主，合力抵御扩廓帖木儿。扩廓帖木儿得知后大怒，立即挥师向西进攻陕西，元帝国的内战再次爆发。

至正二十七年八月，元顺帝再次以和稀泥的方式让双方罢兵，诏令太子爱猷识理达腊总领天下兵马，让扩廓帖木儿、李思齐、张良弼等人分道出兵，收复江淮等地。听到自己被解除了总指挥的职务，扩廓帖木儿也拒不听命，依然指挥军队进攻李思齐等人，这导致扩廓帖木儿集团内部发生叛乱，大将貊（mò）高、关保起兵自立。

元顺帝这下终于生气了，也不讨伐义军了，而是罢免了扩廓帖木儿的所有官职、爵位，还专门成立了个针对他的抚军院，让太子爱猷识理达腊总领天下兵马，一同讨伐扩廓帖木儿。双方展开了数十场大战，互有胜负，原本用以抵挡义军的中原防线由此变得支离破碎，而元帝国最后的生力军也在自我消耗中越打越少，损失的兵马以数十万计。

元帝国的乱局给了南方义军快速成长的时间，新崛起的朱吴政权俨然有了超过元帝国的军、政、财实力，他们敏锐地发现了驱逐蒙古政权，开创新王朝的机会。至正二十七年十月，吴王朱元璋集结二十五万大军，正式开启了北伐大都之战。北伐军先取山东沂州、益都（今山东青州），后克东平、济宁、济南，以数路并进且快如闪电的攻势很快便占领了整个山东地区。至正二十八年（1368年）正月，吴王朱元璋于应天（即金陵）登坛祭天，称帝建国，立国号"大明"，改年号为"洪武"，史称"明太祖"，大明王朝至此正式建立。

大明王朝如同初升的朝阳般充满活力，攻伐山东之战不仅干净利落，而且损兵极少，基本上算是在元廷来不及反应前达成战略目标，能有如此惊人的雷霆之势，充分说明朱元璋麾下的一众将星们各具智勇谋略，与内斗不已的元帝国形成鲜明对比。

征虏大将军徐达，字天德，世代以农为业，性格刚强坚毅，作战威武勇猛，少年时就有远大的抱负，二十二岁时投奔朱元璋，参与了大明开国几乎所有的战事。作为明军早期的柱石，徐达可谓有勇有谋且组织能力绝佳，能合理调度各路将校，在历次大战中均能保持常胜不败的战绩。他带兵作战讲究军令如山，一旦下令便不会更改，军纪也相当严明，每次作战都能与民秋毫无犯，同时他也爱兵如子，常常与士兵同食同住，很得士卒爱戴。朱元璋曾夸奖他："受命而出，成功而旋，不矜不伐，妇女无所爱，财宝无所取，中正无疵，昭明乎日月，大将军一人而已。"[①]

征虏副将军常遇春，字伯仁，相貌奇特雄伟，果敢有力，擅长骑

---

① 出自《明史·徐达传》。

射，是战场上无人能敌的先锋大将。常遇春性格豪迈，作战风格如同迅雷，常常独自带兵突入敌军阵中，能在乱军之中杀进杀出，其吼叫声如洪钟，令敌人战栗不已。他虽然不爱读书，带兵作战的方式却常常与古人兵书相同，再加上他善于抚慰士卒，故而能得到一群死士追随，所以每当常遇春出阵，明军总能冲锋陷阵，从未失败。当时能称为名将的，唯有徐达、常遇春二人是公认无疑的，常遇春自称能带兵十万横行天下，故又有"常十万"[1]之称。

大都督李文忠，字思本，小字保儿，系太祖朱元璋的外甥，自幼喜好研读兵书，思维敏捷，行动能力强于常人，性格冷静果敢且谦虚谨慎，能忍受任何艰苦恶劣的环境，十九岁时以舍人身份追随朱元璋救援池州，骁勇盖过诸将。独自领兵后，李文忠器量宏大，临阵雄姿英发，遇强敌则更加豪迈威武，破敌斩将，气势如虹，令诸军敬畏。他为人谦虚谨慎，体恤穷苦百姓，很得百姓爱戴，他也深谙朝堂之道，知进退，明事理，深得太祖皇帝信任，也是其最杰出的子侄。

征虏左副将军、征戍将军邓愈，原名邓友德，勇气绝伦，十六岁时便担任先锋冲锋陷阵，无所畏惧，《明史·邓愈传》赞其"每战必先登陷阵，军中咸服其勇"。邓愈性格谨慎，老成持重，做事往往追求细致，作战、调度都很有方略，他带兵军纪严明，严守法度，善于安抚归降的人，而且心系百姓，从不劫掠劳苦大众，一旦麾下将领有欺压百姓之事，他一定严惩不贷。朱元璋直言不讳地称邓愈是大明可以依赖的"长城"。[2]

征虏右副将军冯胜，原名国胜、宗异，雄勇多智略，不仅喜好研读兵

---

[1]《明史·常遇春传》："遇春尝自称能将十万众，横行天下，军中乃称常十万。"

[2]《明史·邓愈传》："……我赖尔如长城，尔其勉之。"

书，通晓兵法，能随机应变，而且富有战略眼光。冯胜是天生的统军大将，自兄长冯国用死后便继承了他的职位，作战每每不避斧钺（yuè），随朱元璋征战各处，参与了鄱阳湖水战、高邮争夺战等一系列大战，劳苦功高。之后独自领兵时风格独特，作战如同磐石般坚不可摧，往往能横扫战场，攻城拔寨几乎没有失败过，功劳仅次于徐达、常遇春，也是独当一面的卓越将才。

征虏前将军、征南将军傅友德，性格刚毅，作战勇猛无畏，是战场上的杀神。此人作战如同鬼神，曾被流箭射中脸颊，箭矢穿透骨头，但他毫无惧色，依旧奋战如故，不禁让人大为惊叹。相比其余大将威武豪迈，傅友德沉默寡言、性格内敛，却敢于死战，可谓冲锋陷阵而不退，身经百死之战而不惧，每每作战必定身先士卒，常常带着百八十人横冲直撞，无所不破，即使身上受伤，也威风不减，让人畏惧不已。

除了徐达、常遇春、李文忠、邓愈、冯胜、傅友德等大将，新生的大明王朝还有汤和、廖永忠等善战的将领，文臣中也有运筹帷幄的李善长、决胜千里之外的刘基，可谓武能攻城拔寨，文能安邦定国。拥有这样一支队伍，朱元璋能够夺取元帝国的天下几乎是必然的。

大明王朝开始北伐的同时，元帝国内部始终无法达成一致，各派军阀时而和解时而争斗，依然没有人肯执行元顺帝一起讨伐义军的命令，明军抓住了这千载难逢的时机，有计划、有步骤地继续向北方推进。如果说宣布国号只是大明"恢复中华"的第一步，那么北伐就是"驱逐胡虏"的第二步，而要彻底实现把元政权驱逐出去的政治目标，就不能像龙凤北伐那样，只顾蒙头向大都冒进，而是应该把元廷拱卫大都的中原防线撕碎，其战略思想即是"撤其屏蔽，断其羽翼"[1]，山东之战就是

---

① 《明史纪事本末·卷八》："吾欲先取山东，撤其屏蔽；旋师河南，断其羽翼；拔潼关而守之，据其户槛。"

撤元廷之屏蔽。接下来，明军将剑指河南，准备断元廷之羽翼。

洪武元年（1368年），明军从山东转向河南，直逼大宋王朝曾经的都城汴梁（今河南开封）。

汴梁城对于各路义军的意义重大，在元帝国吞并金、宋后，义军便向往着有朝一日能光复河山，义军刘福通势力就曾让韩山童父子假冒大宋皇室，①得到了不少人的响应。如今朱元璋虽然已经称帝，但要号召天下人归顺他的新政权，不夺取大宋王朝曾经的都城肯定是不行的。

明军为攻克汴梁，兵分两路发起攻势，其兵锋之凌厉、速度之迅猛、战术之巧妙让战法陈旧的元军大为震惊，永城（今属河南商丘）、归德（今河南商丘）、许州（今河南许昌）、襄城（今河南许昌襄城县）、鄢陵（今河南许昌鄢陵县，鄢音yān）等地都被明军一举攻克。到洪武元年四月时，明军主力已经抵达汴梁城外的陈桥，元中书平章政事李克彝（yí）不敢抵抗，竟然带着主力逃往洛阳，汴梁不战而降。

汴梁光复后，明军士气高涨，求战之声不绝于耳，趁着大军士气可用，明军继续向西追击，自虎牢关（今属河南荥阳）逼向洛阳城。元军退无可退，只好在洛水以北十五里的塔儿湾布阵。此战中，明军先锋常遇春单骑驰入敌军大阵，扰乱了元军先头部队的攻势，大军随后跟进，大破元军主力，洛阳、嵩州（今河南嵩县）、巩县（今河南巩义）、许州、汝州（今属河南）、潼关等地相继归降，明军不仅占领了整个河南，势力也已经伸向关中地区。

五月，大明帝国皇帝太祖朱元璋亲临汴梁城，改汴梁路为开封府。

---

① 《明史·韩林儿传》："颍州人刘福通与其党杜遵道、罗文素、盛文郁等复言'山童，宋徽宗八世孙，当主中国'。乃杀白马黑牛，誓告天地，谋起兵，以红巾为号。"又载："十五年二月，福通物色林儿，得诸砀山；迎至亳，僭称皇帝，又号小明王，建国曰宋，建元龙凤。"

在这里，太祖皇帝大阅三军，从浙江、江西等地运来了数百万石粮食，正式下达了攻取大都的命令。明军继续分兵行动，一路由冯胜为征虏右副将军，从陕州渡河攻取了安邑、夏县等地，切断了关中军阀李思齐等人进京勤王的交通线；另一路由大将军徐达指挥，自七月召集各路兵马会师东昌（今山东聊城），连克卫辉（今属河南）、彰德（今河南安阳）、磁州（今河北磁县）、邯郸、广平（今河北广平县）、临清（今山东临清）等地。

和蒙古人倚仗骑兵不同，明军多以南方汉人为主，军队中的步兵数量居多，而骑兵相对较少，再加上北伐需要攻城拔寨，明军中随军的工匠、民夫也不在少数，因此明军不能像成吉思汗当年那样快速推进、以战养战，而是要同时保障辎重和补给线的安全。在选择对元战略时，他们首先考虑的是占领运河两岸，用河流运输军队和给养，从而减轻军队的损耗。①

基于这一考量，大将军徐达按照朱元璋制订的作战计划，以大将傅友德、常遇春为先锋快速向北推进，一路上扫荡负隅顽抗的元军，明军主力则自临清沿运河而上，借助河流运送补给，几乎是兵不血刃地占领了德州、长芦、清州（今河北青县）、靖海等地。当明军抵达直沽（今天津）时，负责守卫海口的元丞相也速慌忙撤走，②明军兵临河西务（今属天津）时，元平章俺普达朵儿只进巴又被击败，知院哈喇孙等三百余人被俘。

直到通州（今北京通州），元帝国才紧急调来了最后一支兵马，由

---

① 《明史纪事本末·卷八》："宜选裨将提兵为先锋，将军督水陆之师继其后，下山东之粟以给馈饷，由秦趋赵，转临清而北，直捣元都。"

② 《明史纪事本末·卷八》："元丞相也速等捍御海口，望风奔溃，元都大震。"

元知枢密院卜颜帖木儿指挥，坐镇通州城。可惜这支军队无法保住大都最后的屏障，决战之日天起大雾，明军分出一千人埋伏在道路两旁，然后选派三千精锐骑兵直抵城下挑衅。卜颜帖木儿在视线不清的情况下贸然出击，结果中伏被擒。二十七日，通州陷落。

至此，元顺帝已是胆气全无，他象征性地任命淮王帖木儿不花等人监国留守后，便带着太子爱猷识理达腊、后妃、王子、公主等人从健德门逃离大都城，取道居庸关躲进了上都开平（今属内蒙古锡林郭勒盟正蓝旗）。八月二日，明军几乎是在没有抵抗的情况下攻占了大都城，元宗室淮王帖木儿不花、太尉中书左丞相庆童、平章迭儿必失及朴赛因不花、右丞相张康伯、御史中丞满川等均被擒获斩首，宣府、镇南、威顺诸王子六人以及玉印、玉玺等宝物也都成了明军的战利品。

1368年，即明太祖朱元璋建立大明王朝的这一年，繁华的大都城属于大明王朝了，明军能有如此摧枯拉朽之势，难道都是因为军事力量更强吗？谷应泰在《明史纪事本末·卷八》中对比元、明政权时评价道："（元）彼以暴，（明）吾以仁，（元）彼以昏，（明）吾以义，克纣都而去殷弊政，入咸阳而除秦苛法，从知天命之有归，乃在人心之豫附矣。"

明元拉锯战

大都已克，明太祖朱元璋首先想到的是给城市换一个名字——北平，意为北方平定之意。从现今的角度看，改名至少有两点好处，一是有向上天祈求安定太平之意，讨个吉利；二是借此向当地百姓宣告新政权的到来，摆脱元帝国的影响。说起改名一事，朱元璋似乎非常热衷于此，从他攻克太平开始，主要州府都被一一改名，比如应天、凤阳、开封等，而且大多成为明帝国统治四方的主要基地，北平就是如此。

作为元帝国曾经的首都，北平的战略价值不仅体现在地理位置上，更体现在对元帝国的政治影响力上。没有了北平城，元顺帝的政权便配不上"大哉乾元"①，也无法称之为王朝，因此很多学者把明军攻克北平视为大明王朝的真正开始，也是大元王朝的结束，而逃至上都开平的残元势力，就被贬称为"北元"。不过，恐怕朱元璋也没料到，北元是百足之虫，死而不僵，他们还要与大明王朝继续缠斗，不死不休。

北平安定时，旧元廷的行中书省尚未全部光复，徐达等北伐军高级将领马上又提兵出征，他们的进攻方向主要为东北。一是由傅友德、薛显、曹良臣、顾时等将出兵古北口，侦察北元动向；二是都督同知张兴祖领兵攻打永平路，当地缺兵少将，很快也改旗易帜。在做这些部署的同时，徐达非常担心扩廓帖木儿会突然来犯，所以他特地安排驻扎在东昌的韩政把主要部队派往广平。这么做的目的主要是防范山西的北元军队从西线偷袭，因为广平挨着晋宁路（今属山西临汾），那里仍是扩廓帖木儿的地盘。

以上部署都是临时性的，朱元璋料定北元很快就会派兵朝北平方向进攻，他认为必须建立一条拱卫北平的新防线，设置卫所以策万全。因此，明廷很快就从各部精锐中抽调兵马，命令徐达将他们整编改组，以飞熊卫为大兴左卫，淮安卫为大兴右卫，乐安卫为燕山左卫，济宁卫为燕山右卫，青州卫为永清左卫，徐州五所为永清右卫，留兵三万人，分隶六卫，是为"燕山六卫"②。

---

① 出自《易经·象传·乾》："大哉乾元，万物资始，乃统天。"
② 《明史·孙兴祖传》："从克元都，置燕山六卫。"

燕山六卫的设置让北平的政治、军事地位直线上升，明廷以都督副使孙兴祖总领六卫军务，金事华云龙负责镇守北平，曹良臣转任通州指挥使，搭建了第一个北平防线的指挥班子。至于徐达、常遇春的北伐军，明廷将其改为"西征军"，掉头向西，讨伐山西扩廓帖木儿和陕西李思齐、张良弼等人。

事实证明，朱元璋的担忧是对的，北元残余势力时刻不忘光复首都北平，元顺帝很快就组织了新的军事力量，以丞相也速统兵，目标是北平门户重镇通州。

洪武二年（1369年）二月，北元丞相也速亲领数万兵马攻打通州，其目的无疑是要趁明军尚未在河北建立稳固统治时收复北平。想法虽然正确，但彼时的北元缺乏将才，也速是出了名的不会打仗，手握数万人马的他刚到通州就被明军守将曹良臣的疑兵之计吓得落荒而逃，此事若细论起来，也速应该是死罪一条，但是元顺帝并没有处罚他。

洪武二年六月，也速再次提兵攻打通州。与上一次不同的是，明军在短短几个月内加强了北平一带的军事防御力量，明军大将常遇春亲自坐镇北平，另外还配有明太祖最信任的后起之秀李文忠，总兵力多达九万余人。

也速对明军的部署和作战计划一无所知，首先让先锋江文清在前面开路，正好撞上主动出击的常遇春主力，双方在锦川（今属辽宁）交战，北元军队一败涂地，明军由此士气大振。常遇春判断也速尚不知道明军已经近在眼前，决定不加休整向全宁（今内蒙古翁牛特旗）方向疾驰，又把毫无防备的也速杀得丢盔弃甲。接着，明军继续朝大兴州（今属河北）推进，于此处设伏再次击败了也速的主力，并俘虏了北元丞相脱火赤等人。

北元政府怎么也不会想到，他们精心组织的收复北平之战竟然在也速的一番操作下变成了被动防守。明军头号猛将用仅有的九万兵马就打出了三十万大军的效果，三次击败北元主力后，北元大本营上都开平门前已经没有任何能够抵御明军的部队了。常遇春当然清楚这一局面，当即挥师上都开平，追着元顺帝跑了数百里远，俘获宗王庆生、平章鼎住等人以及一万辆车、三万匹马和五万头牛。

北线反击作战的同时，明军在山西方向也发动了新的攻势。此时的扩廓帖木儿已经和元顺帝和解，不但恢复了全部官职，还被封为齐王。北元试图加强扩廓帖木儿的地位和兵力，以便他能在山西一带牵制明军，为也速收复北平提供助力。

对明军来说，也速的北元主力根本上不了台面，唯有扩廓帖木儿的北元骑兵才是大明真正的对手，故而明军没有等扩廓帖木儿主动来犯，而是调集了北伐军几乎全部的精锐力量向西发动进攻，于洪武元年八月即攻克保定、中山（今河北定州）、真定（今河北正定）、武陟（今属河南焦作）、怀庆（今属河南沁阳）、泽州（今山西晋城）、潞州（今属山西长治）、雄州等地，扩廓帖木儿的势力范围越来越小，老巢冀宁眼看就要被明军包围了，而同一时间的也速也是一败再败。

为了打破明军的包围网，扩廓帖木儿故意留下空虚的冀宁，率领他手里所有的北元骑兵从雁门关绕道保安州（今河北涿鹿），准备从居庸关一线偷袭北平。很明显，与也速的军队相比，扩廓帖木儿的攻击非常致命，北平一旦遭到扩廓帖木儿的袭击，后果将不堪设想。大将军徐达在经过激烈的思想斗争后，决定采取和扩廓帖木儿相似的策略，即抛下空虚的北平，率领明军主力奔袭扩廓帖木儿的大本营——冀宁。

这是一场极为冒险的博弈，双方稍有不慎都可能全军覆没。结果在这场要命的赌博里，徐达坚定地朝冀宁方向进攻，而扩廓帖木儿在发现明军直奔自己的大本营后开始犹豫，直到保安州时再也坚持不住了，最终放弃了偷袭北平的计划，转身回援冀宁。

这一决定无疑为两军的决战提前书写了结局，明军一方抵达冀宁后就地布阵、以逸待劳，而北元军队却长途折返、疲惫不堪，毫无意外地被明军击溃。据说扩廓帖木儿在逃亡时连鞋都来不及穿齐，仅在十八名骑兵的保护下逃去了甘肃，[①]明军俘虏了近四万北元军队，山西全境被明军占领。

河北、山西被明军平定后，北元剩下的地盘只有陕西、甘肃、辽东、蒙古本土，这些地方在当时都是相当贫瘠的地区，其中素有关中之称的陕西人口稀少，当地军阀李思齐、张良弼等人也没有战心，在明军破关后一退再退，相继放弃首府奉元（今陕西西安）、凤翔（今陕西凤翔县）、延安、陇州（今属陕西宝鸡）、秦州（今甘肃秦州）、巩昌（今甘肃陇西县）、兰州等地，明军仅在临洮（今甘肃临洮，洮音táo）、庆阳（今甘肃庆阳）打了两场硬仗，便接管了整个关中地区。朱元璋高兴之余，决定效仿北平建立西北防线，改"奉元"为"西安"，有西北安定之意。

战事发展到此时，北元朝廷唯一能依靠的只剩下甘肃的扩廓帖木儿和辽东的纳哈出。纳哈出虽然有雄兵三十万，但他志在守土，无意出兵河北，更不想与明军主力交手。扩廓帖木儿则不同，他虽然多次被北元朝廷猜忌，但依然忠于北元，很快就组织力量再次杀入关中一线，一会儿包围兰州，一会儿佯攻凤翔，试图在关中一线撕开一道口子。

明军为此多次出兵抵御扩廓帖木儿，徐达、冯胜的一线大将被迫齐聚于此，明军的兵力被极大地牵制住，北元朝廷得以组织一支军队偷袭

---

① 《明史纪事本末·卷九》："扩廓方燃烛坐帐中，使两童子执书侍，仓卒不知所出，亟纳靴，未竟，跣一足，逾帐后出，得骣马，从十八骑遁去。"

兵力空虚的大同，若不是李文忠所部恰好经过，解了大同之围，山西可能会被北元突入。不难发现，随着明军占领河北、山西、陕西、甘肃，大明的北疆从东到西越拉越长，防线何止百里、千里，而明军多是步兵，北元又全是骑兵，在机动性上的差距非常大，如果不设法改变这一现状，明军只会疲于奔命，最终难逃被敌军突破的结局。

朱元璋首先想到的办法是彻底击垮北元政权，也就是要明军化被动防守为主动进攻，将塞外的蒙古人消灭干净。这时的大明帝国刚刚建立，有大量经过战斗洗礼的老兵军团，这些人从攻克应天开始，参与了包括鄱阳湖大战在内的明军开国之战，可谓战斗力彪悍，朱元璋就是打算在老兵们尚能战斗时，迅速杀入茫茫大漠，给北元朝廷最后一击，从而肃清盘踞沙漠的北元残余势力。

洪武三年（1370年），大明帝国发动第一次肃清沙漠之战，明军兵分两路讨伐北元政权。西路军以大将军徐达为总指挥，路线是从西安直捣定西；东路军以左副将军李文忠为统帅，走居庸关奔袭北元大本营应昌城。

两路大军都很顺利。东路军攻克了云州（今属河北张家口）、东胜州（今内蒙古托克托）、武州（今山西五寨县）、朔州，牵制了北元主力对西线的支援，西路军则在徐达的指挥下于沈儿峪再次击破扩廓帖木儿的主力，俘获北元郯（tán）王、文济王及国公阁思孝、平章韩札儿、虎林赤、严奉先、李景昌、察罕不花等官员一千八百六十五人，将校士卒八万四千五百余人，战马一万五千二百八十余匹，骆驼、驴骡杂畜多到难以计算。

沈儿峪之战的同时，大明帝国还收到了一个极好的消息，就在李文忠率领东路军向应昌进攻时，元顺帝于四月二十八日驾崩了，太子爱猷识理达腊继承了北元帝位，称"必力克图汗"，年号宣光，意为"光复旧时山河"之意。

名字的意义虽好，但彼时的北元想要光复河山何其困难，别说光复北平了，当他们得知李文忠的大军已近在咫尺时，爱猷识理达腊仅带着数十人逃去了和林（今蒙古国乌兰巴托哈拉和林），留下的王孙买的里八剌、后妃、勋贵、省院达官、士卒等人都成了明军俘虏，应昌落入明军之手。算起来，加上大北平城，北元朝廷已经被明军追得连续丢了三个大本营。

第一次肃清沙漠之战无疑是成功的，明太祖朱元璋凭此战绩颁布了《平定沙漠诏》，意图向天下人宣布大明王朝取代了大元帝国，新的华夷共主就是自己，为此他还赐给被俘获的北元王孙买的里八剌汉人衣冠，封其为崇礼侯，堂而皇之地接受黄金家族后裔跪拜称臣，但是一切真的会朝着太祖皇帝期待的方向发展吗？

洪武五年（1372年），大明帝国决定再接再厉，再次发动了肃清沙漠之战，以徐达为征虏大将军，李文忠为左副将军，冯胜为右副将军，兵分三路追杀元主爱猷识理达腊。这一次明军兵力更加充足，动员野战军多达十五万，每路五万兵马。中路军由征虏大将军徐达指挥，从雁门直捣和林；西路军由冯胜任主将，意图肃清西北一带的北元军队，顺便占领甘肃周边地区；东路军还是从居庸关出兵应昌方向，由李文忠负责扫荡残余的北元军队。

多年来的攻势消耗了明军不少运气，也让这支军队变得有些骄傲轻敌。首先是徐达领导的中路军在野马川击溃了小股北元骑兵后便开始快速追击，抵达土剌河（今蒙古国乌兰巴托西土拉河）后又轻松击败了扩廓帖木儿的军队，这些胜利让明军误以为北元军队已经失去战斗力，当即向杭爱岭北奔袭，试图抓住北元最后的君主。结果，扩廓帖木儿的大军早已严阵以待，旋即包围了踏入伏击圈的明军。此战，明军四面皆敌、且战且退，多亏徐达有极为丰富的领兵经验，才能在绝境里冷静判断突围方向，否则五万大军极有可能全军覆灭。

中路溃败的同时，李文忠的东路也遭遇劲敌。北元军队的战法与之前完全一致，即是先以小败和战利品诱使明军快速追击，李文忠不知是计，领大军追杀至胪朐河（今克鲁伦河，胪朐音lú qú）后，便抛弃辎重杀向土剌河。北元太师蛮子哈剌章继续诱敌，几乎不与明军正面交手就又向更远的地方撤离。

不甘心就此班师的李文忠继续追击至阿鲁浑河（今蒙古国鄂尔浑河）时，遭到敌军的伏击，数量远多于明军的北元骑兵相继包围而来，从空中射来的弓矢射杀了不少明军将士，连李文忠的坐骑也在混战中被射死。幸运的是，明军置之死地而后生，全军在绝境里依然保持极高的战斗力和士气，在同样杀伤了不少北元骑兵后，迫使北元军队放弃了围歼李文忠的计划，李文忠得以继续转战并撤离战场。

为了安全撤离草原，李文忠不得不一边快速撤退，一边修筑坚固的营地，但是这样并没有摆脱北元军队的迹象，北元军队依然穷追不舍。无奈之下，李文忠只好采用虚张声势的计策，故意把缴获的牲畜全部放到营寨四周吃草，让士兵们做出一副轻松愉悦的样子来迷惑敌军，就这样整整坚持了三天也不肯拔营。毫无疑问，李文忠在赌，一旦失败，他和明军就会全军覆没。幸而，北元军队果然误以为李文忠有伏兵，便放弃了追杀，明军这才得以安全回朝。

至于西路军，冯胜倒是没有遇到这样的血战，他领导的明军始终战无不胜，先锋傅友德先于西凉城（今甘肃武威）外取得首战大捷，歼灭元沙实罕的军队，后又在永昌忽剌罕口击败北元太尉朵儿只巴所部。

冯胜指挥的主力同样势不可当，一举攻陷亦集乃路（今内蒙古额济纳旗），俘获了北元岐王朵儿只班丢弃的数十万牛马。明军还在瓜州

（今甘肃酒泉）、沙州（今属甘肃）一带取得大捷，基本肃清了甘肃一带的北元残兵。然而，冯胜面对的军队并不是北元主力，而是残留在甘肃的抵抗势力，他们的覆灭对整个明元战争没有太大影响，故而冯胜此战虽胜却无法抵消两路明军溃败的损失。

明军三道肃清沙漠之战的目的是捣毁北元王庭，如果从这一目标来看，明军无疑是失败的，非但没有找到爱猷识理达腊，连徐达和李文忠都战败而归，纵然朱元璋很不愿意承认，但北元朝廷依然没有到土崩瓦解的地步，而此战损失了数万精锐老兵，对新生的大明帝国打击很大，也动摇了朱元璋迅速剿灭北元政权的初期设想。

究其原因，恐怕还是战场、军队成分不同所致。曾经的北元军队多以各族混编队伍为主，这些人在不适合骑兵作战的江河、丘陵、山地被明军打得一败涂地，但是随着北元退入塞外，北元军队基本换成了以骑兵为主的蒙古人，他们擅长奔袭作战和远程打击，机动性也远远强过明军，这导致明军被他们牵着鼻子走，一点一点地被诱入了伏击圈。

朱元璋是理智的，于是果断开始调整对北元作战的大战略，明军由频繁进攻转向就地防守。可是，要有效防守数千里的大明北部疆域，就必须建立一道稳固的北部防线，而防线要想发挥作用就必须要有合适的大将镇守，该由谁来镇守这些边境重镇呢？大明塞王戍边的新时代终于要来了。

辽东风云

明军三道征沙漠的失败敲醒了新生的大明帝国，也让朱元璋得以重新评判退守草原的北元帝国，就明军目前的实力来看，直捣黄龙的难度非常大，继续深入沙漠发起新的战役，可能除了抢一些牛马辎重外，明军还要搭上数万人马，简直是得不偿失。何况，明军不进攻，北元就不会进攻吗？边境纠纷自古不绝，困扰着不少中原统治者。

因此，朱元璋不能像之前那样搞大规模远征，却又不能忽视北元的存在，为了子孙后世的安宁也不得不继续作战。可是这仗究竟该怎么打？

吴晗在《朱元璋传》第四章第六节《建都和国防》中已有分析，北疆防线过于漫长，不在北方要害之处驻重兵防守，北元骑兵南下是必然的事情，但是应天所在的东南地区是大明的经济中心，更是朱元璋经营多年的政治中心，把国都迁到北方则粮饷仍要从东南运来，劳民伤财还不经济，一旦把边防重任完全交给边将，过于遥远的距离又让朱元璋担心应天无法有效指挥北方战事，特别是不能随机应变地传达军令，再综合考虑到秦朝的快速灭亡多少也是吃了没有宗藩拱卫朝廷的亏，西汉的藩王权力过大又会闹出七国之乱的问题。折中一些的方案，西汉的郡国并行制就是一种，一边建立郡县，由中央派官员管理，另一边又封建藩王，让他们在外拱卫朝廷。大明当然也能把藩王分封到北疆防线，让他们指挥战事或监督边将，却不给他们实际的国土和百姓，只让他们履行军事义务、强化防线，朝廷虽远在东南经济中心，但控制着国家的财富和粮食，综合实力远在藩王之上，既解决了经济上的问题，又不必担心没有值得信任的人代替皇帝主持北疆防线的军务。

塞王戍边的国策逐渐浮出水面。

塞王戍边，即是把大明帝国的北部边境划分成几个战区，每个战区分封一位藩王，同时组建各个藩王能直接调动的护卫亲军，和平时保护王府，战争时出塞杀敌，必要的时候，朝廷还会允许镇守边关的塞王节制朝廷沿边各卫所，统一调配兵马钱粮，以便发动大规模的对外战役。

简单来说，朝廷既要保证边塞安稳，又不完全操心边塞，就是要塞王同时负责保卫疆土和定时征讨塞外的双重职责，把塞王镇守的战区变成长期的作战单位，以保障内地的长治久安。

根据《明太祖实录》卷七五到卷一〇一的记载，洪武五年的肃清沙漠战役结束后，大明的边警越来越多，仅洪武六年二月的袭击就造成了永平卫指挥使这种高级别将领的阵亡，大明迫切需要熟悉边防军务的人主持对北元的战争，现在还远没有到把功臣宿将从北方撤回来的时候。

彼时的大明帝国北部防线正处在筹建时期，自光复北平以来，明军屡屡在河北、山西、关中一带用兵，既有主动出征塞外的全面进攻，也有驱逐北元余孽的局部战斗。在这一过程中，北方一些地理位置险要、交通便利的城池便成了明军时常关注并集结的地方。从东往西依次是北平、宣府、大同、西安、延安、兰州。其中，魏国公徐达自洪武四年（1371年）起就被长期安排在北平训练军士，曹国公李文忠自洪武六年（1373年）起也在山西大同一带戍边，宋国公冯胜也被长期派驻甘肃，坐镇兰州一线。

当时，朱元璋的子孙年幼缺乏历练，也是没有大规模地推行塞王戍边之策的原因之一，故而暂时委任比较杰出的开国功臣镇守边塞，不过朝廷也通过政治联姻加强了自己与边塞诸将的亲缘关系，比如魏国公徐达之女就是燕王朱棣的王妃，宋国公冯胜之女又是周王朱橚（sù）的王妃，这也是在为日后藩王们接管边塞做准备。

不过，从军队集结区域和镇守大将来看，洪武五年时的明初边防战区还没有细化，大致分成河北、山西、陕西、甘肃，这些地方就是大明帝国初步定下的边防战区，坐镇的将领需要关注很大一片区域，往往多地奔驰，非常不便，比如徐达就曾从北平直接被派往关中，李文忠也曾从山西调往兰州，冯胜更是从关中远赴辽东。总之，战事瞬息万变，这一时期的北部防线还在成形阶段。

如果以为大明帝国的北部防线只是从河北到甘肃一线，那就小看朱元璋了。那时的北元政权以岭北为中心，遥控辽东、云南等地，与大明帝国有着长达一千八百公里的边境线，边警时常从不同的地方同时出现，这种被动挨打的滋味肯定不好受。更重要的是，河北一带的经济相对繁荣，又有北平这样的元朝故都，必定是北元重点进攻的目标，而河北地区太过突出，北有岭北元兵犯境，东又常被辽东诸侯骚扰，极有可能同时面对两个方向的进攻。故而，朱元璋心中的北部防线不是以河北为边，而是广阔的辽东。

早在洪武四年，辽东地区的各路军阀就因为明廷的《平定沙漠诏》而发生分裂，北元的辽阳行省参政刘益割据盖州（今辽宁盖州），于当年二月第一个站出来投降大明帝国，详细上报了辽东各州府的地图、兵马、钱粮情况，并派人奉表来降，明廷由此侦知了辽东各地的军事部署与整体实力，于是当即封刘益为辽阳卫指挥同知，总领辽东军务。可是不久后，北元平章洪保保、马彦翚（huī）发动兵变袭杀了刘益，刘益部将张良佐、房皓又反杀马彦翚，驱逐洪保保，光复了盖州，而盘踞在金山（今吉林勃勃图山）的北元太尉纳哈出却公然庇护洪保保，插手意图明显。

根据当时的情况来看，辽东地区并没有统一的指挥系统，北元丞相也速屯兵开元，太尉纳哈出盘踞金山，平章高家奴固守辽阳山寨，知院哈刺章据守沈阳古城，其中纳哈出拥兵十余万，对外号称三十万，威胁最大。明廷虽然得到了张良佐、房皓等人的效忠，以两人为盖州卫指挥，但他们的实力弱小且夹在辽东各路诸侯之间，早晚会被消灭，所以大明帝国必须尽快对辽东用兵。

同年七月，明廷就遣使进入金山，欲和北元太尉纳哈出划疆而治，各安一方，不料纳哈出非但没有回应朱元璋的好意，反而扣留使臣。这一信号表明辽东之众是不会与大明帝国保持长期和平的，对辽东用兵已经迫在眉睫。明廷当即决定任命此前在河北屡立战功的马云、叶旺为新的辽东卫都指挥使，以吴泉、冯祥为指挥同知，王德为指挥佥事，总领辽东诸卫兵马，正式开始攻略辽东。

马云，合肥人；叶旺，六安人。两人同属淮西旧将谢再兴的长枪军，曾任千户，但并没有跟着谢再兴谋反，而是回归明廷，屡立战功并被封为指挥佥事。在之前的一系列战争中，马云、叶旺均有极好的表现，也展现出两人独当一面的能力，再加上是一直忠于朱元璋的旧将，明廷这才以两人为指挥使，自由攻略辽东。

为征讨辽东，明军以山东为后勤基地，调集了当地各处卫所的精兵，从登莱渡海直抵辽东半岛，首先攻取了位于沿海的金州（今辽宁金州），与降将张良佐等人驻扎的盖州取得了联系，从而建立了自己的后勤基地。紧接着，马云、叶旺集结了盖州等处兵马，在金山纳哈出还没有反应过来时，乘胜击败了位于沈阳的平章高家奴，占领了此前未能控制的辽阳城。

不过，盖州、金州一线悬于辽东海滨，东、南、西三侧均为海洋，北侧又是金山等北元军阀控制的地盘，要与大明帝国建立联系就不得不依靠海洋，于是明廷命令靖海侯吴祯用船队从山东向辽阳输送粮草物资，并长期保护山东到辽东的航线。

这一决定表明了大明帝国要长期经营辽东的决心，因为从海路运输粮草物资的风险远远高于陆地，那时的航海技术有限，常常因为风浪而翻船，一旦出现海难，损失的不仅是海员，还有数以万计的物资，朝廷只能继续征调更多的钱粮，投入非常大。

马云、叶旺一进入辽东就如同深深打下的钉子，整整四年稳如泰山，到处招降纳叛，兵马也越来越多。纳哈出本以为明军不会长期占领盖州、金州一线，没想到明廷宁可长期输送钱粮，也丝毫不肯放弃辽东的地盘，这终于让拥兵十万之众的他坐不住了。

洪武八年（1375年）冬十二月，辽东天气变得无比寒冷，河水也结成厚冰，北元太尉纳哈出认为明军来自南方，肯定不习惯在冬季作战，而他自己的兵马常年生活在冰天雪地里，能适应最寒冷的季节，如今正是突袭金州、盖州的最佳时机，当即集结数万大军征讨马云、叶旺。可惜，纳哈出弄出的动静太大，数万人马丝毫不肯伪装、隐蔽，敌军来犯的消息很快就传到了马云、叶旺处，两人一商量，决定坚壁清野，坚守不战，同时在北元军队退却的必经之路上设伏。

这是高明的一招，纳哈出本欲打下近在眼前的盖州，结果马云、叶旺就是不肯出战，而且把城池修得坚固无比，冬季攻城本就困难，再加上天气过于寒冷，北元军队也没有信心强攻盖州。于是，纳哈出决定绕过盖州，攻打南侧的金州，金州是明军联系山东的后勤基地，而且城墙简陋，驻军也很少。纳哈出认为自己有机会攻克金州，切断明军与山东的联系，从而逼马云、叶旺出战。只要在平原上野战，明军就成了北元骑兵虐杀的对象。

金州城下，纳哈出的数万北元大军气势汹汹，很快就把城墙四周包围了起来，而守将韦富、王胜等人依然采用了盖州的防御策略，不主动与敌军交战，所有士兵都被派到城墙上坚守，各处城墙、箭楼也配备了足够的滚木礌石，就等北元骑兵下马攻城了。

纳哈出的裨将乃剌吾自恃骁勇善战，自荐为先锋大将，仅带着数百骑兵飞奔至城下挑战，本打算在大战前杀一杀明军气势，但一群骑兵到城墙下除了耀武扬威外还能做什么呢？明军直接用弓弩将其射落马下。^①数百骑兵顿时慌乱不已，明军旋即打开城门，将士们蜂拥而出，轻松歼灭了数百北元骑兵，还把乃剌吾也一并擒获，士气由此大振。

远处的纳哈出主力颇为惊讶，见明军已经发动进攻，当然也纵兵出阵，双方的战力本来是有差距的，但由于明军一开战就俘获了纳哈出的先锋乃剌吾，北元军队的士气已经跌了不少，几番交战后，明军非但没有溃败，反而越战越勇，甚至打乱了纳哈出的阵形，一度让战事陷入胶着之中。

这一幕很容易让人产生疑惑：金州守军的勇气从何而来？为什么兵力较多的盖州不肯出阵，反而兵马不足的金州敢主动来打他？难道明军部署的情报有误，盖州、金州的兵马早已换防，又或是明军有意诱使纳哈出偷袭金州，届时好来个前后夹击？终于，占有兵力优势的纳哈出不敢放手一搏，命令军队迅速撤离战场，任由少量明军击败了前面的北元军队，理由是担心盖州的明军即将抵达。^②数万北元大军就这么被杀了一通后狼狈撤退了。

身在盖州的马云、叶旺早已侦知了金州的战况，知道纳哈出即将撤回金山，他们决定兵分两路拦截纳哈出，一路由马云指挥，在城外两山间埋伏兵马，同时暗藏旗帜、鼓角，只要纳哈出从城边经过就鸣炮举旗，惊吓北元军队。另一路由叶旺指挥，在从连云岛到窟驼塞的柞（zuò）河沿线修筑长达十余里的冰城，这种冰城先是用冰块堆起简易的城墙，然后在晚上用水反复浇灌，等到天亮后，水因温度过低而结冰，整个冰墙便冻成了一块，坚固无比。^③

---

① 《明史纪事本末·卷十》："城上发弩射之，乃剌吾被伤闷绝，遂获之，寇势大阻。"

② 《明史纪事本末·卷十》："富等复纵兵出击，纳哈出不利，虑援兵且至，引兵退走。"

③ 《明史纪事本末·卷十》："自连云岛至窟驼塞十余里，缘河叠冰为墙，以水淋之，经宿，皆凝沍，隐然如城。"

纳哈出大军撤至盖州城附近后，马云立即命令伏兵和城内守军同时举旗，反复鸣炮并箭雨齐发，让人以为他们要出城袭击，北元军队不敢交战，急忙改道向城南十里外的柞河撤退。可等他们抵达连云岛时，一座冰城生生地挡住了去路，先行的战马不是被射死，就是误入明军准备的陷阱，一片大乱。明军见时机成熟，从冰城大举出动，杀得北元军队人仰马翻，马云也从城内出兵夹击，北元军队前后均不能突围，最终惨遭全歼，纳哈出仅以身免，狼狈地逃回了金山。

此役，马云、叶旺因功擢升都督佥事，辽东明军以极小的代价歼灭了纳哈出近半数军队，重挫了北元军队的士气，也击垮了纳哈出对抗明军的信心，辽东基本成了明军表演的舞台。

四年后，即洪武十二年（1379年），马云开始发动新的攻势，向西攻克了无人增援的大宁，控制了锦州、武平、瑞州、惠州、兴中（今辽宁朝阳）等地，与松亭关、山海关建立了联系，明军自此不必经过海路也能增援辽东，这也意味着明军可以把更多的军队直接派到辽东，朱元璋由此决定发动一场彻底征服辽东的战争。

洪武二十年（1387年）春，大明帝国以宋国公冯胜为大将军，颍国公傅友德为左副将军，永昌侯蓝玉为右副将军，南雄侯赵庸、定远侯王弼为左参将，东川侯胡海、武定侯郭英为右参将，领兵二十万征讨纳哈出。

当年二月，右副将军蓝玉受命为先锋，亲率一支轻骑兵从松亭关快速出动，突袭了有重兵把守的庆州，斩杀了北元平章，基本扫清了关隘外围的北元据点。三月，大将军冯胜领二十万大军出关，修筑大宁、宽河、会州、富峪四座城池，①分别屯驻粮草辎重，作为大军远征的补给

---

① 《明史·冯胜传》："胜出松亭关，分筑大宁、宽河、会州、富峪四城。"

基地，三个月后便进逼至金山，不少北元将校相继投降，纳哈出由此无处可逃，结局基本注定。

然而，明军没有发动最后的总攻，而是派出此前被马云、叶旺俘虏的乃剌吾招降纳哈出，纳哈出见曾经的部下活得好好的，终于决定出降，但仍有顾虑，于是几次遣使入明军营地侦察虚实，冯胜知道纳哈出还在拖延时间，于是让蓝玉率军直接前往纳哈出营地受降，纳哈出再无余地可退，只好率百余骑前往蓝玉营中投降。

然而，一方心怀疑虑，另一方又强势跋扈。在蓝玉举办的宴会上，纳哈出主动向蓝玉敬酒，不料蓝玉为了试探纳哈出，解下衣服让纳哈出穿上，纳哈出不肯，双方几番推让僵持不下时，纳哈出愤怒地丢下酒杯准备直接离开，郑国公常茂认为纳哈出出言羞辱明军，于是追上去就是一刀，强行按下了纳哈出。①

消息传回北元军队大营后，纳哈出的部下以为主帅被杀，明军是假意劝降，十余万人于是连夜拔营逃走。冯胜立即派北元降将观童追去解释事情原委，但猜忌已经出现，只有四万余人愿意接受招降，其余的北元军队拒绝向明军投降，趁明军班师时，截杀了负责殿后的三千明军，还把明军将领濮英处以剖腹之刑，辽东由此变成长期对峙的战场。

不过，随着纳哈出的投降，大明帝国还是控制了辽东西部的大片土地，基本完成了对辽东主要城市的征服，而新修的大宁等城城防坚固、位置险要，足以长期拱卫大明帝国的疆土，此前威胁河北东侧的辽东兵马也逐渐被明军一扫而空，北元残部只能退守更加寒冷的北部地区，大明帝国的北部防线又向东延伸了数百公里，新的边镇就此出现。

---

① 《明史·常茂传》："茂方在坐，麾下赵指挥者，解蒙古语，密告茂：'纳哈出将遁矣。'茂因出不意，直前搏之。纳哈出大惊，起欲就马。茂拔刀，砍其臂伤。纳哈出所部闻之，有惊溃者。"

王庭覆灭

洪武二十年，北元太尉纳哈出归降大明，被朱元璋封为"海西侯"，盘踞在大明北疆的又一个大威胁消失了。遗憾的是，纳哈出的部众并没有全数归降，一支劲旅依然视明军为死敌。这就意味着辽东的平定只是暂时的，明廷上下始终不敢对来自草原的威胁掉以轻心，他们迫切需要一个长期经略辽东的方案，一个能保证河北地区不被侵略的防御体系，而这个防御体系的核心便是新加筑的军事要塞——大宁城。

大明帝国对大宁的重视其实早有端倪，从洪武八年到洪武十二年的四年间，也就是明廷委任马云、叶旺经略辽东半岛的那段时间，明军的主攻方向从来都不是北元余寇盘踞的东边，而是连接河北的辽东西部地区。如果从目的性上推断，辽东明军向西发展是急于打通盖、金等州与北平的联系，建立一条能走陆路的补给线。因为辽东明军的粮饷长期依靠走海路的山东，海上风浪多变、气候反复无常，明军运输船队已经多次沉没海底，损失的民工、物资不计其数，不能算是稳定的补给线，建立新的交通线便成了当务之急。

建立从辽东到河北的新交通线，等同于在两地之间加了一段走廊，走廊的南方是海洋，北边却是北元骑兵来回驰骋的草原，运输车队这回不用担心风浪、天气的威胁了，可天灾不用担心，人祸却又成了新问题，如何才能保证运输车队不被北元骑兵骚扰、打劫呢？最简单的办法就是在走廊上安排"警卫"，时刻保护往来的明军运输车队，于是大宁城的位置便显得更加重要了。

大宁城，位于今内蒙古赤峰市宁城县，该处向西可至开平、北平，向东直抵沈阳、盖州，向南便是山海关。其中，大宁距山海关的距离最近，只有一百七十八公里左右，按照骑兵五十至七十公里的日行军来算三天即可抵达山海关。至于东、西两线，大宁距北平约三百公里，距离盖州、沈阳大概也有三百公里，基本位于河北至辽东一线的中心，而金山作为纳哈出曾经割据的大本营，距离大宁也有五百公里的路程。

不管北元袭击辽东还是河北，大宁的距离都可以快速驰援，因此冯胜奉命修筑大宁、宽河、会州、富峪四座城池，作为大明帝国控制从河北至辽东一线的枢纽，使得明军可以把兵力部署在蒙古草原以东的辽阔区域，从而以更近的距离威胁北元最后的王庭。

洪武二十年末，经过长达二十年的北伐战争，河北、山西、陕西、甘肃、辽东终于全数成为大明帝国的北疆，北元王庭也从大都相继败退开平、应昌，如今已经遁入草原深处，曾经从东、北、西三面包围大明帝国的战略威慑已经不复存在，明廷就此下定了追亡逐北的决心，势要打垮北元最后的骄傲，让草原彻底臣服。

这一年，朱元璋调整了明军的领导班子，以永昌侯蓝玉为大将军，延平侯唐胜宗为左副将军，武定侯郭英为右副将军，都督佥事耿忠、孙恪为左右参将，领兵十万北伐草原，开启了第三次肃清沙漠之战。由于当年冬季天气异常寒冷，贸然进入草原腹地会增加后勤补给方面的压力，因此明军全数集结在大宁，暂时没有动兵，而是征调山东、河北、河南等地的粮草物资，让战马养精蓄锐，准备在来年开春全军出征。

洪武二十一年（1388年）四月，明军从大宁开拔直至庆州，从抓获的蒙古人口中得到了一个非常重要的情报，即是北元皇帝脱古思帖木儿的王庭就在蒙古东北的捕鱼儿海。这个名为"捕鱼儿海"的地方就是今天的贝尔湖，位于蒙古草原的东侧，距离大宁约六百一十九公里，虽说距离依然不短，但比起草原中部的和林，对明军而言可谓近在咫尺。

大将军蓝玉当即率部向捕鱼儿海方向极速前进，沿途气温越来越低，风雪交加，明军在雪域中艰难行军，始终没有遭遇任何敌军，直到抵达距离捕鱼儿海四十余里的百眼井，冻死的明军士兵越来越多，而派出去的侦察骑兵依然没有发现任何蒙古人，更不要说北元王庭了。看来即便路程相对近一些，深入草原依然是可怕的，前景也是不明朗的。

蓝玉打起了退堂鼓，迟迟下不了继续深入的决心，反而决定班师回朝。这也情有可原，一支十万人的大军，在沿途没有补给，没有城池、村庄，甚至连人都看不见的情况下，谁能不害怕、不忧虑？如果粮草耗尽了怎么办？撑不到抵达边境了怎么办？任谁都想及早退回到安全的地方。难道第三次肃清沙漠之战就这样草率结束了吗？这时，有一个人站出来反对了。

王弼，定远人，骁勇善战，以双刀为兵器，挥舞起来呼啸生风。平江战役时，王弼随常遇春作战，包围了吴王张士诚。为了保护张士诚突围，其部下拼死力战，眼看就要突围时，王弼手持双刀纵马冲锋，连续击杀数员张士诚大将，以一人之力阻挡了敌军攻势，其作战勇猛，敌军转而败退，常遇春见状当即发动反击，大破敌军主力，张士诚本人也落入水中差点儿被淹死，王弼的"双刀王"绰号由此响彻明军。后来他又参与北征中原，平定山东，略定陕西、西番等战役，因功封为定远侯，食禄二千石。

定远侯王弼认为，朝廷组织了十万北伐军，又花了那么多粮饷，如果连敌军的面都没见着就班师回朝，朝廷的脸面何在？[1]更重要的是，朝廷会质疑蓝玉的指挥能力，还会继续让他担任大将军吗？这么一分析，蓝玉明白任何人都可以提出退兵，唯有他自己不行，无奈之下只能下令继续向北推进。

同时，王弼认为如果北元王庭真的在捕鱼儿海，大军这样大张旗鼓地行军，肯定会打草惊蛇，就算能遇见他们，也只是没能及时逃走的散

---

[1]《明史纪事本末·卷十》："王弼曰：'吾等提十万众，深入沙漠，未见敌而班师，何以复命？'"

兵游勇。因此，明军严禁喧嚣吵闹，连生火做饭都在地下挖的洞中进行，避免声音和烟火暴露自己的动向。事实证明，王弼的坚持是对的，明军抵达捕鱼儿海南端，侦察骑兵终于发现了北元王庭所在，即在捕鱼儿海东北八十里处，明军上下由此士气大振。

蓝玉以王弼为先锋，命令他率领一支精锐骑兵直奔北元王庭，准备在敌军没有发现时打对方一个措手不及。也是恰巧，北元方面以为天气寒冷且风雪交加，没有草原生活经验的汉人根本不可能抵达捕鱼儿海这样的苦寒之地，所以没有设防，大多数蒙古人都躲在帐篷里喝马奶酒，连负责警戒的哨兵也因为当天风沙过大，能见度太低，完全没有发现王弼的骑兵正快速接近自己。

等北元哨兵发现明军旗帜时，两军已经近在咫尺，北元太尉蛮子是唯一一个还能组织力量抵挡的，但在明军急如闪电、快比流星的突袭下，北元骑兵尚未摆开阵形就被一举击溃，太尉蛮子当场阵亡。不设防的营寨很快就被明军突破，里面的北元士兵东一个西一个，不知道该干什么，场面相当混乱，各部首领都忙着打包金银细软向北逃命，根本没有时间再组织一次抵抗。

慌乱之中，北元皇帝脱古思帖木儿与太子天保奴、知院捏怯来、丞相失烈门等数十人骑马逃走，而他的次子地保奴等六十四人和故太子亲眷五十九人，因为没有马匹躲在草丛中被擒。及时找到马匹的吴王朵儿只、代王达里麻、平章八兰等两千九百九十四名蒙古勋贵仍被明军精锐骑兵追上俘虏，另有北元兵卒、百姓等七万七千零三十七人投降，宝玺、图书、金银印章、马驼牛羊车辆等悉数被缴，明军原地烧毁了所有蒙古甲胄、兵器。

逃出生天的北元皇帝脱古思帖木儿一路向西逃窜，起初准备投奔盘踞在和林的北元丞相咬住，但北元王庭被端的消息很快就传到另一个蒙古首领也速迭儿那里，这个名叫也速迭儿的蒙古贵族与脱古思帖木儿同为成吉思汗后裔，却属于阿里不哥一脉，他们始终无法忘记元世祖忽必烈从阿里不哥手中夺走大汗之位的往事。

如今风水轮流转，忽必烈一脉式微，也速迭儿毫不客气地在土剌河伏击了脱古思帖木儿的人马，斩杀无数，只有脱古思帖木儿等十六骑逃走，直到遇到了太尉马儿哈咱的三千人马，他们才得以暂时休息。

可惜，得到三千援兵的脱古思帖木儿并没有安全，也速迭儿下定决心要杀死忽必烈的后裔，大军一路追赶，很快就追上了脱古思帖木儿等人。当时的天气与捕鱼儿海完全一样，大雪掩盖了远处骑兵奔驰的身影和烟尘，三千残兵很快就被包围歼灭，脱古思帖木儿再无脱逃的可能，最终惨遭俘虏。

忽必烈的子孙怎么都不会想到，他们没有死在大明帝国手中，却被同为成吉思汗后裔的也速迭儿用弓弦活活勒死，而太子天保奴等人也尽数被杀。侥幸逃生的知院捏怯来、丞相失烈门等人见北元王室覆灭，最终向南逃入大明投降。

然而，消灭了北元就意味着战争结束了吗？蒙古各部首领会臣服于大明皇帝，臣服于将他们赶回草原的汉民族吗？答案当然不会让大明君臣满意。

脱古思帖木儿作为忽必烈的后裔，是元帝国的合法继承人，他的存在是北元正统的象征，然而随着大明帝国一再发动肃清沙漠之战，北元王庭的势力已经大不如前，其下各部落首领的独立性也不断增加。位于蒙古西部地区的瓦剌在这一过程中不断壮大，有"四万卫拉特"①之称。

---

① 《蒙古历史一百名人·昂克汗》："在乌格齐哈什哈统领卫拉特期间……势力逐渐强大，人数发展到四万户上，被称为'四万卫拉特'。"

瓦剌虽然被认为是蒙古一部，实际上却不属于蒙古，他们一直想取代黄金家族（成吉思汗的家族）在草原上的政权，当时的瓦剌首领猛可帖木儿便有意扶持阿里不哥后裔也速迭儿争夺北元大位，一手策划了对脱古思帖木儿的袭杀。因此，北元王庭的覆灭也是瓦剌崛起的开始，是角逐草原新霸主的开端。

脱古思帖木儿死后，瓦剌首领猛可帖木儿立即拥立也速迭儿称汗，号为"卓里克图汗"，名义上仍然称自己是北元政权的继承者。原先效忠于脱古思帖木儿的蒙古勋贵们却不愿与之同流合污，只好各自奔逃，如丞相咬住、太尉乃儿不花、岭北行省参政孛罗、陕西行省右丞阿里沙等人都投降了大明帝国。

不过，崛起的瓦剌并没有实现取代蒙古帝国的野心，支持黄金家族的蒙古部落依然团结在一起，他们始终活跃在蒙古中东部地区，当时的汉族多称呼他们为"鞑靼人"，而靠近大兴安岭一带的蒙古人，以木华黎后裔为主的另一些部落又组成了"兀良哈"，曾经的草原帝国就此分裂成瓦剌、鞑靼、兀良哈三部，相互之间一直较劲。

其中，兀良哈在大明的辽东战役后一蹶不振，实力大损的他们只好臣服于大明。明廷于洪武二十二年（1389年）设置了泰宁、朵颜、福余三卫统治大兴安岭一带，以归附的辽王阿札失里为泰宁卫指挥使，塔宾帖木儿为指挥同知，海撒男答奚为福余卫指挥同知，脱鲁忽察儿为朵颜卫指挥同知，各领所部以安畜牧，史称"兀良哈三卫"，又称"朵颜三卫"。

表面上看，北元分裂后的草原政权远不如之前那样让人畏惧，新臣服的蒙古勋贵也成了拱卫大明的外邦力量，但实际上却不是这样。就在设置朵颜三卫的那一年，即洪武二十二年，刚刚归附大明的蒙古勋贵又叛离了大明，其中原北元丞相失烈门杀掉了一心依附大明的知院捏怯来，带着一大帮蒙古人逃离了大明。

　　太尉乃儿不花、辽王阿札失里等也先后脱离大明，泰宁卫失去了控制。洪武二十四年（1391年），原北元武威王忽纳失里（纳忽里）也频频寇边，威胁宁夏、平凉（今甘肃平凉）、延安等地的安全。到洪武二十五年（1392年），归附大明的建昌卫指挥阿鲁帖木儿背叛大明，袭杀了大明官吏。

　　事实证明，北元王庭虽然覆灭了，但来自草原的威胁丝毫没有停止的迹象，西边的瓦剌越来越强大，一度扶立傀儡大汗号令草原；东边的兀良哈降而复叛，辽东地区再次动荡不安，中部的鞑靼始终视大明为生死之敌，也不会安于现状，新的进攻将从东、中、西三面而来，而大明要面对的敌人也由一个变成了三个，甚至是更多的草原部落。

　　北疆何时才能安宁啊？这恐怕是朱元璋最大的疑问。

风起，塞王戍边

始建塞王

大明帝国自洪武元年攻克大都以来，与北元残余势力的战争就不曾停止过，双方在攻守位置上相互转换，总体而言依然是大明处于进攻态势。经过关中战役、辽东战役、三次肃清沙漠之战，山西、陕西、甘肃、云南、辽东等战略要地相继并入大明帝国，大明成了自大唐以后第一个重新控制长城乃至燕云十六州的汉家王朝。不过，由于农耕文明与游牧文明的巨大差异，中原王朝始终无法在茫茫草原上建立稳固的据点，边防问题一直以来都是统治者最头疼的事情。

另外一个问题是，经过宋辽、宋金、蒙金、元明多次大规模战争后，明初的北方相比前朝的北方也有很大不同，主要体现在人口和经济上。

根据梁方仲《中国历代户口、田地、田赋统计》中的数据，拥有近六千万人口的元朝，仅江浙行省就有超过两千八百万的人口，占全国人口的百分之四十六，而大都所在的中书省（包括山东、山西、河北、河南），人口还不到三百七十万，土地面积却是江浙行省的近三倍。这么一比较，江南地区人口稠密，财富大多集中于此，而北方地区虽然面积不小，但人口稀少，所以田赋、商业都远远不如江南。

地广人稀无疑是中国北方在元末明初的尴尬处境。大明帝国新征服的土地越往北就越寒冷，管理起来就越不容易。这是因为没有庞大的人口基数作为支撑，粮食产量、赋税都会大大降低，大明在抵御草原民族入侵时就会在物资补给、军队补充、驻防坚守等问题上花费更多精力，甚至要靠南方支撑。

因此，大明帝国要避免草原民族再次突破中原，深入到中国的江南腹地，就必须在北方建立起一道新的"物理隔离墙"，但这样的隔离墙不是像长城那样的实际建筑，而是类似唐朝藩镇的"战区"，由优秀的将领统率一支常备军驻扎，闲时耕种，战时出征，既可以在外敌来犯时防守，又可以深入草原腹地掠夺，这样就实现了攻守之势相转换的目标。

要建立这样的边防军区，首先就要解决"兵"的问题，没有固定的常备军自然不可能形成"军区"。早在朱元璋攻克应天城时，他就废止了早期镇守地方的翼统军元帅之职，取而代之的是武德、龙韬等十七卫，初步确定了新政权兵制，即是指挥、千户、百户、总旗、小旗分别统率不同数量的军队，一层一层构成指挥体系。到洪武元年时，刘基奏请更定卫所制度，大明确立了在州府要害设置固定卫所的基本制度。

卫所制度，就是根据地方位置的重要程度，部署长期驻扎的军户。通常单位是"卫"，部署在重要的州府，兵力为五千六百人，统帅名为"指挥使"。卫以下首先是"所"，兵力为一千一百二十人的被称为千户所，统帅为"千户"；兵力为一百一十二人的是百户所，统帅为"百户"；百户以下设两个总旗，一个总旗下设五个小旗，以此组成大明帝国的军队。[1]

值得一提的是，卫所制度下的"兵"是世袭的，他们被称为"军户"，世代生活在卫所，与普通百姓的"民户"完全独立。换言之，一人为兵，他的子孙后代都只能当兵，不允许转换职业。这么设计的目的是保证卫所的兵源永不枯竭，但这无疑限制了人口的流动，也限制了有天赋的人才。

有了卫所制度的设计，明廷开始筹划防御草原民族的北部防线，当时主要针对的是北元政权，重点防御就在北平、山西两地。洪武四年，

---

[1]《明史·志六十五·兵一》记载："永乐中，定制，诸卫各有分地。"《明史·志六十六·兵二》也记载有："率五千六百人为卫，千一百二十人为千户所，百十有二人为百户所。所设总旗二，小旗十，大小联比以成军。"

朱元璋首先派明军大将魏国公徐达到北平练兵、筑城，徐达则按照朝廷的意思，迁北平山后之民三万五千八百户到内地，一部分变为军户，另一部分留为民户，[①]军户则成为该地区早期的卫所力量，用以抵御来自北元的袭扰。

不过，单单靠徐达一人肯定是远远不够的。洪武六年，朱元璋开始培养李文忠，让魏国公徐达带着他到山西、北平练兵防边，也是在这一年，大明增加了许多新的卫所，东自永平、蓟州、密云，西至五灰岭外隘口，包括紫荆关在内的各处隘口、要道均设置卫所镇守。[②]大明初步确定了徐达、李文忠在河北一带的二元指挥体系。而同一时期的关中，大明派驻的是宋国公冯胜。徐达、李文忠、冯胜成了大明北疆防线的三大支柱。

当然，北疆防线过于漫长，北元骑兵又难以捉摸，三大支柱依然不足以应对日益频繁的袭扰，所以朝廷时常调换防线，不断变换驻地。洪武七年（1374年），完成任务的徐达、冯胜、李文忠一度被召回了京城，朝廷在北疆防线上又增派了卫国公邓愈、中山侯汤和、巩昌侯郭兴、六安侯王志、南雄侯赵庸、营阳侯杨璟、汝南侯梅思祖等人。次年，永嘉侯朱亮祖、颍川侯傅友德也被派驻北疆防边。到洪武十二年，西平侯沐英也进入了北疆防线，指挥了关中、河北一带的对元反击战。

朱元璋的用兵之道在于制衡各路将领，具体措施就是让他们动起来，时而徐达为最高统帅，时而冯胜为大将军，时而李文忠独当一面，反正不会让一个人长期待在前线，但凡有机会就要把他们调回朝廷休息

---

①《明史纪事本末·卷十》："魏国公徐达徙北平山后之民三万五千八百户散处卫府，籍为军者给衣食，籍为民者田以耕。"

②《明史·志六十七·兵三》："从淮安侯华云龙言，自永平、蓟州、密云迤西二千余里，关隘百二十有九，皆置戍守。于紫荆关及芦花岭设千户所御守。"

一段时间，这样既能让将领们按规矩上交兵符兵权，^①又让更年轻的将领上前线立战功、攒威望。

在这个过程中，徐达、李文忠、冯胜都曾有过河北、甘肃来回跑的经历，冯胜更是一度去了大宁，短期内没什么问题，可是时间一久还是不能避免卫所军户变成他们的私家军，而大明以金陵为帝都，与边塞相去甚远，如果有变，朝廷并不能及时镇压叛乱，怎么看都还是不安全。

大唐安史之乱的往事触目惊心，如何才能既避免将领来回调派，又保证军队始终属于朱明王朝呢？朱元璋为北疆防线设计了一个二元指挥体系，其中一元是大明的优秀将领们，另一元则是朱家的皇子亲王。简单来说，卫所制度不变，将领领兵出塞作战也不变，变的是增加了一个藩王，藩王不仅有自己的直辖军队，而且有权节制各路将领，甚至调兵作战也必须得到藩王的允许。藩王就成了一个类似于监军的存在，他们与皇帝血脉相连，肯定比异姓将领可靠得多。

幸运的是，大明皇室血脉众多，朱元璋共生有二十六名皇子，除一人早夭外，其余都得以封爵。其中，长子朱标被立为太子，作为大明的储君培养，其余皇子均被封为亲王，分镇地方。

洪武三年，朱元璋开始封建诸王，封次子朱樉（shǎng）为秦王、三子朱棡（gāng）为晋王、四子朱棣为燕王、五子朱橚为吴王、六子朱桢（zhēn）为楚王、七子朱榑（fú）为齐王、八子朱梓为潭王、九子朱杞为赵王、十子朱檀为鲁王。然而，这时的亲王们都很年幼，秦王朱樉也不到十五岁，离镇守边塞还早得很，于是朱元璋又等了八年时间。

洪武十一年（1378年），封建诸王最重要的工作——就藩，终于被

---

① 《明史·志六十五·兵一》："征伐则命将充总兵官，调卫所军领之。既旋则将上所佩印，官军各回卫所，盖得唐府兵遗意。"

提上了日程。从洪武十一年到洪武二十八年（1395年），秦王朱樉就藩于西安、晋王朱棡就藩于太原、燕王朱棣就藩于北平、周王朱橚[①]就藩于开封、楚王朱桢就藩于武昌、齐王朱榑就藩于青州、潭王朱梓就藩于长沙、鲁王朱檀就藩于兖州（今山东兖州，兖音yǎn）、蜀王朱椿就藩于成都、湘王朱柏就藩于荆州、代王朱桂就藩于大同、肃王朱楧（yǎng）就藩于平凉、辽王朱植就藩于广宁（今辽宁北镇）、庆王朱㮵（zhān）就藩于银川、宁王朱权就藩于大宁、岷王朱楩（pián）就藩于昆明、谷王朱橞（huì）就藩于上谷。另有韩王朱松、沈王朱模、安王朱楹、唐王朱桱（jìng）、郢王朱栋、伊王朱㰘（yí）等幼王加封，等待成年就藩。

以上藩王除了燕王使用部分故元皇宫外，每个藩王都在封地建有宏伟的王府，配有王府属吏和三护卫，其中护卫兵士少的有三千人，多的有一万九千人，他们都是藩王的亲军，奉命护卫王上安全并镇守地方，由藩王个人节制，名义上在兵部，实际上完全是藩王的私兵。之所以藩王的护卫兵力不同，很大程度上是他们的卫戍任务不同所致，越是靠近前线、战事频繁的藩王就需要配置更多的兵力。

这些藩王中，真正能称得上是手握重兵的其实只有九人，分别是秦王朱樉、晋王朱棡、燕王朱棣、代王朱桂、肃王朱楧、辽王朱植、庆王朱㮵、宁王朱权、谷王朱橞。他们的封地无一例外的位于北疆防线上，其作用就是镇守边塞、守土卫疆，故而有"塞王"之称，合称"明初九王"。

九大塞王的封地如同一条长龙的各处关节，从辽东的广宁、大宁一

---

① 《明史·周王朱橚传》："洪武三年，封吴王……十一年，改封周王，命与燕、楚、齐三王驻凤阳。"

直延伸至甘肃平凉、肃州，雄踞整个边塞的他们像是趴在大明帝国的肩膀上，挡住了来自草原的敌人，再加上内地的藩王，纵然位于江南的朝廷远离边塞，也能通过分布各地的藩王控制地广人稀的北方，但凡有人敢起兵谋反，附近的藩王就能立刻调动护卫镇压，北元残余势力要突破中原，也必须先闯过一个又一个藩王的地盘。这就相当于一段隐形的长城，一道坚固的"隔离墙"。

不过，九大塞王的地位仍然不平等，朱元璋尤为倚重秦王、晋王、燕王、宁王四人，主要体现在护卫军的兵力上，毕竟从山西到辽东的防线压力最大，不得不加强当地的防御能力，这些塞王的护卫也就越加越多，秦、晋、燕三藩还得到了来自羽林军的补充，[1]而宁藩又得以节制朵颜三卫，[2]他们算是藩王中最强大的力量，既是朝廷坚固的藩屏，也是威胁中央的隐患。

自西汉七国之乱以来，藩镇对朝廷的威胁一直是统治者不能忽视的问题，皇室血脉虽然要亲于异姓将领、文臣，但这些人也对皇位有一定的继承权，在大宗绝嗣时同样能问鼎皇权，朱元璋自然也会想到这一点，故而他分封诸王却没有给予他们实际的土地，即封而不建，只给封爵，不让建国。

言下之意就是藩王虽然就藩地方，但无权插手地方民政，也无权代替朝廷管理百姓，辖区的土地依然是朝廷的，是皇帝的，藩王只能从中央、地方两级财政中领取岁禄，并不能自己经营封地，就更不可能形成国中之国。如此一来，藩王如果想作乱就只能靠自己的护卫兵力，他们虽然数量不少却没有地方财政作为支撑，也没有属国百姓支持，自然很

---

[1]《明史·太祖本纪》："洪武十年正月辛卯，以羽林等卫军益秦、晋、燕三府护卫。"

[2]《明史·宁王朱权传》："（朱权）所属朵颜三卫骑兵皆骁勇善战。"

难长久。

当然，要藩王履行守土卫疆的责任，没有实际工作肯定不行，要工作有成效，没有权力肯定也不行，所以藩王在有权指挥自己的三护卫外，还有节制朝廷兵马的权力。《祖训录》规定：凡朝廷调兵，须有御宝文书与王，并有御宝文书与守镇官。守镇官既得御宝文书，又得王令旨，方许发兵；无王令旨，不得发兵。[1]这样一来，藩王就能有效监督地方军队，避免将领专制一方。

为配合塞王制度的推行，朱元璋对皇子们的教育也是费尽心思。首先是文化教育方面，朱元璋很早就选派大儒宋濂对皇子们进行系统的儒家教育，让他们从小就熟读四书五经并知晓各种儒家礼法，其中他尤为重视《周礼》，强调宗族礼法，强调藩屏必须拱卫皇帝，在洪武六年时编撰了《昭鉴录》《祖训录》等皇室训诫书，用前人的得失告诫皇子、藩王们必须恪守的规则，试图从思想上打下藩王不得作乱的烙印，避免重蹈汉、晋两朝的覆辙。[2]

除了基本的文化课程和皇室训诫外，皇子们还会学习骑马射箭、舞刀弄枪，年纪大一点儿的还要带兵演武。自洪武八年起，太子朱标和诸位年长的藩王就常常到凤阳演武，学习带兵打仗的知识和实战技巧，就藩后更要接受统一指挥，在经验丰富的将领协助下，出塞巡边、筑城，消灭盘踞在塞外的北元残余势力。直到他们可以独当一面后，塞王就可以独立指挥规模较大的战役，肃清来自沙漠的隐患。

制度设计很好，效果究竟怎么样呢？朱元璋一直期待着答案。

洪武二十三年（1390年），大明塞王们迎来了人生中第一次非军演

---

[1] 出自《皇明祖训·兵卫》。《祖训录》始纂于洪武二年，洪武二十八年更名为《皇明祖训》。
[2] 相关内容，参见（日）檀上宽《永乐帝：华夷秩序的完成》"藩王教育"一节的论述。

的军事行动，受命出征塞外的主要是晋王朱㭎和燕王朱棣。其中，晋王节制王弼，从山西出兵；燕王节制傅友德，从北平出兵。三月，朱棣及傅友德率先出征，第一时间得到了叛将乃儿不花的位置，两人也不等晋王军队会合，直接从古北口而上，沿途正遇到了大风雪。各路将领都认为天气不佳，不适合发动远征，提议等风雪过后再行动，然而最高统帅朱棣断然否决了这一提议。

朱棣认为，乃儿不花一定认为明军无法在大风雪的天气行军，如果现在在风雪的掩护下快速行动，乃儿不花一定来不及防御，正是天赐的战机。[1]果然，明军不顾天气恶劣执意远征，竟然在乃儿不花没有发现的情况下包围了对方的大营，逼得乃儿不花举手投降。消息传回京师[2]后，朱元璋兴奋得无以复加，表赞道："肃清沙漠者，燕王也！"[3]

燕王朱棣的表现证明了塞王的作用，也坚定了朱元璋封建藩王的决心。此后，塞王的军事行动越来越多，到洪武二十九年（1396年），宁王朱权、燕王朱棣联合行动，又在彻彻儿山击败北元残部，一度追击至兀良哈秃城。次年，敕命晋、燕、代、辽、宁、谷六王勒兵备边。塞王镇守边塞，节制卫所作战已成常态，塞王戍边的局面自此完全形成。

东宫更迭

洪武三年、十一年、二十四年分别进行了三次大规模封王，朱元璋

---

[1]《明史纪事本末·卷十》："适大雪，诸将欲止，燕王曰：'天雨雪，彼不虞我至，宜乘雪速进。'"
[2] 洪武十一年，朱元璋改南京为京师。
[3]《明史纪事本末·卷十》《奉天靖难记·卷一》都有此记载。

的众多子嗣各得王号，分镇一方。这些藩王的封地都是各州府的名城大郡，有些还是前朝旧都，比如秦王朱樉的西安曾是汉、唐两朝的故都，周王朱橚的开封又是北宋的汴京，蜀王朱椿的成都也是巴蜀政权必定的都城，这些封地的历史地位都不亚于应天帝都，更有如北平这样的前元都城被封给了燕王朱棣。那为什么他始终待在应天，没有把大明帝国的都城迁到以上名城呢？

事实上，朱元璋自北伐大都开始就在谋划迁都一事，洛阳、长安、开封、濠州（今安徽凤阳）、大都都曾作为候选地址被朝臣讨论，可是每当人们提到赋税、漕运时，西北各城都存在粮食转运困难的问题；每当人们提到关塞险要时，中原各城又成了无险可守之处；每当人们提到修建新宫时，天下百姓困苦的问题也着实让太祖皇帝头疼。

思来想去，人口超过两千八百万的江浙就没有田赋不足的问题，那里的田地产量最高，新修不久的吴王宫也还可以使用，没有宫殿不足的问题，更没有漕运不通的问题，因为根本不需要从外地转运粮食。朱元璋也曾考虑在家乡濠州建都，并将当地更名为凤阳，但这项大明耗费了大量人力、物力的壮举最终却造出了一座根本无法使用的都城，朝廷不得不采纳刘基的谏言否决了迁都凤阳的原计划。①

这么一看，除了大本营应天外，短时间内还真找不到一处适合迁都的地方。也正是因为帝都在短时间内不能离开江南，北疆防线就必须有人替朝廷守着。

"藩王+武臣"的二元体系是让藩王与总兵们一起指挥军事行动，只不过藩王并不是随时都要带兵出征，他们更多的是一种监视、约束各

---

①《明史·刘基传》："基濒行，奏曰：'凤阳虽帝乡，非建都地。'"

军将领的作用，不过又有一个新的问题：藩王的地位虽然高于常人，节制普通将领肯定不成问题，但如果对方是开国元勋呢？

自朱元璋起兵以来，麾下征战的将领越来越多，常遇春、徐达、邓愈、冯胜、李文忠、蓝玉、傅友德、华云龙、汤和都是历经血战后脱颖而出的名将，这些人参与过的战役很多，攻克的城池无数，杀死的敌人更是不计其数，为大明帝国的创建立下了赫赫战功，在整个朝廷里的话语权也非常人能比。和这些武将勋贵比起来，秦、晋、燕等藩王都是晚辈后生，作战经验不足，威望也远远不及他们，如何才能让这些武将勋贵甘心接受藩王们的节制呢？

为了让藩王们能够服众，朱元璋在刚刚登基称帝时就已经开始思考这个问题了。具体来说，他主要从两个方面着手提升藩王们的威望。

一是故意延后封赏开国功臣的时间，特意在此之前先封秦、晋两位藩王，然后才在洪武三年开始大规模封赏开国功勋，同时还规定文臣武将无论地位如何，见到皇子王爷都必须行跪拜之礼，这么有意无意地强调尊卑有序，就是在告诉所有人，皇室的地位高于普通勋贵，从思想上让武将勋贵们处于弱势地位。

二是建立姻亲关系，将武将勋贵与藩王皇子绑在一起，形成利益共同体，加深两者的羁绊，从而减少武将勋贵对藩王节制自己时产生的抵触情绪。这么做既暗示了朱明皇室与功臣们共天下，又达到了自己的目的，可谓一举两得。

朱元璋的二十六位皇子中，除了早夭的朱楠外，剩下的二十五位皇子与功臣勋贵联姻者就多达十四人，占了总人数的百分之五十六，而且联姻对象的选择也非常讲究。太子朱标是钦定的皇位继承人，地位最高也最敏感，给他选择的妻子自然也是未来的皇后，国丈很有可能成为未来的第一权臣。有意思的是，得到太子妃头衔的是开平王常遇春之女，而两家联姻是在洪武四年，正是常遇春暴毙两年后，这就不得不让人怀疑常氏之所以能坐上太子妃之位是因为避免了外戚威胁皇权的可能。

剩余皇子们的联姻对象也很有目的性，秦王朱樉的正妃是扩廓帖木儿的妹妹王氏。当时扩廓帖木儿依然拥兵塞上，威胁大明帝国的边境，朱元璋此举明显是想招降扩廓帖木儿，只不过扩廓帖木儿至死都效忠于北元朝廷。

至于秦王侧妃，朱元璋给儿子选的是卫国公邓愈之女，因为王氏一直不受朱樉待见，邓氏实际上相当于秦王正妃。还有燕王朱棣的正妃是魏国公徐达之女，徐达是大明的征虏大将军，长期在北平、山西一带练兵，当地卫所也多是他的旧部，朱元璋要朱棣镇守北平，有了与徐达的这层关系，勒兵巡边肯定就更容易一些。

大抵来讲，藩王们的婚姻都是加强皇室与功臣羁绊的政治婚姻，凡是有女儿可以联姻的，朱元璋都想尽办法让皇子娶回来。比如晋王朱枫娶了永平侯谢成之女，周王朱橚娶了宋国公冯胜之女，楚王朱桢娶了定远侯王弼之女，齐王朱榑娶了江国公吴良之女，鲁王朱檀娶了信国公汤和之女，蜀王朱椿娶了凉国公蓝玉之女，湘王朱柏娶了海国公吴祯之女，代王朱桂娶了魏国公徐达之女，韩王朱松娶了郢国公冯国用的孙女，唐王朱桱娶了黔国公吴复的孙女，郢王朱栋娶了营国公郭英之女。

有了尊卑有序的暗示，再加上政治联姻的加持，塞王戍边的推行也变得异常顺利，无论是晋王朱枫节制定远侯王弼，还是燕王朱棣指挥颍国公傅友德，全都完成了预定任务，而且没有听说王将不和的情况，看来朱元璋的安排还是起了作用。

如果事情一直这样发展，勋贵手中的兵权、威望都会逐渐分散到塞王手中，塞王也因为不能独掌兵权而和勋贵重臣们成了相互制约的关系，大明的边防似乎稳固了。然而，这种局面并没有长久维持下去，洪武二十五年（1392年）的变故骤然改变了朱元璋的边防政策。

朱标，太祖皇帝长子，聪慧仁慈，自幼跟随大儒宋濂学习，吴元年（1367年）时即被立为王世子，洪武元年正月又被立为大明首位皇太子，是太祖皇帝心中唯一的继承人。

至于权力，朱元璋也毫不吝啬地给了朱标极大的特权。洪武五年时，朝臣凡是要上疏言事的一律先告知东宫，五年后，大小政事均由东宫初裁后再报皇帝，这种信任在历朝历代都很少见。

为了让朱标能顺利接过皇权，朱元璋很早就把身边的勋贵重臣派到他身边辅佐，让他们兼任东宫属官以便拉近两者间的关系。《明史·兴宗孝康皇帝传》中列出的首批东宫属官名单包括："左丞相李善长兼太子少师，右丞相徐达兼太子少傅，中书平章录军国重事常遇春兼太子少保，右都督冯宗异兼右詹事，中书平章政事胡廷瑞、廖永忠、李伯升兼同知詹事院事，中书左、右丞赵庸、王溥（pǔ）兼副詹事，中书参政杨宪兼詹事丞，傅瓛（huán）兼詹事，同知大都督康茂才、张兴祖兼左右率府使，大都督府副使顾时、孙兴祖同知左右率府事，金大都督府事吴桢、耿炳文兼左右率府副使，御史大夫邓愈、汤和兼谕德，御史中丞刘基、章溢兼赞善大夫，治书侍御史文原吉、范显祖兼太子宾客。"

纵观历朝太子，明太祖对朱标的培养算是比较成功的，历史上的朱标几乎没有负面记载，史官们异口同声地称他是好太子、好兄长，为人友爱，天性仁慈，平日里协助皇帝处理政务，间歇时不忘继续学习，大臣但凡有惹怒皇帝的，朱标一定从旁劝慰以减轻皇帝的怒火，兄弟们犯了错的，朱标也绝不袖手旁观。

《明史·兴宗孝康皇帝传》："太子为人友爱。秦、周诸王数有过，辄调护之，得返国。有告晋王异谋者，太子为涕泣请，帝乃感悟。"

秦、周等王多有不法，惹得皇帝要削藩严惩时，朱标总是第一个站出来承担错误，做担保，让弟弟们安全返回了封地。后来有人告发晋王有谋反企图，又是朱标声泪俱下为其求得原谅，这些都证明了朱标性情仁厚，有贤君的潜质。因此，不管是朝廷大臣还是藩王兄弟，所有人都对朱标心悦诚服，对他继承皇位一事自然也不会有任何异议。

可惜天有不测风云，洪武二十四年时，朱元璋有意迁都关中，便让朱标到陕西一带巡视，考察是否有迁都的条件。然而等到考察结束后，朱标突然就病了，而且越来越严重，次年四月便因病去世，这时距他执掌东宫已经过去了整整二十四年。

二十四年的培养前功尽弃，二十四年的心血付诸东流，朱元璋的悲痛无以复加，但更让人头疼的是谁来做下一任储君，因为一个已经培养了二十四年的太子早就长成了参天大树，他的追随者遍布朝野，他的威望也无人能及，朱元璋对所有皇子的未来早有规划，已经不是随便换个人那么简单的事情了。

汉唐以来，能从太子之位成功坐上皇座的确实非常有限，这个位置容易招来嫉妒、暗算，总有无数双眼睛盯着它，但凡有一点儿机会，总有皇子亲王伸手去抢。然而朱标之死好像不是这样，在朱元璋的培养和庇护下，从来没有人想过要取代朱标成为新的太子，秦王朱樉不行，晋王朱棡不敢，燕王朱棣不能，这一切都是因为朱标的威望太高，德行又太好，谁敢说自己能比朱标做得更好呢？

现在问题来了，朱标死后的皇室有没有能取而代之的人呢？

按照尊卑有序、立嫡立长的规矩，秦王朱樉同样是高皇后马氏之子，嫡子的身份没有问题，又是兄弟中排行第二的皇子，似乎最有资格问鼎储君之位。可惜，秦王朱樉从小生活在哥哥朱标的阴影下，明面上是大明的二皇子，实际也就年龄大一些，地位并没有比其他兄弟高多少，唯一让他能超过其他兄弟的只有洪武二十二年时赐的"宗正令"头衔，表明他有教导皇弟们的资格，实际上他却没有机会去教导弟弟们。

只是年龄小了一点儿，地位上却与哥哥朱标天差地别。多年的压抑让这位秦王越发乖张，就藩西安后一直是小错不断、大错连犯，他不修国政、强抢民女、强买金银，一会儿要买杭州的小脚美女，一会儿又让人到广东买珠子，气得朱元璋屡屡训斥他，最终在洪武二十八年平定洮州（今甘肃临潭）叛番后暴毙身亡。[1]

接下来就是晋王朱棡和燕王朱棣两兄弟。可以肯定的是，晋王朱棡、秦王朱樉、太子朱标都是一母同胞的亲兄弟，虽然有推断认为他们都不是高皇后马氏之子，但朱标的嫡子身份定下后，同胞兄弟自然都是嫡子，所以朱棡的嫡子身份应该也是没有问题的。说起晋王，太祖对他的培养也不差，自幼跟随宋濂读书，又跟着杜环学字，《明史·晋恭王传》对他的描述是"修目美髯，顾盼有威，多智数"。

唯一的问题是，晋王性格骄傲，也常常在封国内肆意妄为，因而被人告发有谋反的嫌疑，多亏朱标袒护才得以逃过朱元璋的雷霆震怒。比朱棣好的是，朱棡知错能改，从此以后待人谦虚有礼，以恭慎闻，但这依然不能让朱元璋满意，为什么呢？因为燕王朱棣。

燕王朱棣，生于元至正二十年，"王貌奇伟，美髭（zī）髯，智勇有大略，能推诚任人"[2]。洪武三年受封燕王，洪武十一年就藩北平。《明史·成祖本纪》记载他与太子朱标、秦王朱樉、晋王朱棡、周王朱橚都是高皇后马氏之子，也就是皇室嫡子，但这个说法一直不被后世采

---

①《明史·秦愍王朱樉传》："二十八年正月，名帅平羌将军甯正征叛番于洮州，番惧而降。……其年三月薨。"

②出自《明史·成祖本纪》。

信，吴晗在《明成祖生母考》一文中论证过，认为朱棣与周王朱橚同是碽（gōng）妃之子，乃是庶子，只因靖难成功后为了巩固帝位便篡改了身世。

《明史·晋恭王传》中载："是时，帝念边防甚，且欲诸子习兵事，诸王封并塞居者，皆预军务，而晋、燕二王尤被重寄，数命将兵出塞及筑城屯田。"足见塞王领兵作战中的领导者就是晋、燕二王，两人常常一起节制宋国公冯胜、颍国公傅友德等勋贵武将。

两个塞王同受重视，自然难免相互较劲。洪武二十三年，晋、燕二王受命一起出塞讨伐北元叛将乃儿不花。然而本应该协同作战的两兄弟并不齐心，晋王朱棡一直忙着收集情报、训练兵士，《奉天靖难记·卷一》《明史·成祖本纪》都说他因为胆怯迟迟不敢出塞征讨，总之没有在那个大雪纷飞的季节出征。①

燕王朱棣就不同了，在一众大将反对雪天用兵的前提下，依然坚持冒雪出征，还真就逼降了乃儿不花。一边怯懦不敢战，另一边已经凯旋，两相比较下，作为兄长的晋王自然被比了下去，再加上朱元璋对燕王的表赞，晋王就更加厌恶燕王。

据说朱棡曾上表自陈没有出兵的原因，认为燕王明明知道作战部署，却为了抢功故意不告知太原方面，擅自行动，这才导致晋军没能与之会合。②这样的说辞也许确有其事，因为朱棡能被委以重任，除了他年长外，确实有几分军事天赋，说他胆小怯战恐怕有些不恰当，很有可能真是被朱棣抢了功劳，两兄弟由此相互厌恶，晋、燕两王不和便成了

---

① 原文："晋王素畏惧，出近塞，不敢进。""二十三年，同晋王讨乃儿不花。晋王怯不敢进，王倍道趋迤都山，获其全部而还，太祖大喜。"

②《奉天靖难记·卷一》："晋王忌上有功，先遣人报太子，言上不听己约束，劳师冒险。太子遂言于太祖，谓上劳师深入，未见其利，晋王全师而归，太祖闻之不乐。"

公开的秘密，直到朱柽在洪武三十一年（1398年）去世也没有和解。

有了朱棣的对比，朱柽自然也不能成为下一任储君的人选，朱元璋一度非常犹豫，曾询问续立燕王为储的可能性，却被翰林学士刘三吾反问道："陛下言是，但置秦、晋二王于何地？"①

是的，论长幼有序，秦、晋二王都优于燕王，如果绕过秦、晋二王，那朱元璋一直推行的"尊卑有序""立长立嫡"岂不是都被打破了？如果今天这么做了，皇室继承的规则可能就不复存在了，以后任何一个稍有本领的亲王便都有资格挑战东宫，皇室内斗的例子不胜枚举，大明岂不是也要亡于皇室内战？

刘三吾的反问让朱元璋瞬间清醒了，虽然朱棣的才能胜过其余藩王，但他毕竟不是嫡长子，他若即位只会导致继承规则混乱，为了大明帝国千秋万世计，只能让嫡长子朱标一脉继承皇位，而且永永远远都只能是他这一脉承继大统，这样才能杜绝后世藩王对皇位的觊觎。大明王朝没有更立一位新的太子，而是在半年之后迅速册立了皇太孙，懿文太子朱标的次子②、皇孙朱允炆就此成了新的储君，他就是建文帝。

拔刺与失衡

洪武二十五年，懿文太子朱标次子，皇孙朱允炆执掌东宫，封"皇太孙"。

那一年，稚嫩的少年不过十六岁，却有无数双眼睛打量着他的一举

---

① 《明史纪事本末·卷十六》《明史·刘三吾传》均有记载。
② 朱标的长子朱雄英于洪武七年出生，洪武十五年早逝，年仅八岁。

一动；那一年，帝座上的太祖皇帝还有六年大限，废除宰相的朝廷却依然风起云涌；那一年，放还西安的秦王朱樉仍是战战兢兢，终于明白自己输给兄长的不只是年龄；那一年，遥领太原的晋王朱棡痛失军功，忌恨着比他更加勇略的兄弟；也是那一年，拥兵塞上的燕王朱棣纵马草原，勋贵武将听命于前，十万雄师控弦于后；同样是那一年，毁北元王庭于草原，杀明军将官校于关前，新一代的征虏大将军蓝玉依然桀骜不驯，视自己为大明唯一的栋梁。

让朱元璋想不到的是，捕鱼儿海之战后的北元即便一分为三，茫茫草原上的敌人却始终没有消失的迹象，大明的北疆依然烽火连天，万国来朝的景象依旧没有出现。如果没有塞王，没有长城，没有大明的百万雄师，满目疮痍的中原是否还能扛住又一轮的进攻，争取了二十五年天命的朱元璋是否会丢掉身后的天下？

北疆防线还是那样重要，塞王戍边的政策不能废止，边军也不能裁撤，但是身侧的皇太孙却不是人心所向的储君，勋贵重臣飞扬跋扈于朝堂之上，兄终弟及的声音也隐匿在看不见的地方，大明帝国走到了一个亟待抉择的岔路口，一个需要朱元璋抉择未来的艰难时刻。

后世在谈到朱元璋时，往往认为他为人冷酷无情，屠戮功臣良将，是典型的可共患难却难共富贵的主公，认为他是另一个时代的汉高祖刘邦，然而朱元璋真的是这样一个忘恩负义、心胸狭隘的皇帝吗？

如果从历朝开国功臣的封赏上排个序，大明王朝的慷慨一定能排上号。洪武三年的功臣大封，朱元璋一口气连封公爵六人、侯爵二十八人。其中，食禄最厚的魏国公徐达多达五千石，少一点的韩国公李善长也有四千石，其余如曹国公李文忠、宋国公冯胜、卫国公邓愈、郑国公常茂通通有三千石。至于封侯者，以中山侯汤和为标准，大多数为一千五百石，最低的也有六百石。这么一计算，不加亲王、伯爵、男爵的食禄，主要勋贵重臣的食禄加起来就多达五万七千九百石，而这还只是政府给予的口粮，各勋贵重臣所持有的私产以及记在家奴名下的田土还有更多粮食没有计算在内。

如此看来，开国之初的太祖皇帝是打算与功臣勋贵们共天下的，之后他更是大搞政治联姻，把自己的儿女与功臣勋贵的后嗣绑定起来，这明显是要结成更加坚固的同盟，一同捍卫大明王朝的江山。

然而，胡惟庸的专权第一次让朱元璋警惕了起来。他曾问刘基，杨宪、胡惟庸、汪广洋等人能否做大明的宰相，刘基认为以上诸人都不合适，让朱元璋继续寻访贤人。[①]可惜，朱元璋并没有把刘基的话听进去，也可能他实在找不到更适合做宰相的人，胡惟庸就这样走到了臣工之首的位置。

后来，胡惟庸专权日盛、结党营私，内外诸司封事入奏，都由胡惟庸先行审阅，一旦发现不利于自己的，直接截留不发，其余的才上报皇帝批阅，而那些敢于跟胡惟庸说"不"的大臣多被迫害，且不得昭雪，文臣武将因此趋炎附势，会集于胡府内外，皇权在相权面前变得岌岌可危。

权力欲极强的朱元璋不能允许自己的大臣有制衡皇权的能力，也不允许任何一个人能聚集文臣武将，故而于洪武十三年一手炮制了胡惟庸谋逆案，牵连五千余人，杀了少数如唐胜宗、费聚等侯爵勋贵。

胡惟庸案开启了洪武一朝的"潘多拉魔盒"，皇权必须凌驾于任何人之上成了朱元璋不可逾越的底线，但胡惟庸案本身对大明的北疆防线并没有造成什么实质的影响，相反，把大都督府拆成左、右、前、后、

---

① 《明史·刘基传》："及善长罢，帝欲相杨宪。宪素善基，基力言不可……帝问汪广洋，曰：'此褊浅殆甚于宪。'又问胡惟庸，曰：'譬之驾，惧其偾辕也。'"

中五军都督府，有利于皇帝对军权的把控，避免将领私专军伐之事。通过这次屠戮功臣的尝试，朱元璋发现自己在屠杀功臣勋贵时并没多少心理负担，他很清楚时局不同了，当前只要能维护大明王朝的长治久安，一切恩情都是可以抛弃的。

到洪武二十五年，大明高阶统帅徐达、常遇春、邓愈、李文忠都已去世，开国六国公就只剩下了宋国公冯胜一人，而蓝玉在捕鱼儿海之战后获封凉国公，讨伐辽东纳哈出后风头更是盖过了冯胜。按照之前的北疆防线设计，勋贵如傅友德、王弼等人在各边塞调动、练兵，上面既要受到塞王们的节制，又要听从领大将军印的冯胜、蓝玉指挥，这就是勋贵、塞王同戍北疆的初步格局。

本来这是很平衡的一种设计，冯胜、蓝玉虽然有大将军之名，但他们的兵权属于五军都督府，完成军事行动后必须交还帅印，这就意味着不能长期专断征伐，而塞王手握三护卫之兵，分布塞上各重镇，第一线有燕王、谷王、宁王等人，第二线又有秦王、晋王，他们的封地恰好像个口袋，边塞的卫所都在其中，如果有勋贵武将谋反，北上会被第一线的塞王挡住，不能与鞑靼、瓦剌会合，南下又会被西安、太原之兵截击，也不能长驱直入，控制中原地区。

另外，塞王们拥兵塞上，又常驻不撤，确实容易成为皇权隐患，故而有勋贵重臣领兵在北平、山西一带，也能从侧面制衡塞王的权力，避免塞王节制卫所军队，行割据之实。

塞王、勋贵都有领兵之权，相互之间有时是塞王节制诸将讨伐北元，有时又是勋贵偕塞王练兵、巡边，两者就成了相互制约的二元体系，谁也不能在北疆防线上搞事情，更不可能瞒着朱元璋搞小动作。但这一切都有一个前提，即是未来的皇帝能压制塞王、勋贵两者，有这个能力的人无疑是懿文太子朱标。

如今，除了朱元璋外，唯一有威望压制塞王、勋贵的懿文太子去世了，为了让"立嫡立长"的规矩世代相传，还未成年的朱允炆成了皇太孙，这么小的孩子既没有处理过政务，也不曾管理过文臣武将，又没有施恩于有过失的藩王叔叔，自然就很难得到藩王们的拥戴。勋贵们看朱允炆是幼主，塞王们看朱允炆是侄儿，怎么看都在气势上低了很大一截，这让朱元璋产生了主少国疑的忧虑。

为了让皇太孙朱允炆能顺利接过政权，朱元璋不得不又一次为储君"拔刺"，而接替胡惟庸成为最大"刺头"的就是新一代的征虏大将军蓝玉。说起蓝玉，此人算是第二代明军将领，早年曾在常遇春麾下作战，很有勇将之风，临战时勇于陷阵，常常率死士孤军突入，所向披靡，洪武四年随傅友德征讨蜀川时，于锦州大战中大显神威，官拜都督，很快在明军高级将领的行列里脱颖而出。由于蓝玉是常遇春的妻弟，常氏又是朱元璋钦定的太子妃，所以蓝玉通过常氏与朱标建立了很深的羁绊，是极力拥护太子即位的太子党。

然而，朱标与常氏的长子朱雄英却早早夭折，而朱允炆的母亲是吕氏，与常氏家族没有任何关系，自然与蓝玉也没有关系。朱标若在世，蓝玉自然会继续拥护朱标，因为朱标和常氏还可以继续生下嫡系继承人，可是朱标一死，蓝玉与东宫的关系就彻底断了，新的皇太孙与他没有任何亲缘关系。

这一点，朱元璋看得非常清楚，因为这也是他自己的布局，又岂会不知道政治联姻已经失去了意义。

蓝玉脱离太子党对朱允炆的威胁非常大，这位凉国公勇略过人，性格却刚愎自用，军事能力毋庸置疑，朱元璋曾将其比作卫青、李靖，足见他在徐达、李文忠死后已经成了明军事实上的新一代领导人。

如果从制衡的角度看，塞王与勋贵间是一种制衡，蓝玉和冯胜间同样是一种制衡，冯胜是蓝玉之前的征房大将军，因为贪墨战利品以及惊溃纳哈出事件被朱元璋夺了大将军印，但他的军事能力丝毫不输蓝玉，甚至是高于蓝玉的老一代统帅，而且他的将校部属遍布军中，威望肯定在蓝玉之上。

朱元璋表面上以冯胜违反军法为由削夺了他的军权，实际上却没有像对付胡惟庸那样对付他，说到底还是因为需要他的威望压制军中如傅友德在内的将领，也需要他制衡蓝玉，避免这位后起之秀风头无两，造成军中权力失衡。然而凉国公蓝玉一再自寻死路，如果说他被动脱离太子党还情有可原，那他在下面几件事情上就触及了朱元璋的底线。

第一件事发生在洪武二十一年，当时蓝玉受命出征捕鱼儿海，大破北元王庭，俘获元主次子地保奴、后妃公主百三十余人，吴王朵儿只等将相官校三十人，男女七万，马驼五万。本来这是大好事，不想蓝玉一时兴起，侮辱了北元妃子，还认为这是他应得的战利品。此事传回京师，朱元璋怒不可遏，认为蓝玉逾越了君臣的底线，于是把"梁国公"封号改为"凉国公"，还把他的过失直接刻在铁券上，①既有警告之意，又有羞辱之意。

第二件事同样发生在洪武二十一年，得胜归朝的明军抵达喜峰关时，天色已晚，按照明军规定，晚上是不能开关的，这主要是怕敌军冒充明军偷袭关隘。作为大将军的蓝玉应该是最清楚军法军规的，然而他自恃功大，竟然要求守关将领立即开关迎接大军，结果这位守将也是条硬汉子，坚决不肯开关，一定要蓝玉等到天亮再入关。蓝玉十分生气，直接挥剑攻城，当即攻破喜峰关，杀了忠于职守的守关将校。

---

① 《明史·蓝玉传》："初，帝欲封玉梁国公，以过改为凉，仍镌其过于券。"

接下来的几件事情都发生在归朝之后，在蓝玉看来，纵然他欺辱北元妃子、袭杀喜峰关将校，朱元璋依然封其为凉国公，足见他能力强、责任重、皇宠盛，也就越发无礼起来，不仅在皇宴上举止无礼，在军中随意对军士黥（qíng）面，又养庄奴义子数千人，动辄鱼肉乡里，侵占东昌民田，还敢殴打朝廷御史，完全不把朝廷放在眼中。

最后一件事发生在洪武二十五年，蓝玉受命西征西番而还，太祖皇帝封其为"太子太傅"，意在拉拢蓝玉，想以东宫属官的名义把他拉入皇太孙党中，没想到蓝玉不仅瞧不上朱允炆，也看不上太傅的名分，直接说道："难道我的功劳还当不了太师吗？"[①]这番话既伤了朱允炆的自尊，也打了朱元璋的脸，言下之意是他不满意朱元璋的封赏，也不想当皇太孙的老师，换句话说不就是他根本不想加入皇太孙党，更不会拥护朱允炆即位，这还了得？

搞了半天，原来自己一直培养的新一代将领根本不满意皇太孙，那还要他干什么，难道留下来威胁皇权？朱元璋可不想对蓝玉推心置腹，把事情谈开、说清楚，有些话说不清楚，说清楚了就没用了，但凡有点威胁，朱元璋都要清除，绝不冒一丝一毫的风险，于是"蓝玉谋逆案"爆发了。

有了胡惟庸案的尝试，蓝玉谋逆案的规模更大，牵连了开国公常升、鹤庆侯张翼、普定侯陈桓、景川侯曹震、舳舻侯朱寿、东莞伯何荣、宣宁侯曹泰、会宁侯张温、怀远侯曹兴、西凉侯濮玙（yú）、东平侯韩勋、全宁侯孙恪、沈阳侯察罕、徽先伯桑敬、吏部尚书詹徽、户部侍郎傅友文、都督黄辂（lù）、萧用等人。彻侯、功臣、文武大吏，

---

① 《明史·蓝玉传》："我不堪太师耶？"

甚至偏裨将卒，被打入"蓝党"牵连的多达一万五千至两万人。

蓝玉一倒，明军的二元体系也就跟着垮了。没有了蓝玉的平衡，宋国公冯胜突然成了明军第一人，在世的信国公汤和早早归隐交出了兵权，怎么也不愿意再蹚浑水，颍国公傅友德一直是冯胜的部下，无法成为取代蓝玉的支柱，冯胜就变得异常重要起来，而且他当时已被封为太师，正在河南、山西一带领兵，手握重兵且战功赫赫，这就很难让人放心，故而在蓝玉被诛杀后不久，老皇帝就把冯胜也召回了京城，不想让他在军中待太久。

冯胜能成为皇太孙朱允炆的支持者吗？不知道，至少老皇帝无法得到肯定的答案。按照之前的政治联姻，冯胜也不属于太子党，他的女婿是镇守河南开封的周王朱橚，周王与燕王是同胞兄弟，与懿文太子朱标却不一定生于同一个母亲，周王一系与太子一系的关系并不紧密。

现在冯胜没有了制衡，如果有意扶持周王朱橚威胁皇权，再加上他的旧部遍及军中，从开封到京城的距离又那么短，秦、晋、燕、宁、谷、辽诸塞王都在开封以北，就算要发兵勤王也来不及，所以冯胜是个隐患。

隐患让人不安，从蓝玉被杀开始，剩下的勋贵功臣们也无法置身事外，不过老皇帝却没有立即赐死冯胜，而是在洪武二十七年（1394年）先杀了颍国公傅友德、定远侯王弼、永平侯谢成。其中王弼、谢成分别与楚王、晋王有政治联姻，王弼还与蓝玉关系密切，都是军中能取代冯胜地位的高阶将领。至于冯胜，他也在洪武二十八年被赐死。至此，勋贵武将除了善终的徐达、汤和等人外，全部都已经不在军中领兵。

塞王与勋贵的二元体系也跟着崩塌了。

清理勋贵武将后，外姓重臣对皇太孙的威胁消失了，但原来的北疆二元体系就不能用了，塞王地位远远高于地方卫所的指挥将校，要统领边塞抵御鞑靼、瓦剌、兀良哈的威胁，明廷就更加依赖塞王们。到朱元璋驾崩为止，北疆防线剩下的时间都是塞王们的表演。

洪武二十九年，燕王朱棣、宁王朱权联合行动，从彻彻儿山杀至兀良哈秃城，再次大破敌军，这充分表明北疆防线由塞王坐镇足矣。洪武三十年（1397年），朱元璋敕晋、燕、代、辽、宁、谷六王勒兵备边。洪武三十一年，朱元璋又授权燕王总率诸王防边，朱棣成了北疆防线的最高指挥。然而，塞王们独大又成了新的问题，老皇帝朱元璋、皇太孙朱允炆都意识到了这个问题，难道为了让孙子顺利即位又要把儿子们也清洗一遍吗？这绝对不可能，如果这么做岂不是动摇了皇室本身，抛弃了之前三十几年的努力和构想，也彻底摧毁了塞王戍边的政策？于是就有了《皇明史窃·卷三》中爷孙俩对塞王戍边的问答。

孙子："虏不靖，诸王御之，诸王不靖，孰御之？"

爷爷："汝意如何？"

孙子："以德怀之，以礼制之，不可则削其地，又不可则废置其人，又甚则举兵伐之。"

爷爷："是也，无以易此矣。"

削地、撤藩、讨伐，皇太孙朱允炆的应对之策其实就是削藩，也在无意中试探了朱元璋的反应，只是在朱元璋看来，他对削藩的默许有一个必定的前提——诸王不靖，即藩王有谋反的倾向才可以这么做。只可惜朱允炆没有告诉朱元璋他的削藩政策根本没有这个前提，削藩是新朝势在必行的大政方针，也就意味着要破坏北疆防线的防御体系，抛弃已经定下的塞王戍边之策，这能成功吗？

山雨欲来时

爷孙俩关于塞王戍边的问答看似不经意，实际上却暗藏了未来皇帝对施政方针的探问，朱元璋对皇太孙的问题没有给出任何对策，是他根本没有想过对策，还是他在等待皇太孙自己的答案？与其说这几句问答是爷孙俩关于削藩的讨论，不如说是皇太孙向朱元璋讨要削藩的许可，而朱元璋那一声无奈的叹息，解开了皇太孙束缚的手脚，被视为削藩的默许。然而，爷孙俩对皇权的占有欲出奇地一致，容不下任何威胁存在，皇太孙有意忽略了"诸王不靖"的大前提，明初最大的动乱就要来临。

读起《明史》中大明开国的艰难历程，人们往往会叹息鸟尽弓藏的历史轮回，猜想如果没有屠戮功臣，没有贸然削藩，大明王朝会不会是另外一幅景象，会不会出现皇帝、宗藩、勋贵相互制约又相互支持的局面？笔者一直佩服那些不轻易提起屠刀，却能把朝堂各派玩弄于股掌之中的平衡大师，但凡还有继续平衡天下的可能就不应该选择最危险的策略，皇太孙难道真的没有其他选择了，必须与各藩王走到对立的一面，必须对各藩王动手了吗？

事实上，勋贵、塞王相互制约的二元体系垮塌后，平衡并没有彻底消失，塞王之间也是存在平衡关系的。因为秦、晋二王与懿文太子朱标的关系很紧密，一则三人绝对是一母同胞的亲兄弟，比起其他藩王，秦、晋都是大藩，是很支持东宫的塞王；二则秦、晋二王都曾犯下大错，险些被朱元璋废了，全仰仗太子相救才能继续当塞王，当然也不排除是朱元璋有意让秦、晋二王欠太子一个恩情。

然而燕王却不像他们那样亲近，只有周王和他是同胞兄弟。他与秦、晋二王的真实感情在塞王戍边后完全暴露了出来，特别是在晋、燕二王共同讨伐北元太尉乃儿不花时，两派的感情完全破裂，相互上表指责对方。

塞王间不和睦是有利于皇太孙朱允炆坐稳东宫的，大藩宗王越是相互看不上眼，就越表明他们不会合力对抗朝廷，任何一方都会因为对方的存在而不敢做出大逆不道的举动。秦晋反则燕兵至，燕藩叛则秦晋攻，朝廷只要在中间调停，掌控好天平两端，不时打一派拉一派，避免任何一方坐大，就能继续保证北疆防线的安定与朝廷的安全，所以北疆防线即便只有塞王坐镇也是可以制衡的，这恐怕也是朱元璋的想法，然而令人意想不到的问题却出现了。

洪武二十八年三月，秦王朱樉暴毙；洪武三十一年三月，晋王朱棡也去世了。可是，燕王朱棣却越活越健康，在塞外的威望也越来越高，过去由晋、燕二王节制边塞明军的二元体系无疑也崩塌了，这是朱元璋怎么也想不到的，他根本没有预料到两个儿子会先于自己离世，特别是晋王朱棡的去世让他措手不及，因为他自己也将油尽灯枯，来不及帮皇太孙重新布局，只能把北疆防线完全交给燕王朱棣。

洪武三十一年四月，即晋王朱棡死后一个月，燕王受命率诸王防边。一个月后，左军都督杨文率兵前往北平，总兵郭英前往辽东，各路明军会同谷、宁、燕、辽四府精锐进入开平周边险要地区，由燕王朱棣节制，二元成了一元。

如果历史没有被篡改，朱元璋临终前的决策无疑造就了一个燕王独大的局面，这究竟是因为他非常信任燕王，自信《皇明祖训》能限制燕王的野心，还是他以为皇太孙能用之前的问答有效处置可能的变数？一辈子都在集中权力并消除隐患的朱元璋万万没想到自己反而留下了新的隐患，过于扶持燕王反而把儿子和孙子推到了对立面，让那个二十二岁的少年越发不安起来。

洪武三十一年闰五月，大明太祖高皇帝朱元璋驾崩，时年七十一岁，皇太孙朱允炆即位称帝，年号"建文"。

在建文帝执政的四年时间里，所有的新政都围绕着同一个主题——巩固皇位。具体而言也就两件事，一是削藩，二是改革官制。

早在建文帝还是皇太孙时，他曾在东角门向黄子澄请教制衡藩王之策，黄子澄便以汉景帝平定七国之乱对答，极大地增添了建文帝的信心。①等到建文帝真的独掌大权后，力主削藩的兵部尚书齐泰、太常寺卿黄子澄、翰林院侍讲方孝孺成了他的幕僚，他们三人中，齐泰、黄子澄负责削藩事宜，方孝孺则专攻官制改革，前者针对的是藩王和北疆防御体系，后者是根据《周礼》变更太祖的旧制。

在建文新政中，削藩无疑是新朝廷工作的重中之重。关于削藩问题的讨论，洪武元年时就曾由朱元璋亲自提出，他曾问当时的懿文太子朱标和其他皇子，汉朝七国之乱究竟是什么原因导致的？

当时的朱元璋已经打定主意要广建藩王并戍守边塞，故意借此阐述自己"上敦睦亲族，下夹辅王室"②的理念，说白了就是要未来的皇帝爱护诸王，也要诸王守护皇帝，这是一种非常理想的状态。然而在洪武九年（1376年）时，山西平遥训导叶伯巨首次提出了"分封太侈"的问题，他认为朱元璋封建的藩王过多，王城规模仅亚于天子之城，护卫军士数量也非常大，很有可能引发又一次七国之乱，叶伯巨因此被朱元璋以离间宗亲之罪处死。

---

①《明史纪事本末·卷十五》："一日，太孙坐东角门，召侍读太常卿黄子澄告之曰：'诸叔各拥重兵，何以制之？'子澄以汉平七国事为对。"

②《明史纪事本末·卷十四》："上问太子：'近儒臣讲说经史何事？'对曰：'昨讲《汉书》七国叛事。'遂问：'此曲直孰在？'对曰：'曲在七国。'上曰：'此讲官偏说耳……则为太子者知敦睦九族，隆亲亲之恩，为诸子者知夹辅王室，尽君臣之义。'"

显然，要说叶伯巨在故意离间宗亲简直是"欲加之罪"。事实上，叶伯巨并不是无缘无故提出削藩的，彼时因为天象异常，朱元璋下诏求直言，试图让全国各地的大臣都忙想想王朝的过失，于是叶伯巨就提出了"分封太侈""用刑太繁""求治太速"三大弊政，[①]后两项实际都没有多大问题，唯有削藩一策触了龙鳞。

　　对于削藩，叶伯巨其实是经过认真思考的，他不仅直接提出了广建藩王的问题，也提出了自己的解决办法。简单来说，即是"缩小王城""削减护卫""限制疆里"三种办法，这三种办法既保证了朝廷在讨逆时藩王无坚城可守，也避免了藩王能集结起一支与朝廷抗衡的军队，同时还严格限制了藩王的地界和可行动的范围，让他们被圈在一小块地方，难以动弹。

　　然而，叶伯巨考虑的只是国家内部的问题，他并不知道朱元璋对北疆乃至整个大明边塞的防御体系构想，藩王在朱元璋心中是制衡勋贵武将和卫所军队的存在，也是代替异姓武将拱卫大明的主要军事力量，如果真的按叶伯巨的想法削弱藩王实力，那藩王还怎么拱卫大明，怎么领兵抵御北元残部？

　　削藩的首次提出虽然以叶伯巨被杀暂告一段落，但广建藩王始终是众多文臣心中最大的弊政。建文帝即位后，以江浙文臣为代表的南方士族再次提出削藩，户部侍郎卓敬就是第一个密奏裁撤宗藩的"出头鸟"。毫无疑问，建文帝心中是想削藩的，所以他没有直接答复卓敬，更没有像太祖皇帝那样把人下狱，用这种沉默表明了皇帝的态度。可是世间没有不透风的墙，建文帝对削藩不置可否的态度很快传到了京城之

---

　　① 《明史·叶伯巨传》："臣观当今之事，太过者三：分封太侈也，用刑太繁也，求治太速也。"亦可参见《明史纪事本末·卷十五》叶伯巨中关于阐述"分封太侈"的具体内容。

外，诸王都很担忧，彼此开始串联。

文臣代表提了削藩，武将的态度是什么呢？不久后，前军都督府断事高巍上疏建文帝，提出可以效仿贾谊、主父偃的"推恩令"，明着是把藩王的儿子们都分封成亲王，实际上却是把藩王的食禄直接分给更多的儿子，然后再把护卫也逐渐拆分成更小的军队。

这种对策很有智慧，西汉时就证明了它的可操作性，而且对于未来不断增长的宗亲数量也有限制作用，朝廷只需要负担第一代亲王的食禄，以后这一支系无论怎么繁衍，所需的食禄都由亲王自己出，朝廷不会增加负担，否则每加一个郡王、奉国将军，朝廷都要另外支出食禄，百年之后的宗亲食禄总和岂不是会成为朝廷的财政负担？

唯一的问题是见效缓慢，如果按照这种操作，也许建文帝满头白发时也见不到各大强藩被拆分成小藩，而信心不足的建文帝怎么能安心等到那一天，日日担忧塞王谋反的他恐怕会辗转反侧。万一塞王们拒不执行皇帝的命令，直接起兵谋反，朝廷不就白白浪费了宝贵的时间，坐等塞王们逐渐壮大？所以还是不行，年轻的皇帝不想等。看来除了强推削藩之策，还真没有让建文帝满意的办法了。

这时朝廷又遇到了另一个问题：朱棣自建藩以来，不仅毫无过失，而且还屡建奇功，镇守北平二十年来，三出长城重创蒙古，朝廷拿什么理由来削战功赫赫的燕藩呢？

于是黄子澄提出了"宜先取周，剪燕手足"①的策略。这一下就好办多了，比起朱棣那样的"无缝蛋"，周、齐、代、湘、岷等王多有过失，恰好可以作为削藩的切入点，首先被拿来开刀的就是燕王的同胞兄

---

① 出自《明史纪事本末·卷十五》。《明史·黄子澄传》也有相关记载："今欲问罪，宜先周。周王，燕之母弟，削周是剪燕手足也。"

弟周王朱橚。

洪武三十一年七月，建文帝让曹国公李景隆以巡边为名北上，在经过开封时突然包围了周王府，把周王朱橚抓回南京废为庶人。次年二月，建文帝以岷王不法为由，削其护卫，废为庶人。又以湘王伪造大明宝钞、擅自杀戮为由，派兵入府拿问，湘王虽然喜好文墨，但也有皇族的骄傲，当即阖宫自焚，来了个宁死不从。接下来，齐王被召至京城废为庶人，代王被囚禁在大同也废为庶人，宁王的护卫也被削减。

短短数月时间，周王、岷王、齐王、代王、湘王都被废除王爵，尤其是湘王为了不受侮辱，阖宫自焚一事，成了当时大明最大的新闻，影响极其恶劣，让所有藩王都开始不安起来，以"仁孝"著称的建文帝本来还有惩戒藩王不法的借口，如今却因湘王死得过于惨烈而落于下风，让天下人以为他要彻底剪灭所有藩王才肯罢休，间接把自己推到了所有藩王的对立面上。

削藩的政策没有错，过于激进却不是建文帝的初衷。根据《奉天靖难记·卷一》记载，这一系列削藩下来，天下第一藩的燕王朱棣开始警觉起来，他在弟弟周王被废后，直接上书为周王求情以此来试探朝廷对自己的态度。建文帝看后也觉得削藩有些过于激进，于是让齐泰、黄子澄暂停削藩之事①，但是黄子澄像一头不撞南墙不回头的倔牛，执意把削藩推行到底，而且下一步还要对上书劝谏的燕王动手。建文帝一听，认为燕王善于用兵，绝对不是能轻易削废的，因此不愿意继续削藩。

事情就在这里出现了不同的说法，《明史·黄子澄传》中记载："帝曰：'燕王智勇，善用兵，虽病，恐猝难图。'乃止。"同样在

①《奉天靖难记·卷一》："允炆曰：'是策固善，所立未久，连去数王，难掩天下公议，先生且止。'"

《奉天靖难记·卷一》中的描述也让人明确感受到建文帝的犹豫，但齐泰等人坚持削藩，进言道："不乘此时，恐后有噬脐之悔。"①一再苦口婆心地劝谏下，建文帝终于点头同意，于是朝廷以强化边防守备为名，让都督宋忠统率三万大军进驻开平，并从燕王护卫中征选精兵编入麾下，另一些如蒙古将领观童等燕王护卫将校也被直接调走，最终引起了靖难之役。《明通鉴·卷十二》却没有建文帝心生恻隐的记载，削燕的起因是朝廷派去北平的按察司佥事陈瑛被人告发，说他与右布政使曹昱、右布政副使张琏等人一起接受燕王贿赂，可能有异谋，建文帝遂调兵遣将并派采访使暴昭调查燕王不法行径，果然发现有不法行为，于是建文帝立即启动了削除燕藩的行动。②

前者是黄子澄等人挑唆建文帝无故削藩，而建文帝又少有主见，为朱棣以诛杀奸臣为名起兵靖难提供了事实依据，这种说法有把靖难甩锅给齐泰、黄子澄的嫌疑。后者是燕王本身就有贿赂大臣的不法行径，从而加速了朝廷削藩，这种说法则给建文帝的削燕行动提供了法律依据，有利于朝廷而不利于燕王。两种说法截然相反。而《明史纪事本末·卷十六》中的记载③与第二种说法类似，很可能这才是事实。

至于朱棣何时有了起兵的念头，其实就在同胞兄弟周王被削藩之后，朱棣也就顺势病了，而且病得不轻，严重的时候甚至会"发疯"。

很明显，朱棣已经开始忧虑自己的生死，当时恰好到了为太祖皇帝

---

① 出自《奉天靖难记·卷一》。书中记载："允炆犹豫不决……允炆曰：'燕王勇智绝人，且善用兵，虽病恐猝难图也，宜更审之。'齐泰曰：'……不乘此时，恐后有噬脐之悔。'"

② 原文："陈瑛自山东按察司调北平按察佥事，汤宗上变，告瑛与右布政曹昱、副使张琏等受燕府金钱，有异谋，诏建瑛至京师，寻谪广西。"

③ 原文："都御史暴昭采访北平，具以燕邸事密闻于朝，请为之备。北平按察佥事汤宗上变，告按察使陈瑛受燕金，有异谋，逮瑛安置广西。"

祭祀的时候，各藩王和世子都要入京朝拜建文帝，现在只有装病才能不入"虎穴"，所以朱棣顺理成章地成了"病人"，并亲自部署起兵一事，但为了不给朝廷削藩口实，他还是冒险把三个儿子朱高炽、朱高煦、朱高燧全部派往京城。

同一时间，都督宋忠的军队抵达了开平，都督徐凯被部署在临清，都督耿瓛也驻军山海关，再加上被直接派到北平的布政使张昺（bǐng）、都指挥使谢贵，北平燕王府已经被朝廷战略包围。

幸运的是，齐泰建议立即削燕，就地拿问燕王世子三兄弟，但不知道黄子澄是不是书生意气，居然在这个时候又出了昏招，认为如果此时把燕王世子三兄弟放回去，就能减少燕王的警惕，这样在真正动手时才能达到出其不意的效果。

然而真实的情况是朱棣对朝廷即将对他用兵的企图心知肚明，而且已经在王府地下秘密打造兵器铠甲，训练王府兵士，但关于是否要起兵，他还很犹豫，毕竟三个儿子全都在京城，周围又都是朝廷的军队，这些顾虑让他迟迟没有行动。不料三个儿子竟然全都安全返回北平，朱棣此时再也没有了任何顾虑，起兵至此已经无可逆转。

《明史纪事本末·卷十六》："初，世子入京，燕王大忧悔，暨归，喜曰：'吾父子复得相聚，天赞我也。'已而燕兵起，高煦戮力为多。帝曰：'吾悔不用辉祖之言！'"

第三章

骤雨，燕王举兵

靖难谍战

泱泱中华五千余年，朱棣绝对是史上最传奇的藩王。无论是七国之乱，还是八王之乱，抑或是安史之乱，还真没有几个藩镇能轻松推翻中央王朝，尤其是唐朝之后，中央王朝的权力越来越集中，地方藩镇除了受到各方面的监视，封国、府兵、财赋都不足以单独挑战皇帝的权威，有不少祸乱才发生就被迅速镇压，但是朱棣为什么能起兵成功呢？

建文帝没有监视他吗？

监视了。

建文帝没有收缴兵权吗？

收缴了。

既然建文帝已经做了充足的准备，为什么朱棣还是逃过抓捕，并最终起兵成功了呢？

这就不得不说说靖难之役背后的"谍战"。

削藩前的周密部署

正如前文所述，建文帝的削藩计划早在他还是皇太孙时就已经开始谋划，太祖皇帝一驾崩，削藩行动便立即开始实施，问题是削谁，为什么非要削，谁是让建文帝极不自信的人？其实，削藩的对象不难推测，在建文帝与黄子澄的东角门对答时，他就已经给出了削藩对象必须具备的两个条件，分别是"拥重兵""多不法"①，一是护卫兵多的必须削掉，否则造反了怎么办？二是经常违法乱纪的必须削掉，否则老百姓凭什么拥护朱明皇室？

---

① 《明通鉴·卷十一》："诸王尊属拥重兵，多不法。"

一些人认为建文帝产生削藩的念头多是因为诸王不尊重还是皇太孙时的建文帝，朱棣曾拍着刚被封为皇太孙的朱允炆说道："不意儿乃有今日！"[①]可见，藩王们一开始就有些轻视朱允炆，再加上部分人无视朝廷法纪，所以登上皇位的建文帝很自然地认为藩王们都不尊重自己，是建文新朝的威胁，能削的必须一概削掉。

可是如果真的要动手削藩，难度未免也太大了，毕竟太祖皇帝分封的藩王多达二十四个，个个都有护卫军，镇守北疆防线的九大塞王更是重兵在握。如果仅仅因为他们手握重兵、态度傲慢就大肆削藩，难道不怕藩王们结成同盟一起向朝廷发难？那岂不是促成了"七国之乱"的再现吗？所以要削藩首先得找到不得不削藩的理由，让其他人无法反驳，而且还要禁止藩王们结成联盟。

"皇太孙即位，遗诏诸王临国中，毋得至京师。"[②]

朱元璋驾崩后，朝廷下发给诸王的第一道命令不是安慰藩王们，而是让他们待在封地，不准乱跑。建文帝是严格禁止藩王们相互串联的，更不允许他们结交朝廷官员，登基伊始便抬出太祖皇帝的遗诏，说是老皇帝朱元璋不准各大藩王进京，其实就是不想让藩王们聚首哭丧。这么害怕藩王们聚在一起，为什么？

究竟是老皇帝害怕孙子的威望不足以震慑诸王，担心诸王在应天闹出事情，让朝廷大臣们看笑话，毕竟他们都是叔叔辈，现在可能不会尊重年轻的新皇帝？还是建文帝内心不自信，害怕诸王在削藩新政未推行前利用聚首哭丧的机会结成"攻守同盟"，从而威胁建文帝的新朝？

突发事件却在这时出现了——燕王居然来了。

---

① 出自明末赵士喆的《建文年谱》，《明史》《明通鉴》等史料中未见记载。
② 出自《明史·成祖本纪》。

"太祖崩，建文皇帝即位，遗诏止诸王入临会葬。燕王入，将至淮安。" [1]

如果翻开地图就不难发现，从北平到应天的距离远达一千公里，老皇帝驾崩的消息要传到北平，怎么也得比其他藩王们晚点，然而，几乎所有的藩王都没有来朝奔丧，唯有朱棣迅速来了，而且都到了淮安，距离京师已不到二百公里，这不等于是说他在朝廷发布消息前就已经有人给他传递了老皇帝驾崩的情报吗？看来燕王在朝廷里有自己的谍报人员，至于他们是谁，彼时还看不出来。不过，燕王没能成为唯一一个奔丧的藩王，他在抵达淮安时就被建文帝给撵了回去。

禁止藩王们奔丧就一定能阻止他们相互串联吗？当然没那么容易。当卓敬密奏削藩时，朝廷内外很快便出现了流言，诸王们由此相互煽动。[2]卓敬是密奏削藩，流言怎么就出现了呢？看来朝廷里面的事情根本不是秘密，藩王们在朝廷是有自己的谍报网络的。前有燕王提前奔丧至淮安，后有削藩密奏泄露给藩王，建文帝深感忧虑，便向黄子澄、齐泰询问对策。

两人立即动手削藩，齐泰直接给出了自己的计划。简单来说，即是先派出谍报人员赶赴各个藩王的封地，策反可能掌握藩王不法行为的人，然后根据情况上报或者直接捏造不法事实，由人告发至朝廷，朝廷再以此为由削藩，要么诏藩王入京软禁，要么直接废了囚禁，接着再以此事牵连其他藩王，一个一个地削掉各藩王。[3]故而，从周王开始，

---

① 出自《明史纪事本末·卷十六》。

② 《明史纪事本末·卷十五》："户部侍郎卓敬密奏裁抑宗藩，疏入，不报。于是燕、周、齐、湘、代、岷诸王颇相煽动，有流言闻于朝。"

③ 《奉天靖难记·卷一》："齐泰曰：'此甚易，但使人诬发某阴私，坐以逆谋，则可以削之，削一可以连坐。'"

所有被废的藩王都是被人告发的，比如周王是被次子朱有爋（xūn）告发，岷王是被西平侯沐晟告发，湘王、代王、齐王无一不是按此操作。

对于朱棣，朝廷同样按照此等办法操作，而且告发来得也很早。但由于朱棣的威望最高，麾下又有很多精兵强将，再加上他本人智虑绝人，黄子澄等人担心仓促之间很难成功，故而朝廷没有采用对付其他藩王那样的简单操作，而是有步骤、有计划地部署对朱棣的"包围网"。这个所谓的"包围网"既包括军事上的，也包括政治上的。

洪武三十一年十一月，建文帝任命工部侍郎张昺为北平布政使，都指挥使谢贵、张信为北平都指挥使。什么是布政使、都指挥使？前者类似于政府最高行政长官，后者是军队的地方司令员，他们合在一起就能把持地方主要军政，而且三人都得到了建文帝的密令：严密监视燕王府动向。如此一来，建文帝首先出手调整了人事任命，等于架空了朱棣，把持了北平的军政大权，怎么看都是要削夺燕藩的前兆。

建文元年（1399年）二月，建文帝更进一步，直接下诏：诸王不准节制文武官员。[①]之前朱棣有权节制北疆防线各卫所以及宁、辽、谷等藩王护卫军，现在朝廷一刀切地禁止藩王插手亲王护卫军以外的军队、官僚，进一步削弱了藩王在地方的影响力，明面上好像是一视同仁地收回藩王的特权，但实际上受到影响最大的还是朱棣，因为他那"诸王之首"的特权没了，朱元璋给他的权力正在慢慢消失。

紧接着到了三月，北平按察司佥事陈瑛、右布政使曹昱、右布政副使张琏（liǎn）等官员被人告发收受燕王府贿赂，图谋不轨。朝廷当即将这些人免职发配，并以此事为契机派都督宋忠、徐凯、耿瓛分别率兵

[①]《明史纪事本末·卷十五》："王国所在，文武吏士听朝廷节制，惟护卫官军听王。"

屯驻开平、临清、山海关，调北平、永清二卫兵于彰德、顺德（今河北邢台），等于是拿走了朱棣的亲军，而且三路中央军就驻扎在北平不远处，形成了三面包围之势，随时可以杀来。如此部署可谓万全了。

不过，仅仅是贿赂朝廷官员还不足以让朝廷削藩，所以建文帝决定派更多的官员去搞情报，立即任命了二十四个采访使，专门派到不同地方巡视，名义上是巡查地方官员工作如何，实际上都是派去收集藩王不法证据的探子，其中派到北平的采访使暴昭得到的任务就是寻找燕王不法的直接证据。

暗中较量的间谍

从建文帝的部署来看，除掉藩王是他的最终目的，不论是先拿下周、齐等小藩王，还是部署北平包围网，建文帝心中排在第一位的目标始终是燕王，为什么一定是燕王，而不是宁王、谷王、辽王等人呢？这些人不都手握重兵吗？除了太祖朱元璋临终时让燕王节制宁、谷等王护卫这一原因外，建文帝留在燕王府中的间谍才是幕后最大的推手。

建文元年初，燕王府长史葛诚入京奏事。所谓"长史"，即总管王府事务，也负责规范藩王言行，可以理解成王府的大管家，是朱棣的重要幕僚。葛诚之所以要入京奏事，主要是朱棣让他代表自己向新皇帝表明忠心，结果他不仅没有让建文帝对朱棣安心，反而把府中不该说的全数透露了，等于把朱棣扒了个精光，朱棣不满建文帝的真实情感也因此暴露，这坚定了新皇帝削藩的决心。

回到北平后，葛诚并未如实汇报面圣的经过，反而有所隐瞒，两相比较，基本可以确定葛诚忠于建文帝，而不是自己的直接上司燕王，而他的主要任务便是留在府中监视朱棣的一举一动，为削藩做准备。

"夏六月，燕山百户倪谅告变，逮官校于谅、周铎（duó）等伏诛。下诏让王，并遣中官逮王府僚，王遂称疾笃。"①

若记载属实，就在葛诚入京奏事后不久，燕军百户倪谅便密告朱棣麾下大将于谅等人谋反，建文帝部署在北平的包围网立即行动，当即诛杀了于谅等人，同时下诏书责备朱棣，吓得朱棣只好用装病来博取建文帝的同情。很明显，百户倪谅在这一事件里起关键作用，他又是谁？

百户，类似于军中的百夫长，明代的百户为正六品，统兵一百二十人，这种级别连中层将领都算不上，谋反这样的大事他是如何得知的？证据是否充足可靠？而于谅等人，他们无一不是燕王部属，肯定没有胆量单独谋反，再加上谋反一案并未牵出主谋燕王，可见倪谅交给建文帝的情报还不够分量，并不足以证明燕王有谋反的举动。但此事却把燕王吓得"疯了"。②

朱棣装病发疯后，朝廷并不相信，所以张昺、谢贵立即上门察看，一探究竟。朱棣为了让两人相信，故意在盛夏之日用火炉烤火，还一边大呼好冷。如此诡异的一幕让两人几乎相信燕王是真的疯了。然而，就在朱棣的表演差点儿成功骗过张昺、谢贵时，作为燕王府头号间谍的葛诚却暗中告诉二人燕王装病："王本无恙，公等勿懈！"③

这下朱棣的所有努力都付诸东流，建文帝已经知道朱棣没有病。同一时间，朱棣派到朝廷奏事的百户邓庸被齐泰严刑逼供，进一步证实了朱棣在装病，而且意图不轨，抓捕朱棣的命令随即被送至北平布政使张昺、都指挥使谢贵、张信处。

如果这一命令没有被朱棣探知，那他的命运必定和湘王无异，然而

① 出自《明通鉴·卷十二》。
② 《明史纪事本末·卷十六》："六月，燕山护卫百户倪谅上变，告燕官校于谅、周铎等阴事，逮系至京，皆戮之。有诏责燕王。王乃佯狂称疾，走呼市中，夺酒食，语多妄乱，或卧土壤，弥日不苏。"
③ 出自《明通鉴·卷十二》。

朱棣却事先在府中埋伏了八百兵士，待张昺、谢贵进入燕王府时，突然反杀二人，并迅速挖出了埋在府中多年的间谍长史葛诚、指挥卢振，然后在同一天攻克北平九门，宣布起兵。

朱棣是如何得知建文帝密令的？

这便是建文阵营里最大的间谍送出的情报，此人就是另一个北平都指挥使——张信。

张信本来是建文帝派来制约朱棣的，而且一早就得到了铲除燕王的密旨，然而当建文帝真的发出抓捕燕王的命令后，张信反而急得三次造访王府，但都没能进去，他一着急，竟然设法乘坐妇人的车至王府门前，这才得以把情报送给朱棣。

为什么作为北平都指挥使的张信宁可投奔朱棣，也不按建文帝的密令行事？

《明通鉴·卷十二》记载："初，张信之至燕也，与昺等同受密旨，忧惧不知所出。以告母，母大惊曰：'吾闻燕都有王气，王当为天子。汝慎勿妄举，取赤族祸也。'"

意思是张信的母亲觉得朱棣能成为帝王，要儿子坚决拥护朱棣。这有些可笑，一个老妇人是如何看出朱棣能成为帝王的，难道她有预测未来的占卜之术？恐怕这是为张信的背叛找的借口，因为古代非常推崇孝道，既然是母亲要儿子这么做的，那张信投奔朱棣就情有可原了。

事实上，张信和朱棣的关系非同一般，《明史纪事本末·卷十六》提到"北平都指挥张信为燕王旧所信任"，足见两人早有交往，而他告诉朱棣的情报不只是建文帝的密令，连隐藏在王府的间谍葛诚也因此暴露，为什么葛诚此时才暴露？这很可能是因为之前张信也不知道葛诚是建文帝的间谍，直到他告诉张昺、谢贵燕王根本没病时，张信才发现葛诚的真实身份，所以朱棣才能精准打击，直接把葛诚拉出来斩首。

不过，张信的情报只是"建文帝要动手了"，至于"什么时候动手""怎么动手"两大关键问题，张信恐怕也没掌握。这时候起关键作用的另一个间谍登场了，此人是布政使张昺的属下——李友直。

《明通鉴·卷十二》："会昺等部署卫卒及屯田军士，布列城中，一面飞章奏闻。布政司吏李友直窃其草，献之府中，燕王亟呼护卫张玉、朱能等率壮士八百人入卫。"

李友直在张昺准备部署军队进入北平城时，偷到了张昺给建文帝的密奏草稿，里面正是抓捕朱棣的细节，于是他连忙前往燕王府中，把整个计划都告诉了朱棣，朱棣这才知道了张昺、谢贵的全部计划，也知道了两人的目的是抓捕他，而不是杀了他，朱棣便制定了应对的策略，调八百壮士埋伏在王府中，待张昺等人进入时，一举捕杀。

惊险的北平之战

建文元年七月，张昺、谢贵率部包围了北平燕王府，并在端礼、广智、遵义、体仁四门前设置栅栏围困，过程中不断向王府内射箭，情势十分危急。朱棣对亲信大将朱能、张玉问道："彼军士满城市，吾兵甚寡，奈何？"[1]

朱能认为双方兵力过于悬殊，直接开战根本没有胜算，只有擒贼先擒王，一旦控制了张昺、谢贵，其余军士就是一盘散沙。[2]朱棣立即对外宣布说自己的病已经好了，要在东殿设宴，邀请张昺、谢贵进府，但是这个理由很难骗到二人。于是道衍和尚姚广孝献计称先假装把张昺、谢贵要抓的人绑了，然后再把名单拿给二人，让他们进来取人。

---

① 出自《明史纪事本末·卷十六》。
② 《奉天靖难记·卷一》："朱能等曰：'擒谢贵、张昺，余无能为矣。'"

这个办法还真有用，看到宦官送来的名单后，张昺、谢贵认为朱棣终于束手就擒了，于是带着部分随从前往，准备入府拿人，可是他们刚抵达王府大门，侍卫、宦官立即高声呵斥，称王府不是普通士兵可以随便进入的，就是不准士兵入内。可能张昺、谢贵心想有长史葛诚等内应在府内，根本不用担心燕王要诈，于是便只身进入。

朱棣等人早已准备妥当，埋伏了大量士兵在东殿，等到张昺、谢贵来了后，先请他们吃西瓜，吃着吃着，朱棣突然大怒道："今编户齐民，兄弟宗族尚相恤，身为天子亲属，旦夕莫必其命。县官待我如此，天下何事不可为乎？"①说罢，埋伏的甲士一齐杀出，当即绑了张昺、谢贵，连同内应葛诚、卢振，一起被推出殿外斩首。

张昺、谢贵等朝廷军首脑被诛杀后，在王府外的军队久久等不到主帅，很快就人心浮动起来，一些人先逃走了，另一些人站在原地不知道该怎么办。时间一分一秒地过去，包围王府的士兵越来越饥饿，没有指挥的他们军心已散，看准时机的八百燕军立即从府中杀出，手里还举着张昺、谢贵等人的头颅，吓得朝廷军队作鸟兽散，包围就此解除。

紧接着，张玉、朱能、丘福乘胜追击，趁着朝廷官兵溃散时直接杀奔北平九门，几乎没有遇到像样的抵抗就控制了除西直门外的八门，然后关闭城门，阻止城外的朝廷军队进入城内反击。此时，唯一忠于朝廷的都指挥彭二还不肯放弃，他跃马驰骋于城中各处，到处纠集溃散的士兵，上千朝廷官兵被他聚集了起来。此人颇有胆识，并没有去和正在进攻西直门的张玉、朱能战斗，而是直接杀向燕王府的端礼门，此时的燕军已经全部出动，王府反而守卫空虚。

---

① 出自《明史纪事本末·卷十六》。

这时，朱棣就在王府之中，身边已经没有多少人了，眼见上千官兵即将杀进王府，自己就要满盘皆输时，府中仅剩的护卫庞来兴、丁胜二人英勇护主，直奔领头的都指挥彭二，仓促间还真就斩彭二于马下，上千官兵本就是彭二临时聚集起来的，见主帅又一次被杀，都没了主意，只好再次溃逃，燕王府转危为安。同一时间，西直门的官兵在不要"自取杀身之祸"①的威胁下投降。三天后，北平城完全控制在朱棣手中。

建文元年，朱棣以诛杀齐泰、黄子澄为名誓师"靖难"，以张玉、朱能、丘福为都指挥金事，擢李友直为布政司参议，拜卒金忠为燕纪善，自设官属并去建文年号，仍称洪武三十二年，靖难之役就此爆发。建文帝精心部署的削藩新政破产了。

这一年的博弈精彩绝伦，燕王朱棣之所以能成功发动靖难之役，除了他本人运筹帷幄、忍辱负重外，成功的情报工作才是关键。建文帝怎么都不会想到，即便他收了朱棣的兵权，让自己人当布政使和都指挥使，还策反了燕王长史，依然不能铲除朱棣，因为朱棣得到了张信、李友直的重要情报，不仅把隐藏在王府里的头号间谍葛诚挖了出来，还弄清楚了抓捕行动的全部计划。有了料敌于先的情报，朱棣只用八百壮士就粉碎了建文帝的削藩行动，还控制了北平城。

闪击怀来城

根据《奉天靖难记》的记载，朱棣起兵后，援引《皇明祖训》中

----

① 《明太宗实录·卷二》："谁令尔为此不义，是自取杀身耳。"

"朝无正臣，内有奸恶，必训兵讨之，以清君侧之恶"之语对天下宣布要清君侧，其所要诛杀的奸臣正是齐泰、黄子澄等人。

关于这段引文，《明史纪事本末》中的记载略有不同。原文是"朝无正臣，内有奸恶，则亲王训兵待命，天子密诏诸王统领镇兵讨平之"，而《明通鉴》中写的是："朝无正臣，内有奸恶，则亲王训兵待命，为天子讨平之。"

不难发现，《奉天靖难记》中隐藏了"天子密诏""亲王待命"两个关键信息，即是藩王要起兵必须得到皇帝的密诏，没有密诏也必须待命，也就是等待正式的命令，然而朱棣没有得到这样的命令，但经过对《皇明祖训》的删改，朱棣的起兵就变得合理又合法了。

建文元年七月初四，燕王朱棣于府中诱杀北平布政使张昺、北平都指挥使谢贵，当夜即率八百府兵攻取了北平九门，控制了整个北平城，靖难之役由此爆发。

"今祸迫予躬，实欲求生，不得已也。"[①]正如朱棣所言，靖难之役的发生确实有诸多不得已之处，建文帝的削藩政策本是定国安邦的长久之计，但错就错在逼之甚急、一味求快，前有罢黜五王惹人警惕，后有包围王府剑拔弩张。

短短数月之间，七国行诛，众王惊惧，一张偌大的包围网笼罩着北平城，无数刀剑几乎架到了燕王的脖子上，就算交出护卫军，躲在王府装病，削爵的诏书还是来了，抓捕他的兵马也来了，难道非要像湘王一样把命都交出来才行吗？可以说，燕王谋反完全是建文帝一手促成的。

不过，起兵之初的朱棣并无必胜的把握，也让人看不出他有成功的

---

① 出自《奉天靖难记·卷一》。

可能，这主要是因为建文帝早已编织了一张北平包围网，派都督宋忠、徐凯、耿瓛分别率兵屯驻开平、临清、山海关，三处地方中以开平、山海关离北平最近，两地一者在西北，一者在正东，既有防止燕王逃往北方的目的，也有阻止其他藩王出兵增援燕王的意图，直接威胁最大。

同时，北平、永清二卫又被调至南方的彰德、顺德，等于是剥夺了燕军自卫反击的能力，而朱棣手里除了一座北平城，就只剩下八百府兵，双方兵力悬殊，他又是如何突出重围的呢？

以卵击石的开局

朱棣开局只有八百府兵，靠这不足千人的队伍就要挑战手握百万雄师的建文帝，怎么看都是一场以卵击石的自杀，但是朱棣不怕，更没有选择，在这场以命相搏的战争里，朱棣一开局就拿出拼命的架势，不考虑妥协，不考虑退路，也不考虑天下骂名。

彼时的朱棣是不是还有其他路走的可能，如果他上书请罪，如果他自削封爵，如果他继续装疯，如果他逃往塞外？蝼蚁偷生只因为它们过于卑微，人活一世却不能只是为了活着，如果要朱棣像蝼蚁一样苟且妥协、任人践踏，倒不如像湘王那样死得轰轰烈烈，南面称王者岂能受辱于奴仆之手？

按照建文帝的部署，张昺、谢贵都是就近监视燕王的棋子，手里的军队无非是北平城的卫戍部队，真正的朝廷主力是都督宋忠手里的野战军，他们大多数屯驻在开平，兵力多达三万，仅军马就有八千余。开平北依长城，南临燕山，距北平城约二百六十公里，若按急行军一日百里计算，宋忠最快五天可至北平城下，当然，再加上消息传到开平的时间，燕军至少有八至十天时间可以准备。

如果用十天时间征兵，朱棣肯定是必死之局，一来时间太短，不可能招募到足够的兵丁；二来新招募的士兵未经训练，不可能与野战军对垒。没有足够的军队，难道真要把八百府兵拼到一个不剩为止？

肯定不是这样的。北平在短时间内挤不出军队，但附近的卫所却有很多无人指挥的现成士兵。因此，朱棣转换了思路，没有把精力集中在坚守北平城上，而是放眼四方，以金钱、恩义为手段抢占战略要地，具体的策略便是延揽旧部。

从控制九门的那天起，朱棣的密使就迅速奔赴各大卫所，四处招降纳叛，大搞"奉天靖难"的政治宣传，企图在建文帝诏书抵达前先扩大自己的地盘。《奉天靖难记·卷一》载："甲戌日，通州卫指挥房胜等率众以城来归。丙子日，马宣在蓟州谋起兵乱，遂遣指挥朱能等率兵攻拔之，生擒马宣。遵化卫指挥蒋玉、密云卫指挥郑亨各以城来归。"

在初六左右，朱棣率领人数不多的燕军向东直奔近在咫尺的通州。通州是北平的门户，也是南方粮饷运抵北平的必经通道，占领这里便能打通南下的交通线。

守卫通州的指挥官房胜原是陈友谅的部属，但此人长期驻守北疆防线，在朱棣总率各塞王抵御鞑靼人时，房胜也曾奉命出兵，他见过朱棣，也知道朱棣的能力，在当时局势不明的情况下，房胜没有丝毫犹豫，当即献出了上千人的通州兵马，加入了燕军阵营。

因此，通州没有经过任何战斗，为朱棣的闪电战节省了大量时间。

拿下通州后，燕军有两条路线可以选择，一是由通州沿河南下，取武清、直沽，逼向沧州（今河北沧州）；二是掉头打西边的固安、雄县，威胁保定府。这两条路线都是最好打的，因为那里兵力不多，而朝廷又把大部队调去了更远的彰德、顺德，当地可谓真空地带，拿下它们就能补充很多粮饷。然而，朱棣抢占战略要地的核心思想不是钱粮，而是军队。在张玉的建议下，补充了上千通州卫的燕军选择了继续向东，目标是九十公里远的蓟州。

蓟州的地理位置和通州同样重要，但比起武清、固安，那里有大量的军队驻守，而且守将马宣是坚定的建文派，此人在朱棣刚刚起兵时就曾率部攻打北平，与燕军在城内巷战，只可惜张玉、朱能控制了九门，马宣进攻又准备仓促，很快就在巷战中败下阵来，被迫退守蓟州。蓟州向北就是长城，西边是密云，东边是遵化，夹在中间的蓟州如同连接该处防线上的枢纽。

蓟州一战，燕军由张玉领兵，以极快的速度包围了城池，四面同时进攻，马宣自恃勇武，亲自带兵出城野战，结果兵败被擒，指挥毛遂以蓟州投降燕军。一天，张玉的蓟州之战同样只用了一天时间，燕军没有就此停下，当夜他们不顾疲惫继续向东攻打遵化。张玉利用守军夜间视野不清的有利条件，精选了一支敢死队，悄悄登上城墙暗杀了城垛上的卫兵，然后打开城门杀入，遵化卫指挥蒋玉、密云卫指挥郑亨几乎没有抵抗，先后投降了燕军。

从七月初四到七月初八，朱棣就从北平孤城迅速扩张至遵化一线，而通州、蓟州、遵化的位置恰好是一条直线，压在了永平府的正北方，如此泰山压顶之势逼降永平府也只是时间问题。更可喜的是，通州、遵化、密云都是全军来投，按照明朝的卫所制度，一卫分为五个千户所，每个千户所有兵力一千一百二十人，一卫即五千六百人。通州、遵化、密云三卫总兵力一万六千八百人，再加上蓟州投降的军队，朱棣此时的兵力已经超过了两万，完全可以和开平的宋忠一较高下。

然而，此时的宋忠在什么地方呢？

朝廷军的部署

朱棣起兵以后，北平城外忠于建文帝的将领已经分开据守战略要地，其中马宣占据蓟州失败，俞瑱（tiǎn）却成功控制了居庸关，而居庸关的位置在北平以西二百里，"山路险峻，北平之襟喉，百人守之，万夫身窥，据此可无北顾之忧"①。再加上宋忠屯兵北平以北的开平，燕军有种东西难以兼顾的窘迫，如果此时两路人马夹击燕军，朱棣的胜算能有多少呢？

可惜，宋忠得知朱棣谋反后，第一感觉是"大事不好"，显然他的心理素质是很差的，明明自己有三万野战军在手，占据了绝对优势，反而对时局"甚为忧虑"，他立即整顿全部兵马，弃守开平，星夜兼程，直抵俞瑱所在的居庸关，然后就没有后续了，总之一个字——等。

等，宋忠在等什么？等朝廷的旨意，山海关的援兵，还是等心里迟迟不敢下的决心？宋忠此时最应该做的就是立即挥师北平城，攻破燕王府，靖难之役就会在一个月内结束，可是他没有那么做，却做出一副要死守宣化、大同防线的样子。

宋忠的部署明显是底气不足，想先与友军会合后再图计策，所以他以惊人的速度急行一百余里后却突然停下，愣是看着燕军一路东征，直抵永平，生生地忽视了空虚的北平城。这么一来，宋忠就失去了迅速平定叛乱的可能，给了燕军整编的时间，而且他放弃偷袭北平后又不肯增援蓟州东部战场，等于是把北平东侧的地盘都放弃了，朱棣由此再无东顾之忧，这到底是弃车保帅呢，还是胆小怕事呢？

《明太宗实录·卷二》记载："宋忠率兵至居庸关，知事不济，退回怀来……"

宋忠此举让人疑惑，本来他到居庸关的目的是会合友军，但他到了

---

① 出自《奉天靖难记·卷一》。

以后反而放弃了居庸关，跑到了旁边的怀来，怀来离北平更远了，这根本不像一支要平定叛乱的队伍，也许他是知事不济，担心战事难以成功，也许他是到了居庸关后发现守城的物资严重不足，军队也没准备，他害怕被包围在居庸关内，所以分兵怀来，这样两支离得很近的军队也可以互为犄角之势，待朱棣来攻时相互支援。

不管是知事不济，还是另有他虑，宋忠一开始就没有主动进攻的意图，反而是想着怎么自保，如此被动，如何能替建文帝拿回北平呢？

燕王朱棣的闪电战

心态决定事情的成功率，建文朝廷和燕王阵营的开局心态明显不同，一方畏畏缩缩、被动应付，一方时不我待、越战越勇，朝廷军越是等，战场的变数就越大，遵化之战后燕军会休息一下吗？答案是不会。战事的进展让宋忠绝望，燕军可没有那么怯战，朱棣也没有那么优柔寡断，他认为居庸关地势险要，是北平的门户，如果等朝廷军队布置妥当，就算发兵万人也不能攻陷，所以他立即派指挥徐安、钟祥，千户徐祥等由东转西，长途奔袭居庸关。

俞瑱刚刚占据关隘，粮草、军械都还没准备好，再加上居庸关内有朱棣的旧部，徐安等迅速突破了城墙，俞瑱仓促迎战，即便有数千军队也不敢死战，只好放弃了战略要地居庸关。事实上，居庸关地势险要，俞瑱又有数千人马，再加上背后有宋忠的三万大军，完全可以抵挡一阵。可惜，俞瑱且守且战，近在咫尺的宋忠却不敢出兵增援，居庸关这才落入燕军之手。

朱棣收到捷报时，想必是非常开心的，他想不到宋忠的"谨慎"居然到了这种地步。

《奉天靖难记·卷一》载："捷至，上（朱棣）曰：'使贼知固结人心，谨守是关，虽欲取之，岂能即破？今天以授予，不可失也。'"

因为攻克居庸关的速度越快，宋忠的备战时间就越短，燕军的胜算就越大。于是，朱棣立即派上千人马据守关隘，同时引兵八千直逼宋忠所在的怀来。

当时燕军上下还有疑虑，他们认为宋忠兵多、以逸待劳，燕军兵少又长途奔袭，如果贸然进攻，很可能反被击败。但是朱棣却不这么认为，他分析道："如果论兵力，我军确实不足以和朝廷抗衡，但是他们刚刚集结在一起，军心浮动、各怀鬼胎，宋忠又是轻躁寡谋之辈，现在趁他们立足未稳，肯定可以击破。"①

于是，燕军根本不做休整，又马不停蹄杀奔怀来。

怀来之战由朱棣亲自统兵，《明史纪事本末·卷十六》载："（朱棣）遂帅马步精锐八千，卷甲倍道而进。"足见朱棣的行动迅速，堪比闪电，不仅气势逼人，而且还不给宋忠任何准备时间。更重要的是，朱棣依然以"智谋"为先，他首先想到的不是强攻城池，而是把守城官兵的家眷、父兄编成先锋军，仍使用朝廷原来的军旗。

这是一招典型的攻心之计，因为宋忠此前欺骗守城的将士们，说他们的家眷已经被朱棣屠杀了，故而人们都恨得咬牙切齿，准备和燕军决一死战。结果朱棣这么一搞，守军知道自己被主帅骗了，而且看到兄弟父亲都在燕王帐下，自然士气大跌，一来担心家人安危，二来觉得宋忠东诳西骗，于是争相倒戈。

恰好守军在这一战里采取的作战策略是"出城迎战"，可能宋忠认为他的军队多于燕军，所以不想被动守城，结果大军还没有列好阵，燕

---

① 《奉天靖难记·卷一》："上曰：'非公等所知，当以智胜，难以力论，论力则不足，智胜则有余。贼众新集，其心不一，宋忠轻躁寡谋，狠愎自用，乘其未定，击之必破。'"

军就抢先发动了突袭，当即渡河鼓噪而前。哪知一些倒戈的守军反手一击，朝廷军队的阵形大乱，根本弄不清楚哪些是友军，哪些是燕军，宋忠的命令无法传达到各处，各部人马等于是孤军作战，唯一能战的都指挥孙泰身中数箭陷阵战死后，燕军很快就击破了宋忠的队伍，全方位地收割人头。

宋忠本来就是心理素质极差的人，一看局势不利就往回溜，然而燕军的速度极快，守门的卫兵还来不及关城门，燕军就杀了进去。宋忠无处可躲，竟然藏在了厕所里，结果最后还是被燕军一举擒获①，数万大军基本都投降了燕军。

此战，燕军大获全胜，斩首数千，俘获战马八千，都督宋忠、都指挥俞瑱被生俘，都指挥彭聚、孙泰被阵斩，庄得单骑遁走，余众悉数投降，朱棣又添万余人马。不仅如此，怀来失守后，山后诸州皆无人守备，开平、龙门、上谷、云中等地都不战自溃，一股脑儿地投降了燕军，这些人被调入北平，以至于开平周边的备边力量大幅度减弱，北疆防线的稳定无疑受到了挑战，靖难之役对大明北疆防线的影响由此开始。

怀来之战是靖难之役的第一场大战，也是关乎朱棣生死的一场大战，宋忠虽然不是什么星宿名将，但他的官职却是都督，算是北平城外的最高指挥官，他手里的军队是专用于镇压朱棣的，足足有三万之多，因此他的存在直接关系到朱棣能否起兵成功。

如今宋忠的数万大军投降，西起居庸关，东抵渤海的大片土地都插上了燕军旗帜，朱棣终于得到了稳定的大后方，不仅有近五万军队和

---

① 《明史纪事本末·卷十六》："（宋）忠匿于厕，搜获之。"

八千战马，还有大量的粮食、赋税可供支配，这为朱棣"奉天靖难"奠定了坚实的基础。

一个好的团队并不在于人多人少，很多时候目标一致、团结一心才是他们战斗力的体现。朱棣起兵的八百府兵虽然不多，却都是愿意为之效忠、敢于死战的勇士，也是朝廷一削再削后没能拿走的燕王亲兵，这些人和其他人相比，忠诚度是绝对可以信任的，但能力呢？

围战蓟州、夜袭遵化、疲袭居庸、速攻怀来，四场大战充分证明了张玉、朱能等燕军将领的统率能力，也证明八百府兵是万里挑一的精锐，再加上身为团队领导者的朱棣内心坚定、目标明确又决策大胆，这才让只有八百人团队的燕军迅速壮大至五万人的规模，一扫北平各郡。

不过，朝廷真正的悍将还未登场，建文帝手里还有上百万军队，各地藩王的态度也不明朗，朱棣的征程才刚刚开始。

奔袭滹沱河

建文元年对朱棣至关重要，从诱杀张昺、谢贵到闪击怀来城，朱棣用一个"快"字实现了从八百府兵到数万人马的逆袭。数月之前的朱棣还在靠装疯卖傻博取同情，如今的他已经稳稳当当地控制了燕云地区，西起居庸关，东到遵化的整个北平一线均竖起了燕王旗帜。

能化险为夷、逆境重生，除了朱棣大胆、果决的军事指挥才能外，宋忠等人的犹豫、无措、消极作战才是战事一边倒的根源。

防或攻的抉择

朱棣很清楚，击败宋忠并不是战事的结束，反而是大战的开始，相信燕藩举兵的消息已经被八百里加急送到了建文帝的御前，朝廷的讨逆大军就快奔赴前线了。

因此，"防"还是"攻"，朱棣现在必须做出抉择，前者代表战场仍会集中在北平附近，燕军将士必须挺过一波又一波的攻势，虽然稳妥但很可能被围困；后者意味着朱棣等人要冒险抛弃大本营，把战火烧到朝廷的腹地，风险和收益成正比，哪一个更大，谁也说不准。

朱棣该如何抉择呢？

从实力对比来看，燕王起兵尚属个例，天下藩王都没有异动，这和西汉的七国之乱并不相同，所以建文帝不需要面对四面八方的敌人，朝廷又"士马精强，兵甲饶富，粮饷充足，取之不竭，用之有余"[①]，区区燕藩一隅之地，岂能与天下之力相抗衡？

从舆论倾向来看，建文帝是朱元璋生前钦定的储君，他的帝位名正言顺，燕王虽然是皇帝的叔叔，但名义上依然是臣子，所以起兵只能说是"清君侧"，丝毫不能提皇帝的不是，再加上朝廷已经削夺了朱棣爵位，燕军阵营是实打实的乱臣贼子，那种"天下应者云集"的局面根本不可能出现。

这么一看，朱棣即便在北平站稳了脚跟，身处劣势的局面依然没有改变，收缩兵力退保北平的策略是非常危险的，指望通过旷日持久的对峙让朝廷主动和谈也不太现实。

《奉天靖难记·卷一》记载："诸将已得宋忠，颇有喜色，上曰：'宋忠本庸材，以利口取给，谄谀奸恶，货赂得官，才掌兵柄，便尔骄纵，此辈荧惑小人，视之如狐鼠耳，区区胜之，何足喜也，苟胜大敌，

---

① 出自《奉天靖难记·卷一》。

喜当何如？夫喜则易骄。骄则不戒，不戒则败机萌矣。孔子所谓必也临事而惧，好谋而成者也。'"

朱棣把事情看得清楚，骄兵必败自古皆是常理，眼下的胜利还算不上是胜利，见真章的大战还没有开始，从他的这一番话中可以看出，朱棣心中的忧虑是大于欢喜的，这意味着他对眼下取得的战果并不满意，军事行动还应该继续下去。

大概在攻克怀来的两天后，燕军便在朱棣的部署下积极行动起来，当日就攻克了北平东侧的永平府。《奉天靖难记·卷一》载："丙戌，遣指挥孟善引兵至永平，守将赵彝、郭亮等以城降。"

刚刚经历了怀来大战的燕军为什么都顾不上休息便直奔永平呢？

永平，位于北平东侧二百公里外，唐朝曾在这里设立卢龙节度使，经略东北地区。从地图上看，永平距离燕军的遵化防线约八十公里，距离东侧的山海关约七十公里，距离北侧的松亭关也是七十公里，刚好是连接燕军与山海关、松亭关的枢纽，夺取永平表明朱棣已经做出了抉择，他抛弃了防守作战的策略，继续扩大燕军的势力范围，其目的明显是要打下两座关隘，把从居庸关到山海关的北部防线全部捏在手里。

朝廷的又一失策

永平失守的消息让朝廷震动。很明显，朝廷洞悉了朱棣的战略意图，眼看朝廷大军就要北伐了，朱棣却不扩大南部防线，反而向东扩大势力，其目的就是对付关外的辽东军，要知道，此时的辽东已经是明朝的地盘，朱元璋的第十五子朱植就坐镇关外的广宁，爵位辽王，第十七子朱权就藩的大宁也在关外，爵位宁王。

为什么朱棣看上了天寒地冻的辽东呢？

洪武二十年，朱元璋以宋国公冯胜为征虏大将军，颍国公傅友德为左副将军，永昌侯蓝玉为右副将军，起兵二十万讨伐辽东，不到半年时间，纳哈出便兵败投降，不少北元残军投降了大明，使得朱元璋手里多了不少蒙古骑兵。

朱元璋对辽东非常重视，除了派儿子朱植、朱权就藩辽东外，还命武定侯郭英会辽东都司，分调广宁、义州（今辽宁义县）等卫官军，置辽王广宁左右二护卫，并调朝鲜骏马牧养于辽东，再加上原来的广宁中护卫，以及调拨给宁王的朵颜、福余、泰宁等兀良哈三卫，辽东地区的军事力量不仅不在燕军之下，反而远胜燕军。因此，朱棣急于切断朝廷与辽东的联系，极有可能是两点考虑。

一是辽东的军队非常有战斗力，如果辽王、宁王愿意加入靖难大军，朱棣迎战北伐的中央军就更有胜算了。

二是如果辽王、宁王不愿意加入靖难大军，占领永平至山海关一线可以把辽东军队全部挡在关外，纵使辽兵个个神勇，也别想轻易入关。

然而根据《明太宗实录·卷三》记载，本来已经看出辽东重要性的朝廷，却因为齐泰担心辽、宁两藩成为朱棣的帮手，没有善加利用辽东的军事力量，反而"悉召还京""削夺护卫"①，导致辽王放弃广宁，从海路返回了京城，而宁王疑忌齐泰用意不纯，拒不奉诏，等于是把宁王推给了朱棣。

朝廷本可以诏令谷、宁、辽、庆、肃等塞王从北线讨伐燕藩，从而与朝廷的讨逆大军形成南北夹击的态势，让燕军南北不能两顾，但公开召还辽、宁两位藩王，这就是明摆着表明朝廷不信任这些藩王，他们还是得乖乖回去，否则朝廷就会削藩。

---

① 原文："齐泰等虑辽王植、宁王权为上之助，建议悉召还京，惟植至，遂遣敕削权护卫。"

由此看来，除了"削藩甚急"这一策略失误外，齐泰、黄子澄等又犯了另一个战略错误，变相地告诉天下诸王，朝廷与藩王是有隔阂的，于是朱棣说服诸王加入靖难大军就更有理由了。

扰乱松亭关

意识到燕军的战略意图后，朝廷命令都督陈亨、刘真，都指挥卜万引大宁军马出松亭关，驻营于沙河，兵锋直指遵化，其目的是切断永平与北平的联系。

朱棣得知后，立即率领全部主力向东急驰，本打算在沙河一带击溃大宁兵马，但是刘真却放弃了与燕军决战的机会，他可能认为在朝廷的讨逆主力到来前单独作战是不明智的，所以立即退守松亭关，与燕军呈对峙状态。

朱棣此时又面临另外一个问题，松亭关有大宁兵马驻守，绝非居庸关那样轻易可下，如果强攻松亭关，燕军的损失必然不小，如果久战不胜，军心必然动摇。如果不管松亭关就此撤兵，大宁军马不日就会再次出关袭扰遵化防线，届时燕军又只能再次北返，来来回回疲于奔命，这绝不是用兵之道。因此，朱棣告诉诸将："大宁牵制吾后，而刘真无能为也。陈亨素摅诚于我，但为卜万所制。兵法有当用奇者。若以计去卜万，亨必来。"①

为什么朱棣认为陈亨是可以策反的呢？看看他的履历就知道了。

陈亨，寿州（今安徽寿县）人，元末任扬州万户，自朱元璋起兵时就追随在左右，参与了徐达北伐大都的战役，在镇守东昌时击败上万元军，后又镇守大同，累功至燕山左护卫指挥佥事，多次跟随朱棣出塞，

―――――――――

① 出自《明太宗实录·卷二》。

因功升任北平都指挥使，相当于北平都司的司令员，建文帝为了拉拢陈亨特意提拔他为都督佥事，但却将其调往大宁都司任职，似乎也有明升暗降的意思。

纵观陈亨的一生，他最重要的两次经历分别是追随徐达的北伐大都和跟随朱棣的肃清沙漠，可见陈亨一直是戍守北疆防线的将领，是徐达的老部下，与北平各卫所官兵的关系密切，而老上司徐达又与朱棣是翁婿关系，自然也拉近了他与朱棣的关系。徐达去世后，陈亨就视朱棣为徐达的接班人，一直跟着朱棣作战，两人因多次出塞而关系密切。

《孙子兵法·用间篇》："五间俱起，莫知其道，是谓神纪，人君之宝也……反间者，因其敌间而用之。死间者，为诳事于外，令吾间知之而传于敌间也。"

燕军要想智取松亭关，就必须设法除掉都指挥卜万，而要不费一兵一卒地除掉卜万就只能用"间"。恰好燕军俘虏了两个小卒，朱棣便写了一封给卜万的信，内容极力拉拢卜万并诋毁陈亨，让人觉得卜万与燕军早有联系，然后他把信封在其中一个小兵的衣领中，暗中赏赐了他不少财物，同时又让另一个小卒得知此事，还释放了两人。

回到松亭关后，没有得到赏赐的小卒心怀不满，立即告发了同伴，陈亨、刘真果然上当，当即拿下了卜万并上报建文帝，松亭关内讧不已。这是一招典型的"反间""死间"之计，成功扰乱了松亭关，使得大宁军马相互猜忌，暂时不敢离开城关，朱棣便可放心大胆地南下迎战朝廷大军，也为日后讨伐大宁、策反陈亨埋下了伏笔。

鏖战滹沱河

就在燕军成功化解来自北线的军事压力时，建文帝任命的诸路征讨大将军也已经上路，按照建文帝的部署，朝廷有约五十万大军可以调动，所以采取分道夹击的方式，从三个方面围攻朱棣的燕军。当年八月，燕军收到谍报称：朝廷大军兵分三路，由耿炳文领军三十万驻兵真定，都督徐凯领军十万屯驻河间，都督潘忠、杨松扎营于莫州，其先锋骁勇者九千人已占据雄县。

朱棣真正意义上的对手终于来了。

耿炳文，濠州人，明朝开国元勋之一，因功晋封长兴侯，其父耿君用早年随朱元璋征战张士诚，在宜兴战役中阵亡，耿炳文由此承袭父职，在朱元璋阵营里转战南北，先后攻克广德（今安徽广德）、长兴（今属浙江湖州），被朱元璋提拔为永兴翼元帅府总兵都元帅，镇守长兴。

在朱元璋与张士诚的大战中，耿炳文谨慎用兵，屡屡挫败来犯之敌。当年，李伯升率兵十万进犯长兴，耿炳文以七千守军抵挡，那时朱元璋担心城池有失，派陈德、华高、费聚领兵增援，结果惨遭李伯升伏击，援兵尽散。即使如此，耿炳文依然坚守一月有余，直到常遇春与他前后夹击，才击败了李伯升。此后，耿炳文镇守长兴长达十年之久，大小十余战，从无败绩。

平定张士诚后，耿炳文随大军征讨中原，攻克山东沂、峄（yì）以及河南汴梁。又随常遇春攻占大同，攻克晋、冀。后在大将军徐达麾下，征讨陕西，在黄河击败元朝平章乃儿不花。之后还平定了云南曲靖蛮，并随蓝玉北征至捕鱼儿海。到洪武末年，开国元勋中仅剩下耿炳文、郭英，而此时的耿炳文已经六十五岁了，被誉为当时的"廉颇"。

从耿炳文的作战经历来看，此人绝对是建文帝能拿得出手的大将，光一个名号就足以让燕军闻风丧胆，而且他的征战经验丰富，带兵谨慎小心，是克制朱棣这种擅长速战之将的最佳人选。

如果朱棣得到的消息无误，朝廷军队合计五十余万，声势浩大，前所未有，而耿炳文分兵真定、河间、莫州，三地南北呼应，呈掎角之势，再加上交通便利，朱棣但凡攻其一处，另外两处皆可支援，可谓防守的万全之策。

朱棣素来喜欢出奇制胜，作战雷厉风行，他得到谍报后立即引五万兵马南下涿州（今河北涿州），屯兵娄桑，随时准备渡过白沟河。在朱棣看来，耿炳文的部署可谓老道，若迟疑不进，待到三路大军准备妥当后，燕军断无胜算，但是现在三路人马刚刚抵达前线，立足未稳，人心不定，正是闪电作战的最佳时机。

还是那个字——快。

在朱棣的指挥下，燕军故意在中秋佳节突袭雄县，趁守军喝得酩酊大醉时，于黎明时分登上了城墙，尽斩九千守军，俘获战马八千余匹。紧接着，朱棣又故意让雄县被围的消息传到莫州，他料定都督潘忠、杨松肯定会带兵救援，于是设计了一个围点打援的圈套。兵分两路，一路由朱棣自己指挥，假装攻打城池；另一路由其麾下大将谭渊领兵千余，埋伏在月漾桥水中，士卒都用一束茭草伸出水面呼吸。[1]

等到莫州兵马渡过月漾桥后，埋伏在旁边草丛中的士兵立即发出信号，谭渊等人随即出水占领桥梁，断了莫州兵马的退路，朱棣这时又率军反击，会合谭渊所部前后夹击，大败都督潘忠、杨松，不少莫州士卒登桥不得，只好跳入水中逃生，溺毙者不计其数，最终潘忠、杨松都被燕军生擒。

解决莫州兵马后，朱棣得到了一份重要的情报，原来耿炳文麾下的三十万大军只是虚张声势，真正抵达真定的朝廷大军只有十三万，而且

---

[1] 《明太宗实录·卷二》："上令每军取茭草一束蒙头以通鼻息，又令勇士数人伏路侧，望忠等接战，即举炮。"

分别驻扎在滹（hū）沱河南北。

如此良机怎能放过？朱棣用兵还是求快，计谋依然是用"间"。

当时，朱棣放走了一个名叫张保的降将，故意让他把莫州兵马溃败的消息传给耿炳文，还扬言要攻打滹沱河北岸的朝廷大军，这给耿炳文大军造成了不小的骚动，向来谨慎的耿炳文立即把南岸的军队调到了北岸，准备以逸待劳，迎战朱棣。可惜耿炳文并不知道，将军队集中到滹沱河北岸正中了燕军的下怀，耿炳文在不知不觉中已经按照朱棣的想法布下了防线。

同一时间，朱棣率兵昼夜兼行，先占领了真定东侧三十五公里处的无极县，然后从樵夫那里得知了耿炳文的营寨所在。由于耿炳文将军队集中在北岸迎战燕军，他的东南侧便无兵防守，这导致他与真定城的联系全靠河上的索桥，而朱棣恰恰进攻的就是南面和东面，于是燕军迅速从东线杀来，当即攻破了耿炳文的两个大寨，还杀至真定城西门，砍断了连接两岸的索桥。耿炳文迎战不及，差点儿被擒获。当时真定守军有人在城墙上大声叫骂，只见两百步开外的朱棣引弓如满月，"嗖"的一声，那人应弦而毙，城中惊骇，极大地打击了守军的士气。[1]

反应过来的耿炳文不甘失败，当即整顿兵马与燕军决战。然而朱棣依旧不按套路出牌，他将军队分成几部，由大将张玉、谭渊、朱能、马云分别率领，待耿炳文杀来时，几路人马绕着城墙迂回，刻意引诱耿炳文，朱棣本人则带兵徐徐后退，有意避开朝廷军队的注意。不知不觉中，张玉、谭渊等部已经与耿炳文的主力展开了激烈的对决，双方血战不休，而朱棣趁此时机早已沿着城墙迂回到耿炳文身后。见时机成熟

---

[1]《奉天靖难记·卷一》："有一贼登城大骂，相拒二百余步，上引满弓以射之，应弦而毙，城中大惊。"亦可见《明太宗实录·卷二》："相距二百余步，上引满射之，应弦而毙，城中惊惧。"

后，朱棣指挥燕军发起总攻，横贯南阵，前后夹击耿炳文所部。

意识到被包围的耿炳文当即转身撤退，等他撤回到河东位置时虽然还有数万人马可以作战，但是由于战场秩序混乱，士卒互相踩踏，军队的阵形已经完全崩溃，如果重新布阵还需要一定的时间。恰在此时，燕军猛将朱能率领三十多名不怕死的精锐骑兵追来，他厉声大喝，直接冲入耿炳文阵中，所向披靡，杀得耿炳文余部全线逃奔，不少人挤在城门处，反而堵住了逃生的通道，燕军趁此斩杀了不少敌军，其中燕将丘福还一度杀入城中，只因为城门及时关闭才退了出来。

朝廷大军由此成了无头苍蝇，被燕军杀得人仰马翻、损失惨重，副将军驸马都尉李坚、右副军都督宁忠、左军都督顾成、都指挥刘遂都被燕军擒获，被当场阵斩者就多达三万余人，另有两万余匹战马被俘获，溺死在滹沱河中的人更是不计其数，连降兵都有数万人之多。

燕军随后击溃了前来增援耿炳文的吴杰兵马，又连续攻城二日，耿炳文始终坚守不出。朱棣考虑到城池坚固、守军粮草充足，耿炳文又是出了名的守将，于是暂时放弃了夺取真定的计划，带着一众战利品凯旋撤军，朝廷部署的三路大军就此被攻破了两路。

滹沱河之战是靖难之役里的第二场大战，燕军与朝廷依然兵力悬殊，一方是兵多马壮、以逸待劳，另一方是长途奔袭、兵力微薄，但结果仍然是朱棣以少胜多，用闪电般的攻势击破了十余万人马。这一战比起闪击怀来更加意义重大，因为这是朱棣第一次对战开国元勋、星宿老将，让天下看到了燕军的成功并不是侥幸，而是实力使然。有了滹沱河之战的辉煌胜利，燕军对抗朝廷的底气就更足了，天下诸侯也因此开始朝靖难阵营倾斜，这对建文帝的打击不可谓不大。

从闪击怀来到突袭滹沱河，燕军屡屡以小博大，之所以能一路凯歌高奏，很大程度上取决于指挥官的正确决策。

一、思想上抛弃幻想。朱棣起兵虽是被逼，但他丝毫不抱任何侥幸心理，他明白一旦起兵就再无和谈的可能，所以他用兵决绝，从不考虑给朝廷留面子，更不考虑与建文帝达成谅解，使得他敢于主动进攻朝廷军队，能一再扩大势力范围，这与宋忠等人的犹豫不决形成鲜明对比。

二、行动上动若雷霆。朱棣手里的燕军数量不多，基本都是投降来的卫所军队，这些人的战力与朝廷大军区别不大，但是朱棣用兵却不在乎人多人少，而是看重速度、时间，凡事讲求一个"快"字，绝不给对手一点儿立足、准备的时间，因此才能达到出其不意的效果，居庸关、怀来、雄县、滹沱河无一不是如此。

三、战略上目光长远。朱棣作战不仅看重击败眼前的敌人，更看重提升己方实力，获得战略主动，所以他有步骤、有计划地夺取了居庸关至永平一线的北部防线，明显是要控制居庸关、松亭关、山海关三大要塞，把北平城周围的土地变成他打持久战的大后方，这种稳扎稳打的策略进一步提升了燕军实力，使得朱棣的可用之兵、可收之粮越来越多，燕军也越打越强。

《孙子兵法·九地篇》有云："兵之情主速，乘人之不及，由不虞之道，攻其所不戒也。"

带兵打仗不能不看重速度，攻击敌人防守薄弱和意想不到的位置，往往能达到出奇制胜的效果，这便是弱小军队能击败强大对手的制胜秘诀。

接下来，建文帝朝廷该如何应对燕军咄咄逼人的攻势呢？

第四章

雷动，逆袭幽燕

袭取大宁

建文元年的那个夏天异常炎热，八月的京师似乎依然笼罩在盛夏的燥热之中，人们根本感受不到转秋的凉爽，夜晚的皇宫里始终灯火通明，宫娥和宦官行色匆匆，他们可能已经得知了滹沱河之战的结果，但没人敢公开谈论。

朝廷本来以为任用功臣宿将耿炳文便能高枕无忧，没想到滹沱河一战，朱棣以少胜多，击溃了耿炳文的十三万大军，仅被阵斩的就多达三万余人，溺死河中的更是不计其数。

建文帝朱允炆单手倚靠着御书房的御座，他本想坐着，但很快又站了起来，不知道是天气太热了，还是心中焦虑不安。直到齐泰、黄子澄等人进殿叩拜后，建文帝才松了一口气，但依然急忙问道："老将也，而摧锋，奈何？"[1]

黄子澄等人早就猜到了皇帝的忧虑，也想好了应对之策，否则不会深夜入宫。黄子澄首先告诉建文帝"胜败乃兵家常事"，朝廷坐拥整个天下，兵源、钱粮取之不尽，一次的输赢根本不值得担心。紧接着，"前不遣长兴侯而用曹国公，必无此失。"[2]一句话便把战役失败的责任全推给了耿炳文，建文帝遂决定换将。

建文帝换将

曹国公是何人？

大明王朝的第一任曹国公李文忠是朱元璋的外甥，虽然是皇帝的亲

---

① 出自《明史纪事本末·卷十六》。

② 《奉天靖难记·卷一》："黄子澄曰：'曹国公可以当之，前不遣长兴侯而用曹国公，必无此失。'"

属，但李文忠却是明初赫赫有名的战将，在平定江南和北征塞外的战争里有相当抢眼的表现，而且他是耿炳文的顶头上司，言外之意是说耿炳文虽是老将却只有偏将履历，自然不能指挥当下的大战。不过，如今的曹国公却不是李文忠，而是他的儿子李景隆。

李景隆，字九江，洪武十九年（1386年）承袭曹国公爵位，太祖常命他到湖广、陕西、河南等地练兵，后因功进掌左军都督府事，官至太子太傅。太祖驾崩时，李景隆才二十八岁，由于他曾教导朱允炆军略，两人关系非常亲密，朱允炆登上帝位后，李景隆与齐泰、黄子澄都成了建文帝的心腹，在朝中的影响力远超长兴侯耿炳文，他所得到的赞誉和权力已经远远超过了他的年纪。

建文元年八月，建文帝召还耿炳文，改以二十九岁的李景隆为征虏大将军，领兵五十万讨伐燕藩。

这一决定公布后，不少人都感到诧异，特别是朱棣，为什么建文帝要任用毫无实战经验的李景隆？其实，建文朝廷虽然没有多少功臣宿将可用，但是年青一代中也有不少军事经验丰富的才俊，比如盛庸、平安、徐辉祖，他们都曾在军中历练，其中徐辉祖还是魏国公徐达之子，同样也是将门之后。

不难推测，任用李景隆不仅是因为黄子澄的举荐，也是建文帝自己的想法，因为不光李景隆没有实战经验，建文帝自己也没有执政经验。对建文帝来说，当前的混乱局势远超他的能力，很多事情让他摇摆不定，所以只能请齐泰、黄子澄帮忙。在任用军事将领这一问题上，建文帝的选择标准更多的是"能否信任"。

耿炳文、徐辉祖显然都不符合这个条件，一来耿炳文年事已高，征战之事恐怕力有不逮，健康状况也堪忧；二来徐辉祖是燕王的妻弟，建文帝担心燕王会策反徐辉祖，毕竟燕王妃徐氏与徐辉祖的关系很好。当然，从李景隆自身来看，他是建文帝的老师，又专职练兵，自然认为李景隆是统兵的专家，所以李景隆比耿炳文、徐辉祖更合适。

九月，新任大将军李景隆带着建文帝的期许奔赴前线，当即收拢耿炳文残部屯驻河间，前后约五十万人马。客观来讲，李景隆并非素不知兵之辈，他也精通兵法，只是没有在实战中锻炼过，也没有在实战中被人指导过，开局就要统领五十万大军，确实有点强人所难。

不过，李景隆开局的第一步棋却下得很合理，此时的燕军兵力不过五万至六万人，北线的山海关和松亭关都还在朝廷手中，南线的真定又没有被燕军攻下，朱棣依然面临南北两线作战的窘境，所以合理的战略是南北夹击。因此，李景隆命令江阴侯吴高、都督耿瓛等引辽东军马围攻永平城。

永平是北平连接松亭关、山海关的枢纽，丢了它就等于丢了北平的门户，燕军不可能不救援，一旦燕军东进救援永平，那么北平不就空虚了？届时，李景隆再提兵五十万北伐，还愁打不下一座空城？

燕王的自信

李景隆这边算盘打得很好，朱棣那边却不着急。在朱棣看来，李景隆不过是"赵括"之流，和自己根本不在一个层次，远不足虑，但是燕军将士一听是曹国公李文忠之子领兵，而且兵力还有五十余万，心里害怕也是人之常情。朱棣的高明之处就在于能洞悉人心，他在战前召集诸将，分析了当下的局势，并坦言李景隆有"五败"[1]：第一，朝廷军队纪律涣散、人心各异，难以形成战斗力；第二，幽燕地区天气寒冷，朝

---

① 《明史纪事本末·卷十六》："九江五败悉备，保无能为。"亦可见《奉天靖难记·卷一》："（李景隆）有五败之道，而无一胜之策，其来实送死尔。"

廷军队多来自南方，不习惯在寒冷地区作战；第三，李景隆急于建功，贸然深入燕军腹地，也未派兵控制险要地区；第四，李景隆志大才疏且素无威望，在军中号召力不足；第五，李景隆为了树立威信，刚愎自用，未采用他人正确的建议。

朱棣用当初韩信和刘邦的对话分析道："汉高宽弘大度，知人善任，使英雄为用，不过能将兵十万，惟韩信则多多益善，李九江何等才能，将兵五十万，诚可笑。"[①]

不过，五败归五败，终究只是朱棣稳定士气的说辞，如果不能采用正确的迎战策略，燕军仍然有可能失败。因此，朱棣又一次采用了自己的进攻策略，即放弃坚守城池，迅速出兵驱逐包围永平的辽东军队，然后再南下迎战李景隆。

这不是正中李景隆之计吗？

客观上讲，北平和永平比起来，永平的危险更大一些，一是因为永平城池的防御能力比不上北平，二是永平城的守军人数也不足以抵挡辽东军队。因此，不救永平，永平肯定丢失，但不守北平，北平却未必失守。另外，朱棣也有将李景隆引诱至北平城下的目的。[②]

朱棣为什么对北平城如此有信心？

北平，即元朝大都，环城修筑的城墙约有四十里，采用下石上砖结构，墙高约十三米，墙顶宽约十六米，墙底厚约二十米，城外护城河深度超过了三米，最宽处达到了六十米，共设有城门九座，角楼四座，水门三处，楼塔一百七十二座，雉堞（zhì dié）垛口万余。[③]另外，北平

---

① 出自《奉天靖难记·卷一》。

② 《明史纪事本末·卷十六》："（朱棣）吾出非专为永平，直欲诱九江来就擒耳！"

③ 参见奥斯伍尔德·喜仁龙《北京的城墙与城门》第三章关于《顺天府志》的相关内容。

城外的卢沟桥也能筑起一道防线。

很明显，李景隆要攻克北平城，首先要占领卢沟桥，同时还要填埋几十米的护城河，然后才能攀爬十余米的城墙，但是由于北平城墙有四十里之多，要全面包围北平，李景隆只能分兵九座城门，全线铺开兵力，人手上便显得有些紧张。再加上北平城人口数十万，百姓为了保护自己的家园，肯定会积极响应朱棣的征召，北平表面上是空城，实际上却不是。

带着"北平必不失守"的自信，朱棣率领六万主力倾巢出动，直奔东侧的永平城，临行前把守城大任交给了长子朱高炽，由于朱高炽是世子，朱棣的言外之意即是他不会抛弃北平城，如此便能稳定人心。另外，朱棣还做了一件非常大胆的事——放弃卢沟桥。

大多数将领认为守北平应该先守卢沟桥，但是朱棣却一反常态，他认为天气日渐寒冷，水面极有可能结冰，任何一处位置都有可能成为李景隆渡河的地方，坚守卢沟桥没有多大意义。[1]

朱棣的部署看似疯狂，实则高明。

一是因为坚守卢沟桥的结果肯定是兵败被围，也许能拖延南军一些时间，但同时也会打击北平守军的士气。古代作战，统帅往往看重初战，初战不利则可能全盘失败，因为军心被打击了，后面的战斗自然就没有斗志了，所以朱棣不能让守军的初战失败。

二是因为朱棣想尽快消耗南军的实力，放弃卢沟桥就能滋长敌军骄傲之心，让他们轻视燕军，自古骄兵必败，如果南军迟迟拿不下北平，燕军主力又在此时杀回北平，李景隆的结局可想而知。[2]

---

[1]《奉天靖难记·卷一》："天寒水冰，随处可渡，守一桥何能拒贼？"
[2]《奉天靖难记·卷一》："舍此不守，以骄贼心，使其深入，受困于坚城之下，此兵法所谓利而诱之者也。"

三是因为燕军兵力本来就不足，如果还分兵去守卢沟桥，北平城防的人手就更不足了，何况卢沟桥没有城墙这样的屏障，守的难度太大，白白浪费兵力不说，可能还会失去重要的将领，很不划算。

不管基于何种考虑，朱棣放弃了卢沟桥，这是一场豪赌。

救援永平

永平城下，吴高所率领的辽东军队格外凶狠，看着眼前破败不堪的城墙，他相信再坚持几天，永平城的大门肯定会为他敞开。上万辽东兵马咬牙切齿地发动了一轮又一轮攻势，刀剑声、呐喊声不绝于耳，不少城墙楼塔几乎要被吴高占领，然而守军依然咬牙坚持着，只要有人想夺下燕军旗帜，奋不顾身的守城官兵便一拥而上将敌将乱刀砍死，这样的苦战反复上演了很多次，没人知道永平城还能坚持多久。

吴高手里的辽东兵马本是精锐，按说打下永平应该轻而易举，可是眼前的战事却不尽如人意。作为最高指挥官，吴高瘫坐在大帐里，在这样寒冷的天气里作战，肯定谁都不愿意，更何况吴高生性胆怯[①]，辽东兵马的斗志可想而知。朱棣早看出了吴高等人指挥的辽东军必定没有斗志，绝对不是燕军精锐的对手，因此他再一次使用了"快速奔袭"的战术。

辽东兵马的大营顿时混乱起来，滚滚黄沙从远处的天际线升起，这明显不是风暴，而是幽燕骑兵马踏所致。吴高大惊不已，连忙下令拔营，迅速撤回山海关。然而，山海关到永平的直线距离少说也有七十公里，加上没有准备，仓促撤兵的辽东兵马都像无头苍蝇一样四处逃奔，不仅秩序混乱，就连不少辎重都被就地丢弃。

[①]《明通鉴·卷十二》："王曰：'……吴高素怯，杨文少谋，闻我出援必走，是我一举而两得也。'"

燕军几乎没有经历战斗便占领了吴高的几座大寨，看着极速逃遁的辽东兵马，朱棣有些不甘心，如果不能重创吴高，他日回防北平时，吴高可能再次杀来。于是，朱棣当即挑选了数千精锐骑兵，让他们全部丢弃重型装备，疯狂追杀逃走的辽东兵马。这些骑兵再次发扬了朱棣快如闪电的作战风格，疯狂追杀吴高的溃兵，不少人跑着跑着就被身后突然刺来的长枪贯穿了身体，一些士卒甚至被战马撞出两丈开外。

永平一战，燕军几乎是单方面地屠杀，斩首数千级[1]，缴获辎重无数。李景隆的北线攻势瓦解得过分难看，这又一次鼓舞了燕军将士。然而朱棣依然不甘心，劳师动众数万人马难道只为了几千首级？既然大军已经带出来了，不如再打得彻底些，下一个目标——大宁。

偷袭大宁

大宁是宁王朱权的驻地，也是朵颜三卫的地盘，朱棣喜欢闪电战，骑兵是他最倚重的兵种，如果能得到这些草原骑兵，对付南军不就更得心应手了吗？可是要去大宁，松亭关该怎么办？常规路线是先打松亭关，再攻大宁城。如此一来，燕军很可能与宁王兵马血战，到时候输赢与否还真不好说。

朱棣用兵本来就不走寻常路，他的目的是把宁王朱权拉到己方阵营，要达到这种效果，最好的办法是擒贼先擒王，在宁王还来不及部署朵颜三卫前突袭大宁，所以朱棣决定取道刘家口绕过松亭关。

刘家口位于松亭关东侧，守军只有几百人，打起来根本不费劲，但燕军高明就高明在没有直接进攻，而是派大将郑亨带着一队精兵从旁边的山林绕道，突然出现在刘家口守军的背后，此举意在切断守军与大宁

---

[1]《明史纪事本末·卷十六》："燕师猝至永平，吴高不能军，退保山海关。燕兵奔之，斩首数千级。"

的联系，防止他们把燕军到来的消息带给宁王。紧接着，燕军南北夹击，正面的燕军以攻杀为主，背后的奇兵广竖旗帜，呐喊助威，惊恐、疲惫的守军很快就举手投降了。

拿下刘家口后，朱棣还是用骑兵快速穿插的战术，马不卸鞍人不解甲，突然出现在大宁城外，由于朵颜三卫并没有部署在城中，大宁城并没有御敌于外的能力，燕军就此包围了城池。

关于夺取大宁城的经过，史上有两种说法，第一种是《明太宗实录·卷四》《奉天靖难记·卷一》中燕军强攻城池的记录，当时大宁慌乱之中只关闭了城门，忘记守备年久失修的城墙，朱棣带兵绕城寻找突破口时，发现西南城墙处有坍塌，于是燕军立即集中力量围攻该处，士兵们像蚂蚁一样攀登上墙，迅速攻破了城池，俘虏了都指挥房宽和宁军将士的家眷，宁王也就跟着投降了。①

第二种说法出自《明通鉴·卷十二》。据载，燕军突袭至大宁城下后，朱棣单骑入城求见宁王朱权，由于朱权此前拒绝入京，建文帝便削夺了他的护卫军，所以朱权想在靖难之役里观望一下，谁胜算大就加入谁。然而朱棣并没想过仅凭一张嘴就能说服宁王入伙，利用在城中做客的机会，他大把大把地撒钱，悄悄收买了宁王的人，等到宁王送燕王出城时，伏兵突然四面而起，宁王就此被擒，他只好交出朵颜三卫的兵权，加入了燕军阵营。②

不管大宁城是怎么陷落的，燕军都以最小的损失控制了宁王和他手里的军队。守备松亭关的刘真和陈亨此时才知道大本营被偷袭了，刘真

----

① 原文："壬寅，师抵大宁。城中不虞我军骤至，仓猝关门拒守。上引数骑循绕其城，适至两南隅而城崩。上麾勇士先登，众蚁附而上，遂克之，获都指挥房宽，抚绥其众。"《奉天靖难记·卷一》亦如此记载。

② 原文："壬寅，燕师至大宁。王单骑入城，诡言穷蹙求救，执宁王手大恸……己酉，燕王辞去，宁王祖之郊外，伏兵起，拥宁王行，三卫旷骑及诸戍卒一呼毕集。"

急急忙忙地带领军队驰援大宁，可当他们听说燕军善待了他们的家眷后，军心便不战自溃了。

人心已散，还有谁肯为朝廷卖命呢？本就是燕王故交的陈亨终于等到了改换旗帜的时候，遂联合营州中护卫指挥徐理、右护卫指挥陈文发动兵变，偷袭了刘真大营，刘真不敌大败，只好狼狈逃去了广宁。

至此，整个宁王势力都并入燕军，有了朵颜三卫的加入，朱棣的军事实力得到很大提升，和李景隆的五十万大军比起来，朱棣手里的军队都是长期在塞外作战的精锐，再加上蒙古骑兵相助，反攻北平城的时机已经成熟。因此，常有说法认为朱棣起兵靖难的转折点就是他得到朵颜三卫的那一刻①，后来燕军转战南北全靠朵颜三卫的精锐骑兵。

《孙子兵法·计篇》有云："攻其不备，出其不意，此兵家之胜，不可先传也。"

带兵打仗贵在掌握先机，往往在敌军尚未准备时，杀他个措手不及，不仅能掌握战场主动权，还能得到意想不到的战果，即便是兵力处于劣势，出其不意的进攻也能把损失降到最小，战果增到最大，燕军救援永平、偷袭大宁两场大战正是这一战术的具体应用。

偷袭大宁之战大大加快了朱棣靖难的进程，然而事情总有其两面性，夺取朵颜三卫的确大幅度增加了燕军的实力，但是为了保证没有后顾之忧，朱棣胁迫宁王一家老小入关了，《明通鉴·卷十二》记载："大宁为之一空。"大宁是大明北疆防线非常重要的一环，正好挡住了西边没有归降的那部分兀良哈，当年太祖朱元璋投入了大量人力、物力、财力在这里修筑城池要塞，如今全都去打内战，大宁等于被放弃了，草原民族再次深

---

① 《明史·陈亨传》："成祖取天下，自克大宁始。"

入辽东就只是时间问题，这对大明的北疆防线将造成怎样的影响呢？

北平攻防战

建文元年十月，燕军救永平、袭大宁，风驰电掣三百七十公里，一路势如破竹。毫无疑问，这是朱棣的一场豪赌。朱棣真的对北平城如此自信吗？恐怕不尽然。

事实上，朱棣虽然嘲笑李景隆是"赵括"之流，但他手里的南军却实打实有五十万之多，这是当时燕军的十倍有余，而且粮草、军饷都由山东、山西各地负责输送。换言之，李景隆没有后顾之忧。

朱棣却不同，他的北线有辽东兵马威胁，南线又受李景隆压迫，粮饷物资均需北平一带供应，一旦北平有失，朱棣绝无翻身之望。因此，朱棣内心深处是相当重视李景隆的，只不过他的心理素质很好，故做谈笑风生状以缓解燕军上下的焦虑，可能只有他自己最清楚北平城现在的真实处境。

北平真能挡住李景隆的五十万大军吗？

同一时间，李景隆的五十万南军正在河间地区集结，永平之围正是李景隆对朱棣的一次试探。客观来看，李景隆的布局颇有大将之风，如果朱棣不救北平，辽东兵马肯定能拿下永平，从而进一步孤立燕军；可如果朱棣去救永平，燕军便中了调虎离山之计，南军就可以直取北平。这么一看，不论朱棣救不救永平，李景隆都是必胜之局。

屯军河间的李景隆此刻很像一个棋手，纵然身居战场百里以外的大帐，但他依然紧盯着对手落子的那一刻，所以当他得知燕军主力尽数北征大宁后，李景隆兴奋不已，当即传令五十万南军迅速北上，目标——

北平城。李景隆相信，只要南军一举拿下北平城，靖难之役便会就此结束。不过，他似乎从未想过，如果五十万大军都拿不下北平呢？

"霜寒十月花开尽，只有松筠秀旧枝。"[1]

幽燕的十月通常比南方冷上许多，李景隆的南军几乎全来自南方，加上准备仓促，南军的衣衫稍显单薄，可惜这并不能冷却李景隆心里的炙热，他的大军很快抵达了北平城的第一道防线——卢沟桥。

作为北平城的门户，卢沟桥也曾是元军抵挡魏国公徐达的防线，然而今天的卢沟桥却异常安静，南军将士几乎能听见风踏荒草的声音，放眼望去，仿佛河水也因为看到南军而逃窜。李景隆由此意气骄盈，有轻视燕军之志，他扬鞭策马笑道："不守卢沟桥，吾知其无能为矣！"[2]

对李景隆而言，决胜的关键无疑是时间，正所谓"兵贵神速"，由于天气日渐寒冷且南军衣衫单薄，如果不能迅速拿下北平，待天降大雪或者燕军回援后，南军的胜算就大打折扣了，故而南军毫不犹豫地渡过卢沟桥，在北平城外迅速摆开阵势。

按照李景隆的部署，南军兵分三路，一路包围北平九门，一路攻打通州，最后一路屯驻郑村坝（今属北京），三军形同三角形，指挥部就设在中间的郑村坝，李景隆就坐镇此处，遥控指挥东、西两线的攻势。为了防止北平城内的守军突围，李景隆沿着北平城墙筑起了长长的包围网，各条防线均修筑有壁垒，每隔一段距离还有哨塔，北平九门由此被围得如同铁桶一般，南军相信如此严密的包围网定能把守军困死。

彼时坐镇北平的燕军最高指挥官是燕王世子朱高炽。朱高炽生于洪武十一年，是朱棣的嫡长子，自幼勤奋好学、端庄沉静、言行有礼，

---

① 出自（宋）詹初《松竹》。
② 出自《奉天靖难记·卷一》。

《明史·仁宗本纪》还称他习射百发百中，但他最大的特点是性格仁慈、体恤旁人，因此很有贤名。从这些特征来看，朱高炽并不是父亲朱棣那样的指挥官，面对五十万南军，朱高炽有什么破敌方略呢？

若从实力对比来看，北平可谓危如累卵，因为朱高炽手里的军队还不足万人，这些人都不是燕军的精锐，真正有强大战斗力的恐怕只有燕王府的卫队，但由于人数较少，分到北平九门便如同沙子丢进了大海，掀不起任何风浪。在这样的情况下，朱高炽要守住北平九门就必须拿出些魄力，所以他决定"亲冒矢石""与民同战"。

听说李景隆的大军已经包围九门后，朱高炽带着他的僚属也登上了城墙，平日体形肥胖的他如今也披挂佩剑，颇有几分英气。朱高炽体恤士卒是出了名的，从不苛责他人，他亲自视察每一处城墙的防务，哪里需要石头，哪里需要弓箭，朱高炽无不一一过问。

"时太子严肃部置，整饬守备，城中晏然，不知有兵。"①

看到燕王世子每天奔波在各处城墙，士兵们感觉胜利有了希望，当朱高炽大声宣布绝不抛弃守城士卒后，原本紧张的气氛变得激昂起来，有同甘共苦的统帅，岂有不胜之理？

燕王世子朱高炽亲自镇守北平城确实让当地百姓有了信心，不过仅仅靠朱高炽一人真的能抵挡李景隆的五十万大军吗？肯定是不够的。毕竟朱高炽只是个没上过战场的世子，和他的父亲朱棣比起来，朱高炽的象征意义远大于实际意义，朱棣留儿子在北平的目的就是这个象征意义，只要有了他，就算北平守军兵力不足，士气也会得到极大的提升。

然而，只靠高昂的士气就能守住北平吗？显而易见，士气只能保证

---

① 出自《奉天靖难记·卷一》。

军队可以作战，却不能保证军队能正确作战。燕军要守住偌大的北平就必须有懂得守城的将军指挥，张玉、朱能、丘福等人都随朱棣去了大宁，谁能成为这个真正指挥守城的指挥官呢？在这一点上，朱棣非常有先见之明，他一贯主张招降纳叛，善待俘虏的朝廷将领，有些他会直接放走，有些则会送往北平安置，在奔袭滹沱河时，左军都督顾成就是这样一个被朱棣善待的俘虏。

顾成，字景韶，爷爷、父亲是渔民，往来于江、淮之间，所以顾成从小就生活在水上。由于家境贫寒，顾成自幼就要跟随家人谋生，练得一身好体魄，《明史·顾成传》称其"臂力绝人"，而且擅长使用马槊。太祖朱元璋渡江时，顾成凭借自己的勇猛得以成为帐前亲兵，有一次，朱元璋的船陷入泥沙不能动弹，顾成仅凭单人之力就把船拖了出来，后来他和十个勇士一同侦察镇江时被俘，十人均死于敌手，唯有顾成挣脱束缚，强行杀出重围，又带着大军攻克镇江。

顾成作战勇猛，大小数十战，先后在四川、重庆、贵州等地作战，在随傅友德攻打云南时，首先攻克了普定（今属贵州安顺）并奉命镇守。当时数万敌军突然来袭，顾成虽然兵力不足却敢于主动出击，激战中手刃上百人，他故意放走一个俘虏并声称要在夜二鼓时发动全面进攻。夜二鼓时，顾成命令大军吹角鸣炮，果然吓得敌军悉数逃走，不久便平定了普定周边地区。洪武二十九年，顾成升任右军都督金事，佩征南将军印，会同何福讨伐水西蛮时，斩其酋居宗必登，次年又镇压西堡、沧浪诸寨蛮乱，无不所向披靡。

顾成镇守贵州十余年间，讨平诸苗洞寨数以百计，蛮人由此畏服，建文元年时已经官至左军都督。耿炳文奉命进攻北平时，顾成随军出征，但在燕军奔袭滹沱河时，顾成却在激斗中落马被俘，朱棣得知后亲自为其解绑，大赞道："皇考之灵，以汝授我。"①顾成感念朱棣礼贤下士，由此加入了燕军阵营，被派往北平协助世子朱高炽守城，当时凡是涉及军事方面的问题，朱高炽无不请教顾成，所以顾成实际上成了北平守军的真正指挥者。

《明史·顾城传》记载："（顾成）送北平，辅世子居守，南军围城，防御调度一听于成。"

当然，除了顾成，守卫北平的燕军中还有不少能征惯战之将，比如燕府仪宾李让、将领梁明，他们都在保卫北平的战斗中拼死血战，为城池坚守到燕王回援赢得了时间。

不过，不管北平城内如何斗志昂扬，功臣名将如何排兵布阵，手握五十万大军的李景隆始终掌握着战场主动权，随着各部人马相继就位，李景隆决定攻城了，他相信守军不足万人的北平根本挡不住朝廷几十万大军的刀锋，只要拿下北平，靖难之役的闹剧就会结束，他李景隆将成为大明朝的首席大将。

不难发现，李景隆最大的优势便是兵力充足，可以把五十万大军部署在广阔的战场上，从他的部署来看，南军攻打北平的作战应该可以分成两个阶段。

第一阶段，五十万南军对北平九门发动直接的攻击，整个战场大致分成四条战线，北线是德胜门、安定门，南线是崇文、丽正、宣武（顺城）三门，东线是东直、朝阳两门，西线则是西直门和阜成门，总共九处战场，故而有"筑垒九门"②之说。九门之战相当激烈，此时的南军士气很高，一者燕军主力在遥远的大宁，二者朱棣放弃卢沟桥的行为容

---

① 出自《明史纪事本末·卷十六》。

② 《奉天靖难记·卷一》："（景隆）直薄城下，筑垒九门。"

易让人轻视燕军。虽然战斗的具体经过史书中没有翔实的记载，但冲车、云梯、火器等攻城技术在明代已经比较成熟，常用于激烈的攻城战中。面对李景隆发起的进攻，燕军在世子朱高炽的带领下，严肃部署，整饬守备，慎用烽火，加强巡逻，顶住了南军的一次次进攻。最激烈的战斗应该发生在南线战场，这里有崇文、丽正、宣武三座城门，首当其冲的便是丽正门，李景隆命令南军士卒重点攻击该处，数不清的南军将士蚁附登城，刀剑的碰撞，箭矢的飞射，热油的倾倒，丽正门前呐喊声和冲撞声相互交织，像极了鬼魅的号叫，让人分不清这里是地狱还是人间。当战事极度危急时，北平城的妇女也怀抱砖石登上城墙，砸得南军抬不起头。由于李景隆号令不严，南军纷纷溃逃。南军第一阶段的攻势在北平军民的顽强抵抗下就此瓦解。①

第二阶段，李景隆虽然持续发动对北平城的攻势，但他的重点已经不再是攻城，而是把焦点放到了东线，严阵以待燕王朱棣的主力返回北平。《明史纪事本末·卷十六》中提到"景隆遣别将攻通州，又结九营于郑坝村，亲督之以待燕王"，说明李景隆已不在北平围城的九座营垒中，而是在郑坝村等待与朱棣的决战。

此时南军可能已经停止了对北平九门的大规模攻城，《明通鉴·卷十二》中说李景隆下令"诸军人自为战，非受命不得轻动"，而《明史纪事本末·卷十六》也提到李景隆"号令垒营，人各为战，非受命不得轻动"。这说明第二阶段的作战指挥权被交给了下级将领，但李景隆也限制了他们的行动，只允许各营垒根据实际情况自行组织防守，不允许军队轻易离开阵地，也不可以随便发动进攻。

---

① 《明太宗实录·卷四》："景隆攻丽正门急，城中妇女皆乘城掷瓦石击之，其势益沮。"

至于主动进攻，李景隆的重点还是城南一线，只不过这次换成了顺城门，采用的是强攻与火攻两种作战策略。这里的战斗同样激烈，燕军在南军的疯狂攻烧下几乎要丢失城门，关键时刻，燕府仪宾李让与燕将梁明等将领拼死力战，这才把南军又给打了回去。[1]

白天的攻势让南军非常疲惫，营中到处都是瘫倒休息的士卒，按说燕军此时的情况应该也差不多，但世子朱高炽却不按常理出牌，他挑选了数千精兵，让得力将领带着他们趁夜缒城而出。这支精兵熄火烛、马裹蹄、人衔枚，悄悄接近李景隆的大营，迅速从黑暗中杀出，轻松推倒了南军营寨的栅栏，照着迎面而来的南军就是一顿暴刺乱砍。

这突然而至的夜袭让寂静的北平立即喧嚣起来，李景隆知道自己被偷袭了，但黑夜让他弄不清楚燕军的人数，无法做出正确的部署，只能草率地命令南军士兵把燕军逐出大营。燕军将士在黑夜和混乱中，犹如暗夜里的鬼魅，时而东时而西，南军被杀死、杀伤的不计其数，一些人误把友军当燕军，自相残杀而不自知，更有甚者在混乱中被活活踩死。[2]

眼见夜袭已获成功，燕军纷纷撤离，迅速奔回北平城，直到燕军已经完全撤走后，南军大营依然混乱不堪。李景隆本人也是惊魂未定。燕军是否还会来袭，南军无人敢下结论。李景隆非常害怕，命令士兵整夜着甲持剑，根本不敢睡觉，等到太阳升起后，南军早就筋疲力尽、痛苦不堪，次日他们已无力攻城了，更不敢离城墙过近。此次夜袭竟然将南军逼退了整整十里。《明史纪事本末·卷十六》载："世子严肃部署，

---

① 《明史纪事本末·卷十六》："景隆遣别将攻通州，又结九营于郑坝村，亲督之以待燕王。号令垒营，人各为战，非受命不得轻动，遂攻烧顺城门。燕府仪宾李让与燕将梁明等拒守甚力。"

② 《奉天靖难记·卷一》："贼营中惊扰，或自相蹂躏而死者。"

选勇士时时夜缒城砍营，南军扰乱，退营十里。"

南军唯一的高光时刻却在此时突然出现，南军悍将瞿能竟然率领骑兵发动了反击作战，直奔张掖门。此时的燕军应该打开了城门，可能是准备打扫战场，也可能是为了追击溃兵，还可能是夜袭的士兵准备返回城内，总之史料没有说明骑兵是怎么攻城的。

瞿能，安徽合肥人，官拜四川都指挥使，曾随凉国公蓝玉平定了建昌卫指挥使月鲁帖木儿等人的叛乱，后又协助黔国公沐春征服缅甸等蛮夷，受命总揽西南军务，与蜀王朱椿合力管理蜀川地区。靖难之役爆发后，瞿能被建文帝调至南军任都督，其军多冲锋在前，有先锋之称，当李景隆下令渡过卢沟桥时，瞿能所部也是最快推进至北平城的部队之一。

瞿能不愧是明初猛将，数千精锐在他的指挥下鼓噪而进，勇敢地迎着箭矢快速奔袭，很快便冲抵城门处，砍翻了迎战的燕军，守军果然猝不及防，乱成一团。瞿能等人目标明确，就是要抢在燕军关闭城门前杀入，四周的燕军几乎被屠杀一空，如果南军主力能迅速赶来，北平城失守便不可逆转。可惜李景隆拒绝了，因为瞿能的资历远高于李景隆，如果南军就此占领北平，头功只能是瞿能的，这不是李景隆想看到的。所以他不仅不派兵增援，反而下令瞿能立即撤回大营，等明日再次攻城。

"唯都督瞿能与其子率精骑千余攻张掖门，垂克，景隆忌之，使候大军同进。"[1]瞿能无奈，只好撤回，南军唯一一次攻陷北平的机会丢了。

张掖门的战事让朱高炽冷汗直冒，如果再来一次这样的偷袭，北平

---

① 出自《明通鉴·卷十二》。

恐怕真的保不住了，于是朱高炽连夜巡视西直门，发现城墙表面粗糙易于攀登。恰逢夜晚温度降低，有人建议给城墙泼水，朱高炽大呼"妙计"，当即下令各处燕军用水泼墙。这是实战经验丰富的军人才能想到的"妙计"，燕军当即连夜用水泼墙。次日，城墙上的水都已结冰，李景隆再次攻城时，南军士兵根本站不住，云梯也靠不稳，不少人刚一上墙就脚滑跌落，瞿能此前的战绩再也无人能重现。

此后，南军再也不敢大意，整夜都有人巡逻，不时还会驱兵至城下侦察一番。燕军自己的损失也不小，当然也不敢轻易出城反击，双方就此进入拉锯战阶段。白天的攻城依然惨烈而持久，北平的城墙成了令人战栗的地狱，李景隆即便付出了惨痛的代价，却依然不得不一再返回最开始的地方，攻城作战毫无进展可言。

战事就这样持续了近一个月，南军久战不利，士气已然大跌。当十一月来临后，天气变得更加寒冷，天寒地冻让南军士兵更提不起精神，他们宁可躲在帐篷里，也不愿意到城墙下送死，李景隆依然不肯放弃，也不体恤士卒的疾苦，因天寒而被冻死的人很多。

不久后，南军谍报称燕王主力已至白河（今北运河），李景隆知道自己已经错过了夺取北平的最佳时机，下一战要面对的不再是世子朱高炽，而是燕王朱棣，北平奇迹般地守住了！

北平攻防战是靖难之役爆发以来燕军最冒险的一战，不仅朱棣没能坐镇指挥，连守军兵力也远远低于南军，就是这样一支军队竟然挡住了南军五十万主力长达一月之久，甚至在此期间还缒城夜斫（zhuó）南军大营，杀伤甚多，不得不说这是一个奇迹。不过，能让燕军一再创造奇迹，李景隆拙劣的指挥算是帮了大忙，特别是主将贪功，错失良机，白白放弃了瞿能带来的唯一胜机，正如朱棣评价的那样，李景隆兼有"五败"，又怎么能赢得胜利呢？

《孙子兵法·计篇》有云："道者，令民与上同意也，故可以与之死，可以与之生，而不畏危。"

所谓"道"，即是人心，人心所向即是胜利所在，用兵之道首重人心，只要民心与主君的意愿一致，百姓就可以为主君而战，不畏生死。李景隆的南军虽有五十万之众，但北平民心都向着燕军，再加上朱高炽严肃部署，善于安抚人心，百姓自然愿意与燕军同生共死，连平日里手无缚鸡之力的妇女也登城战斗，有百姓力量加持的燕军犹如得到了百万军队的战斗力，这就是燕军能守住北平城的根本原因。

决胜郑村坝

建文元年十月，李景隆亲率五十万大军包围北平，三路南军东伐通州，西攻北平，沿途烽烟遍地、狼烟滚滚，围在北平城中的燕王世子朱高炽仅率万余守军拼死抵抗，一度缒城夜斫南军大营，先后挫败南军攻城数十次，极大地挫伤了南军士气。恰逢天气转寒，李景隆因准备不足，南军上下冻死、冻伤的人越来越多，战场形势越发微妙，此时的朱棣距北平城还有多远呢？

袭取大宁后，燕军主力在朱棣的率领下收编了宁王朱权麾下最精锐的朵颜三卫，十月十九日，燕军大举回援，兵至距北平城二百三十公里的会州。在这里，燕军停下了脚步，朱棣虽然知道北平城危如累卵，但他认为在回到北平前有一件事情是非做不可的，即是整编三军。

有了宁王及辽东投效的新军，燕军阵营里的人马越来越复杂，早已不是当初那八百府兵可比的。作为守土戍边的塞王，朱棣深知军队的战斗力来源于有效的组织体系，没有统一的指挥，就算有百万大军也未必能击败弱小的对手，昔日淝水之战，苻坚的八十万大军不就被东晋的几万人马击溃了吗？因此，朱棣决定重建燕军，设五军。

燕王五军比照太祖朱元璋的"五军都督府"制度，共设"前、后、左、右、中"五支军队，每支军队设都指挥一名，左右副将各一名，此三人即是所属军队的最高指挥官，麾下各级将校均按都指挥的命令行事，都指挥只对燕王负责，且只听燕王节制。

按照朱棣的封授，五军指挥官既有他的心腹爱将，也有从朝廷投奔而来的降将，具体人员如下：

张玉统领中军，密云卫指挥郑亨、会州卫指挥何寿为都指挥佥事，充中军左右副将。

朱能统领左军，大宁前卫指挥朱荣、燕山右卫指挥李浚为都指挥佥事，充左军左右副将。

李彬统领右军，营州护卫指挥徐理、永平卫指挥孟善为都指挥佥事，充右军左右副将。

徐忠统领前军，营州右护卫指挥陈文、济阳卫指挥吴达为都指挥佥事，充前军左右副将。

房宽统领后军，都指挥和允中、蓟州卫指挥毛整为都指挥佥事，充后军左右副将。

从以上任命来看，张玉、朱能、李彬、徐忠、房宽组成了靖难早期的燕军统帅部，这五人都是什么来历呢？

张玉，字世美，祥符（今属河南开封）人。原为北元枢密知院，后因元廷战败逃至漠北，洪武十八年（1385年）归附明朝，以功授济南卫副千户，迁安庆、燕山左护卫指挥佥事。靖难之役爆发前，正是张玉负责带着八百府兵夺取了北平九门，奔袭滹沱河时又是张玉担任先锋，一举击溃了耿炳文的大军，算是燕军的首席大将。

朱能，字士弘，怀远人。袭父燕山护卫副千户一职，曾随军北征元太尉乃儿不花，多有功勋。靖难起兵后，朱能率军拔蓟州、克遵化、破雄县，又设伏月漾桥，于鄚州（今属河北任丘，鄚音mào）打败杨松、潘忠。滹沱河之战时，朱能独领三十余骑追杀至河边，跃马大呼突击数万南军，声势骇人，南军惊恐逃窜，俘者三千有余，可谓燕军的头号猛将。

李彬，字质文，凤阳人。袭父济川卫指挥佥事一职，随颍国公傅友德出征塞外，在洮儿河一战中身先士卒，多有斩获，后又于黑松林打败达达兀剌罕，因功总领北平都司、燕山十七卫。靖难之役爆发后，李彬主动投效朱棣，被封为前锋，随军作战多有战功，成为燕军的第三号大将。

徐忠，字仲达，合肥人。袭父河南卫副千户一职，随军北征，累功进济阳卫指挥佥事，洪武末年奉命镇守开平城（今河北唐山）。靖难之役时，燕军袭破居庸关，闪击怀来城，极大地震撼了徐忠，徐忠遂以开平城降于朱棣，使得燕军得以控制北平以东地区。其作战同样勇猛，敢于单骑冲杀敌阵，被流矢射中后，徐忠也不觉疼痛，挥刀断箭后仍旧继续作战，朱棣见后大呼："真壮士也！"[①]

房宽，无字，陈州（今河南淮阳）人。洪武年间，以济宁左卫指挥跟随徐达在北平练兵，被任命为北平都指挥同知，后移守大宁。《明史·房宽传》记载房宽久在边塞，屡次出击北元，深知域外情况，凡是塞外的山川险阻，没有一处是他不知道的，但是他治军严苛，不善于体恤士卒[②]，因此朱棣突袭大宁时，房宽被部下绑送燕军，但朱棣爱惜他的将才，亲自为他解开缰绳，房宽由此加入了燕军。

---

① 出自《明史·徐忠传》。
② 原文："宽在边久，凡山川厄塞，殊域情伪，莫不毕知，然不能抚士卒。"

五大都指挥可谓是朱棣的"五虎上将"，其中张玉、朱能一直是朱棣的心腹大将，堪称燕王的左膀右臂。李彬、徐忠、房宽均是靖难之役后投效朱棣的朝廷武将，房宽甚至还是燕军偷袭大宁时俘获的。朱棣以他们五人为五军都指挥，一是告诉世人燕军靖难师出有名，朝廷官员亦是其中成员；二是暗示朝廷文武官员，凡是愿意投效的必定能得到重用。

会州整军后，燕军组织体系得以完善，指挥系统更加有力，虽然只有数万人马，但战斗力却相当强悍，朱棣此举无疑是在为接下来的北平大战做准备。整编三天后，燕军经松亭关快速回到关内，十一月初五，燕军主力抵达孤山，先锋游骑已至白河。白河，基本算是两军最后的分界线，渡过白河就会是一场大战，而李景隆的大部队于白河以西列阵，对白河是严防死守，燕军想要救援北平势必要强渡白河。

然而，先锋游骑回禀称白河河水湍急，李景隆又在河西列阵，恐怕难以渡过。朱棣此时非常焦急，他知道北平城已经被围攻月余，守军肯定伤亡惨重，如果迟迟不能渡过白河，岂不是任由李景隆攻下北平？可是如果冒险强渡，李景隆完全可以来个"半渡而击"，趁燕军过河到一半时发动总攻，到时河中的燕军无法列阵，河水又如此湍急，燕军必然失败，所以朱棣命令军队在河边扎营，等待时机。

就在朱棣一筹莫展时，白河一带突然下起大雪，朱棣大喜，暗自祈祷："天若助吾，河冰即合。"①哪知第二天，白河果然结冰，河冰非常厚，燕军颇为振奋，都私下传言朱棣得到上天相助，就像当年汉光武帝渡过滹沱河时一样，难道燕王也是真命天子？

---

① 出自《奉天靖难记·卷二》。

燕军得此良机，旋即踏冰过河，朱棣跃马直抵对岸，一时军心大振。同一时间，南军大营也是漫天大雪，李景隆担心朱棣趁机渡河，于是派都督陈晖领上万骑兵直奔白河，一来可以监视燕军动向，二来也可以牵制燕军。可惜陈晖没有事先派出侦察骑兵，对燕军的位置一无所知，但是燕军游骑却通过烟尘和马蹄印发现了陈晖的动向。

朱棣得知后，当即下令燕军停止行军，在白河岸边就地列阵。看着眼前的冰天雪地，朱棣和他的五虎上将没有立即奔赴北平，因为陈晖不知道燕军渡河位置，反而从另一处渡河到了对岸，与燕军隔河相望，如果弃之不顾，陈晖极有可能与李景隆前后夹击，从而包围燕军。因此，燕军最好的策略是吃掉陈晖的万余骑兵，这样不仅能就此削弱南军的机动力量，还能在与李景隆决战前鼓舞士气，可谓一石二鸟。

陈晖也是久战之人，为了吸引他的骑兵追过白河，燕军假装没有发现他的骑兵，并且佯装要奔回北平，陈晖见状果然中计，上万骑兵径直横渡白河之冰，企图拦截燕军。张玉、朱能各带本部人马向两翼慢慢张开，待陈晖骑兵全数进入河中时，朱棣令燕军开始转向，等到陈晖骑兵半数上岸后，朱棣拔剑反击，燕军全数杀回白河，将陈晖的骑兵挡在岸边。陈晖由此进退不得，未能上岸的骑兵只能在冰上来回驰骋，不少人因冰面过滑跌落马下，倒成一片。

戏剧性的一幕发生了，冰河突然融化解体，陈晖余部纷纷落水。[1]

厚实的冰面怎么就突然融化了呢？极可能是战斗太过激烈，大量军队聚集在一处，导致冰面无法承受重量而崩裂。陈晖骑兵来不及撤走，不少人被冰面隔绝，阵形已然崩坏。随着更多的冰面破裂，陈晖骑兵哀

---

[1]《奉天靖难记·卷二》："晖余众奔渡白河，冰忽解，溺死者其众，获马二千余匹，晖仅以身免。"

号着坠入河中，上岸的骑兵被燕军挡住惨遭屠杀，后面不能上岸的士兵相继被河水吞噬，上万南军骑兵就此被歼于白河岸边，陈晖仅以身免，两千战马落入燕军之手。没有了陈晖的干扰，燕军由此直奔李景隆所在的郑村坝，决战即将打响。

陈晖的万余南军被歼灭后，身为主帅的李景隆还没有意识到大战即将开始，在他看来，陈晖的上万骑兵对整支军队来说微不足道，毕竟除开包围北平的军队，李景隆在郑村坝至少还有十五万至二十万兵力，军营相连成片，可谓铜墙铁壁，根本不担心只有几万人的燕军。

这种大意轻敌的情绪影响了南军上下，当燕军逐渐出现在南军视野中时，整个郑村坝都躁动起来，号角、鼓声齐鸣，一片慌乱的景象，不少人慌忙从帐篷里爬出，脚上的鞋都还没穿好，更多的人被冻得浑身僵硬，十指冻伤的也不计其数，根本无法握住兵器。朱棣见状大喜，自信地说道："违犯天时，自毙其众，吾不劳力而胜之。"①

的确，兵家作战最重天时、地利、人和，同时拥有三者的军队往往胜券在握。李景隆的南军不习惯北方的天气，异地作战又恰逢天降大雪，此战已经失去了天时。

另外，李景隆孤军深入，北平一带又没有高山险阻，陈晖又没能在白河一线拦住燕军，当燕军逼近郑村坝后，李景隆西侧有坚城北平，东侧又被朱棣压迫，早就没有地利可言。

至于人和，李景隆虽然有朝廷讨贼的大义名分，朱棣却也有绝境求生的强烈意志，双方平分秋色，南军并不占优势。

决战就在南军的一片慌乱中迅速开始。李景隆现在也顾不上思考天

———————————

① 出自《奉天靖难记·卷二》。

时、地利、人和了，他知道燕军战力最强的是骑兵，所以把军队延伸排开，最外侧为盾牌手和长枪步兵，后侧为弓箭手和炮手。李景隆企图以逸待劳，就地迎战朱棣的燕军，但是他的南军却喧嚣躁动，看起来倒像是要主动进攻。朱棣则率大军列阵而进，步伐稳健、号令有序，燕军的旗帜在大风雪中猎猎作响，看上去气势逼人。

随着几声炮响，战场上顿时战鼓轰鸣，双方军队都高举着战旗冲杀至战场中央。燕军的布阵不同于南军，朱棣把军队分成两列，首列为精锐骑兵，后列为各式步兵以及火炮，其目的是用骑兵冲锋击散李景隆的前军，然后再由步兵接应骑兵，趁南军出现破绽后攻击。因此，能否挡住燕军骑兵的冲锋便成了南军能否获胜的关键。

可惜，南军仗着人多势众，自以为能轻松歼灭燕军，并未重视自己的阵线。燕军骑兵训练有素且身经百战，他们在大将张玉、朱能的率领下，如同炮弹一样砸进南军阵线，不仅势不可当，而且杀伤惊人。

双方士兵一经接触就分出了胜负，燕军骑兵疯狂地撞倒迎面跑来的南军步兵，长枪在人群中挥舞，掀起了漫天血雨，试图用盾牌阻挡燕军的士卒也被撞得飞出数丈远，手持长戟的南军本可以击杀燕军战马，但他们的手冻得太僵了，因此动作非常缓慢，而燕军骑兵又快如闪电，南军根本无法击中燕军，反而被长枪贯穿了身体。

侥幸活下来的南军士兵还没从骑兵冲锋中缓过神来，燕军步卒又迅速杀来，齐刷刷的长枪闪着耀眼的白光，与周遭的雪花浑然天成，既凄美又恐怖。燕军步卒利用骑兵撕开的缺口有序推进，接连击溃南军七座大营，李景隆本就松散的战线更加混乱不堪，局势逐渐倒向燕军。

然而这还不是燕军真正的绝杀，朱棣越杀越疯狂，骑兵在他的指挥下逐渐朝四周散开，当骑兵移动到两翼后，他们又聚集起来，疯狂冲杀南军的两翼。李景隆本就被正面的燕军杀得焦头烂额，两翼又遭到骑兵的冲撞，不少人被迫朝中央挤压，士兵拥挤在一起，长枪无法戳刺，长剑也挥砍不动，只能任人宰割，一旦在雪地里滑倒，等待他的只能是被活活踩死的命运。

《奉天靖难记·卷二》记载："（朱棣）上张骑兵左右冲击，贼众大败。追亡逐北，斩首数万级，降者数万，即散遣之。"

战斗从中午一直持续到黑夜，李景隆的数十万大军全线溃败，士兵争相逃跑，作为主帅的李景隆也被眼前的景象吓得面无血色，只顾着拍马逃跑，但他不敢往北平去，因为他害怕被燕军聚歼在城下。燕军杀得浑身血红，连破七座大营，但仍不知足，朝着南军溃逃的方向追亡逐北，斩首数万级，俘虏的溃兵也有数万人，直到夜色昏暗才收兵回营。

李景隆一刻也不想在北平多待，一个劲儿地往南逃跑，丢弃了南军的全部辎重，燕军光俘获的战马就有三万余匹。即便是这样，李景隆依然非常害怕，整夜都不敢睡觉，他的残兵只好持戟立于雪中，警戒了整整一夜，不仅无法休息，而且还冻伤了不少人。等到燕军追来后，这些人疲惫不堪，一触即溃。

李景隆逃走后，南军只剩下包围北平的部分人马，由于他们不知道南军主力已经溃败，依旧守在北平城下。次日天明，朱棣率领全部人马杀回北平，逢人就砍，遇营就烧，南军猝不及防，一败再败，燕军一口气连破四座营垒，大火把天际烧得火红，其余南军吓得望风逃遁，连武器辎重都丢给了燕军，北平之围就此解除，建文帝的第一轮削藩大战也就此落幕。

《明史纪事本末·卷十六》载道："翌日，九垒犹固守，北兵次第破其四垒。"

郑村坝之战以燕军的大获全胜宣告结束，朱棣又一次以少胜多，挫败了朝廷镇压燕藩的企图。之所以一胜再胜，除了南军准备不足、大意轻敌外，燕军合理的战略战术也是战场制胜的关键，其中不乏利用天时、地利的案例，比如白河一役就充分利用了结冰的河流，算是"取地利"；而郑村坝决战又充分利用了北方的严寒，算是"用天时"；至于人和，世子朱高炽的北平攻防战又何尝没有呢？

《孙子兵法·计篇》有云："道者，令民与上同意，可与之死，可与之生，而不危也；天者，阴阳、寒暑、时制也；地者，高下、远近、险易、广狭、死生也；将者，智、信、仁、勇、严也；法者，曲制、官道、主用也。凡此五者，将莫不闻，知之者胜，不知者不胜，故校之以计，而索其情。"

领兵作战除了指挥得当、将士用命外，统帅应当学会借"势"。所谓"势"即是能影响战局的外在力量，其中，天时、地利、人和均为可以借用的"势"，因此统帅带兵时不能不考虑作战的地形，也不能不顾及所处的时节，更不能不关注士兵、百姓的心理变化，优秀的将领即便处于劣势，也能够"造势"，想办法把敌军引导至有利于自己的"势"中，如此便能立于不败之地。

血战白沟河

建文元年十一月，李景隆倾其五十万大军与燕军会战于郑村坝，朱棣又一次展示了燕云铁骑"快如雷霆"的作战风格，先是于白河逆击万余敌骑，接着又趁寒冬连破十一座敌军大寨，逼得李景隆率军南遁，朝廷寄予厚望的北平大战败得是如此难看。更让人想不到的是，远在京师的黄子澄一干人等竟然对建文帝谎称"景隆已胜"，只因天气太冷不得不退兵德州，等到来年天气转暖后再图北平。①

五十万大军都已经围住北平了，如果真的获胜岂有不穷追猛打的道理，逃避真实情况，通过自我欺骗换得一时开心，非直臣所为。不过，李景隆并未伤及元气，朝廷会在次年春季再次展开军事行动。

作为一个开局才八百府兵的"初级玩家"，朱棣缺兵、缺将、缺粮、缺钱，几乎什么都缺，但最缺的还是时间，所以从闪击怀来到奔袭滹沱河，从偷袭大宁到决胜郑村坝，燕军始终围绕一个"快"字，除了用"兵贵神速"来解释外，朱棣其实是在跟朝廷抢时间，目的即是在朝廷无法大举进兵时扩大实力，眼下李景隆败退德州正是朱棣进一步招降纳叛的好时机。

从局势图来看，北边大宁一线已经并入燕藩，东至山海关一线也是燕军的地盘，朱棣要扩张就只剩原属辽王的广宁以及大同、宣化三个方向。其中广宁在燕军东北，有山海关和数万辽东兵马，大同和宣化都在燕军西侧，一个是代王的地盘，一个是谷王的地盘。

有意思的是，坐镇广宁、大同、宣化的藩王都被朝廷控制了。其中，辽王在朝廷的要求下渡海南下了，谷王在怀来之战后也逃去了京师，代王本欲加入燕军却被守将陈质提前挟持，所以三地都没了藩王，没了主心骨，朱棣大可以挥师夺取三地。

不过，朱棣能一口气吃下三座藩镇吗？当然不可能，因为燕军兵力太少了，算上已经投奔朱棣的卫所，总兵力不过六万至十万人。这么一来，朱棣就得分清轻重缓急，选择容易打的，如此便排除了辽王的广宁。

---

① 《明史纪事本末·卷十六》载："景隆师既败，黄子澄等匿不以闻……子澄遂遣人密语景隆，隐其败，勿奏。"《奉天靖难记·卷二》亦载："黄子澄曰：'闻已胜，但天寒，士卒不堪，暂回德州，待来春更进。'"

一是由于广宁太远，直线距离有四百公里，来回一趟既耗费粮食，又耗费时间；二是因为要去广宁就得打下山海关，号称"幽燕第一雄关"的山海关可不是那么容易打的；三则是辽东兵马战力不弱，而且和燕军一样都以骑兵为主，非常不好对付。

因此，朱棣制定的策略是"稳住辽东，西征大同"。只不过朱棣的征大同不是真的要打下大同，而是要"诱敌""疲敌"，逼李景隆救援苦寒的大同，这样他的军队就无法在冬季得到休整，燕军顺便还可以收编沿途的城池要塞，可谓一石二鸟。

建文元年十二月，朱棣又使出反间计，同时写了两封信，分别寄给山海关守将吴高、杨文，其中对吴高极尽赞美，对杨文大加鞭挞，而且又一次故意把信寄反了，杨文看到的是赞美吴高的，吴高看到的是诋毁杨文的，二人都把信报给了建文帝。

考虑到此前吴高攻永平时不战而逃，建文帝认为吴高涉嫌通敌，于是削除了吴高的爵位，远迁广西。山海关由此成了杨文一人坐镇，但由于此人是地地道道的武夫，有勇无谋，很不得人心，关外将士都认为是杨文陷害同僚，由此相互猜忌，军无战心了。

反间计成功后，朱棣自信地说道："辽东虽远隔山海，却常常袭扰永平，吴高虽然胆怯，其行事勉强严密，杨文粗而无谋，我用一计除去吴高，则杨文不足虑矣。用兵之道，伐谋为上，此计如果能成，则坐制一方，无复东顾之忧矣。"[①]

稳住辽东后，朱棣便率部西征。第一关是广昌（今河北涞源县），这一战毫无难度，守将汤胜举城投降，朱棣兵不血刃又得一支军队。第

---

① 《奉天靖难记·卷二》："'上语左右曰："辽东虽远隔山海，常扰永平，吴高虽怯，其行事差密，杨文粗而无谋，我一计去吴高，则杨文不足虑矣。用兵之道，伐谋为上，此计得行，则坐制一方，无复东顾之忧矣。'"

二关蔚州（今河北蔚县）稍微有些波折，指挥李诚于沟中被俘，朱棣本想让李诚举城来投，但是李诚回去后反被守军下了狱。朱棣大怒，燕军旋即强攻蔚州。

蔚州守军起初战意高昂，屡屡击退登城燕军，朱棣于是在城外修筑高台，让燕军从高台上架桥登上城墙。然而守军又是投石，又是泼油，高台的大桥很快就被击垮了。燕军于是改变策略，让士兵用麻袋装满雪土，然后从高台上抛下，等到堆积的麻袋与城墙等高后，燕军立即用霹雳车猛攻城墙，打得守军不敢抬头，燕军士兵趁机踩着麻袋冲上城墙，守军惊恐不已，守将王忠、李远只好举城而降。

《明史纪事本末·卷十六》："二月，鞑靼率众助燕。"

《奉天靖难记·卷二》："丁未，鞑靼国公赵脱列干、司徒赵灰邻帖木儿、司徒刘哈喇帖木儿自沙漠率众来归，俱赐以爵赏。"

让朱棣倍感意外的是，就在他前往大同的途中，鞑靼国公赵脱列干、司徒赵灰邻帖木儿、司徒刘哈喇帖木儿自沙漠率众来归，朱棣立即以大明朝的名义将其收归帐下，蒙古人可能并不知道明朝内战的具体情况，一股脑儿地都投奔了燕军，朱棣白捡了一支蒙古骑兵。当然，也有另一种说法，鞑靼人此行并不是投奔而是专程前来增援燕军，这当然不是因为鞑靼人觉得朱棣是天命所归，而是他们敏锐地发现大明内战爆发以来，宁、谷、代、辽等藩镇相继空虚，原来的北疆防线已经严重动摇，于是准备来添一把火，顺便多捞一点儿战利品。

燕军真的抵达大同后，李景隆害怕大同失守，果然从德州来援，沿途栉风沐雨，冻伤、冻死了不少士卒。结果李景隆刚刚出紫荆关，朱棣就带兵从居庸关撤回了北平，南军连燕军的面都没碰上，又不得不原路撤回德州，沿途丢弃的武器铠甲不计其数，折损的将士也有两到三成。李景隆被朱棣耍得团团转，急不可耐地纠集兵马，准备再次北伐燕藩。

《明史纪事本末·卷十六》："李景隆帅师救大同，出紫荆关。燕王由居庸关入，还北平。景隆军冻馁死者甚众，堕指者十二三，委弃铠仗于道，不可胜纪。"

建文二年（1400年）四月，建文帝连赐李景隆两道斧钺旌旗，允许他自专杀伐，李景隆由此骄恣日甚，旋即率部从德州北进，武定侯郭英、安陆侯吴杰也从真定出发，六十万南军计划在白沟河会师。另外，建文帝担心李景隆轻敌，不久又派魏国公徐辉祖领兵三万星夜驰援，三路人马对外号称百万，第三轮北伐燕藩的大战开始了。

朱棣一贯重视情报工作，这次同样也不例外。他事先已派出大量侦骑和细作，广布眼线于德州、真定，李景隆这边一有动静，朱棣那边就已经得到具体情报。燕军迅速集结完毕，先进武清，渡白马河，驻营于苏家桥。

四月二十四日，白沟河之战爆发。

白沟河，源于涞源县，止于涿州东，全长一百九十七公里，自西向东，形如一个"几"字，涿州就位于"几"字正中。朱棣非常谨慎，为了让燕军安全过河，他亲率大军从西北方向沿河而进，同时派上百骑兵挺进白沟河东侧，沿途鸣炮震慑南军，其目的在于吸引南军注意，以便燕军主力能在白沟河中段位置渡河。

正午，朱棣率部大举渡河，不过他并未骗过南军，李景隆在河岸一侧部署了一支伏兵，刚好埋伏在燕军渡河处，这支伏兵的战力不弱，指挥官是南军为数不多的悍将——平安。

平安，滁阳（今安徽滁州全椒）人，小字保儿。父亲平定跟随太祖朱元璋起兵，任济宁卫指挥金事，后随常遇春攻元都时战死。平安是太祖养子，骁勇善战，力大无穷，能举数百斤之重，任密云指挥使，曾随徐达、朱棣北征塞外，军事经验丰富，之后又升任右军都督金事。此次再伐燕藩，建文帝特地调平安协助李景隆，任南军先锋大将。

平安所部共有精骑一万，埋伏于近河一侧，按说骑兵通常很难掩盖战马的嘶鸣声，但燕军在渡河时却完全没有发现平安的骑兵，由此可见平安带兵的能力绝非一般将领可比。当燕军半数渡过白沟河时，平安旋即策马挺枪杀出，瞿能父子也跃马挥刀继之，身后万余骑兵杀奔而来，声势骇人。

朱棣见领兵大将竟是平安，非常吃惊，但他很快恢复镇定，自信地说道："平安竖子，往从我出师塞北，频见吾用兵，故敢为前锋，用兵机变，神妙难测，吾今日破之，要使其心胆俱丧，不知所生。"①

朱棣的意思很清楚，平安是清楚燕军战法的大将，多次随他出征塞外，算是知己知彼的将领，所以他本人才敢为先锋，但是用兵的关键在于随机而变、难以预测，又岂会固定一种战法。如今平安刚刚上场还不熟悉燕军新的战术，所以即便对方设伏占据优势，燕军也要硬着头皮上，若不能在此处击败平安，后面的麻烦绝不会少。

故而，朱棣亲率百余精骑直扑平安，双方迎面厮杀在一起，燕云铁骑也不是浪得虚名，纵然只有百余骑兵，朱棣依然成功挡住了平安的攻势。不过，朱棣并非打算以身赴死，毕竟双方人数差距太大，他的目的只是为了搅乱平安军阵，因为骑兵冲锋最忌讳攻势受阻，朱棣这一击便让平安军阵乱了起来。

见目的已经达到，朱棣立即率部撤回燕军大部队，同时命身后步、骑列阵而进，直逼平安大阵，双方很快缠斗在一起，步卒用长枪猛刺马身，骑兵来回奔驰躲避，不是骑兵被长枪刺倒，就是步兵被战马撞飞，

---

① 出自《奉天靖难记·卷二》。《明史·平安传》亦载："平安，竖子耳，往随从出塞，识我用兵，今当先破之。"

两军杀得难解难分。

这时，朱棣纠集了麾下最精锐的燕云铁骑，强行脱离战斗，从战场侧翼远距离迂回，突然杀至平安身后，燕军由此形成夹击之势。平安虽然善战，但毕竟兵力少于燕军，现在又被前后夹击，骑兵失去了冲锋的缓冲距离，两侧均被堵得死死的，平安就此大败，南军被斩首五千余级，战马被俘三千余匹，都指挥何清也被生擒。

《奉天靖难记·卷二》："上先以百余骑薄其阵，锋将交即回，引贼阵动，贼阵乱，大军即进，上率数十万（骑）突出其后，夹击之，贼大败，斩五千余级，生擒都指挥何清，获马三千余匹。"

《明太宗实录·卷六》："上先以百余骑薄之，将交锋，遽却以诱之，安军动而阵乱。我军驰进，上率数十骑突出其后，夹击之，安军大败，斩首五千余级，生擒都指挥何清，获马三千余匹。"

渡河之战可谓惊险，但并未影响南军士气，李景隆、胡观、郭英、吴杰合兵六十余万列阵杀来，阵形严密，士气如虹。朱棣见状，依然采用此前的战术，把军队分成两列，前列为精锐骑兵，后列为步卒、弓弩。

燕军首先以骑兵发起冲锋，直扑南军阵线，待撞倒第一列敌军后，燕云铁骑便迅速回转，拉开距离后继续冲锋，依次交替，直到南军阵线混乱后，燕军主力步卒才接替骑兵，迎面扑杀南军。

此役兵力悬殊，燕军处于劣势，南军一股脑儿地压向对手，燕军的压力相当大，就算骑兵已经让对手混乱，但依然无法让步兵得到优势，朱棣因此亲冒矢石，带着身边的数十亲骑反复冲杀，为步兵争取优势。

大战进行得异常激烈，燕军自靖难起兵以来，还从未遭遇如此艰苦的战斗，直到双方杀至天黑，燕军依然不能击退南军。就在这时，只听"啪啪"几声蜂鸣，南军埋伏的火器突然吐出无数"火舌"，其中最恐怖的要数明朝最先进的"一窝蜂""揣马丹",火力之猛、密度之大让燕军猝不及防、逃无可逃,战马有的被炮声吓得不敢向前,有的直接被火器射穿,战场血肉横飞,一片狼藉。

虽然朱棣不愿意承认,但此战燕军的确大败,幸好天色已晚,南军不能追亡逐北,朱棣旋即下令燕军有序撤退,可是局势混乱的程度远超朱棣想象,燕军各自退散,根本无法统一指挥,就连朱棣自己也在撤退中迷路,身边只有三名骑兵,若是被南军发现,靖难之役恐怕就会提前结束。

然而朱棣的运气总是很好,他一路奔逃至河边,根据水流的方向判断出了南北,于是带着身边仅剩的三名骑兵蹚水过河,沿途又遇到了一些散兵,总算找到了大部队所在。

当日深夜,朱棣把大营驻扎在白沟河北侧,命令全军必须在次日天亮前用完早饭,战马也必须提前准备完毕。他明白,若按常规战法,燕军是打不赢六十万南军的,所以必须出其不意,在敌军尚未起床时抢先发动次日的决战。

这一夜,突然来了三百南军兵马,不是为了夜袭,而是自称要投效燕军。朱棣大喜,为了显示自己信任来投官军,特地命令他们做自己的宿卫。却不想次日起床,这三百人马全被指挥省吉处斩。

朱棣大怒,责骂省吉"杀降不吉",会断了其他官军投效的念头。[1]客观地说,朱棣此战败多胜少,兵力又处于劣势,为什么还有官军来投奔? 这非常不合常理,省吉担心他们是诈降,就算是断了别人投奔的念想,也不能让燕军在此时冒险,这一决定虽然惹怒了朱棣,但无疑是正确的,这三百降兵很难保证不是内应。

---

①《奉天靖难记·卷二》:"上大怒曰:'彼既来降,当诚心受之,岂可纵杀。借疑其不诚,必尽杀其众然后已,且人众又岂能尽杀? 昔李广杀降,终不封侯,尔之功名,由此不显矣!'"

由此看来，无论是朱棣还是李景隆，当夜都想打对方一个"出其不意"，朱棣是要抢先决战，李景隆可能是想诈降乱敌，双方厉兵秣马，都为了能在次日决战时占得先机。

四月二十五日，白沟河之战进入高潮。

燕军抢先渡河，避免了被南军半渡而击的可能，李景隆这一次倒不仓促，大军早已准备完毕，横亘数十余里，列阵而进，气势更加骇人。朱棣没能抢得先机，但也不想让李景隆得到先手，于是他连续四次变换阵形，故意留出缺口给南军，李景隆以为朱棣意在诱敌深入，也停下脚步观望。

朱棣见南军停止进军，当即下令燕军发起全面进攻，以都指挥房宽为先锋，直扑敌阵。可惜房宽这一路并不成功，后军接连冲锋数次，均被南军击退，比起房宽，南军先锋平安明显更加勇猛。更让人意外的是，历来擅长恶战的燕将陈亨也在冲锋中被击败，他不仅没能再现年轻时于万军之中连斩百余人的勇武，而且自己还被平安的飞矛射成重伤，还好他当年单骑脱逃的本事没有丢，不然怕是要被平安俘杀于阵中。

攻势受阻后，朱棣又一次策马杀出，亲自率燕云铁骑增援。看到燕王亲冒矢石后，房宽的后军士气大振，再次纵兵掩杀。平安、瞿能也不甘示弱，挥舞着长枪迎战。乱军之中，瞿能父子远远望见了朱棣，遂策马杀去，打算来个"擒贼先擒王"，可惜朱棣也是身经百战的猛将，丝毫不怵。几番战斗下来，瞿能的长枪险些刺中朱棣，但他们最终没能如愿，瞿能父子由于过于深入，险些被燕军阵斩，损兵上万人。

中军张玉、左军朱能按照朱棣的指示，先派大将丘福领骑兵反复冲杀敌军中央，准备等敌军混乱后，步兵再跟上交战，然而丘福的骑兵反复冲杀也未能撼动南军，李景隆大军列阵而进，径直逼到燕军阵前。朱棣又一次发挥了他不怕死的精神，仅带着数十骑冲向南军左翼，一路横冲直撞，竟然打乱了南军阵形，紧接着，数万燕军压阵而上，双方进入血战阶段。

让朱棣没想到的是，李景隆早已调遣了两万骑兵突袭燕军身后，试图全面包围燕军。《孙子兵法·谋攻篇》有云："十则围之，五则攻之，倍则分之。"李景隆的南军总数多达六十万，论数量虽不见得是燕军的十倍，但是这么多军队要包围对手也是绰绰有余，朱棣早就应该想到南军会采取前后夹击的战术，可是他被正面胶着的战斗牵制了，几乎忘记了身后。如果李景隆真的围住了燕军，朱棣再无生路可言。

面对决死之局，朱棣哪还能顾及自身安全，旋即率领精锐骑兵转身杀向背后的伏兵，只见朱棣连续击杀数员大将后又勒马回转，拉开数十步距离后又再次冲锋，如此反复冲杀了百余次。不过，南军毕竟人多势众，燕军的骑兵只能暂缓南军合围的时间，却不能真的击退他们。再加上南军箭矢飞如雨注，朱棣的战马屡屡被射死，前后三易其马，连手中的剑都折断了。

最惊险的时候，朱棣身边亲卫多已战死，手中的剑鞘都被砍断了，南军先锋平安的骑兵眼看就要追到朱棣近前，朱棣只好朝河堤上跑。由于堤坝挡住了南军的视角，朱棣故意挥舞手中的马鞭，佯装要招来背后的援兵，李景隆果然生疑，下令止住了平安。

但这毕竟只是一时之计，一旦平安发现堤坝后面没有燕军，朱棣还是在劫难逃。可就在这时，堤坝后突然尘土满天、马声喧器，朱棣次子朱高煦率领数千骑兵高举燕军旗帜，策马杀来。朱棣见后大喜："吾战疲矣，尔进击贼。"[1]

朱高煦遂率领数千骑兵直奔平安，双方不分胜负，一度相持不下。

---

[1] 出自《奉天靖难记·卷二》。

朱棣再一次领数十精骑绕到平安身后，用几乎完全相同的前后夹击策略，第二次击退平安。

平安已退，李景隆合围之策失败，南军阵线开始动摇，朱棣、朱高煦、张玉、朱能、丘福等人各率本部人马前后迂回、反复冲杀，终于杀退了南军，一些坚持不住的南军士兵弃戈逃跑，导致南军出现了不少缺口。燕军骑兵本就擅长穿插作战，当即从缺口杀进杀出，南军被分成数段，彼此难以呼应。片刻之后，南军全线动摇，败者争相逃跑。

燕军士气大振，一路追杀至李景隆大营。突然，天上刮起了大风，竟然吹断了李景隆的帅旗，不明真相的士兵以为南军主帅阵亡，士气大跌，再无战心。风越吹越大，似有卷起漫天沙暴之势。优秀的指挥官都懂得随机应变，眼下的大风正是决胜战场的关键。朱棣命令燕军顺风放火，引燃了南军营寨，大火借助风势迅速蔓延，燕军借着火势追杀，南军竟然不能抵抗，瞿能父子、俞通渊等人均在火中阵亡，南军至此全线崩溃。①

南军前不能击退燕军骑兵，后不能扑灭营中大火，只能丢弃辎重器械，向南逃窜。燕军得势不饶人，继续追亡逐北，一路杀至雄县月漾桥。一些南军士兵抢着上桥，结果摔倒后反被别人活活踩死，来不及上桥的士兵则跳入河中，溺毙者不计其数，损失数万人马。

《奉天靖难记·卷二》载："横尸百余里，降者十余万。"

战场局势一旦无可逆转，燕军便成了追逐猎物的捕食者，所过之处血肉横飞、哀号不断，除了魏国公徐辉祖所部全军而还，其余朝廷人马都难逃浩劫。李景隆又一次吓得肝胆俱裂，生怕自己被围在德州，于是

---

① 《明史纪事本末·卷十六》："会旋风起，折大将旗。南军相视而动。"亦可见《奉天靖难记·卷二》："会旋风起，折其大将旗帜、贼众大乱，我军乘风纵火，燔其营，烟焰涨天。"

什么也没带便逃去了济南，燕军就此攻破德州，"籍吏民，收府库，获粮储百余万①"，南军北征燕藩的全部物资就此落入燕军之手。

朱棣一贯善于抓住战机，他判断李景隆军心已泄、粮草匮乏，遂禁止燕军休整，命他们火速逼近济南。溃败至济南城外的李景隆此时还有十余万军队，论规模并不比燕军少，故而他准备在城外列阵再战，然而燕军可不会给对手准备的时间，一股脑儿地杀入阵中，看上去根本不像是打仗，反而像是去抢夺战利品和束手就擒的俘虏。这一次李景隆败得更惨，南军被斩首数万级，失军马七万余匹，李景隆连济南城都不敢进，只好继续向南逃跑，第三次讨伐燕藩的大战就此结束。

白沟河大战再次以燕军的胜利宣告结束，但比起前几次大战，朱棣明显赢得艰难、赢得惊险。整体来看，大战可以分成三个阶段，三个阶段燕军都不占优势。

第一阶段是朱棣的渡河作战，燕军本想声东击西，却反被平安伏击，多亏李景隆主力没能及时接应平安，否则燕军必是大败。

第二阶段是决战的首日，燕军没能撼动南军阵形，反而在夜间中了南军火器的埋伏，被射杀了不少人马，连朱棣都在撤退时迷了路。

第三阶段是最终的决战，南军表现抢眼、战术得当，企图前后包抄燕军，丘福、朱能、张玉的攻势一度被南军击退，朱棣本人也险些被擒。

三个阶段的战斗都可谓惊险，燕军之所以最后还能反败为胜，一是②因为燕军作战勇猛，持久力远强过南军，这当然少不了朵颜三卫、

---

① 《奉天靖难记·卷二》："癸酉，命都督陈亨、都指挥张信入德州，籍吏民，收府库，获粮储百余万。"

② 《明史纪事本末·卷十六》："二月，鞑靼率众助燕。"

鞑靼骑兵的助战；二是①因为燕军战术得当，步、骑配合默契，做到了随机应变，及时利用天气变化给敌军制造混乱；三是②因为指挥官朱棣敢以身犯险、亲冒矢石，极大地鼓舞了燕军士气，对最终的胜利起到了关键作用。

可以说，白沟河一战是朱棣起兵以来最险恶的一次大战，但也是战果最丰厚的一场战役，燕军就此推进至德州一线，保定等重镇也归入燕军辖下，只要朱棣再拿下济南，黄河南北怕是不复为朝廷所有了吧！③

---

① 《奉天靖难记·卷二》："会旋风起，折其大将旗帜、贼众大乱，我军乘风纵火，燔其营，烟焰涨天。"

② 《奉天靖难记·卷二》："(朱棣)乃以七骑驰逆之，果遇贼二万，遂与战，连击死数人，辄勒马回，相去数十步而止。"

③ 《明史·铁铉传》："燕王自起兵以来，攻真定二日不下，即舍去。独以得济南，断南北道，即画疆守，金陵不难图。"

第五章

转折，山东折戟

济南之围

五月的济南早已炎热了起来，但征虏大将军李景隆似乎寒气缠身，他的手始终颤抖个不停，不知是天气太冷了，还是心里太凉了。从北平到白沟河，从德州到济南，朝廷交付给李景隆的百万大军一败再败，如今朝廷里满是弹劾他的声音，连黄子澄、齐泰、练子宁也上表要求把他处以极刑。

德州丢失后，李景隆带着残兵败将仓促退至济南城外，算一算，他手里依然有十余万人马，只不过这些人都经历了白沟河的血战，早已筋疲力尽，除了兵器残破、铠甲不齐外，连士气也跌到了冰点。这支由南方各地卫所集结起来的军队，现在竟然没有一支部队的建制是完整的，士兵除了恐惧，还是恐惧。

李景隆瘫坐在大帐里，他很焦虑、很懊恼、很无助，但更多的是害怕，因为斥候发现燕军攻克德州后，竟然没有休整便直奔济南而来，两地直线距离最多一百公里，而燕云铁骑以快著称，恐怕要不了五天就会再次兵临城下。李景隆是多么想睡个安稳觉，可他知道自己连睡觉的机会都没有。

"报！燕……燕军来了！"

建文二年五月十五日，燕云铁骑兵至济南城下。李景隆仅剩的十万人马尚未建立防线，当燕军旗帜出现在地平线后，李景隆慌忙下令所有军队出营列阵，他打算背靠城墙决一死战，一旦战事不利还可以退守济南城。

然而，十万南军损兵折将，不少卫所一级的指挥官阵亡在了白沟河，现在各部人马缺乏统一指挥，李景隆虽然下令列阵，然而不少人惶恐不安，连自己的队伍在哪个位置都不知道，等到燕军已经近在眼前时，这些朝廷兵马还是乱成一团。

《明通鉴·卷十二》："庚辰，燕师攻济南。时景隆兵在城下者尚十余万，燕王乘其未阵，驰击之，景隆大败南走。"

燕军前军都指挥朱能是出了名的猛将，作战风格也是快、准、狠，他当然不会给李景隆列队完毕的时间，旋即挥舞着长槊杀奔南军战线。他身后的燕云铁骑个个勇猛，不少人身上的铠甲依然带着白沟河之战的鲜血，看起来像一支来自地狱的军队，马蹄踏地扬起的尘土几乎遮蔽了天空，这不是末日又是什么呢？

十万南军官兵都吓得面如死灰，前面的士兵刚被燕军撞飞，后面的士兵便转身逃跑，武器、旗帜被丢了一地，运气好的还能逃进济南城，运气差的要么被自己人活活踩死，要么被燕军的大刀砍下了脑袋。燕军由此斩首万余级，俘获战马一万七千余匹。

李景隆被人流冲得晕头转向，看着燕军逐渐逼近济南城门，他害怕极了，完全丧失了勇气，生怕被燕军俘虏，于是头也不回地朝南逃窜，除了京师应天城外，李景隆不敢在任何地方逗留。至此，建文朝廷集结的六十万大军灰飞烟灭，朱棣的燕军距京师只剩下五百五十公里了。

饮马济水之南的朱棣意气风发，他仿佛已经看到了靖难成功的那一天，如今的局势对燕军非常有利，济南以北的山东地区再无朝廷之兵，燕军可以在北平至济南一线来回驰骋，而德州缴获的朝廷物资又能支持燕军进一步南下，只要拿下济南，燕军进可吞并江淮，退可划疆而治，所以燕军逐渐聚集在济南城下。

济南城坐落在济水之南，始建于西汉初年，曾是济南王的驻地，曹操也出任过济南国相。洪武初年的济南已是山东一带的政治、文化、经济中心，山东布政使、都指挥使、按察使的驻地都在此处。太祖朱元璋考虑到济南的战略地位无可替代，决定以砖石重建济南城墙，以便加强当地的防御能力。

新的济南城墙全长超过六公里，城高十米，城宽十七米，共有泺（luò）源门、舜田门、齐川门、汇波门四座城门，三千三百五十个垛口，以及角楼、箭塔、瓮城和宽十六米的护城河。朱棣认为济南绝非轻易可下的城池，所以想借击败李景隆的威势逼降济南城，于是用箭把劝降信射入城中。彼时坐镇济南的是山东参政铁铉（xuàn）、参将盛庸，他们会向朱棣投降吗？

铁铉，色目人，生于河南邓州，早年因才思敏捷、勤奋好学被选入国子监，学成后被封为礼部给事中，不久晋封都督府断事。铁铉为官处事果决，从不拖泥带水，办理案件得心应手，一些别人不能处理、不敢处置的疑难案件，铁铉能立即给出解决办法，颇有当年庞统断案的风格，太祖非常欣赏，特地赐字"鼎石"，建文帝登基后又封他为山东参政。

据《明通鉴·卷十二》记载，靖难之役爆发后，山东参政铁铉负责南军的物资补给，李景隆屡次北伐燕藩的粮草物资均由铁铉供应，从未有过短缺，[1]当时燕军夺取的德州百万军资也多是铁铉筹集。德州失陷后，南军大多向南逃窜，铁铉反而从临邑赶到济南守城，发誓绝不抛弃济南军民。

盛庸，民族及出生不详，《明史·盛庸传》也没有记载他的早年事迹，只知道他在洪武年间因功擢升都指挥。靖难之役爆发后，盛庸以参将身份随军出征，先在耿炳文麾下作战，真定战败后又成了李景隆的部下，但几场大战下来，朝廷屡战屡败，连征虏大将军李景隆都逃离济南，反倒是官职不高的盛庸聚兵死守济南，他与铁铉一武一文，相得

---

① 原文："方景隆之北伐也，山东参政铁铉，督饷无乏。"

益彰。

从铁铉、盛庸的行为可以看出，此二人虽然不是建文心腹，却都是逆流勇进之辈，他们立誓死守济南的大义感动了城中军民，一些试图逃跑的人非常羞愧，最终决定追随铁铉、盛庸。朱棣本以为身为文官的铁铉会举城投降，没想到铁铉也用箭回射了一篇《周公辅成王论》，此文出自城中儒生高贤宁，意在借古讽今，暗骂朱棣假借周公之名行王莽之实。朱棣阅后大怒，遂令燕军包围济南四门，准备武力攻占济南城。

要攻打济南这样的坚城，少不了云梯、冲车、霹雳车的辅助，更少不了步兵的冒险登城。自靖难之役爆发以来，燕军还从未打过真正的攻坚战，居庸关、怀来、大宁、德州无一不是用计才打开了城门，而耿炳文坚守的真定，燕军攻打二日不克后，朱棣便毫不犹豫地撤兵了，为什么会这样呢？

事实上，朱棣领导的燕军都出自北平都司的卫所，朱元璋为了对付蒙古人，给北平都司配备的大多是骑兵，毕竟蒙古草原没有城池，所以燕军加上朵颜三卫都是以骑兵为主，擅长野战却不熟悉攻城战。

如此一来，燕云铁骑能击败上百万朝廷军队，却打不下一个小小的真定城，如今济南比真定更加坚固，要打下济南就更加困难了。然而，深知其中道理的朱棣还是决定强攻济南，除了铁铉借古讽今这一原因外，真正的原因《明史·铁铉传》早已说明了一切。

《明史·铁铉传》载："燕王自起兵以来，攻真定二日不下，即舍去。独以得济南，断南北道，即画疆守，金陵不难图。故乘大破景隆之锐，尽力以攻，期于必拔。"

朱棣看重济南的原因和太祖朱元璋一样，就是济南的地理位置，只要拿下济南，就可以切断建文朝廷与北方的联系，巩固燕军已经取得的战果，这和朱棣之前"步步为营"的战略思想相吻合，到时候再发兵南下，如果不成功还能以济南为屏障，阻止南军继续威胁北平城。因此，朱棣下定决心要攻下济南城。

那么问题来了，没有足够攻坚步兵的燕军该如何攻下济南城呢？

《孙子兵法·谋攻篇》有云："故上兵伐谋，其次伐交，其次伐兵，其下攻城。"

若按照孙子的军事思想，"伐谋"是上策，"伐兵"是中策，"攻城"是下策，燕军最好的办法是劝降铁铉、盛庸，但已经失败，那么就只能采取中策"伐兵"，可惜这也被证明不可行，因为铁铉、盛庸的兵力少于燕军，两人便发动城中居民登城守备，修补城墙、筹措粮草，明显是要打一场持久战，而不是出城野战。

熟知兵法的朱棣是用兵的高手，就算是攻城也不能盲目为之。《尉缭子·战威》有云："凡兵，有以道胜，有以威胜，有以力胜。讲武料敌，使敌之气失而师散，虽形全而不为之用，此道胜也。审法制，明赏罚，便器用，使民有必战之心，此威胜也。破军杀将，乘闉（yīn）发机，溃众夺地，成功乃返，此力胜也。"

意思是，胜之法有道胜、威胜、力胜，"道胜"的关键在于让敌军丢失战心，即使全无损失也无法作战；"威胜"的关键在于强化自己的气势，使军队有求胜之心；"力胜"则是死战力拼，破军杀将，全靠蛮力。

换言之，攻城同样也可以分为道攻、威攻、力攻，如果能用攻心之策就绝不靠蛮力硬拼，因此采用道攻当是首选，而济南的地理位置恰好能帮朱棣实现道攻，因为济水离济南很近，如果燕军筑堤蓄水、引水灌城，济南的士兵还能坚持战斗吗？

基于这一判断，朱棣首先采用了水攻。

建文二年五月十七日，燕军围着济南城大修水堤，河水迅速蓄积在堤坝之内，待水势已成后，朱棣下令炸开堤坝，河水旋即朝着济南城奔流而去，一度淹没城内街道、矮房，民众呼喊声不绝于耳。然而，燕军炸开堤坝的时间过早，水势还不足以冲垮城墙，也不足以让济南持续淹没在河水之中，就算燕军昼夜猛攻，济南也没有破城的迹象，因此朱棣决定继续引水灌城。①

面对燕军的水攻，"素不知兵"的铁铉反而想出了一条妙计：擒贼先擒王。他立即让盛庸撤下守城的器械，再让士兵、百姓到城墙上哭喊，做出军心崩溃的样子。铁铉之所以这么做，完全是为了迷惑朱棣，既然朱棣想让守军士气崩溃，那就假装士气崩溃，一来可以阻止燕军继续引水灌城，二来可以助长燕军轻敌之心，可谓一箭双雕。

这一步达成后，铁铉立即让一千人出城诈降，声称被水攻吓坏了，要投降燕军，请燕王亲自入城受降。朱棣见后果然上当，真的以为自己的计策奏效了，燕军上下也为此欢呼起来，本想攻铁铉之心的朱棣反而被人家攻了心。然而同一时间，铁铉命壮士埋伏在城墙上，待燕王进城便抛下铁板袭击他，并在护城桥设伏，一旦燕王过桥就立即摧毁桥梁，截断他的归路。

从无败绩的朱棣这次怎么上当了呢？

首先，这是因为燕军包围济南后，朝廷组织援兵还需要时间，外援断绝的情况下除了投降别无选择；其次是因为燕军的攻势很猛，又引水灌城，守军不堪苦战，铁铉让士兵日夜在城上哭啼。②基于这两个原因，大多数人认为济南守将是在做困兽之斗，投降肯定是最好的选择，

① 《奉天靖难记·卷二》："辛巳，塞水以灌其城。"
② 《明史纪事本末·卷十六》："计定，使守陴之卒昼夜哭曰：'济南鱼矣，亡无日矣！'"

这也是人之常情。恰好铁铉让城内百姓出城伏地请降，言辞恳切，[①]于是朱棣决定入城受降，而且是不带军队入城。

然而朱棣命不该绝，他因为一些事情耽搁了入城的时间，铁铉等人见燕王迟迟不出现，以为计划败露了，负责具体操作的士兵则因此焦急万分。

待朱棣真的到来后，还没等他完全进城，士兵突然高呼"千岁"，负责举起铁板的士兵可能太过紧张，一时受惊居然没有拿稳，铁板提前掉落，刚好落在朱棣面前，正中其坐骑的马头。朱棣大惊失色，根本来不及躲闪，不免跌了个大跟头，好在还有几个随行的亲兵，于是当即换马逃回。负责摧毁护城桥的士兵本来还有机会抓住朱棣，可是这些人的应变能力明显不足，惊慌之下居然什么也没做，等到朱棣跃马过桥后，他们才想起该干什么，可惜为时已晚。

《明史纪事本末·卷十六》："燕王比入门，门中人呼千岁，铁板亟下，伤燕王马首。王惊，易马而驰。"

铁铉的诈降之计让朱棣冷汗直流，也证明了朱棣的道攻之策失败了，济南守军并未被燕军的水攻吓倒，更没有一点儿妥协的意思，燕军上下自然是愤怒不已，朱棣靖难以来还是头一次被人戏耍成这样，心中的怒气第一次压过理智，决定放弃一切智取之策，用火炮轰击济南城，就算把济南炸成废墟也要报诈降之仇。

炮攻代替水攻后，济南城头迅速被火炮覆盖，呼啸着的炮弹一再击中城墙、城楼，守军将士虽然也有火器，火力却远没有燕军的强大，再

---

① 《明史纪事本末·卷十六》："乃撤守具，出居民伏地请曰：'奸臣不忠，使大王冒霜露，为社稷忧。谁非高皇帝子？谁非高皇帝臣民？其降也。然东海之民，不习兵革，见大军压境，不识大王安天下、子元元之意，或谓聚而歼之。请大王退师十里，单骑入城，臣等具壶浆而迎。'"

加上之前被燕军引水灌城，一些火药受潮后无法使用，守军只能躲在城垛下，但依然有被炸死的可能。

随着火炮攻势的加剧，济南城日渐不支，但即便如此，铁铉、盛庸依然奔走在城墙各处，鼓舞守城军民坚持。不久后，铁铉又想出一计，他让人找来大木板，上书"太祖高皇帝之神位"字样，悬挂于城头各处，此为铁铉的攻心之策。

《明史纪事本末·卷十六》："垂破，铉书高皇帝神牌悬城上，燕兵不敢击。"

朱棣以"奉天靖难"为名起兵，说到底还是不想背上谋朝篡位之名，他用朱元璋的《皇明祖训》为依据，等于是说燕军奉太祖遗训行事，如果燕军为了攻下济南而炮轰朱元璋的神位，那就等于告诉天下人"奉天靖难"是骗人的，没有了理论依据，燕军该如何战斗，天下人还有谁会与燕军妥协？

铁铉之计又一次拯救了济南，朱棣被迫放弃了炮攻之策，转而用最传统的方式攻城，燕云铁骑只好下马步战，靠云梯、冲车攻击济南城，但由于守军是背水一战，战意高昂远超燕军，朱棣屡次攻城均无功而返，铁铉、盛庸甚至一度杀出城外，焚毁了燕军的攻城器械，进一步打击了燕军。

济南之战由此进入僵持阶段，长达三个月之久。铁鼎石果真是人如其名，无论是决心还是能力都堪称鼎石，真可谓是建文帝的"铁盾"。

为什么小小的济南城这么难攻，燕军在这里经历了怎样的战斗？

事实上，济南城虽然很小，城墙也不算多坚固，但中国古代工程技术发展到明代已经相当成熟，兼具古代城防的所有智慧。在整个人类史上，不同文明对守住主要城市的方式都大同小异，通常的思路是在一个地区的战略要地修筑坚固的要塞，用要塞控制周边的村庄、土地，比如欧洲人喜欢在庄园中间修建城堡，军队和贵族就住在里面，这种城堡往往建在山上或者河中间，不会修很多城门，敌军进攻时没有太多的作战方向可选，间接限制了他们的发挥。

中国古代的城防思路更加"大气"些，不是仅仅着眼于保护贵族或者军队，而是连同当地的百姓一并保护起来，用一段城墙把人们生活的聚居区一起围住，这样就能尽可能地减少百姓的伤亡，这就是我们所说的"城池"。

判断一座城池到底难不难打，并不能只看这座城池的大小，有时过大的城意味着里面有更多的百姓，粮食消耗会非常大，而且大城的城墙也更长，上城守备的士兵也就需要得更多，兵力不足的军队反而守不住一座大城，北平就是这样一座大城，所以朱棣北征大宁时留世子朱高炽守城是相当冒险的行为。济南是座小城，城门不多，城墙也不长，这意味着里面百姓消耗的粮食不会特别多，城墙上也不需要特别多的士兵，兵力不足的铁铉、盛庸反而不担心了。

小小的济南城并不需要铁铉、盛庸派出过多的兵力，而燕军要突破城墙却要冒着等同于攻打北平城的风险，这是因为城池的防御力除了由城墙的材质决定外，通常城池还会具备护城河、羊马墙、敌台、女墙、瓮城等基本配置，它们组成了一道道防线，如同攻城方必须通过的一道道关卡。

这些关卡中居于第一线的是护城河，通常是人工开凿的，宽度最大的有时能达到两百米以上，进攻方要填埋护城河会相当费力，如果不填埋靠游泳，那基本等于是守军的活靶子。济南城的位置很好，北面就是济水，水资源非常充沛，故而这座城池应该是有护城河的，燕军强攻济南不可能不在护城河上"失血"。

突破了护城河，接下来就是羊马墙。这种墙不是之前所说的城墙，羊马墙相对矮一点，厚度也薄一点，存在的目的不是真的要挡住谁，而是给守军一个出城进攻的平台，而且是居高临下的平台，靠羊马墙减缓燕军的攻势，避免他们过于容易地抵达真正的城墙。

至于真正的济南城墙，守军通过女墙上配置的弓矢、投石，远距离射杀试图翻越羊马墙的燕军士兵，等到燕军士兵真的突破羊马墙后，守军又可以用滚木礌石、热油金汁从高处打击试图攀登女墙的燕军。需要说明的是，敌台是一种凸出于城墙的特别设计，刚好与两侧城墙形成了九十度直角，增加了守军的攻击范围，上面的守军会用弓矢从侧面射杀攀登正面城墙的士兵，增加燕军的伤亡。如果燕军一一突破了护城河、羊马墙、敌台、女墙，也仍然不能说胜利在望，因为还有内瓮城等着他们攻克，等打下内瓮城，又会有新的伤亡产生。

一年前，朱棣还自信地认为手握五十万大军的李景隆绝对打不下兵力空虚的北平城，因为他相信北平的城防系统，也相信自己的儿子，可他根本没有想过这样的事情有一天也会发生在他自己身上。和北平这样的大城、坚城比起来，济南太小了，太不值一提了，恰是这小小的济南城反而在十余万燕军的进攻下挺过了整整三个月，这短短三个月既鼓舞了济南的军民，也让朝廷得到了喘息的时间，然而对素来以快著称的燕军而言，三个月时间实在太长了，严重影响了燕军的作战进程。

济南守军这边士气高涨，燕军那边却形势严峻。靖难之役是燕军以一隅之地对抗整个天下，战略资源远少于朝廷。白沟河之战后，建文朝廷暂时没有可用之兵，但并不代表朝廷不能招募兵马。随着济南城一再击退燕军攻势，朝廷又有时间重整旗鼓，三个月后，朝廷又募得兵马数十万，而燕军除了己方堆在城下的尸体之外一无所获，几乎丢失了白沟河之战的全部战果。

建文二年七月，南军大将平安统兵二十万奔赴战场。平安也是深谙兵法的猛将，他没有直接去解济南之围，而是率部绕过德州，北上至河间单家桥，其目的明显是要截断水运，切断北平与燕军主力的补给线。平安此举是打算釜底抽薪。朱棣南下已久，自然不能任由南军切断自己与大后方的联系。

鏖战三月后，燕军损兵折将却始终无法攻破济南，朱棣损失了不少精锐骑兵，他很清楚自己的处境，一旦平安真的断了燕军粮道，燕军士气必然崩溃，到时自己就会被南军"包饺子"，再无逃回北平的可能。所有人都知道该撤了，却没人敢说出口，这时姚广孝站了出来，坦言燕军早已疲惫不堪，不如暂时撤回北平休整，等待更好的时机再南下。[①]其实也就是告诉朱棣，燕军在济南耽搁的时间已经让他们失去了速战速决的可能，战机已逝，只有撤兵了。

八月，朱棣再也无法坚持了，燕军终于承认了自己的失败，迅速从济南撤离，铁铉、盛庸乘势出城追击，斩获颇多。燕军此时也顾不上报仇，一路向北逃遁，连德州也不管了，直接撤回了北平。

至此，济南之战宣布结束。朱棣自靖难以来第一次败给了朝廷，他怎么也没想到自己没有输给百战大将，反而败给了一个手无缚鸡之力的文官，铁铉之名让燕军第一次有了畏惧，他的奋战终于让建文帝看到镇压燕藩的希望，但另一方面也让朱棣看清了自己的缺陷，没有足够攻坚力量的他该如何扭转战局呢？

济南之战后，铁铉、盛庸、平安成了建文朝廷的肱骨大臣，建文帝于当年九月晋升铁铉为山东布政使，领兵部尚书衔，参赞军务；封盛庸为历城侯、平燕将军，食禄一千石，总领平燕军务；封都督陈晖、平安

---

① 《明史纪事本末·卷十六》："僧道衍进曰：'师老矣！请暂还北平以图后举。'"

为平燕左右副将。新一轮的讨伐燕藩之战就要开始了。

《孙子兵法·谋攻篇》有云："知彼知己，百战不殆；不知彼而知己，一胜一负；不知彼，不知己，每战必殆。"

领兵作战必须要知道自己的长处和短处，也要清楚敌人的优势和弱点，以己之长，攻敌之短，打有把握的仗，采取最合适的策略，在最恰当的时机、最有利的地点攻击敌人，自然逢战必胜。济南之战，朱棣虽然知道自己缺乏攻城步兵的短处，却执意攻坚，在攻心之策失败后又没有及时调整计划，反而因愤怒强攻济南，围城三月而不改变策略，有此失败也不足为奇。

当然，济南城能在燕军的进攻下创造奇迹，除了朱棣自己大意轻敌外，铁铉、盛庸"铁"一般的战斗意志，守城军民同仇敌忾的报国热情，都是他们坚守到最后的原因。我们都应该知道，真正能让一座城池的防御力达到巅峰的往往不是兵力、装备、城防本身，而是凝聚了无数人希望的"民心"。朱棣能守住北平靠的就是守军保护家人的"决心"，济南能坚守到最后也是靠的这种"万众一心"。

喋血东昌

济南之围是燕军靖难以来遭受的首次重挫，朱棣对此耿耿于怀。《明太宗实录》只字不提这场耗时三个月的战役，连德州失守也一并忽略了，可是朱棣却无法掩盖燕军损兵折将的事实。回到北平后，朱棣做的第一件事就是遣官祭祀阵亡将士，通过提拔各级将领来安抚人心。其中，都督佥事顾成、陈亨升后军都督府都督同知；永平都指挥佥事郭亮升北平都司指挥同知；都指挥同知张信、房宽升北平都司都指挥佥事；

都指挥佥事张玉、丘福、朱能、徐忠、李彬、陈文、谭渊、何寿、郑亨、朱荣、李远等人俱升北平都司都指挥同知；济南卫指挥陆荣、济阳卫指挥使纪清、燕山中护卫指挥使火真、指挥佥事王友、王聪俱升北平都指挥佥事。然而作为燕军高级将领的陈亨却于十月去世，这无疑又打击了燕军士气。

受济南之围的鼓舞，建文帝开始部署对燕藩的第四次讨伐，南军兵分三路北进，平安、吴杰驻兵定州，盛庸坐镇德州，徐凯、陶铭进据沧州，其中定州位于西，德州位于南，沧州位于东，三支南军呈掎角之势，距北平仅约一百七十公里，进可包围北平，退可据城自守，可谓部署得当。

燕军自靖难以来，每逢战事都会与朝廷抢时间。朱棣深知盛庸三路人马对北平的威胁，不可能等到南军几十万人马包围北平后才想对策，所以他立即调兵遣将，准备趁南军还未发动攻势前打破盛庸的"铁三角"。

根据现实情况来看，德州、定州、沧州并非铁板一块，其中德州城壁坚牢，又是南军的大本营，不容易攻克；定州城防已经完成修筑，守备完善；只有沧州是土城，军备废弛已久，加上天寒地冻、雨雪泥淖，要重修城墙还需要一些时间。[1]如此看来，燕军只要打下沧州，盛庸的"铁三角"就不复存在了。

不过，要是燕军攻打沧州时，定州、德州的南军前来救援，就算沧州的防御力再差，朱棣也不一定能打下沧州，反而可能被迫在沧州与南军决战，胜了也就占据一个沧州土城，败了反而会导致北平被围，所以

---

[1]《奉天靖难记·卷二》："沧州土城，隤圮日久，天寒地冻，雨雪泥淖，修之未易便葺。"

朱棣要打沧州就必须一战而胜，而且还不能引来盛庸的援兵，战略思想还是那个字——快。

《淮南子·兵略训》曰："故用兵之道，示之以柔而迎之以刚，示之以弱而乘之以强，为之以歙而应之以张，将欲西而示之以东。"

"兵者，诡道也。"[①]领兵作战要懂得迷惑敌军，不能轻易露出自己的底牌，反而要把相反的信息传递给敌军，强大的军队假装弱小才能引诱敌军主动来战，明明要攻打西线却假装调兵东进，这样敌人才会放松对西线的守备，是为"声东击西"。

朱棣深谙此道，于当年十月发兵北伐，扬言要攻打山海关外的辽东地区，实际上他却密令徐理、陈旭悄悄到直沽修建浮桥。燕军上下连张玉、朱能也不知道朱棣的真实意图，等他们走到夏店时，朱棣突然传令三军折返通州，然后借直沽浮桥，以一昼夜三百里的速度极速南下。[②]

沧州守将徐凯果然上当，以为燕军北伐辽东了，于是把主力军队派到榆林伐木，准备重新整修沧州城防，南军士卒都以为短期内不会打仗，守备十分松懈。不过，徐凯还是留了个心眼，他派了两队侦骑北上，一旦发现燕军有异动，就立即回报沧州。然而，徐凯派的两队侦骑都没有燕云铁骑快，其中一队与燕军擦肩而过，另一队约三百人被燕军先锋全数捕杀，朱棣于十月二十七日兵临沧州城下，前后仅用了两天时间。

此时的沧州守军还忙着修筑城池，燕军旗帜突然出现在城墙下时，守军惊慌失措，不少士兵连盔甲都来不及穿就被迫上城迎战。朱棣命燕军四面攻城，导致守军混乱不堪，接着他派了一队精兵猛攻城墙东北角，由此破城而入，生擒了都督徐凯、程暹（xiān），都指挥俞琪、赵

---

① 出自《孙子兵法·计篇》。

② 《奉天靖难记·卷二》："是夜二更起程，一昼夜行三百里。"

浒、胡荣、李英、张杰等人，斩首万余级，俘获战马九十余匹。事后，大将谭渊又坑杀了三千降兵。

沧州既破，数万燕军遂再次南下，直抵德州境内。朱棣胆子很大，直接派人到城下劝降，但盛庸坚壁清野，一副要死守城池的架势。朱棣便让燕军掠城而过，直到主力基本都过去了，他依然亲率数十骑在德州城下殿后，守军因建文帝有明令"毋使朕有杀叔父名"[1]，盛庸也不敢放箭，只能派百余骑前来追赶。

朱棣早有准备，设伏路边，盛庸军一到就被燕军阵斩百余人，千户苏瓛被生擒。可惜这不是朱棣想要的战斗，因为盛庸的主力依然坚守在城内，歼灭这上百人的小部队，于战局并无太大影响。

朱棣知道盛庸不是李景隆，新的平燕将军知己知彼，很清楚南军多是步兵，擅长守城但不擅长野战，燕军多是骑兵，最爱野战却不敢攻坚，所以盛庸紧闭城门，再加上德州城池坚固，燕军一时也无可奈何。

难道盛庸不战，朱棣就不战吗？

当然不可能。朱棣要诱出盛庸，办法有很多。

《奉天靖难记·卷二》："上语诸将曰：'盛庸聚众于德州，仰食御河粮运，坚壁不敢出战，今若钞其粮饷，彼必乏食，不得已而出，必虚声以为蹑我后，其实欲向南就食。尔觇伺其出师，回师击之，蔑不破矣。'"

朱棣想到的方法是截断德州粮饷，毕竟南军主力全部固守德州，安全的同时也限制了自己的活动空间，特别是粮草不济无法从外部获得，一旦燕军让城内粮草耗尽，盛庸还能安坐城中吗？

---

① 《明史纪事本末·卷十六》："帝诫诸将士曰：'……今尔将士与燕王对垒，务体此意，毋使朕有杀叔父名。'"

基于这一想法，朱棣引军继续南下至馆陶，派轻骑劫了大名境内的南军粮船，接着大军又渡河至冠县，过莘县，上东阿，抵东平，一路耀武扬威，所过州县的粮食尽数被燕军洗劫，当年十二月，燕军兵驻汶上（今山东汶上县），骑兵已至济宁境内。

朱棣这般大张旗鼓地南下劫掠，身为平燕将军的盛庸终于坐不住了，一来建文帝不会允许自己的将军死守不战，二来燕军已经切断了德州粮道，继续固守城池只会把自己饿死。盛庸于是带着全数南军向南追击，不过他很聪明，没有让所有人直接奔向燕军所在，而是兵分两路，一路追击燕军殿后部队，一路驻扎在东昌观望战局发展。

朱棣对此当然不会客气，旋即派都指挥朱荣、刘江等率精骑三千夜袭了滑口的南军先锋，斩杀数千人，缴获战马三千匹，生擒都指挥唐礼等四人，盛庸的先锋大将孙霖仅以身免。

得知两路大军已折损一路后，盛庸没有撤离东昌，反而命令军队背靠着城墙列阵，因为燕云铁骑速度很快，一旦大军移师，燕军骑兵便有机会打他个措手不及，到时候根本来不及列阵，所以还不如就地列阵，以逸待劳。朱棣得知盛庸列阵迎战后，当即率领全部燕军杀奔东昌，东昌之战就此爆发。

盛庸素来持重，为什么不把军队放到东昌城内坚守，反而出城野战呢？主要是因为盛庸的粮食都被燕军劫掠了，东昌城内的存粮严重不足，如果南军再被包围在东昌城内，岂不是真要饿死。[1]因此，盛庸不可能像德州那样拒不出战，只能硬着头皮与燕军野战。

由于盛庸是以逸待劳，南军阵形严密、部署得当，各部人马指挥有

---

[1]《奉天靖难记·卷二》："乙卯，我师至东昌，盛庸背城而阵，上语诸将曰：'盛庸粮乏而出，今东昌素无畜积，彼必决死一战，须以计破之……'"

序，阵前还设有陷阱、马刺，看起来是铜墙铁壁。

朱棣仗着有建文帝的"护身符"，亲自带兵到阵前巡视，他回营后立即策划了作战方案：燕军兵分两部，一部为精选骑兵，由朱棣亲自统率绕至南军后侧，如果后方空虚，他就直接攻打；另一部则由朱能、张玉等人正面对阵盛庸，一旦看见南军后方躁动就立即攻阵，如此可形成前后夹击之势，盛庸必败。

东昌战场上，两军鼓声雷动，朱棣身先士卒，身后上万燕云铁骑挺枪骤马，直扑盛庸左翼。盛庸见状，猜出了朱棣的意图，于是挥舞军旗，调动南军后卫直抵左翼战场，以此加强左翼兵力。

朱棣这边如同离弦之箭，上万燕云铁骑挥舞着长枪利剑，号叫着冲进南军阵线，战场上顿时尘土飞扬，杀声震天。然而南军士兵突然高举盾牌，伸出长矛，迎面撞上的燕军骑兵来不及躲闪，有的被盾牌挡得人仰马翻，有的被长矛径直贯穿，另有一些骑兵冲破南军前卫杀入阵中，却因寡不敌众反被南军围杀。

朱棣心有不甘，带领骑兵拉开距离后，又一次猛冲南军左翼，可是南军除了大盾、长矛外，还有弓矢、火铳的远程打击，燕军骑兵还没进阵便被射程超过两百步的箭弩射杀了一部分，等到他们好不容易把敌我距离拉近至一百步时，早已点燃引线的火铳又是齐刷刷地一顿输出，火器恐怖的轰鸣声响彻天际，掩盖了战场上的一切声音，犹如山崩地裂，由此落马阵亡的燕军士兵不计其数，南军左翼依旧稳如泰山。

战场气氛随着战鼓声的加快变得更加紧张，燕军主力一直在等待南军后军躁动，但朱棣的铁骑已经掠阵多时，南军后方依然安静如常，众将都按捺不住了，遂对张玉、朱能说道："见贼不杀，复何待乎？"①

---

① 出自《奉天靖难记·卷二》。

于是，燕军主力也发起冲锋，直扑盛庸中央。

这时的朱棣已经放弃了对南军左翼的攻势，他命令所有人跟着自己突阵，冒险穿过左翼直奔盛庸的中央，企图从中央突破，再来个四面开花，然而中央的南军同样守备严密，朱棣的第一轮冲锋也被打退。就在这时，局势突然出现了转机，朱棣发现南军阵形出现了松动，意识到战机稍纵即逝，他立即率领骑兵发动冲锋，企图从左掖杀入南军阵线，如此便能搅乱敌军。

燕云铁骑在朱棣的带领下一路撞翻了挡在路上的南军士卒，很快就冲入了敌军中央，南军士卒似乎根本没有阻挡的意思，燕军铁骑几乎是毫无障碍地杀了进去。突然，只听"啪啪啪"的一阵枪鸣，冲在最前面的燕军骑兵纷纷坠落马下，还没等朱棣反应过来，又是一阵"咚咚咚"的爆炸声，朱棣身边的骑兵迅速被火炮覆盖，连他的一些亲卫也当场阵亡。燕军大惊，立即转身撤退，但盛庸立刻合上缺口，用大盾长矛挡住了朱棣的归路，越来越多的南军士兵朝朱棣所在的位置合围了过来。[1]

原来，盛庸早就在阵后部署了大量的明朝火器，包括"一窝蜂火箭""大小将军筒""神眼毒矢"等。这些火器的射程近的有数十步，远的甚至能打出一百至一百五十步。其中，"一窝蜂火箭"的火力相当密集，能一次发射三十二支火箭，有的火箭上绑有炸药，不仅能射伤敌军，还能炸穿铠甲；而"大小将军筒"的威力如同大炮，发射的弹丸一旦撞上敌人就会爆炸，震荡波甚至能杀伤周围的士兵，燕军纵然装备精良也抵不住火器的攻势。

燕军以骑兵为主，骑士虽然知道火器，但战马却未必见识过，特别是火铳发出的"吼叫声"相当可怕，战马因此踟蹰不前，无论骑士如

---

[1]《明史纪事本末·卷十六》："燕王以精骑冲左掖，入中坚。庸军厚集，围燕王数重，燕王自冲击不得出。"

何猛抽马鞭，战马依然不肯冲向南军火铳手，这直接导致燕军被动挨打，伤亡也越来越大，要不是亲卫围在朱棣周围，很难保证枪炮不会击中他。

眼见朱棣身陷重围，燕军诸将再也按捺不住，张玉、朱能各率麾下精锐猛冲盛庸大阵。其中朱能、周长率领鞑靼骑兵重点突破盛庸的东北角位置，只见朱能一柄长槊挥舞得虎虎生风，所过之处无不披靡，这一方向的战斗因而变得越来越激烈，普通的南军士兵根本不是鞑靼骑兵的对手，盛庸不得不调来西南角的军队支援东北角。

朱棣这边敏锐地发现了战阵的变化，也朝防线松动的方向突围，两部人马都集中力量猛攻盛庸一角，一些抵挡不住的南军士卒最终被斩于马下，之前的重围之阵已经不复存在。朱棣不敢恋战，抓住时机率军突围，恰好燕王次子朱高煦也率兵杀到，几支人马护着朱棣且战且退，终于攻破南军防线，逃回本部大营。

不过，猛冲猛杀的张玉却没有这么幸运，他的骑兵尽入南军阵中，到处攻杀制造混乱，却怎么也找不到朱棣，盛庸的火器又让战场上硝烟弥漫，张玉始终不知道朱棣在众人的帮助下已经突围而出，结果错过自己突围的机会。盛庸于是下令合围张玉，张玉所部就此失去了突围的可能，逐渐被南军逼至一处。最终，张玉连斩数十人后，力战阵亡，随行将士亦死伤殆尽。

张玉的战死对燕军打击很大，此人不仅是燕军的组织者和第二指挥官，还是朱棣之外唯一有能力独当一面的统帅。战后，死里逃生的朱棣声泪俱下地说道："胜负常事，不足虑；艰难之际，失此良将，殊可悲恨！"[1]然而，这还不是燕军最大的麻烦，南军大将平安的数万步骑也

---

[1] 出自《明通鉴·卷十二》。

在此时抵达了战场。次日，燕军再次被南军杀得大败而归，前后阵亡数万人之多。燕军这次再也抵挡不住了，大军径直向北逃跑，盛庸、平安引兵追杀，砍死、砍伤的燕兵不计其数。

燕军的东昌之战彻底失败了，惊恐不已的朱棣不敢继续待在这里，便让大军连夜拔营北撤，其中辎重粮草先行，而他自己则领上百精锐骑兵殿后。盛庸派了五千余人追杀，朱棣率百余骑殿后，但凡有人追来，他便引弓射之，敌兵旋即应声而倒，每每如此，南军遂不敢追击。

盛庸追至真定后，便把军队分成数股小队，让他们轻装简从迅速绕到燕军前面，同时命令沿途州县截杀燕军，不少落单的燕军士卒被南军擒杀，而燕军主力也遭遇了前所未有的艰难撤退。当燕军退至威县时，两万南军突然杀出，朱棣又一次以身犯险，仅带着十余骑到阵前挑衅，南军果然全军追杀，结果误入燕军伏击圈后败退。到深州时，燕军又遇到了三万南军，朱棣不堪其扰，发动全部兵力猛攻敌阵，阵斩万余级，生擒监军内侍长寿，指挥、千百户数十人。

建文三年（1401年）正月十六日，历经艰难险阻的燕军才撤回北平，沿途又折损了上万人，整个东昌之战让燕军损失了近一半人马，算是重挫了朱棣。建文帝得知东昌大捷后大受鼓舞，亲自到太庙告捷，对参战将士大加封赏，还重新起用了之前被贬斥的齐泰、黄子澄等人。

东昌之战以燕军大败告终，是朱棣靖难以来最惨痛的失败，不仅大将张玉阵亡，损失的精锐步骑也有数万之多，除了北平至永平一线外，燕军此前夺取的地盘大多被朝廷收复，靖难之役进入了最艰难的阶段。

为什么燕军会有如此惨败？

首先是因为朱棣过分自信、大意轻敌，在没有弄清敌情的情况下，贸然闯入南军大阵的缺口，结果落入了圈套。其次是由于燕军的战术早已被南军看穿，朱棣总是喜欢先用骑兵扰乱敌阵，再出动主力，盛庸因此部署了较为坚固的盾牌阵，导致燕云铁骑始终无法攻破敌阵；最后是因为南军装备了最先进的火器，燕军却没有应对之策，在科技力量面前，骑兵很难与火器部队对抗。

当然，除了以上原因外，盛庸的将才也是南军大胜的原因之一，正所谓"兵熊熊一个，将熊熊一窝"，有像盛庸这样的优秀将领指挥，建文帝的南军再也不是一触即溃的乌合之众了。如今的山东地区已成铜墙铁壁，燕军该如何杀出重围呢？

南北再较量

济南之围、东昌惨败沉重打击了朱棣的靖难势力，本就兵力不足的燕军因此折损了数万精锐，连大将张玉也阵亡了，再加上陈亨的去世，燕军的前景似乎非常暗淡。

回到北平后，朱棣立即找来了他的军师姚广孝，想知道下一步该怎么办。姚广孝算是鼓动朱棣起兵靖难的第一人，素有"妖僧"之称。这个人很有智慧，内心深处一直想成为元世祖忽必烈的谋臣刘秉忠那样的人，对于朱棣现今的局面，姚广孝故作神秘地解释道："师行必克，但费两日耳！两日，昌也，自此全胜矣！"[①]

意思是东昌之战后，燕军攻无不克。总结起来就一个字——打。

打，说起来简单，做起来却很难。燕军要打，可是一味蒙着头打就是送死，朱棣显然不能那么做，他要打，要大打，要打出局面，这才是

---

① 《明史纪事本末·卷十六》："初，燕王师出，僧道衍曰：'师行必克，但费两日耳！'及自东昌还，道衍曰：'两日，昌也，自此全胜矣！'"

朱棣的目的。

纵观靖难两年以来的战事，燕军屡屡击破朝廷军队，就算有济南、东昌之败，燕军前后击溃的朝廷军队也达百万了。然而朝廷并没有被打垮，军队、粮饷依然源源不断，照这个局面发展下去，燕军最终是没有生路的，所以朱棣调整了自己的大战略，他仍然要打，要狠狠地打，要让朝廷知道朱棣是打不死的，这么做的目的是逼朝廷"和解"。

说到底，朱棣的心态变了，当年他起兵靖难时多少有些被逼的义愤与无奈，但现在他更冷静，知道自己和朝廷耗下去，落败的只能是自己，因此现在的他仍要打，打是为了"和"。

建文三年二月，朱棣于北平祭祀阵亡将士，痛哭流涕地说道："奸恶集兵，横加戕害，图危宗社。予不得已，起兵救祸，尔等皆摅忠秉义，誓同死生，以报我皇考之恩。今尔等奋力战斗，为我而死，吾恨不与偕，然岂爱此生？所以犹存视息者。以奸恶未除，大仇未报故也。不忍使宗社陵夷，令尔等愤悒于地下，兴言痛悼，迫切予心。"①说罢，朱棣便脱下御袍当场焚烧，以示要与燕军将士同生共死，与建文朝廷做最后一搏。

二月十六日，朱棣召集了最后的十万燕军，又一次挥师南下，驻兵于保定。在这里，朱棣制订了新一轮的作战计划，总体而言依然是快。朱棣深知"野战则易以成功，攻城则难于收效"②的道理，因此燕军只能与盛庸、平安打野战，而且要快打，要趁敌军来不及会合时再打。

彼时的盛庸经过东昌之战同样元气大伤，阵亡的将士也不少，所以他没有追击至北平，而是兵分两路休整，一路在德州，指挥官盛庸，兵

---

① 出自《奉天靖难记·卷三》。
② 《奉天靖难记·卷三》原文如此，《明史纪事本末·卷十六》中记载为"野战易，攻城难。"

力约二十万；一路在真定，指挥官吴杰、平安，兵力约十万。听闻燕军再次南下，盛庸率部北上至夹河（今属河北武邑县）迎战，平安则率军前往支援。然而两支军队相距二百余里，短时间内很难会合。

朱棣看重的就是朝廷两军相隔的距离，当即率部直奔盛庸。考虑到盛庸之前两次击败燕军，于是朱棣表演了一场"魔术"。当时恰逢天降大雪，朱棣于雪中检阅将士时，身上披着的素红绒袍突然惊现"龙纹"，几个燕军将领立即山呼"万岁"，最终大家得出了一个结论：龙为君象，天命攸归，故有此嘉兆，必获大捷。[①]

这场"魔术"表演，让燕军上下振奋不已，士气也得以恢复。

三月，朱棣直插滹沱河，占领了南军彼此联络的战略要冲，同时遣骑兵驰往定州、真定，沿途制造声势、布置疑兵，意在拖延平安十万人马抵达的时间。二十二日，燕军主力抵达夹河，夹河之战爆发。

盛庸根据之前的作战经验，依然就地列阵阻挡燕军进攻，其中精锐置于前，羸弱藏于后，军阵以盾牌、长枪等重装步兵结成防御，火铳、大炮等火器部队进行远程射杀，其战术思想就是用前列的重步兵挡住燕军骑兵的冲锋，然后再用火器射杀进退不得的燕军。战术与东昌之战并无不同。

至于燕军，朱棣制定的战术就两个字——包围。他的想法是先由最精锐的燕军骑兵攻打盛庸一翼，伺机朝盛庸侧后方移动，其余军队则按兵不动，直到燕军骑兵抵达盛庸后侧，燕军再前后夹击盛庸。

这一次，朱棣非常重视战前部署，为了能让燕军将领理解他的作战思路，他先是用箭在地上画出示意图，然后又列阵演示，一个一个地告

---

① 《奉天靖难记·卷三》："上所御素红绒袍忽见白花如雪状，凝为龙纹，鳞鬣皆具，美如刺绣。诸将见者骇异，咸稽首曰：'龙为君象，天命攸归，故有此嘉兆，必获大捷。'"

诚燕军将领，非常详备。①由此可见，东昌之战确实给朱棣造成了不小的心理阴影，以至于他几乎把这一战当成了生死之战。

决战开始前，朱棣带着两个骑兵亲卫直扑盛庸阵前，仗着有建文帝"毋伤朕叔"的"护身符"，把盛庸的布阵看得清清楚楚，南军虽然派了上千人追逐朱棣，却无人敢开枪、射箭。

看懂盛庸的布阵后，朱棣当即亲率一万骑兵和五千步兵杀向盛庸左翼，因为他认为左翼是最容易突破的。凶猛的燕云铁骑又一次快速撞向南军大阵，随着一阵阵撞击盾牌的巨响，燕军首列的骑兵纷纷跌落马下，南军的长枪纷纷从盾牌后面刺出，一些来不及躲闪的骑兵旋即被刺穿了身体，显而易见，燕云铁骑依然不能撞破盛庸的盾牌阵。

不过，朱棣不是冥顽不灵之辈，他早已制定了相应的对策，命人提前制作了许多新装备。这是一种长六至七尺的木矛，顶端安装了很多长钉，钉子的尖端是弯曲的，呈钩状。朱棣精选的五千步兵就装备了这种木矛。

只见燕军步兵手持木矛加速奔跑，快到南军阵前时，纷纷用力高高抛出，木矛随即正中南军盾牌，弯钩刚好嵌入其中，南军士兵怎么也取不出来。燕军看准时机，抓住木矛一头，用力往回拉扯，南军士卒难以护住盾牌，要么被对方抢走盾牌，要么被拉倒一大片，盾牌阵就此失去了防护。②

燕军骑兵趁机从空隙处杀入，一边奔驰一边射箭，后面的步兵也纷纷跟上，肆意砍杀失去盾牌保护的南军士卒。场面相当混乱，后面的

---

① 《奉天靖难记·卷三》："上饬谕诸将再三，犹恐其未解，复抽箭画地，指授诸将。"

② 《明史纪事本末·卷十六》："燕军预作长欃，约六七尺，横贯铁钉于端，钉末有逆钩，令勇士直前掷之，直贯其盾，亟不得出，动则牵连。"

南军火铳手看着即将杀到眼前的燕军骑兵，吓得肝胆俱裂，盲目开枪射击，但由于前面还有不少南军步卒，火铳并未射中多少燕军，反倒射杀了不少友军，甚至引起了大火，不少南军士兵慌乱逃跑，带起了不少烟尘。

看着盛庸左翼尘土飞扬，坐镇燕军中央的谭渊坐不住了，他以为朱棣已经抵达盛庸后侧，于是拔剑怒吼，旋即率部杀奔南军中央，与之对阵的南军大将庄得拼死抵抗，双方顿时缠斗不止。

谭渊，福建清流人，早年任燕山右护卫副千户，是朱棣的嫡系大将。靖难之役初期，谭渊曾率一千人马埋伏在月漾桥水中，所有人全靠一束菱草呼吸，直到南军数万莫州兵马过桥后，他便据桥击败了南军大将潘忠，累功至副指挥同知，是燕军阵营里的悍将。

不过，庄得也不是泛泛之辈，此人在太祖时期就已经官至指挥，曾随宋忠镇守怀来，燕军闪击怀来时，宋忠兵败，唯独庄得所部不败，可见此人勇猛异常。

眼下，谭渊与庄得舍命搏杀，彼此互不相让，两军全靠勇气相搏。

然而，朱棣的计划是等燕军抵达盛庸后侧时，再前后夹击，他的思路是要击破南军部署在后侧的羸弱之兵。可惜，谭渊虽然理解了战术，但毕竟性子太急，出兵的时机明显过早，而朱棣的燕云铁骑才刚刚攻至左翼，远没有抵达后方，因此庄得并无后顾之忧，南军得以全力迎战谭渊。

形势急转直下，谭渊深入敌阵，左右冲撞均不能突破，身边的士兵相继战死，最终，谭渊阵亡。

好在其他燕军将领把握时机较准，朱能、张武等大军列阵并进时，朱棣已经杀至盛庸侧后方，纵马驰骋，南军阵形旋即大乱。朱能、朱棣甚至一度合兵一处，斩杀甚众，盛庸的火器来不及发挥作用，都指挥庄得等随即阵亡，骁将楚智被俘杀。直到天色昏暗，双方才各自回营。

当夜，朱棣出于进一步侦察南军的目的，带着数十骑在南军大营近处扎营，天亮时又从南军包围中策马杀出，南军依然无人敢射箭放枪，间接影响了南军士气。

第二日的决战，朱棣没有再搞什么攻其侧后的战术，可能他掠阵的时候看清了盛庸的最新部署，而盛庸极可能制定了抵挡燕军迂回的新阵形，朱棣意识到南军的战力不输燕军，因此，朱棣告诫诸将"两阵相当，将勇者胜"①，意在把胜负交给勇气决定。

最终的决战在烟尘中拉开了大幕。

两军正面对决，燕军布阵于东北，盛庸布阵于西南，两军同为大明将士，装备了完全相同的铠甲、战刀，使用类似的旗帜、战法，混战之中让人难分敌我，但他们均无留情之意，彼此舍命相搏，一时间互有进退，胜负不分。

忽然，东北风大起，尘埃涨天，沙砾击面。②由于燕军处于东北，正好背对大风，南军则恰好相反，沙石从正面袭来，士兵下意识纷纷闭眼，咫尺不见。燕军乘风大呼，纵左右翼横击南军大阵，一时间钲鼓之声如同地震一般，让人弄不清燕军的攻势，朱棣、张武、朱能等人顺势御风攻击，南军将士顿时被打乱，只要有一人试图逃跑，后面的士兵都跟着逃走，南军将士力战不敌，最终落败。

燕军乘势追击，斩首十余万级，但朱棣并不罢手，这是他自东昌之败后第一次大破盛庸，当然想把战果扩大到最大，于是燕军人不卸甲、马不解鞍，一路追杀南军败兵至滹沱河。

---

① 出自《奉天靖难记·卷三》。
② 《明通鉴·卷十二》："会东北风大起，尘埃涨天，两军咫尺不相见。"

南军此时根本顾不上冷静思考，跑，除了跑，还是跑。一些身着重甲的将士仓促间竟然跳进了河中，可是铠甲沉重，根本无法游泳，溺死的南军不计其数，盛庸几乎是只身逃走，随军物资全数落入燕军之手。

燕军兵至单家桥时，又击败了部署在岸边的上万南军，斩首了上千人马，从德州至北平一线的南军都吓得退入城中，燕军由此得到了战场主动权。至此，夹河之战结束，朱棣又一次以少胜多，击破了朝廷二十万大军，终于为燕军找回了信心，战局又开始向燕军倾斜。

大概同一时间，吴杰、平安听闻盛庸二十万大军溃败后，自知不敌燕军，旋即撤兵返回真定坚守。朱棣得知后，分析道："吴杰等若婴城固守，则为上策，若军出即归，避我不战，则为中策，若来求战，则为下策也。今其必出下策，破之必矣。"①

显然，平安等人也不是傻子，当然知道燕军刚刚大胜，士气正旺，如果此时出城野战，十万南军也不够燕军砍的，所以最好的办法是坚守真定，在城墙上迎战燕军。这一点，朱棣是料到的，因此他决定设计诱使平安等主动出城。

具体怎么做呢？

朱棣先让军队打着筹粮的名义离开大营，而且动静弄得很大，生怕南军细作发现不了，等到晚上，朱棣又让四散的军队悄悄回来。然后又派人假扮躲避兵祸的百姓潜入真定，特别是让他们抱着婴儿，这样更容易让南军相信，这些人的任务就是散布流言，称燕军已经四散出营了，再加上南军细作之前掌握的情报，平安等人便相信了燕军大营空虚。②

"机不可失，时不再来。"平安、吴杰毕竟还有十万南军，一点儿

---

① 出自《奉天靖难记·卷三》。

② 《奉天靖难记·卷三》："是日散军四出取粮，又发校尉荷担抱婴儿，佯作避兵者，散入真定城，报云大军各散取粮，营无备。贼闻以为信然，乃出师欲掩我不备。"

也不比燕军少，于是平安率部出征，兵至滹沱河，企图偷袭燕军大营。燕军留在真定的五千哨骑立即把这一消息报告给朱棣，朱棣大喜，旋即率部直逼平安。可是当燕军抵达滹沱河的时候，河水水位较高，将领们颇有惧色，有人认为此时不宜渡河。

朱棣大怒呵斥道："吾千里求战，忧贼不出，百计以诱之，今其出在外，是贼送死之秋。夫时不再得，几惟易失，今时几如此，岂可缓也？借使缓之，贼退真定，城坚粮足，攻之不克，欲战不应，欲退不能，是坐受其毙。若拘小忌，终误大谋。"[1]

燕军遂决定渡河，但是怎么解决水位较高的问题呢？朱棣想到了办法，他让骑兵在上游渡河，让步兵辎重到下游渡河。由于战马较高、体形较大，它们一下河就使得下游的水势变缓，步兵辎重从而顺利过河。最终，燕军与平安相峙于藁城（今属河北石家庄，藁音gǎo）。为了不让平安逃走，朱棣又一次带着数十骑直抵南军阵前，然后就地扎营，弄得平安不敢轻易撤离，只好率部迎战。

与夹河之战相同的是，两军交战的第一天不分胜负，从白天一直杀到了黄昏。但是第二日，平安改变了部署，在战场西南侧位置布下方阵，该阵呈四面防护状，像极了一只带刺的刺猬。之所以会有如此阵形，是因为燕云铁骑的冲撞能力太强，平安又多次与朱棣交手，知道朱棣喜欢迂回到两翼包抄，所以用四面防护的空心大阵迎战。

平安的阵形乍一看没有任何问题，但现在是两军决战，方阵明显仅适合防守，不具备进攻能力，这就意味着平安是坐等燕军来攻，主动权就到了燕军手中。

---

① 出自《奉天靖难记·卷三》。

朱棣善于用兵，很快就想到了对策，他首先从四面包围方阵，让南军无处可逃，然后便把主力集中到东北角，朝这一位置反复进攻。平安发现东北角的压力最大，当即判断燕军的主力就在此处，于是从其他方向调兵至东北角。然而，平安完全没有想到，朱棣真正的进攻方向并不是东北角，他等的就是平安把其他三面的兵力调开后的时机。

据《奉天靖难记·卷三》描述，朱棣亲率上百燕军精锐，绕到平安身后，突然大呼奋击，杀入方阵。由于平安把这里的军队调走了一部分，燕军很快便破阵进入。南军见状也奋起反击，箭如雨下，据说朱棣的帅旗在箭雨下被射成了刺猬，但朱棣偏偏没有受伤。①

正在这时，朱棣远远望见一座高塔，上面站着的正是南军指挥官平安。原来平安为了能观察战场整体情况，命令士兵搭了一个木制高塔用于观察，然而他并没有意识到这也让他更加显眼。燕军又一次抓住了"擒贼先擒王"的战机，集中力量猛冲平安高塔，周遭的士兵很快被驱散，平安大惊，也顾不上指挥了，当即纵身一跃，从高塔上跳落，踉跄着逃离了战场。②

三天后，两军展开最终的决战，上天又一次帮助了燕军，突然刮起了狂风，风力之大几乎可以"飞屋拔树"。燕军又一次御风攻击，从朱棣突破的口子一路掩杀。南军士卒左右驰援，但东西不能兼顾，乱成一团，最终被燕云铁骑撞穿了方阵，全线溃败，当场阵亡了六万余人。平安、吴杰狼狈逃回真定坚守。

至此，朱棣连破盛庸、平安三十万大军，几乎粉碎了建文朝廷的"铁三角"，歼灭了南军集结在山东地区的精锐兵团，再一次把战场主

---

① 原文："上以骁骑数百，循滹沱河绕出贼后，突入贼阵，大呼奋击，矢下如雨，箭集上旗，有若猬毛。"
② 《明史纪事本末·卷十六》："燕王以精骑冲之，将及楼，平安坠而走。"

动权抢了回来。有了此次大胜，燕军的士气再次高涨起来，对盛庸、平安所用火器、盾阵的畏惧也烟消云散，这意味着燕军可以进一步展开新的军事行动。

《吴子·治兵》有云："将战之时，审候风所从来，风顺致呼而从之，风逆坚陈以待之。"意思是，将要作战的时候，必须要弄清楚风将从何处吹来，如果顺风就主动进攻，如果逆风就必须坚守待命，可见风势对战场的作用相当重要，与《孙子兵法·地形篇》中"知天知地，胜乃不穷"的道理是一回事。

夹河、藁城两战，燕军与南军几乎是势均力敌，但燕军作战勇猛，敢于主动进攻，而南军被动坚守，开战就失去了主动权，布阵又未考虑"天时"，也没有审视战场风势，结果布阵方向严重错误，最终在大风忽起时吃了大亏。燕军虽然胜得侥幸，但盛庸、平安不知"天时"，也是南军自己的重大失误。

第六章

破局，战略南下

孝孺包围网

夹河、藁城之战后，盛庸、平安所部均元气大伤，无力再战燕军主力，朱棣遂继续南征，再次渡过滹沱河，一路连克顺德、广平、大名三地。打到这里，朱棣停了下来，上一次兵至大名时，他的燕军还是战无不胜的雄师，大将张玉也在帐下听令，彼时的朱棣以为京师应天唾手可得。

如今，兵力折损近半，大将连续阵亡的燕军早已不似当年了，张玉、陈亨、谭渊等人横刀立马的英姿都成了朱棣夜里的回忆，他很清楚，燕军虽然胜了，但也是杀敌一千自损八百的惨胜，实力消耗得太大，再这么一味蒙头死打，败的必然是他自己。

因此，朱棣决定"议和"了。

"议和"是朱棣"打和"战略的最终目的，是千百燕军用生命换来的"活路"，朱棣一而再再而三地打，要的就是一个"活"字。那么现今的局面到底是不是最佳的议和时机呢？

从军事角度上看，燕军自靖难之役爆发以来，先后击败耿炳文、李景隆、盛庸、平安等人，累计破敌一百五十余万，从北平至大名一线的南军大多败给燕军，盛庸、平安都不敢轻易出征，朝廷要战就必须重新招兵、调兵，建文帝已经明显感觉到"疼"了。

从政治角度上看，朱棣虽然起兵对抗建文朝廷，但他始终举着"奉天靖难"的旗帜，一再辩称是要"清君侧"，即他没有和建文帝彻底撕破脸，双方都有台阶可下。而且就在此时，建文帝又下诏外放齐泰、黄子澄，[1]朱棣便失去了继续对抗朝廷的借口，政治条件也已经具备了。

---

[1]《明通鉴·卷十二》："闰月，癸巳，上以夹河之败，罢齐泰、黄子澄，谪于外，盖使之募兵也。"

基于以上条件，朱棣认为时机已至，于是再次上书建文帝，恳请朝廷罢兵。事实上，当下的时机确实是建文帝体面结束靖难之役的最好机会，一者朝廷没有动摇根本；二者燕军也是损兵折将；三者朱棣并无决死之心。如果建文帝此时答应朱棣归藩守国，朱棣必定会罢兵，朝廷也能得到喘息的机会。

然而，建文帝毕竟太年轻了，在很多事情上缺乏主见，他又一次把决定权交给了身边的心腹，削藩如此，议和也如此。这一次，建文帝问计的是素有"天下第一大儒"之称的方孝孺。

方孝孺，字希直，宁海人（今浙江宁海县），生于元朝至正十七年（1357年），自幼聪明好学，师从大儒宋濂，宋濂也是太子朱标的老师，因此他算是东宫的"嫡系"。太祖朱元璋曾对朱标说："此庄士，当老其才[1]。"不过，方孝孺的父亲方克勤在济宁知府任上被卷入"空印案"获死，朱元璋遂弃之不用，把起用他的机会留给了朱允炆。

朱允炆即位时，方孝孺正在成都蜀王府中讲学，从没参与过朝廷政务，可谓毫无经验，即使这样朱允炆还是把他请回了应天，授翰林院侍讲，不过他并不是建文早期削藩的发起人之一，而是专门负责改革官制的，直到齐泰、黄子澄被建文帝贬黜后，方孝孺才成为建文帝的首席智囊，国家大政之事常向他咨询。

可惜，方孝孺讲学有一套，在政治上却是新人，骨子里还是有些书生气，他并未意识到燕军的可怕，打定主意要把削藩进行到底。毕竟从方孝孺的角度来看，建文帝是君，燕王是臣，君要臣死，臣就不得不死，而朱棣起兵靖难，前后消灭上百万官军，这与谋反无异。如果就此

---

[1] 出自《明史·方孝孺传》。

罢兵，朝廷的威望何在？皇帝对藩王的约束何在？

方孝孺是认死理的人，不懂得变通，他告诉建文帝破敌的时机已经出现，[①]现在朱棣主动上书求和，正是朝廷用"缓兵之计"的好机会，因为从各地招募、调动军队还需要时间，特别是云南的军队路途遥远，短时间内还难以抵达前线。方孝孺立即把"靖难包围网"计划呈至御前。

所谓"靖难包围网"，就是要从战略上包围朱棣的燕军阵营，让他首尾不能兼顾，东西不能驰援，慢慢消耗燕军直至灭亡。具体来说，朝廷将从北、西、南三个方向包围燕军，其中北线由辽东军队直接攻打永平，西线由大同军队伺机袭扰保定，南线由德州军马北上截断燕军的补给线，而朝廷则假意同意和谈以便拖住燕军主力，彼时的大名一带酷暑难耐，燕军势必不战自疲。

可惜，朱棣一眼就识破了朝廷的缓兵之计，嘲讽道："此奸臣谬计，欲以欺人，虽三尺童子，不为所罔矣。"[②]

为什么朱棣轻易就看穿了朝廷并无和谈之意呢？

一是因为态度不当。朝廷明明打算使诈，就应该在和谈态度、谈判条件等方面让人感觉到诚意，可是方孝孺非要"端架子"，他草拟的诏书言辞不逊，条件是让朱棣解散军队后到京师朝觐，给人感觉不像是和解，反而像是要秋后算账一样。

二是因为用人不当。朝廷选定的和谈使臣是大理寺少卿薛嵓[③]，此人做事刻板，性格懦弱，最重要的是不会说话。当他面对朱棣本人时，

---

① 《奉天靖难记·卷三》："我欲弛其备而无由，是来正合机会……其破之在此一举，事已垂成，机不可失……"

② 出自《奉天靖难记·卷三》。

③ 《明史纪事本末》中写作"薛嵓"，《奉天靖难记》中写作"薛岩"。

一时间不知道怎么给朝廷圆谎，言辞闪烁，一看就是没资格做主的人，明显是走过场。

三是因为时机不当。方孝孺一边派薛嵓到朱棣营中和谈，另一边却着急忙慌地让盛庸、平安派兵偷袭燕军后方的补给线，哪知朝廷发布命令的文书被燕军截获，发文时间是四月二十日，而薛嵓离京却是四月十六日。换言之，方孝孺前脚才派人出京，后脚就派兵偷袭，这不是缓兵之计又是什么呢？①

事实上，缓兵之计的失败完全是该计划发起人方孝孺的严重失误，真是"成也孝孺，败也孝孺"。

不过，朱棣仍然不肯放弃，因为他是真的想要和解，于是再次上书一封，派麾下大将武胜亲自进京送信。可惜方孝孺又失策了，他不仅没有想办法稳住武胜，反而用下下策把武胜下狱了②。燕军这边的谍报人员立即把这一消息报告给了朱棣。

朱棣失望了，或者说绝望了，他终于明白这场靖难之役只能是你死我活的结果。

建文三年六月，已经在大名停留了三个月的朱棣再次誓师南征，他没有立即回师攻打扰乱自己补给线的南军，而是派都指挥李远领六千骑兵南下济宁、谷亭（今山东鱼台县）、沙河、沛县，沿途隐藏了燕军旗帜，改穿南军铠甲官服，仅在背后插了一根柳枝以辨别敌我。

---

① 以上三个原因对应《奉天靖难记·卷三》原文，分别为："时方孝孺当草诏，辞多不逊，允炆曰：'且婉其辞。'孝孺不从，曰：'不可以示弱。'"（态度不当）"上谓诸将曰：'吾观薛嵓等，言媚而视远，此来觇我虚实，非求和，宜耀武以示之。'"（用人不当）"已尝调兵追捕，后得总兵官四月二十日驿书一纸，促吴杰、平安领兵会合德州见逼。计使臣四月十六日离京，至二十才五日，又有会合军马之旨，遣使息兵，诚耶伪耶，岂行人之失辞耶，如此岂可凭信？"（时机不当）

② 《奉天靖难记·卷三》："遂执武胜系狱。"

李远行事机敏、用兵神速，南军丝毫没有看穿李远所部的身份，数万艘粮船、上百万石粮食被付之一炬，大火把河水烧得沸腾，烧死的鱼鳖浮满了河面，护粮官兵死的死，逃的逃，德州守军的粮饷由此断绝，燕军反将了朝廷一军。

消息传回朝廷后，京师震动。南军裨将袁宇领三万人马追击李远，哪知李远把军队埋伏在树林中，仅用了数十骑兵就把三万南军诱入伏击圈，当即斩首上万人，俘获战马六千余匹，袁宇仅以身免。

议和彻底结束了，朝廷的南、西、北三路人马各自出动，他们将按照方孝孺的计划准备包围燕军，让朱棣首尾不能兼顾。

首先是南线战场，朱棣亲率数万人马直逼彰德。

彰德守将是南军都督赵清，他自知不敌燕云铁骑，便紧闭城门，坚守不出。朱棣于是派兵反复袭杀城中外出采樵的官兵，城中因而无柴可炊，痛苦不堪。朱棣见时机成熟后，便派几个骑兵到城下挑衅，赵清果然大怒出兵，结果被诱入伏击圈，大败而归，由此不敢再出兵。

紧接着，朱棣又兵指尾尖寨。这座山寨建在山中，三面陡峭，只有一条小道能上山，而且仅能容纳一人通行，虽然守军不过百人，却可以抵挡上万大军的进攻，寨中南军仗着地形险要时常骚扰燕军补给线。朱棣知道尾尖寨易守难攻，于是从当地找了一人做向导，派大将张礼引兵千人趁雨夜上山，精选数十勇士绕至寨后，擒杀了守关人，然后直逼寨门，诈称大军即将抵达。寨中守军惊慌不已，只能投降了。不久，旁边的林县守军吓得也跟着投降。

燕军在彰德一带攻城略地，德州的南军主力却迟迟没有动静，朱棣据此判断南军必定偃旗息鼓，北上偷袭北平，当即派都指挥刘江率骑兵千余回援北平。果然，平安所部约一万人马已至距北平仅五十里的平村，但因兵力不足只能四处掠夺，破坏当地的农田和牧场，刘江旋即会合北平守军进攻平安，以虚张声势之计动摇南军军心，斩首数千，俘获军马六百余匹，平安败走。方孝孺部署的南线攻势就此瓦解。

接下来是西线。

大同兵马在大将房昭的带领下，从紫荆关杀入保定地界，驱赶当地百姓至易州（今河北易县）西水寨，其中精壮男子被强征入伍，不少人还被授予了千户、百户的委任状。房昭以西水寨为据点，四处袭击燕军官兵，有时攻打运粮队，有时捕杀燕军官兵，犹如一颗嵌入燕军腹心的钉子。

说起西水寨，远比尾尖寨更加险要，同样也是三面陡峭，只有一条小路可以上山，关键是守军有上万之多，绝不是用计可以骗降的。

朱棣仔细看了地图后觉得房昭对保定的威胁太大，不能不挥师讨伐，于是在八月时渡过滹沱河，在西水寨不远处的完县扎营。

然而，强攻西水寨毕竟不现实，朱棣只能阻止房昭外出，却没有办法攻破城寨。巧的是，西水寨的存粮并不多，只要持续围困，守军只能饿死。当然，南军不可能任由西水寨的守军饿死，于是真定兵马在都指挥韦谅的率领下直奔保定。

朱棣得到谍报后当即派三万人马前去拦截韦谅，可惜燕军慢了一步，韦谅的上万兵马已经运粮入寨，燕军只好就此围住西水寨，但仍不打算强攻。不过，西水寨被围后，真定守军却先慌了，只因为燕军势大才不敢救援。朱棣思来想去又一次决定诱敌出寨，具体方法是由他带着一队轻骑兵驰往定州，故意让真定守军得知这一消息，等到真定守军前往救援西水寨后，再突然折返。

计划和实际相差无几。当年十月，真定守军以为朱棣真的远离后果然出兵救援西水寨，兵力约三万人马。朱棣得知后率五千精骑趁夜折返，与燕军主力合兵。真定军自知大战不可避免，只好在都指挥花英①、郑琦的率领下布阵于蛾眉山②（今属河北），企图利用山地优势抵挡燕军进攻，毕竟燕军多为骑兵，擅长在平原作战，却不习惯攀登高山。朱棣见状，从军中精锐里点了数百勇士，让他们带着旗帜从山侧攀登，直到真定军背后时，再漫山遍野地插满旗帜。

南军见后大惊，弄不清身后到底有多少燕军，军心由此大跌，朱棣旋即率部前后夹击，大败南军兵马。西水寨和真定援兵几乎同时崩溃，上万人被斩首，跌落山崖的不计其数，都指挥花英、郑琦、王恭，指挥詹忠等被俘，房昭、韦谅弃寨逃走，燕军就此占领了西水寨，又追杀了上千逃兵。至此，西线兵马也瓦解了。

最后是北线。

辽东将领杨文也按方孝孺的计划开出山海关，围攻永平，并派上万骑兵劫掠蓟州、遵化等地，威胁北平东线。北平守将刘江又一次领兵出征，但杨文却立即遁走，不肯与燕军交战。

朱棣得知后，命令刘江进驻永平后只能待一个月，然后便大张旗鼓地回师北平，但要放缓速度，不要真的回了北平。杨文以为燕军真的撤走后，又一次杀回，在黎县一带劫掠。刘江这边趁夜折返，突然杀至杨文阵前，辽东军猝不及防，惨遭大败，阵亡上千人马。就这样，北线的攻势也瓦解了。

除了南、西、北三线攻势的瓦解，方孝孺的离间计也失败了。几乎是在南线兵马溃败的同时，方孝孺又想了一条妙计，试图离间朱棣父子，扰乱北平守军。朝廷单独给燕王世子朱高炽去了一封密信，说只要他向朝廷投降就可以得到燕王爵位。哪知朱高炽不仅天生仁孝，而且很

---

① 《奉天靖难记》中作"华英"，《明通鉴》和《明史纪事本末》中均作"花英"。

② 《奉天靖难记·卷三》："贼将都指挥华英、郑琦以马步三万余列阵于蛾眉山下。"

有智慧，他根本没有拆开朝廷送来的密信，而是把信使和信一起送给了朱棣，方孝孺的计策就此全部失败。

从以上几场大战可以看出，燕军擅于诱敌，屡次出其不意地击败对手，这是根据自身优劣而采取的扬长避短的战术，因为燕军不擅长攻坚，只能野战。诱敌战术的运用关键在于"诈"，要让敌军弄不清自己的虚实，产生错误的认识，特别是要让敌军认为有利可图，这样才能牵着敌军的鼻子走。朱棣深谙此道，他麾下的大将们也把这一战术思想运用到实战中，可见燕军不仅朱棣能战，旗下将领也不是等闲之辈。

至于大战略，方孝孺设计的三路大军形同组合拳，看似威胁很大，可是为什么燕军并没有疲于奔命，朱棣轻轻松松就化解了呢？

方孝孺的策略之所以没有起到作用，根本原因还是在于策划人远离实际、纸上谈兵。

首先，方孝孺素不知兵。即总策划人没有战场经验，决策、谋划完全是躲在屋子里想出来的，看上去是妙计，实际上远离现实情况。特别是粮食、军饷、将领、后勤、士气等问题都需要详尽了解、全盘考量，否则很难制定出一套符合战场实际的正确策略。

其次，官兵疲惫不堪。这时的朝廷官兵经过三年大战，早已损失惨重，特别是野战部队折损得最严重，优秀指挥官也损失了不少，因此朝廷军队急需休整而不是再次出击，这也导致朝廷的三路大军全是小打小闹，犹如强弩之末，没有一路是真正的威胁。

最后，燕军调度有方。纵观每一路朝廷兵马，没有任何一支军队有实力与燕军对阵，就算是经验丰富的平安也败给了之前从未听过的刘江，为什么会这样呢？这恐怕是朱棣的高明之处，他能够根据战场形势和敌我优劣，正确判断出哪里需要他亲自前往，哪里可以派偏将解决，这与诸葛亮"安居平五路"有异曲同工之妙。

由此可见，方孝孺的三路包围网并不具备真正的威胁，拒绝议和的他也就等于拒绝了朝廷重振兵马的机会。

经过"靖难包围网"的战斗，建文帝与燕王已经再无和解的可能，朱棣也不再抱有任何幻想，他打定主意要把战斗进行到底，誓要夺取京师应天才肯罢休。

当年十一月，以北平都司都指挥张信、布政司右布政郭资、按察司副使墨麟为代表的燕军文武官员上表朱棣道："臣等伏望殿下遵太祖之心，循汤武之义，履登宸极之尊，慰悦万方之望，则社稷幸甚，天下幸甚，臣等不胜惓惓之至[1]。"

言下之意就是要朱棣登基称帝，与建文帝拼死一搏。

这么赤裸裸地说出"大逆不道"之言，任谁都可以看出朱棣阵营已再无顾忌，靖难之役已经到了最后关头，燕军这些年虽然击败了上百万南军，却始终不能打过山东，朱棣别无选择，只能放弃步步为营的战略，冒险远征京师应天，只有打下大明王朝的帝都，朱棣才能彻底结束战争，解除燕军的危险。

靖难之役的决战即将打响。

千里奔袭战

建文三年，建文帝采纳方孝孺缓兵、围攻、离间三大策，打碎了朱棣试图"归藩守国"的幻想。随着靖难包围网被燕军撕碎，燕军文武官

---

① 出自《奉天靖难记·卷三》。

员屡次上表劝进，试图与朝廷分庭抗礼，已经充分说明燕军要与朝廷决一死战的心更加坚定了。

燕军文武官员为什么要劝朱棣即位称帝？

其中至少有两层原因。一是燕军通过方孝孺的包围网意识到，与朝廷和平谈判的可能性微乎其微；二是诸将都想得到拥立之功，毕竟朱棣从不吝啬官职俸禄，每有大胜都会大加赏赐，更何况是从龙之功。

朱棣此时是怎么抉择的呢？

第一，屡次婉拒。朱棣称起兵是为了诛除奸恶，自己只想做周公，绝不当天子。不管诸将怎么劝，劝几次，朱棣仍是拒不称帝。[1]

第二，大赏众将。朱棣前脚刚拒绝称帝，后脚马上重赏诸将，该提拔的提拔，该重用的重用，看来并未责怪属下大逆不道之言，反而有褒奖之意。[2]

据《奉天靖难记·卷三》记载，朱棣升都指挥丘福、张信、刘才、郑亨、李远、张武、火真、陈圭为中军都督府都督佥事，李彬、王忠、陈贤为右军都督府都督佥事，徐忠、陈文为前军都督府都督佥事，房宽为后军都督府都督佥事，后军都督陈亨之子陈恭袭其父职，升纪善金忠为右长史，升后军都督府都督顾成为右都督，其余文武升秩有差。

朱棣的做法看似前后矛盾，实则颇为合理。如今的燕军已经没有了退路，既然不可能与朝廷议和，那就索性与其决一死战，朱棣比谁都清楚当下最危险的人就是他自己，因此要让大家和自己一条道走到底。但

---

[1]《奉天靖难记·卷三》："上览表谕群臣曰：'我之举兵，所以诛奸恶，保社稷，救患难，全骨肉，岂有他哉？夫天位惟艰，焉可必得，此事焉敢以闻。待奸恶伏辜，吾行周公之事，以辅孺子，此吾之志。尔等自今其勿复言。'"

[2]《奉天靖难记·卷三》："壬辰，升都指挥丘福、张信、刘才、郑亨、李远、张武、火真、陈圭为中军都督府都督佥事……"

他又不能即位称帝，毕竟还打着"奉天靖难"的旗号，过早称帝只会失去天下人心，引来天下忠良的敌视。这与朱元璋"高筑墙、广积粮、缓称王"①是一个道理。

那朱棣没有称帝野心吗？当然有，他虽未言明，但用"提拔诸将"暗示自己的下属只要继续跟着他奉天靖难，赏赐绝不会少。诸将既然得到了封赏，便达到了目的，自然就不再反复劝进了。这一轮封赏既是答谢诸将拥立之意，也有决战前鼓舞士气的目的。

建文三年十二月，朱棣再次举兵南下，出发前他郑重地告诫诸将要"安生民、行仁义、扶社稷"②。这一次，朱棣不再是要诱出盛庸、平安等朝廷主力，反而是要避开他们，直驱京师应天，从根本上结束这场战争。③

然而，北平到京师的直线距离约八百八十五公里，即一千七百七十里，这还不包括中途的山地、河流以及绕道的距离，可谓真正意义上的千里奔袭之战。

这种规模和距离的奔袭，补给、时间、士气都是要考虑的问题，而且是难题。一者燕军要快速南下就不可能带过多的粮食，一旦深入朝廷腹地，补给线势必被切断，燕军该如何筹粮？二者南下途中全部都是朝廷的高城深池，攻则耗力，绕则耗时，沿途的袭扰，盛庸、平安的围追堵截该怎么解决？

---

① 《明史纪事本末·卷二》："闻前学士朱升名，召问之。对曰：'高筑墙，广积粮，缓称王。'太祖悦，命参帷幄。"

② 《奉天靖难记·卷三》："丙寅，上率师南征，谕将士曰：'靖祸难者，必在于安生民，诛乱贼者，必先于行仁义，生民有弗安，仁义有弗举，恶在其能靖祸难哉？今予众之出，为诛奸恶，扶社稷，安生民而已……今我有众，明听予言，当念百姓无罪，甚无扰之。'"

③ 《明史纪事本末·卷十六》："王亦太息曰：'频年用兵，何时可已？政当临江一决，不复返顾矣。'于是逾城不攻，决计趋金陵。"

关于这两个问题，笔者反复研读《明太宗实录》《奉天靖难记》，发现朱棣虽未言明作战方针，但思路还是非常清晰的，总结起来共有三大特点，分别是"避实击虚""散骑而出""虚实相济"。

避实击虚，即绕开兵力较多、城墙坚固的城池，专打防备空虚的地方。这么做的目的是筹措粮草、以战养战，如此就解决了补给线的问题。

散骑而出，就是把军队分成数股，大军在中，偏师在侧，多路前进，扰乱追兵视线。这么做的好处是可以用偏师拖住追兵，为大军转移赢得时间，而且分散后目标变小，粮食的压力也可以分摊，毕竟不是每一座小城的储粮都足以满足大军的日常消耗。

虚实相济，就是不让朝廷的追兵弄清楚燕军的真实部署，对追兵就用伏击的老办法，故意示弱以便把对方引入伏击圈。虚虚实实，假假真真，让朝廷的军队不敢轻易追击，又不能不追击，从而达到快速转移战场的战略目的。

建文四年（1402年）正月，燕军千里奔袭之战，靖难之役的终极决战，正式开始。

第一回合：再战滹沱河。

燕军都督李远代表朱棣上场。此人虽不是会州整军时的高级将领，但在近几次大战中表现抢眼，特别是沛县一役尽烧朝廷百万石粮食，可谓名震京师。

这一战，朱棣为了避开盛庸、平安的追击，特地让李远带八百精骑侦察、袭扰、拖延南军。李远至藁城时，果然遇到了盛庸的一万先锋部队正在渡过滹沱河。李远见后领兵直接攻入敌阵，企图抢一波"半渡而击"的红利。可惜敌兵人多势众，不是八百骑兵可以战胜的，于是李远率部徐徐后撤，转而引诱敌军。

南军指挥官葛进发现燕军只有几百人，又在后撤，果然下令追击。然而，李远并无逃走之意，反而要与南军决斗。葛进一看，自认为是"猫鼠斗"的游戏，于是让自己的骑兵下马步战并把战马系在林子里。哪知李远已经分了一支骑兵绕到敌军身后，等到两军短兵相接时，便解开南军战马的缰绳，将它们全部驱离战场，然后再从身后夹击南军。南军素来不习苦战，被身后一击吓得想赶紧上马反击，结果战马全都跑了，自然军心大乱，夺路而逃，当即阵亡千余，溺死河中无数。

朱棣大赞道："将军以轻骑八百，出奇应变，破贼万人，功亦伟哉！万古名将不能过也。"[1]

第二回合：衡水、邹县（今山东邹城）之战。

燕军首席大将朱能引一千骑兵哨至衡水县，再次遇到上万南军。朱能作战向来勇猛，也不用计谋，直接带着燕云铁骑冲杀入阵，斩首七千余级，获马五百余匹，生擒指挥贾荣等，吓退了追击的南军。

紧接着，朱棣遣胡骑指挥款台领十二精骑去侦察盛庸所部的位置。款台至邹县时，遭遇了南军约三千人的运粮军。只有十二骑的款台鸣锣大吼，驰入其阵，大声喊道："大军且至，不降者死。"[2]南军以为朱棣主力就在此处，顿时军心崩溃，连粮食也不要就逃走了，燕军不仅得了粮食，还再次吓退了追击的南军，为朱棣转移争取了时间。

有了李远、朱能、款台三支偏师的大胜，朱棣率领的主力毫无后顾之忧，一路过馆陶、克旧县、拔东平、占汶上、攻沛县，前后歼敌万余人，俘虏南军指挥詹璟、薛鹏等，大军已入徐州地界。燕军前进六百多公里，距离京师只剩三百公里了，可谓开跑即冲刺，急坏了身后的盛

---

① 出自《奉天靖难记·卷四》。
② 出自《奉天靖难记·卷四》。

庸、平安。

第三回合：徐州之战。

徐州，明朝重镇，城高池深，素来是兵家必争之地。不过，鉴于燕云铁骑过于勇猛，徐州守军拒不出战，只想等燕军离开时再出城追杀。

此时的燕军分兵出寨筹粮，兵力较为分散，朱棣料定现在转移，徐州守军肯定会出城追击，于是他决定先设伏击败一次守军，好让他们不敢轻易出城。

按照朱棣的部署，燕军设伏兵于九里山（今属江苏徐州），预先在演武亭埋伏了上百骑兵，然后仅派几个骑兵到徐州城下谩骂挑衅，并烧毁了城外庐舍，还朝城上射了一箭，一直骂到天黑才离开，第二天日出后又继续挑衅。

徐州守军不胜其烦，果然派了五千人马出城追击，等到他们渡河过桥后，燕军立即举炮，早已埋伏的燕军旋即出现在南军身后，前后夹击。南军大惊，争相上桥，企图逃回徐州，但由于南军秩序全无，一股脑儿地拥上大桥，不堪其重的大桥顿时塌陷，南军落入水中被淹死了上千人，另有三千人战死，残部逃回后再也不敢出城了。

燕军就此大摇大摆地离开徐州，当年三月即兵至宿州，距京师只剩下二百三十公里了。

第四回合：洨河之战。

经过前面几个回合的交锋，燕军快速南下，一路转移，几乎是占尽了先机。朝廷不得不调整对燕部署，任命都督同知何福为新的总兵官。

何福，凤翔人，洪武年间出任金吾后卫指挥同知，先后追随傅友德、蓝玉征战，既去过云南，也到过捕鱼儿海，作战经验丰富。洪武二十一年，北元降兵因不想去遥远的南方而发动叛乱，何福将其全部歼灭，并讨平试图响应他们的都匀蛮，斩首一万有余。三年后，何福被授予平羌将军名号，讨伐越州叛蛮，平定九名、九姓、毕节诸蛮。洪武三十年，先后跟着顾成、沐春征讨水西蛮和麓川叛蛮。建文元年，何福官拜征虏将军，独自讨平麓川叛乱，俘获叛军首领刀干孟，招降七万之众，麓川总算恢复秩序，何福也于此时声名大噪。建文帝认为除了盛庸外，也只有何福能统率兵马阻挡燕军。

对朝廷来说，时间是如此紧迫，同一时间的南军主力离燕军还很远，其中平燕将军盛庸驻军淮上，总兵官何福及副总兵平安、陈晖刚刚离开济宁。为了快速追上朱棣，何福以平安为先锋官，领精锐步骑快速追击，他们在平安的带领下紧追不舍、昼夜不息，眼看就要追上燕军了。朱棣知道一味转移终究逃不过一场大战，于是决定亲率两万骑兵迎战平安，余下的部队继续南下。

不过，平安乃是建文帝的大将，绝非徐州等地的指挥使可比，而他手里有四万人马，要打败他就必须用计谋。朱棣思前想后，决定虚实相济，用两步瓦解平安的兵马。

第一步，迷惑敌军。朱棣首先派都指挥金铭带一队骑兵去诱敌，另派都指挥冀英在一处河流旁埋伏。金铭一路耀武扬威，遭遇了平安统率的一万先锋，于是他时进时退，把南军一路引到了河边。这时，早已埋伏于此的冀英立即举炮，高举旗帜，大声鼓噪。南军大惊，鉴于燕军此前多次设伏，他们以为燕军主力就埋伏在此处，于是停止了渡河，并在岸边列阵，准备迎接大战。

然而，南军列阵完毕也没看到燕军主力，金铭等人耀武扬威，一边嘲笑南军，一边从容撤退，这时他们才知道河边根本没有燕军主力，自己被骗了，由此愤怒不已，全速追击燕军。

第二步，诱敌深入。此时的朱棣已经率领两万骑兵埋伏在泄河，而燕军主力已经远去上百里了。朱棣只准备了三天的口粮，本以为平安被骗后会迅速追来，但平安却没有来。三天粮食很快就吃完了，诸将都认为平安不会来了，不如撤伏与主力会合。

然而朱棣坚决不许，宁可挨饿也要继续埋伏。这确实非常危险，人一旦挨饿精力就会大幅度下降，战力自然也跟着下降，而平安所部是朱棣的两倍，就算是设伏也不一定能占到便宜。就这样，朱棣的伏兵至少饿了整整两天，平安的四万人马才徐徐出现在距淝河四里外的地方。

朱棣于是派胡骑都指挥白义、王真，都指挥刘江各领百骑诱敌，平安不想像上次那样被燕军戏耍，当即兵分两支，步兵缓缓前进，骑兵全速追击。燕军按照朱棣的指示，只逃不战，一路诱敌，沿途丢弃财物，使得平安骑兵狂追二十余里，人马疲乏，尽入淝河伏击圈。

这时，燕军突然举旗大喝，伏兵顿时杀出。平安所部大惊，欲拍马撤退，但是战马一路狂奔，早已累得抬不起腿了，哪里还能跑，只能就地迎战。

由于燕军此前已经饿了好几天，战力不及平时，伏击初期的确让平安猝不及防，但随着战事延长，燕军耐力逐渐耗尽，而平安的步兵也在此时抵达战场，燕军反倒被包围，其中大将王真力杀数十人后阵亡，局势一度非常危险。朱棣见平安仅率三千骑兵在北岸高坡上，于是亲率本部骑兵上前厮杀，企图生擒平安，逼降南军。

此战惊险，南军胡将火耳灰纵马来战，持矟（shuò）直趋朱棣身前，相距十余步，险些将朱棣刺落马下，燕军胡将童信急忙引弓射箭，正中火耳灰的战马，遂擒获对方。南军另一胡将哈三帖木儿仍旧持矛冲杀，连斩多人，同样被射死了战马，摔倒在地，朱棣才逃过一劫。

见两员悍将被擒，平安所部立即混乱了起来，燕军见状绝地反击，再次战力爆发，南军顿时崩溃，阵亡千余人，平安被迫撤回宿州，淝河之战打成了平手。

第五回合：小河之战。

淝河之战后，平安大军屯驻宿州，时刻威胁着燕军的侧后方，朱棣此时进退两难，如果不管平安继续南下，势必被对方咬住尾巴，再加上京师有长江天险，燕军岂不是会被包围在江边，如同石达开被歼灭在大渡河边。

因此，朱棣只能停下，与平安决战，只有打垮了平安，燕军才能继续南下，可是要打垮悍将平安又谈何容易？

朱棣想到的策略如之前的德州之战一般，他打算断绝宿州的粮饷，派大将谭清率上百骑兵返回徐州，企图拦截向宿州运粮的船只，重演李远火烧粮船的一幕。谭清也确实不负所望，快速奔袭至徐州，果然遇到了运粮的军队，当即破敌，沿着水路纵火焚烧的粮船数不胜数。

然而，谭清回军至大店时被南军包围，朱棣立即率轻骑救援，与之合兵一处，力战杀敌甚多。就在朱棣以为这是一场大胜时，老对头铁铉带领的南军突然出现，旋即冲杀入阵，燕军顿时处于下风，屡屡后撤。关键时刻，南军勇者直奔朱棣近前，欲刺死朱棣，此前被俘的胡将火耳灰为报朱棣不杀之恩，奋力反击，连斩十余人，朱棣这才与谭清杀出重围，回到大部队。

当年四月，燕军进抵睢水之小河，与屯于此处的平安先锋军对峙，难以动弹。而南军主力在总兵官何福的带领下即将抵达战场，陈晖、铁铉、徐辉祖等南军也相继赶来，大战一触即发。

彼时南军据河南岸，燕军据河北岸，朱棣不想坐以待毙，决定立即渡河，遣都督陈文、李远击败睢水守军，斩首千余级，获马五百余匹，控制了浮桥。然后燕军开始过河，其中步兵、辎重先行，骑兵最后过河。为了保证渡河时不被平安等人袭击，朱棣让陈文率部扼守河边，为大军争取时间。

不久，平安数万人马追至河边，见燕军已经抢渡过河，旋即列阵前进，欲占领浮桥，杀过河去。陈文不敢撤退，只能率部逆击，怎奈何福领导的主力大军很快抵达，列阵十余里，张开左右两翼，沿着河岸向东推进。南军人多势众，大军兵分两部，先用步兵反复冲杀陈文军阵，打乱了燕军阵形，然后再派骑兵跟上发动总攻。这样的战法正是朱棣常用的战术，今日用到燕军自己身上同样效果惊人，陈文当场阵亡。平安拍马转战，亲率骑兵连围燕军悍将王真数重，王真挥舞长枪，接连挑落敌兵数人，自己也身负十多处战伤，最终于马上自刎而死。

平安得势不饶人，挥舞着长槊渡河杀至北岸，一路势如破竹，直击朱棣本阵。

这是平安的高光时刻，也是他最遗憾的时刻，因为长槊差一点儿就刺中燕王，[①]平安却错失了最关键的几厘米，朱棣又到了生死存亡的危急时刻。关键时刻，又是一员胡将王琪跃马杀入，连斩数人，几乎是抱着朱棣杀出了重围。就在平安、何福几乎要大获全胜时，燕军张玉之子张武、朱棣次子朱高煦突然从河北的林中杀出，与朱棣合兵反击，这才把南军重新击退至南岸。然而燕军也损失惨重，都指挥韩贵战死，阵亡的普通兵士不计其数。

双方就此隔河对峙，燕军据河北，平安驻河南，一度僵持不下。有意思的是，南军的粮饷需要从北岸运来，燕军恰好断了对方的补给线。几天之后，南军的粮食已经吃完了，朱棣决定再饿平安几天，待他们战力下降后再悄悄撤退。之后，朱棣留下千余人守桥，悄悄带着大军向东转移，在距离南军三十里的地方趁夜渡河，绕到了南军身后。平安始终

---

① 《明史纪事本末·卷十六》："王急，几为安槊所及……"

未能察觉，直到第二天黎明才发现，于是他立即拔营追击，双方在齐眉山（今属安徽灵璧）展开又一轮大战，一直从中午打到天黑，其中燕将李斌于此役阵亡。

关于齐眉山之战，史上有两种说法。

第一种是《明通鉴·卷十三》的记载，据说就在朱棣与平安打到僵持不下之时，魏国公徐辉祖所部援兵恰好赶到，于是南军士气大振，当即斩杀燕军将领蔚州卫千户李斌，朱棣败北，被迫撤回大营坚守，但由于南军也是险胜，所以无法进一步扩大战果。[①]

第二种记载出自《奉天靖难记·卷四》，这里面没有提到徐辉祖，只说双方打得不分胜负，各自领军还营。第二天，南军突然撤离战场，却时逢大雾迷失了方向，只好就地挖掘战壕坚守了一夜，但没有遇到燕军，第二天才顺利撤走。[②]

不管是哪种说法，燕军都未能取得预期战果，不仅没能击败平安，反而被困在了睢水，要摆脱南军继续南下，明显是危险的，所以必须在此处做出抉择，是冒险继续南下，还是就此打住，安全北撤？燕军将士陷入了两难之境。

总体来说，朱棣的千里奔袭战三胜一平一负，燕军推进至南军腹地，离京师咫尺之遥，这的确是不小的成就，给南军造成的混乱也不小。其中不乏一些经典的战术，比如"疲敌""诱敌"，即使是没能获胜的第四、第五回合，燕军的战术也是非常精彩。

可是接下来的局面却非常不利，南军主力相继追上朱棣，前面又有

---

① 原文："而徐辉祖之援兵适至，甲戌，与燕兵大战于齐眉山，自午至酉，南军辄胜，斩燕骁将李斌。"

② 原文："甲戌，大军驻齐眉山，与贼大战，自午达酉，两无胜负，各领军还营。明旦，贼领众遁，会大雾，贼迷所向，旋绕山麓，日午，雾散，上引兵追袭，不十里，已及之，贼众大惊，遂掘堑自守。"

长江天险阻挡，如果冒险前进，很可能被围住，如果就此放弃，又非常可惜，来年怕是再没有这么好的机会，也很可能打不到这么远的距离了，毕竟眼前只剩两百多公里了。如果用今天的交通工具来看，这不过是两个小时的距离，可谓到了临门一脚的时候。

究竟该如何抉择，朱棣又一次站在人生的岔路口上。北撤或许可以暂时安全，但战争还将继续；南下则危险重重，生死难料，却有可能实现他的毕生夙愿。望着滔滔江水，朱棣陷入了沉思，燕军究竟该何去何从？

灵璧总决赛

深夜里的燕军大营安静如常，刚刚经过齐眉山之战的将士异常疲惫，低阶兵将大多已经倒头入睡，只有哨塔上的卫兵还清醒着。然而，位于大营正中的帅帐却灯火通明，朱棣和他的高级将领们全都围着地图你一句我一句地争吵着，朱棣面无表情地撑着桌案，眼睛直勾勾地盯着图上的淮河，一动也不动。

齐眉山之战后，燕军的形势越发不利，作为最高指挥官的朱棣立即召开了紧急会议，想知道诸将对下一步行动的看法。的确，朱棣连续奔袭六百多公里后，补给早已断绝，而南军主力也近在咫尺，再不制订新的作战计划，燕军就危险了。

目前摆在燕军面前的选择有两个，一是北撤，二是南进。朱棣让所有人列队，凡是同意渡河北撤的站左边，决定继续南下的站右边。结果，只有朱能、郑亨等几人坚持继续南下，王忠一人弃权立于中间，其他人全都站到了左边。

关于渡河撤军的理由，这些人总结出了四点原因：

一是孤军深入，补给断绝。

二是盛夏行军，兵家大忌。

三是淮土蒸湿，易生疾疫。

四是东平麦熟，适合休整。①

同意渡河北撤的将领们认为，盛庸、平安等人的南军主力不好对付，孤军南下的燕军过于深入又没有补给线，粮食早晚都要吃完，如今又是酷暑，天气异常炎热，长途奔袭的士卒疲惫不堪，而且燕军多是北方人，不习惯淮河一带的气候，很容易水土不服，滋生疾病，还不如渡河北撤至东平，就地休整以待新的机会。

这些话说得非常隐晦，明面上并未提出返回北平，只说是暂时渡河撤退到东平休整，休息好了又可以继续南下。但实际上，朱棣很清楚，如果渡河北撤了一步，远离家乡的士兵就会产生思乡之情，恨不得早点回家，到时候平安再追杀到东平，燕军怎么可能在东平安心休整？

朱棣于是说道："欲渡河者，任其所之。"②此言一出，大帐里顿时鸦雀无声，刚刚还在用兵法陈述撤军理由的人全都不敢继续说下去了。为什么大家都吓了一跳？朱棣不是说想要撤退的都可以撤吗？事实上，朱棣这句话虽然没有明说自己的态度，言外之意却是在告诉诸将，哪怕只有他朱棣一个人，他也会毫不犹豫地南下。

朱棣这次违逆众人也要坚持南下，除了想实现攻占京师的夙愿外，更多的原因是害怕持久战会拖垮自己，因为建文帝手里有整个大明朝，

---

① 《奉天靖难记·卷四》："乙亥，诸将请曰：'今我军深入，与贼相持，盛夏行师，兵法所忌，况淮土蒸湿，暑雨又作，我军畏热，傥生疾疫，非我之利。今小河东平野多牛羊，二麦将熟，粮食充足，择地驻营，休息士马，观衅而动，万全之道也。'"

② 《奉天靖难记·卷四》如此记载，《明史纪事本末·卷十六》中原文为："公等自为之！"

兵力、钱粮源源不断，而朱棣只有北平一隅之地，资源有限，又能把战争坚持到几时呢？如果就这么一年一年地打，下一个步张玉后尘的会是谁？朱能、李远、丘福，还是朱棣自己？

既然持久战注定失败，为什么不毕其功于一役，是胜是败就要在建文四年得出答案。

事实上，朱棣决心南下也是有胜算的，他也给出了四点理由：一是贼军屡败，士气不振。二是南军乏粮，士有菜色。三是南兵久战，思家心切。四是截粮断道，可以坐困。①

朱棣认为他最大的胜算就在于南军"缺少粮饷""士气不振"，只要继续南下截断南军补给线，南军士气必然被进一步打击，毕竟他们来自不同的地方，本来就是一群乌合之众，到时候就算是小胜，也能瓦解这支士气低迷的军队。大将朱能也用汉高祖"十战而九不胜，卒有天下"②的往事勉励众人，大家这才打定主意南下。

建文四年四月二十三日，朱棣制订了新一轮的作战计划，要与平安等人打一场决战，胜败与否，在此一役。而这一计划的核心思想即是"断其粮道"③，朱棣因此把燕军分成两部，第一部由刘江、朱荣担任主将，所部全是轻骑兵，任务是快速奔袭，烧毁南军的运粮船和运粮车。第二部由朱棣亲自担任主将，一路追着南军主力的尾巴咬，白天派人袭击外出采樵的士兵，夜里偷袭疏于防备的营寨，目的就是要消耗南

---

① 《奉天靖难记·卷四》："上曰：'卿等所见，拘以常算，非知通变者也。夫两敌相持，贵进忌退，今贼众屡败，心胆俱丧。况粮道匮乏，士有菜色，日夜待餔，众志荡离，亡在旦夕。我所以引其南来者，贼军多南士，久劳于外，孰不思家？若大败之后，各归故土，岂复能合。一渡小河，懈我士心。矧贼粮饷已达淮河，相去不远，藉使得济，其气复振，难以久持。乘彼饿疲，截粮道，可以坐困，不战而屈之。我军深入，利已在我，不可少缓，容贼为计。'"

② 《明史纪事本末·卷十六》《明通鉴·卷十三》均有此记载。

③ 《奉天靖难记·卷四》："乃遣朱荣、刘江等领轻骑往截饷道。"

军的粮食和精力。

随着燕军断粮计划的持续推进，何福统率的南军主力日渐缺粮，再加上河边不易防守，于是何福决定率军撤退到灵璧。该处容易修筑防御工事，地形也相对险要，可以与燕军长久对峙，另外，他让平安亲自率兵护送大军粮饷，并与自己会合。

四月二十六日，南军运粮队携五万石粮食大胆朝灵璧移动，平安亲率六万步骑护送，大军结成之前的方阵，把粮饷围在中间，给人一种铜墙铁壁的感觉。燕军的谍报人员立即把南军的动向报告给了朱棣，他立即传令升帐点将，灵璧之战就此爆发。

按照朱棣的部署，燕军将兵分三路。第一路由朱棣亲自统率，目标是平安的六万援兵和南军粮饷；第二路是燕军的重步兵——虎贲[①]，他们的任务是包围灵璧的何福主力，阻止他率部支援平安；第三路是燕王次子朱高煦统率的燕云铁骑，他们全数埋伏在灵璧不远处的树林里，任务是一旦何福出寨救援平安，就会合虎贲夹击南军。

燕军的作战计划相当完备，随着朱棣升起燕王帅帜，正在缓慢移动的平安立即遭到燕军的四面包围。如同之前的战斗，燕军同时从四个方向进攻平安的方阵，其中朱棣亲率骑兵左右驰骋，反复用弓箭射击方阵中的南军士兵。不想被动挨打的平安立即分出一支人马对战朱棣，这些人从方阵中疯狂杀出，直奔朱棣本部。

《奉天靖难记·卷四》："上亲率大军往逆之，贼众来接战，以骑兵夹击之，左右驰射，矢注如雨，贼人马辟易。"朱棣指挥骑兵早已娴熟，一边正面迎战平安，另一边却分出人马至南军左右两翼，然后用弓

---

① 《奉天靖难记·卷四》："上命虎贲士万人绝贼壁，间遮贼援……"

箭反复打击，一时间箭如雨注，南军士兵死伤惨重，方阵由此松动。

燕军步卒见状，旋即集中力量攻击平安方阵的中央，特别是之前平安出征的位置，因为这里的兵力少了一大半。果然，平安的方阵最忌不平衡，一旦有一处兵力被调走，方阵就变得不再牢靠。燕军步兵在骑兵弓箭的远程加持下疯狂冲锋，轻轻松松就击溃了南军防线，杀入了方阵中央。

中央的南军全是运粮兵，虽然人数不少，但肯定不如朱棣的野战军，当即吓得四散逃走，使得本来就不怎么牢靠的方阵彻底乱成一团。燕军顺势掩杀，斩首万余级，俘虏了上万人，尽获其粮饷军资器械，平安大败而逃。

《明史纪事本末·卷十六》载："王麾步军纵击，横贯其阵，断而为二，南军遂乱。"

视线转到灵璧方面。何福得知平安被包围后，当即率领全部军队出寨救援，与燕军上万虎贲大战连连。由于何福兵力远多于燕军，虎贲坚持了一段时间便被击退，何福就此顺利杀出灵璧，直奔平安所在。

见何福已经全部出寨，早已按捺不住的朱高煦立刻策马杀出，上万燕云铁骑鼓噪呐喊，声震山林，飞驰的战马踏起的烟尘几乎遮蔽了天空。何福不得不放弃前进，转身与朱高煦大战。就在这时，已经击破平安的朱棣率大军杀奔灵璧，突然猛攻何福侧后方，南军就此腹背受敌、军心大乱。何福本想坚持一下，但南军却力不能支，最终崩溃逃回灵璧大营。

燕军大胜，彻底包围了灵璧。

这场大战赢得漂亮，朱棣的战术也十分精彩，既有"围点打援"，又有"设伏夹击"，把燕军骑兵、弓手、步兵等兵种的优势发挥到了极致，是多兵种协同作战的经典战例，也是靖难之役最精彩的战例之一。

灵璧被围后，南军果然如同朱棣之前分析的那样，士气进一步下跌，缺乏粮食又让他们体力不足，战斗力也大幅度下降。对何福、平安来说，坚守灵璧肯定是行不通的，如果不想办法突围，南军要么被饿死，要么只有投降。

战后的那一夜，南军主帅大帐灯火通明，何福等南军将领也为下一步的作战计划争吵不休，他们倒没有燕军那样的分歧，几乎所有人都认为应该迅速突围，到淮河补给粮草。于是众人约定次日以三声炮响为信号，大军就迅速从灵璧突围至淮河会合。

巧的是，燕军也在这一夜讨论作战计划，朱棣判断南军已是强弩之末，认为何福会立即突围，于是决定在次日发动一次总攻，要趁南军士气不振且疲惫不堪时彻底打垮他们。同样，朱棣也以三声炮响作为总攻的信号。

那到底谁会先打响信号炮呢？

"嘣，嘣，嘣……"

四月二十九日清晨，灵璧战场上突然响起了三声炮响，两军将士几乎同一时间开始奔跑，只不过燕军是列阵进攻，而何福却是手足无措，像无头苍蝇一样不知该从哪个门逃走。显然，先打响信号炮的是燕军。

南军惊了，何福茫然了，他们不知道为什么大军还没把行李打包，炮兵就擅自发出了信号，难道有什么紧急的事情发生了？

毫无疑问，从何福到士兵，整支军队都没准备好，以为燕军的炮响是己方撤退的信号。士兵慌乱无措，把能带的东西赶紧装起，不能带的也来不及烧了，有的人甚至连铠甲都来不及穿就跑出了营帐。他们全跑到寨门，彼此推搡，生怕晚一步便不能逃走，使得寨门反被堵住，另有一些人急得也顾不上从门逃走，直接从寨墙上跳下，最后落入壕沟摔死。

燕军趁机掩杀，把刚刚逃出来的南军士兵就地砍死，士兵们推着楼车、冲车攻向墙壁，燕云铁骑也高举战刀从城门杀入。南军士兵惊慌失措，又纷纷转身逃回，燕军就此控制了各处寨门，顺利杀入了南军营寨，除了收割人头，就是纵火焚烧。

南军士兵被包围在寨内，除了举手投降别无他途，左副总兵都督陈晖、右副总兵都督平安、右参将都督马溥、都督徐真、都指挥孙成等三十七员，内官四员，礼部侍郎陈性善、大理寺丞彭与明，钦天监副刘伯完、指挥王贵等一百五十员，通通被燕军俘虏，只有总兵大将何福单骑逃走。

至此，南军野战军主力全数覆灭，悍将平安被俘，而辽东总兵杨文于同一时间率领十万兵马南下会合铁铉，却在直沽被燕军将领宋贵杀得大败，杨文本人被俘，建文帝就只剩下长江和盛庸的战船了。朱棣由此继续快速南下，五月初七兵至泗州，指挥周璟初等率众以城来降。在那里，朱棣拜谒了祖陵，痛哭流涕地说道："横罹残祸，几不能见陵寝。荷祖宗神灵，相佑予躬，今日得拜陵下，霜露久违，益增感怆。"①

灵璧一战可谓靖难之役的转折，自此朝廷再无军队可以击败燕军，剩下的各处关隘城池根本无力抵挡燕军，淮河一带也不会出现第二个铁铉，这场藩镇对抗中央的战争似乎已经分出了胜负，剩下的"加时赛"还有多少变数呢？恐怕微乎其微吧。

能有如此战绩，朱棣的大胆决策和正确战术无疑起到了决定性作用，如果不是他坚持继续南下，燕军绝不会有这样的胜利。

如今的朱棣再无忧虑，能挡下他的只有长江天险，然而滔滔江水真

---

① 出自《奉天靖难记·卷四》。

的能阻止气势如虹的燕军吗？

两战渡江

建文四年六月十三日，京师应天的皇宫内燃起了熊熊烈火，巍峨宫宇的金碧辉煌如今都成了血一样的红色。宦官、宫娥、卫兵就像无头苍蝇一样到处乱窜，却始终无法逃出宫禁的"圆圈"，因为燕军早已包围了皇城，无数长矛利剑正对着各处宫门，只等朱棣最后的命令。

泗州投降后，朱棣兵至洪泽湖畔，距京师应天只剩下一百七十三公里的直线距离，建文帝此时只有长江天险这最后一张牌了吗？事实上，何福、平安虽败，但盛庸还在，手里还有德州的数万军队可以调动，而且他不仅没有被燕军的攻势吓倒，反而独自带着数万援兵南下，集结了上千艘船只，布阵于淮河南岸，试图把燕军挡在泗州。

翻开地图可以发现，燕军虽然离京师很近，但被淮河、长江两道防线挡住，要过江就少不了水战。可是水战并不是骑兵擅长的事情，反倒是南军的优势，更何况盛庸还有上千战船列于江上。因此，朱棣要么与盛庸打一场水战，要么绕道。

燕军现在的作战方略依然是求快。朱棣起初仍旧想绕开盛庸，直扑京师，所以他望向了距泗州约七十公里的西南侧，那里正是朱元璋亲自营建的中都凤阳。如果能取道凤阳，燕军就能绕过盛庸的上千战船，从西北侧杀向京师。然而，凤阳会像泗州一样举城投降吗？

梅殷，字伯殷，归德下邑人，汝南侯梅思祖之侄，朱元璋次女宁国公主之夫，受封驸马都尉，博学多闻，很受朱元璋的赏识。

《明史·宁国公主传》中写道："帝春秋高，诸王强盛，殷尝受密命辅皇太孙。"如果这句话记载不假，那就从侧面否定了《明太宗实录·卷一》中关于朱元璋晚年打算改立燕王为太子的说法[①]，进一步加强了朱允炆帝位的正统性，也反映出梅殷是朱允炆可以信赖的重臣之一。

建文三年十二月，鉴于燕军屡屡南下威胁淮河一线，建文帝不得不在淮河一带布置防线，其中凤阳就是最重要的据点之一，那里的城墙是按照都城的规模建造的，朱元璋曾一度打算迁都凤阳，但最终没有实行，可见凤阳的重要性。建文帝所选的淮安总兵官正是梅殷，而他率领的凤阳守军号称四十万，看起来实力雄厚。

朱棣盘算着，凤阳城高池深又有不少朝廷储粮，再加上那里是太祖皇帝朱元璋的老家，如果能得到凤阳，就算一时打不下长江，也可以长期盘踞淮河，威胁帝都，而梅殷虽是驸马都尉、淮安总兵官，却是文官出身，想必早就吓得想投降了。故而朱棣曾遣使凤阳，试图假道伐虢，明面上是找梅殷借道南下，实际却打算趁机占了凤阳。可是使者很快就回来了，让朱棣震惊的是，使者去的时候十分健全，回来的时候却没了耳朵和鼻子。[②]梅殷称留下叛贼嘴巴是为了让他回来给朱棣说说什么叫"君臣大义"。[③]朱棣听后气得暴跳如雷。

梅殷用实际行动表明了自己的立场，如此不留后路的挑衅着实让人惊讶，作为文官的梅殷难道不怕朱棣发兵攻下凤阳吗？梅殷虽是文官出身，但他早就开始接触军旅之事，《明史·宁国公主传》称他"悉心防御，号令严明"。

---

① 原文："一日，召侍臣密语之曰：'太子薨，长孙弱不更事，主器必得人，朕欲建燕王为储贰，以承天下之重，庶几宗社有托。'"

② 《明史纪事本末·卷十六》："割使者耳鼻，口授数语，词甚峻，王怒。"

③ 《明通鉴·卷十三》："殷割使者耳鼻纵之，曰：'留汝口，为殿下言君臣大义。'"

朱棣最初可能气得真的要发兵攻打凤阳，但是他最终却没有这么做，毕竟战事发展到此时已经不能再意气用事了，一者济南之围的前车之鉴还历历在目；二者凤阳的城防是按照帝国首都的规模建造的；三者天下勤王之师很可能正在朝京师靠拢。

朱棣怒归怒，还是放弃了从西南侧偷袭京师的打算，转而正面突破。然而盛庸麾下有数万人马和上千艘战船，燕军该如何取胜呢？

这一次，朱棣采用的策略是"声东击西"，他首先命人在淮河北岸打造船只、木筏，过程中扬旗鼓噪，动静弄得很大，似乎在明明白白地告诉盛庸，燕军就要从这里渡河了。

实际上，朱棣派朱能、丘福率领一支偏师秘密向西移动，在距战场二十里的地方埋伏了下来。这支偏师的人数不多，只有骁骑数百人而已。[①]虽然他们人数不多，就是一些搞偷袭的小角色，然而朱能、丘福是燕军最彪悍的两员大将，不让他们指挥数万主力，却指挥几百骑兵，可见这支部队的任务绝不是小打小闹。

渡江作战开始后，燕军金鼓齐鸣、鼓噪喧天，数百艘临时征集的小船、木筏毫无畏惧地直奔盛庸水寨。这些燕军舰船看起来都很简陋，要打败盛庸的水师怕是概率极低，但朱棣却信心满满，执意发动决战。

盛庸此时热血沸腾，似乎看到了全歼燕军主力的机会，于是下令南军迎战，准备和燕军打一场自己擅长的水战。然而，就在南军把注意力集中到正面战场上时，朱能、丘福率领的数百骑兵已经用小船悄悄渡过了河，并一步一步朝盛庸水寨靠拢，这一切成功瞒过了南军的侦察兵。

突然，随着"嘣"的一声炮响，数百燕云铁骑高举燕王旗帜，径直

---

① 《明史纪事本末·卷十六》："潜遣丘福、朱能、狗儿等将骁勇数百，西行二十里，以小舟潜济，南军不之觉也。"

杀奔盛庸水寨，其速度之快，动作之敏捷让人猝不及防。由于南军多集中在北面防守，水寨南面则没有多少兵力。朱能、丘福轻而易举地攻破了水寨大门，于寨内号叫，放火制造混乱。

前面的南军一看后方烟尘升天、火光四起，顿时乱了分寸，哪里还有人愿意与燕军在河面上决一死战，纷纷转身逃跑，恨不得赶紧脱离战场。燕军由此抢渡成功，会合朱能、丘福的骑兵前后夹击，南军最终崩溃逃散。盛庸在慌乱之中几次想要上马都没能成功，他急得抛弃战马，一路狂奔到岸边后，登上小船逃走。燕军尽数俘获南军战船，不久即攻克了盱眙，距京师只剩下一百公里了。

攻克盱眙后，朱棣明示了自己的作战计划："今乘势鼓行，直趋扬州，径指仪真，两城单弱，可招而下。既得真、扬，则淮安、凤阳人心自懈，我耀兵江上，聚舟渡江，东取镇江，连收常州，并举苏、松以及江浙，西下太平，抚定池州，迤于安庆，则江上孤城，粮断援绝，岂能独守？"[①]

五月十七日，燕军进抵距扬州约三十公里的天长，并遣使招降扬州卫指挥王礼。起初，王礼欲举城投降燕军，但镇守指挥崇刚、御史王彬镇压了兵变，抢先把王礼下了狱。

可惜他们没有把事情做绝，王礼的弟弟王宗与千户徐政、张胜率舍人吴麟等数十人，突袭了大狱，不仅救出了王礼，还反攻入官署，抓了指挥崇刚、御史王彬，扬州由此投降了朱棣，旁边的高邮都指挥王杰不久也举城投降。

燕军的快速推进吓坏了建文朝廷，方孝孺又一次向建文帝献计，他认为燕军虽然势大，但长江天险绝不是能轻易横渡的，况且天气炎热，

① 出自《奉天靖难记·卷四》。

燕兵习惯寒冷不习惯湿热，肯定不能持久，现在只要用割地求和拖住燕军，待天下勤王之师云集，燕军必败。①

建文帝于是派庆成郡主前往燕军大营求和。

看着同为皇室血裔的庆成郡主，朱棣觉得既可笑又可悲，想当初他可是连连上书请求罢兵，条件也只是"归藩守国"而已，但建文帝却采纳方孝孺的诡计，试图彻底剿灭燕军。如今京师近在咫尺，朝廷又无大军在侧，弹指间便可攻下皇城，靖难之役的胜利近在眼前，岂能满足于割地求和呢？

谈判自然无疾而终。

六月，燕军都指挥吴庸等集高邮、通、泰等地船只于瓜州，以都指挥华聚为前哨，全力攻打浦子口的盛庸水师。关于此战，《奉天靖难记》完全没有提及，而《明通鉴·卷十三》《明史纪事本末·卷十六》均有记载②。当时盛庸在浦子口布阵，诸将奋起逆战，最初成功击退了燕军，毕竟南军都站在岸上，阵形严密，而燕军事先抢滩登陆，难免各军错落不一，很容易被击退。可是燕王次子朱高煦再立新功，他所率领的骑兵又一次发挥了关键作用，迫使盛庸退至高资港，最终扭转了战局。也是在这一战，朱棣拍着朱高煦的肩膀说道："勉之！世子多疾。"③

浦子口一战让朝廷的士气连续下跌，越来越多的观望者向朱棣投降。当时建文帝集结了三支水师，分别在平燕将军盛庸、都督金事陈瑄、兵部侍郎陈植手中，如今盛庸败退且士气不振，建文帝立即命令陈瑄带领全部水师增援盛庸，如果他们真的能加入盛庸，再多的朱高煦也

---

① 《奉天靖难记·卷四》："方孝孺乃谋曰：'事已急矣，可用计使缓之。曷遣人许以割地，少延数日，我倚长江之险，舟楫非北军所长，速往东南召募壮丁，决战江上，胜败未可知。'"

② 原文："六月，癸丑朔，燕师将渡江，盛庸扼之于浦子口，败之。""兵至浦子口，盛庸诸将逆战，败之。"

③ 出自《明史纪事本末·卷十六》。

无法扭转战局。可惜，朝廷人心散了，陈瑄没有带着水师增援盛庸，反而去投降了朱棣，燕军就此得到一支规模庞大的正规水师。更糟糕的是，兵部侍郎陈植督师江上，本欲做最后的抵抗，却不想为部下所杀，所部均投降了燕军。

江上惊变震惊了长江上下，有了朝廷投降而来的水师，燕军立即由陆军变水军，杀过长江已成定局。六月初二，朱棣正式誓师渡江，并祭江神道："予为奸恶所迫，不得已起兵御祸，誓欲清君侧之恶，以安宗社。予有厌于神者，使不得渡此江，神鉴孔迩，昭格予言。"①

如今的京师只剩下长江高资港最后一道防线，在这里坚守的依然是盛庸。《奉天靖难记·卷四》："贼将盛庸驻军于高资港，缘江上下二百余里，尽列海船严备。"看来，靖难之役的最后一战将在盛庸和朱棣间分出胜负。

彼时的长江酷热难耐，方孝孺认为燕军在这样的天气下必定难以持久，却忽略了两军士气上的绝对差距。

六月初三，踌躇满志的朱棣站在船头上挥剑怒吼，数万燕军遂登船强渡，呐喊声此起彼伏，响彻天际，似乎眼前的不是南军水师，而是一群待宰的羔羊。辽阔的长江江面上，燕军战船舳舻相接、旌旗蔽空、戈矛曜日、金鼓震天，如此壮观的景象居然"吓得"长江也不敢言语，除了轻轻吹拂的微风，江面上毫无波澜，犹如平地。

至于盛庸一边，屡次溃败的南军早已士气全无，不但没有战心，连胆气也全丢了。他们望着逐渐逼近的燕军战船，惊恐得面如土色，连动都不敢动一下。等到燕军即将抵达岸边，盛庸鼓起最后的勇气传令进

① 出自《奉天靖难记·卷四》。

攻，却没想到燕军气势如虹，还没等南军将士发动进攻，燕军就抢先上岸，猛攻南军大阵，大战遂在陆地上展开。此战，燕军势如破竹，仅以数百精骑直冲盛庸中军，早已士气大跌的南军顿时崩溃，抛弃兵器铠甲逃走，被燕军追了数十里，斩首百余级，盛庸单骑逃走，剩下的水师则全数投降了。

长江之战后，燕军已经没有真正意义上的大战了，朱棣由此先克镇江，驻兵龙潭，然后从东面包围了京师应天城。在此期间，建文帝派李景隆、茹瑺、王佐前去求和，被朱棣严词拒绝。接着，建文帝又派遣谷王朱橞、安王朱楹再次前去，以为朱棣会念在骨肉亲情一场就此罢兵，结果同样被拒绝。

事已至此，建文帝的选择已经不多了，要么逃离京师外出募兵，要么投降让位换来活命机会，要么以身殉国不负帝名，不管是哪一种，结局应该都一样，不过第一种选择多少还是有些变数。

然而直到这时，屡次谋划失策的方孝孺还不死心，他又一次"纸上谈兵"，认为京师还有兵卒二十万，加上城池坚固，一定能抵挡燕军攻城，等到各路援兵抵达后，朱棣必定会被包围在应天城下，胜利还是朝廷的。[1]

方孝孺虽有忠心却无大谋，他屡次失策却毫不自醒，又一次误导了皇帝。最终，建文帝决定坚守应天，他以为真的会发生如同方孝孺描述的守城战。

可结果，数千燕军先锋侦察朝阳门时，竟然发现守城南军几乎没有防备，燕军由此长驱直入，包围了京师，当镇守金川门的李景隆、谷王朱橞远远望见朱棣伞盖后，便立即打开了城门，跪在新主人的马前摇尾

---

[1]《明史纪事本末·卷十六》："孝孺曰：'城中尚有劲兵二十万，城高池深，粮食充足。尽撤城外居民驱入城，城外积木，皆令民运入，彼无所据，其能久驻乎！'"

乞怜。燕军由此从金川门入城，把唯一敢组织抵抗的魏国公徐辉祖就地击溃，各处守军闻风而降，文武官员们也夹道欢迎。

眼见大势已去，彻底绝望的建文帝朱允炆哀叹道："何面目复相见耶？"[1]遂阖宫自焚，熊熊烈焰把天际烧得血红，大明王朝的第二位皇帝就此下落不明。在燕军的大刀下，凡是不肯归顺朱棣的文武官员通通命归黄泉，京师陷落。

同日，兵部尚书茹瑺先群臣叩头劝进，吏部右侍郎蹇（jiǎn）义，户部右侍郎夏原吉，兵部侍郎刘俊，右侍郎古朴、刘季篪（chí），大理寺少卿薛嵓，翰林学士董伦，侍讲王景，修撰胡靖、李贯，编修吴溥、杨荣、杨溥，侍书黄淮、芮善，待诏解缙，给事中金幼孜、胡濙（yíng），吏部郎中方宾，礼部员外宋礼，国子助教王达、郑缉，吴府审理副杨士奇等人相继投降燕军。

随后，朱棣把左班文臣太常寺卿黄子澄、兵部尚书齐泰、礼部尚书陈迪、文学博士方孝孺、魏国公徐辉祖、副都御史练子宁、礼部侍郎黄观、大理少卿胡闰、刑部尚书侯泰及暴昭、吏部尚书张紞（dǎn）、侍郎毛太亨、给事中陈继之等七十余人通通定为奸臣，诏令："凡文武官员军民人等，绑缚奸臣，为首者升官三级，为从者升二级；绑缚官吏，为首者升二级，为从者升一级。"[2]京师由此掀起"锄奸行动"，人们为了官位、财宝，争相扑杀在榜奸臣及其家眷，导致后来变成公开抢劫，无辜被杀的人不计其数。

同样被杀的还有建文宫中的宦官、宫女，燕军"清宫三日"[3]，诸

---

① 出自《奉天靖难记·卷四》。
② 出自《明史纪事本末·卷十六》。
③ 《明史纪事本末·卷十六》："清宫三日，诸宫人、女官、内官多诛死，惟得罪于建文者乃得留。"

宫人、女官、内官多诛死，只有得罪了建文帝的人才能活命。燕军在宫中四处杀戮，却完全找不到建文帝的尸体，于是朱棣暗示宫人指认马皇后遗骸为建文帝尸体，由于大火焚烧后面目全非，朱棣借此宣布建文帝已死，还假装抱尸痛哭，以天子之礼安葬，没有了真正的天子，大明内外还有谁能阻止朱棣称帝呢？

建文四年六月十七日，朱棣先拜谒孝陵，后登奉天殿，受百官朝贺，即皇帝位，废建文年号，仍以当年为洪武三十五年（1402年），改明年为永乐元年（1403年），是为"明成祖"。同年，诏令革去兴宗孝康皇帝朱标庙号，仍称懿文皇太子，又降朱允炆兄弟吴王允熥（tēng）为广泽王，卫王允熞（jiān）为怀恩王，徐王允熙为敷惠王。不久即贬允熥、允熞为庶人，囚于凤阳，生死不详，允熙则死于火灾。至此，太祖第四子朱棣彻底推翻了建文帝朝廷，天下易主，北疆震动。

可是，登上帝位的朱棣并不安心，朱允炆到底是真的阖宫自焚了，还是逃出生天了？靖难之役到底算不算结束，还是仍在暗中继续？

第七章

革新，靖难新朝

大封功臣与铲除旧臣

建文自焚，燕王登基。建文四年是大明王朝的重要转折点，太祖朱元璋钦定的权力传承秩序就此结束，懿文太子朱标一系的子孙都被贬为小宗并最终绝嗣，朱棣的燕王世系成了大明王朝的新大宗、嫡脉，未来的大明皇帝都将在这一支系中诞生。有了新的皇室大宗，拱卫大宗帝位的臣辅自然也都要正名。

和太祖朱元璋一样，朱棣在赢得帝位争夺战的最终胜利后，肯定是要大封功臣的，这些人有的是追随他起兵靖难的文臣武将，有的是在靖难过程中及时投诚归附的建文旧臣，他们将组成永乐朝廷的早期班底，是新皇帝统治天下的重要工具。朱棣大封功臣，既是答谢追随者的人之常情，也有提高原燕王系文臣武将领导地位的好处。

朱元璋和朱棣都非常重视对功臣的封赏，赐封规模和仪式对他们来说非常重要。朱棣对功臣赐封的规模也不小，先后共赐封公爵两人，赠公爵两人，侯爵十四人，赠侯爵一人，伯爵十四人。[①]

第一等级：公爵。

丘福，授奉天靖难推诚宣力武臣、特进荣禄大夫、右柱国、中军都督府左都督，封淇国公，食禄二千五百石；

朱能，授奉天靖难推诚宣力武臣、特进荣禄大夫、右柱国、左军都督府左都督，封成国公，食禄二千二百石；

张玉，追赠荣国公，谥"忠显"，洪熙元年加封河间王，改谥"忠武"；

陈亨，追赠泾国公，谥"襄敏"。

---

① 这部分资料主要见载于《明史》，袁裘所撰的《奉天刑赏录》以及都穆所撰的《壬午功臣爵赏录》。

第二等级：侯爵，奉天靖难推诚宣力武臣、特进荣禄大夫、柱国[①]。

张武，封成阳侯，食禄一千五百石，永乐元年十月死后追赠潞国公，谥"忠毅"；

郑亨，封武安侯，食禄一千五百石，宣德九年（1434年）死后追赠漳国公，谥"忠毅"；

顾成，封镇远侯，食禄一千五百石，永乐十二年（1414年）死后追赠夏国公，谥"武毅"；

陈珪，封泰宁侯，食禄一千二百石，永乐十七年（1419年）死后追赠靖国公，谥"忠襄"；

孟善，封保定侯，食禄一千二百石，永乐十年（1412年）死后追赠滕国公，谥"忠勇"；

王聪，封武城侯，食禄一千五百石，永乐九年（1411年）死后追赠漳国公，谥"武毅"；

徐忠，封永康侯，食禄一千一百石[②]，永乐十一年（1413年）死后追赠蔡国公，谥"忠烈"；

张信，封隆平侯，食禄一千石，正统七年（1442年）五月死后追赠郧（yún）国公，谥"恭僖"；

李远，封安平侯，食禄一千石，永乐九年战死后追赠莒（jǔ）国公，谥"忠壮"；

郭亮[③]，封成安侯，食禄一千二百石，永乐二十一年（1423年）死

① 根据《壬午功臣爵赏录》《奉天刑赏录》记载，顾成授"奉天翊运推诚宣力武臣"，房宽没有授予"奉天靖难推诚宣力武臣、特进荣禄大夫、柱国"的头衔。

② 《奉天刑赏录》中记载为"一千五百石"，而《明史·徐忠传》《徐忠神道碑铭》均为"一千一百石"。

③ 《奉天刑赏录》中作"郑亮"，爵位是"武定侯"。

后追赠兴国公，谥"忠壮"；

火真，封同安侯，食禄一千五百石；

王忠，封靖安侯，食禄一千石；

房宽，封思恩侯，食禄八百石；

谭渊，追赠崇安侯，谥"壮节"。

第三等级：伯爵，奉天翊卫宣力武臣、特进荣禄大夫、柱国①。

徐祥，封兴安伯，食禄一千石；

张辅，封信安伯，食禄一千石，永乐三年（1405年）进封新城侯，食禄一千三百石，永乐六年（1408年）因功进位英国公，食禄三千石；

徐理，封武康伯，食禄一千石；

李浚，封襄城伯，食禄一千石；

唐云，封新昌伯，食禄一千石；

谭忠，封新宁伯，食禄一千石；

孙岩，封应城伯，食禄一千石；

房胜，封富昌伯，食禄一千石；

赵彝，封忻城伯，食禄一千石；

陈旭，封云阳伯，食禄一千石；

刘才，封广恩伯，食禄九百石。

建文遗臣归附者，共五人有爵位：

李景隆，奉天辅运推诚宣力武臣、特进光禄大夫、左柱国、太子太师，仍封曹国公，增禄一千石；

茹瑺，奉天翊运守正文臣、特进荣禄大夫、柱国、太子少保兼兵部

---

① 谭忠只授予"特进荣禄大夫、柱国"的头衔，未授其"奉天翊卫宣力武臣"。

尚书，封忠诚伯，食禄一千石；

王佐，奉天翊运宣力武臣、特进荣禄大夫、柱国、中府都督同知，封顺昌伯，食禄一千石；

陈瑄，奉天翊运宣力武臣、特进荣禄大夫、柱国、右府都督佥事，封平江伯，食禄一千石；

王宁，奉天辅运推诚效义武臣、特进光禄大夫、柱国、驸马都尉，封永春侯，食禄一千石。

另外，作为靖难重要谋臣的姚广孝生前虽然没有封赐，但死后被追赠推诚辅国协谋宣力文臣、特进荣禄大夫、上柱国、荣国公，谥"恭靖"。朱棣的妻舅徐增寿虽未参加靖难却因朱棣而死，同样也被追赠武阳侯，永乐二年晋爵为定国公，谥"忠愍"。

如果论规模，永乐朝的奉天靖难功臣数量远远少于洪武一朝的开国辅运功臣，而且他们不同于开国时期的功臣使用"开国辅运推诚宣力武臣"的头衔，全部按功劳不同分别被冠上了"奉天靖难""奉天翊运""奉天翊卫""奉天辅运"的新称谓。这表明朱棣并不避讳靖难之役，他还要通过功臣封赏进一步合法化、荣誉化靖难之役，但他也吸取了洪武一朝分封过奢的教训，严格限制爵位等级和数量，避免出现一群庞大的勋贵集团。

相较于洪武朝开国功臣多被诛杀的结局，朱棣对这帮追随自己的靖难功臣很厚道，能任用的一律委以重任，不能任用的也好吃好喝供了起来，他们之中像成国公朱能、英国公张辅这样的武臣始终是朝廷里的顶梁柱，不仅参与决断军政要务，也常被授予总兵官出征在外，全无猜忌。另有一些居功自傲、违法乱纪的功臣，比如隆平侯张信就曾大肆贪污，还强占了丹阳练湖八十余里、江阴官田七十余顷，但最后还是被赦免了。又比如广恩伯刘才在随朱棣北征时，放任军队肆意妄为，导致军纪涣散，论罪当诛，但朱棣念在他是靖难功臣的分上，还是赦免了他。

朱棣对追随自己的功臣武将大加封赏，对其过失既往不咎，可谓是仁慈大度，但他在处理建文旧臣时却展现出截然不同的另一面，一时间掀起了无数腥风血雨，屠戮者不计其数，被牵连论罪的也比比皆是。这些人中，齐泰、黄子澄、练子宁、王叔英等受命在外募兵勤王，失败后不是自杀就是被杀，他们的亲属、宗族往往受到牵连，轻则被发配，重则被处斩。

除了齐泰、黄子澄这种直接被写在黑名单上的建文旧臣，朱棣为了拉拢大部分朝廷官员，曾给了不少建文旧臣投效的机会。

方孝孺在被抓后，朱棣曾让他写即位诏书，而诏书并不是非要他写不可，这么做很大程度上是因为姚广孝的求情，但方孝孺已决心赴死，当面唾骂朱棣是篡位逆贼，最终连累亲属、门生或被杀或被发配。

关于方孝孺的死，《明史纪事本末·卷十八》记载朱棣曾用诛杀其九族的话来威胁方孝孺草拟诏书，没想到方孝孺毫不畏惧，反而怒呵道："便十族奈我何？"于是朱棣真就下令诛杀了包括方孝孺朋友、学生在内的十族人，共计八百七十三人被直接诛杀，因发配充军而死的更是无法计算。

如果说方孝孺的死算是牵连人数较多的，那铁铉的死无疑是最具传奇色彩的。铁铉在被抓后，因为拒不承认朱棣是大明的皇帝，故而始终背对着他，称宁死也不会看朱棣一眼。朱棣震怒之下，割了他的耳朵塞入他口中，问他味道是否好吃，没想到铁铉回答道："忠臣孝子肉有何不甘？"①朱棣于是下令磔（zhé）杀铁铉，事后还把尸身投入油锅炸

---

① 《明史纪事本末·卷十八》："铉厉声曰：'忠臣孝子肉有何不甘！'遂寸磔之，至死，犹喃喃骂不绝。"

成焦炭，然后让内官用十多根铁棒架起来令其面朝自己，没想到铁铉尸身突然热油四溅，烫得内官丢弃铁棒逃窜，铁铉尸身再次倒下，依然是背对着朱棣，始终没有多看朱棣一眼，这成了一段广为流传的逸事。

关于铁铉说忠臣孝子肉好吃的故事，在《皇明逊国臣传·礼部尚书陈公传》中也有类似的记载，不过主角不是铁铉，而是礼部尚书陈迪，当时朱棣将陈迪六个儿子的耳朵和鼻子割下煮熟后塞入陈迪口中，问味道如何，陈迪便回答道："忠臣孝子肉有何不甘？"

除了方孝孺、铁铉、齐泰、黄子澄等人外，户部侍郎郭任、宗人府经历卓敬、礼部尚书陈迪、礼部侍郎黄观、刑部尚书暴昭、左佥都御史景清、吏部尚书张紞、谷王府长史刘璟、参军断事高巍、太常寺少卿卢原质、右副都御史茅大方、佥都御史司中、监察御史郑公智、大理寺少卿胡闰、监察御史魏冕、大理寺丞邹瑾、大理寺丞刘端、监察御史高翔、刑部尚书侯泰、御史连楹、太常少卿廖升、晋王府长史龙镡（xín）等人都毅然选择为建文帝死节。

这就是拒绝效忠永乐新朝的建文旧臣们的结局，他们本可以见风使舵保全性命，但都选择为心中的大义而死，即便是在今天看来，方孝孺、铁铉等人的忠义、气节都是值得称颂流传的，那种为理想、信仰而死的精神正是中华民族百折不挠的原因，也是我们能在民族存亡之际为国牺牲的理由。

和慷慨赴死的义士相比，那些在建文帝危难之际投敌背主的大臣无疑是最低劣、最无气节的，这些人中有的是皇亲国戚，有的是朝廷重臣，还有的是武将侯伯，他们用背叛换来了一时的苟活与富贵，却也并未能够安享晚年。

李景隆，曹国公李文忠之子，曾是建文帝朱允炆最信任的大将军，却在燕军包围都城时主动打开了金川门。凭借这一功劳，李景隆不仅保住了自己的国公爵位，而且食禄还增加了一千石，被封为靖难功臣之一，朝会时甚至位列班首，一时风头无两。

然而，这种背信弃义、忘恩负义的小人怎么会被其他靖难功臣接受？不过一年时间，李景隆就遭到各路功臣的弹劾打压。周王首先出来告发李景隆曾在建文朝时向其索要贿赂，刑部尚书郑赐接着弹劾他包藏祸心、蓄养亡命之徒，成国公朱能和群臣也弹劾他与兄弟李增枝图谋造反。

朱棣也不信任李景隆，顺势就免去了他的职务，让他在家里"休息"。然而这并不是结束，礼部尚书李至刚立马就弹劾他在家中接受家人朝拜，于是朱棣当即夺去了李景隆的曹国公爵位，没收财产并囚于府中。据说李景隆曾打算绝食而死，但由于受不了饥饿的痛苦，最后还是苟活到永乐末年（1424年）才死。

茹瑺，曾是建文朝廷的兵部尚书，也是第一个叩请朱棣登基的建文旧臣。凭借识时务者为俊杰的本事，茹瑺也位列朝堂班首，还受封为忠诚伯、太子少保。可惜好日子过得非常短暂，靖难功臣们容不下一个背主求荣的人，朱棣本人也很快厌弃了他，竟然以一个"不送赵王"的荒唐罪名罢免了他的官职，不久又因家人告发把他押回京师囚禁了一段时间。[①]释放后，茹瑺在返回老家时途经谷王封地长沙，谷王又状告茹瑺拒不拜谒亲王，无视朝廷礼法，很快就被锦衣卫再次下狱，最终在永乐七年（1409年）服毒自尽。

何福，曾是建文朝廷任命的讨燕总兵官，灵璧一战被燕军打得全军溃散，战后因为通晓兵法且是宿将被继续留用。刚开始的时候，何福备

---

① 《明史·茹瑺传》："还朝，坐不送赵王，遣归里。既而为家人所讼，逮至京。"

受朱棣重用，佩征虏将军印镇守宁夏，在此期间屯田、御边、招降鞑靼部众多有功勋，永乐五年（1407年）被调至甘肃，任上治军严苛被弹劾，但朱棣一概不咎。

永乐六年，何福出塞至亦集乃，招降了鞑靼王子等人，因功被封为宁远侯，成了地方上最受信任的将领。然而就在永乐八年（1410年）随驾亲征漠北时，何福因为傲慢、不听节度被群臣弹劾，虽然朱棣没有处罚他，但何福私下依然牢骚满腹，直指皇帝薄待了他，这才激怒了皇帝，都御史陈瑛旋即再次弹劾他，何福最终被夺去爵位，自缢而死。

当然，建文旧臣投降的人中也不全都是背主求荣之徒，有些人也曾坚决抵抗燕军，只因穷途末路才被迫投降，并不是主动归降燕军的。

耿炳文，太祖朱元璋时期的开国功臣，封长兴侯。靖难之役初期任总兵官讨燕，兵败真定城下后被免去了职务，之后便一直不受重用。朱棣登上帝位后，耿炳文被迫归附了新皇帝，但他的身份、地位非常尴尬，永乐元年就被刑部尚书郑赐、都御史陈瑛弹劾，理由是衣服、器皿使用龙纹，大逆不道。耿炳文因此自杀，两个儿子也因为曾帮助朱允炆讨伐燕军而被诛杀。

梅殷，驸马都尉，太祖皇帝大驸马，宁国公主之夫，曾奉命镇守凤阳，拥兵数十万。靖难之役时，梅殷拒绝借道给朱棣，但又不肯出兵勤王，最终导致燕军攻克都城，朱允炆自焚而死。战争结束后，梅殷在长公主的血书召唤下投降新皇帝，但他内心深处依然鄙夷朱棣，常常满嘴怨气。朱棣为试探他，便于深夜派内官潜入府中查探，结果惹怒了梅殷，他对朱棣的态度就更加放肆、傲慢，最终让朱棣起了杀心。由于梅殷有长公主庇护，群臣捏造的罪名都无法坐实。永乐三年时，都督谭深、锦衣卫指挥赵曦两人趁梅殷上朝经过笪（dá）桥时，故意将梅殷挤下桥淹死，事后谎称其跳水自杀。这件事争议很大，虽然事后两人均被朱棣处死，但大多数人都认为两人是奉命行事，只不过是当了替罪羊而已。

徐辉祖，魏国公，中山王徐达长子，曾参与镇压燕军，但出场不多，并没有起到多大作用，有部分人认为这是因为建文帝忌惮徐辉祖是朱棣的妻舅，始终不愿意让他独当一面。靖难之役结束后，徐辉祖因拒不迎接新皇帝，一度被下狱问罪，但他持有免死铁券，又是徐皇后的兄弟，朱棣不能杀他，只好将其囚禁在府中，并夺去了魏国公爵位。这之后，徐辉祖不改初心，始终不肯承认永乐朝廷，最终于永乐五年死于府中，死因不详。

盛庸，历城侯，平燕将军，曾于东昌打败燕军，险些捕杀朱棣。靖难之役最后阶段，盛庸因水师大败而投降燕军，被派去镇守淮安。铁铉被捕杀后，盛庸辞去了官职，本想回家颐养天年，但靖难功臣们不愿意让他过得这样轻松，都御史陈瑛遂弹劾盛庸有异心，朝廷当即夺去了他的爵位，盛庸最终忧愤自杀。其实，盛庸在早期并非没有机会为永乐新朝效命，朱棣就曾在书信中告诫盛庸要"辑兵养民，以称朕意"①，可见他还是愿意任用盛庸的，但盛庸一时负气，竟然辞了官职，这等于是告诉所有人他不想再为新朝效忠了，他的结局也就可想而知了。

平安，靖难之役时曾多次担任南军先锋，一度横槊刺王，差点儿杀了朱棣。靖难之役后，平安被赦免，担任北平都指挥使，不久即升任后军都督府佥事。乍一看，平安似乎得到了永乐朝的重用，非但没有受到牵连，反而官运亨通。永乐七年三月，朱棣北巡时无意中在奏折的名单

---

①《明史·盛庸传》："成祖入京师，庸以余众降，即命守淮安。寻赐敕曰：'比以山东未定，命卿镇守淮安。今铁铉就获，诸郡悉平。朕念山东久困兵革，惫于转输。卿宜辑兵养民，以称朕意。'"

里看到了平安的名字，随即问道："平保儿尚在耶？"①这句话立即传到了平安耳中，平安认为皇帝还是介意他的存在，为了保护家人不受牵连，平安当即自杀而死。这位勇冠三军的先锋大将终究没能在接下来的战争中发光发热。

李景隆、盛庸、平安等人只是建文旧臣的部分缩影，他们虽然最终投降了朱棣，却没有得到新朝廷的信任，最后在权力博弈的政治游戏里被淘汰，白白玷污了一世忠贞，倘若他们一开始就像铁铉、方孝孺一样选择死节，也许留在青史里的会是另一番评价。当然，我们也不能太过苛责建文旧臣们，毕竟在当时的大环境下，每个人都有死或不死的理由，都有无法言说的苦衷，那些为了成全自己一世名节而牵连他人的忠臣，也不见得比为保护亲人朋友而甘于背负骂名的人更加高尚。

不可思议的战争

从建文元年到建文四年，这四年是中国历史上最不可思议的一段时间，以八百府兵起兵靖难的燕王朱棣实现了历朝藩王不曾实现过的壮举，下克上，庶代嫡，地方胜中央，在中央集权越来越高的明代封建社会，这些几乎都是不可思议的事情，朱棣却做到了。

细数朱棣这四年的战绩，怀来之战打掉了宋忠三万余人，滹沱河打掉了耿炳文十三万人，郑村坝打掉了李景隆五十万人，白沟河、德州之战再次打掉李景隆六十万人，夹河、藁城两战打掉了盛庸、平安

---

① 出自《明史·平安传》。

三十万人，灵璧一战又打掉了何福、平安二十万人，粗略一算少说也有一百七十万人。当然，这个数字肯定存在水分，真正阵亡、受伤的兵力可能不到明面上的一半，可即便如此，燕军的战绩也是惊人的，要知道代表建文帝的南军同样是一支正规军，绝不是乌合之众。

谈到靖难之役时，我们不得不思考一个问题，即朱棣为什么能在极端劣势下反败为胜？他凭什么赢得了这样一场规模宏大的战争？围绕这个问题，古今中外学者展开了长达几个世纪的讨论，各种观点层出不穷，大体上可以分成两类，一类是诟病洪武一朝对功臣的屠戮，认为朱棣胜在没有对手；另一类则高度褒扬朱棣富有战略眼光，极度贬低建文帝是书生误国。不管是哪一类观点，都各有道理，然而这些观点是否足以解释真正的靖难之役呢？

靖难之役到底是谁的战争？

毫无疑问，靖难之役是影响大明王朝乃至中国历史进程的一场战争，但不可否认的是，这场精彩的战争并不是先进生产力代替落后生产力的战争，也不是进步阶级推翻守旧阶级的战争。从战争双方的动机、目的和结果来看，靖难之役依然是统治阶级内部权力的狭隘争夺，建文帝朱允炆削藩的本质是维护自己的统治地位，朱棣起兵靖难也是要保住所在集团的既得利益，战争双方没有谁比谁更加高尚，有的只是最高统治者的更替。

这场战争既没有动摇士大夫在大明王朝的地位，也没有破坏朱元璋所创立的帝国，所以这场战争并没有在整个中国社会引起巨大的波澜和回响，百姓、士大夫以及更多的阶级都冷眼旁观这场战争，仅把它视为朱明皇室内部的"家事"，不参与、只旁观的心态可能就是当时大多数人的实写，这也是作为最高统治者的建文帝无法稳赢的原因。

然而抛开本质，靖难之役依然是一场智慧、人性的复杂较量，它在军事层面上也有不少经典战例，其中，朱棣的大战略更是让人拍案叫绝，故而让这场战争分出胜负的不一定是历史必然性，但绝对是先进战略、战术思想的博弈，也是值得人们研究、探讨的战争。

燕军的真实规模

综观《明史》《明实录》等史书，笔者始终没有找到燕军真实兵力的记载，我们看到的只是耿炳文在滹沱河的十三万大军，是被李景隆抛弃在郑村坝的五十万人马，是南军血战白沟河的六十万联军兵马，以及南军令人咋舌的庞大军队，却少有燕军数量的描述，打败近百万南军的燕军究竟有多少人，这又是不是一场以少胜多的战争呢？

大概在建文元年年底，即朱棣大破李景隆五十万大军于郑村坝时，参赞军务高巍向建文帝请命劝降燕军，他抵达北平后上书说道："今大王据北平，取密云，下永平，袭雄县，掩真定，数月以来，尚不能出区区蕞尔之地，较以天下，十五而未有一焉，大王将士殆亦疲矣。大王同心之士大约不过三十万。大王与天子，义则君臣，亲则骨肉，尚在离间，以三十万异姓之士，可保终身困迫，死于殿下乎！"[1]

三十万异姓之士，燕军的实际规模是否真如高巍所言呢？

按照齐泰给建文帝的削藩谋划，朱棣在靖难前是被完完全全地剪除了羽翼，麾下善战的边军将领被抽调中央，因备边开平绝大多数燕军护卫精锐被征调，北平、永清二卫又被调于彰德、顺德，八百府兵确实是他仅有的开局筹码。

不过，朱棣很懂经营，也懂人心，以"奉天靖难"为旗帜，大搞政治宣传，通州、密云、遵化三卫几乎是兵不血刃地加入了燕军，如果按

---

[1] 出自《明史纪事本末·卷十六》。

照明朝一卫有五千六百人来计算，三卫的兵力应该有一万六千八百人，再加上蓟州投降的人，两万人基本算是燕军最初的作战力量，考虑到怀来之战时大多数南军都是原来有的燕军护卫，宋忠的三万人应该投降了大半，故而起兵之初的燕军很快便扩大到了五万人规模。

接下来的滹沱河之战并不是燕军扩张规模的大战，《明史纪事本末·卷十六》《明通鉴·卷十二》中唯一提到的只有一句"弃甲降者三千余人"，然后耿炳文退入真定坚守，燕军连攻二日不克，只能退回北平。但是李景隆率领五十万大军包围北平时，朱棣大胆放弃北平，走刘家口奔袭大宁，几乎是兵不血刃地兼并了宁王护卫军。

那么宁王手里的军队到底有多少？如果按照宁王"带甲八万，革车六千"①的记载，朱棣应该就此增加了八万兵马，可如果按照藩王护卫军数量少的有三千，多的有一万九千来看，宁王护卫不会超过两万，这也许并没有包括朵颜三卫的兵力，也没有包括兴州、营州等卫所的兵力，如果朵颜三卫等兵马是另算的，带甲八万的说法就能解释得通了。

兼并大宁军马无疑是燕军数量和质量的双重提升，后来和代表朝廷的南军屡屡血战的燕军主力，其实就是这支军队，如果保守估计，燕军数量应该在七万至十三万之间。建文二年，燕军实力又得到了一次提升，分别是蔚州指挥王忠、李远以城降，鞑靼王公率众助燕。这两队人马肯定增加了燕军的兵力，但具体增加了多少却无从得知。不过，白沟河之战时却有一段关于燕军布阵的具体表述，《明史纪事本末·卷十六》记载："使张玉将中军，朱能将左军，陈亨将右军，为先锋，丘福将骑兵继之，马步十余万。"这么看来，白沟河之战时的燕军大致有

---

① 出自《明史·宁王朱权传》。

十余万人，与之前推断的七万至十三万基本吻合。

除此之外，笔者还注意到，燕军每每取得大胜后，投降的南军不在少数，如果朱棣直接把他们并入燕军，燕军规模就会扩张得很快，然而朱棣对自己的队伍有很高的要求，并不轻易兼并投降的南军，往往是"南兵降于燕，燕王悉释之南还"[①]，这种放走降兵的策略既打击了南军士气，又收买了人心，被朱棣长期采用，也侧面反映了燕军规模没有井喷式增长。

此后几场大战，燕军一是破解了方孝孺的靖难包围网，二是彻底抛弃北平大本营，展开了一场千里奔袭的机动作战，燕军以"快"为基本原则，沿途能打的城池就打，坚固的堡垒就绕过，根本没有时间四处招降纳叛，也排除了燕军在这一阶段大规模扩军的可能。

就是这样一支军队一直撑到了灵璧总决战，大破总兵官何福领导的近二十万南军主力，使得建文朝廷突然变得无兵可用，比较可信的证据是灵璧之战后，建文帝不得不派心腹奔赴周边州府招募新兵。《明史纪事本末·卷十六》载："齐泰奔广德州，黄子澄奔苏州逃难，且促征兵。时王叔英在广德募兵，无应者。子澄欲航海，征兵于外洋，不果。"

如此看来，抛开后来陈瑄投降的长江水师，燕军的实际规模不会超过二十万，十万到二十万应该是比较可信的数字。

影响燕军的关键人物

对一支以少敌多的军队来说，冲锋陷阵、攻城拔寨的将领、勇士虽然是必不可少的力量，但燕军以北平一隅之丘对抗天下九州之地，以藩

---

① 出自《明史纪事本末·卷十六》。

镇地方政权对抗合法的中央朝廷，他们需要考虑的不仅是战略战术上的问题，人心、军心，还有天下悠悠之口也不能轻易忽略。对朱棣来说，建文朝廷可以败一次、两次、三次，而燕军却无法一败再败，否则人心溃散，燕军再无对抗朝廷的可能，因此，凝聚人心、鼓舞士气、坚定人心便显得尤为重要。

要论燕军阵营的灵魂人物，黑袍宰相姚广孝自然是当之无愧的人选。洪武十五年（1382年），高皇后马氏病逝，太祖皇帝朱元璋感念自己生平杀戮过多，于是为诸王挑选了一批懂儒家礼法的高僧陪侍，意在诵经求福。这批高僧中有一个法号"道衍"的和尚远远望见朱棣，便凑上前自荐道："大王使臣得侍，奉一白帽与大王戴。"①

朱棣听得明白，"王"字头上加"白"帽不就是"皇"吗？须知懿文太子朱标当时尚未离世，当着大明亲王的面说出如此大逆不道之言，万一朱棣发怒揭发，道衍和尚势必被杀头，但是朱棣并没有揭发。《明史·姚广孝传》称："燕王与语甚合，请以从。"看来道衍所言正合朱棣心意。

道衍，本姓姚，后被赐名"广孝"，长洲（今江苏苏州）人，父亲是当地医者，家境应该还不错，但姚广孝却在十四岁时剃度出家，跟着道士席应真学习阴阳术数方面的学问，这一看就不是安于当和尚的人。等到道衍稍有学识后，他便下山四处游历，在当时的嵩山寺，姚广孝遇到了一个激发其野心的人——袁珙。

袁珙是看相人，他一见姚广孝就说他长着一双三角眼，活脱脱的一头病虎，生性必定喜欢杀伐，是刘秉忠一类的人，而刘秉忠便是辅佐元

---

① 出自《明史纪事本末·卷十六》。但是"奉一白帽"的这段对话并未出现在《明史》中，也许是后世杜撰。

世祖忽必烈的谋臣。这番话让姚广孝非常高兴，从此便积极谋求自己的"忽必烈"，朱棣就是他精心挑选的"明主"。

姚广孝对于朱棣而言是灵魂一般的存在，在朱棣尚未起兵靖难前，姚广孝就积极谋划起兵事宜，他内心坚信朝廷不会让朱棣做个太平王爷，屡次密劝朱棣早做起兵准备，后来周、齐、湘等王被削，燕王也岌岌可危，姚广孝便让朱棣下定决心，但朱棣依然心存疑虑地说道："民心向彼，奈何？"姚广孝却道："臣知天道，何论民心。"①如此坚决的态度极大地鼓舞了朱棣，后来他一手策划了筑王府高墙练兵，挖密室打造兵器，修鹅棚掩人耳目等事，对朱棣成功举兵起到了关键作用。

说姚广孝是朱棣起兵的灵魂人物当然不只是做这些事情，还在于坚定人心、打消疑虑，鼓舞自己的主君朝着目标一步步前进，姚广孝就是这样的人，他在靖难期间曾两次坚定了朱棣犹豫不决的心。

第一次是在朱棣决心以"奉天靖难"的名义举起反旗时，恰逢当时风雨大作，吹掉了房顶的瓦片，瓦片纷纷坠落，看起来是很不好的预兆，诸将都面有惧色，朱棣也不知道该如何是好。姚广孝见后反而大笑称之"大吉之兆"，朱棣怒而呵斥道："和尚不要胡说八道！"姚广孝却冷静地说："飞龙在天往往风雨相随，如今大王举兵以应天道，狂风方才吹落了王府的瓦片，预示着燕王府将换上只有皇帝才能用的黄瓦，又怎么不是吉兆呢？"②众人一听都觉得很有道理，朱棣也因此转怒为喜，再次坚定信心，正式宣布起兵。

第二次是在东昌之战时，燕军首席大将张玉阵亡，燕云铁骑损失上万，朱棣一度放弃德州等地逃回北平，沿途又遭到南军截击，整个过程

---

① 出自《明史·姚广孝传》。

② 《明史纪事本末·卷十六》："道衍曰：'殿下不闻乎？飞龙在天，从以风雨。瓦坠，天易黄屋耳！'"

简直是九死一生。这场大败极大地动摇了朱棣继续靖难的意志，看着非死即伤的燕军，他一度打算就此收兵，这时又是姚广孝站了出来，鼓励朱棣不要放弃，不仅要继续征兵，而且要快速南下，还创造性地提出了"毋下城邑，疾趋京师"①的战略方针，朱棣听后犹如拨云见日，茅塞顿开，靖难之役就此进入第三个阶段。

综观整个燕军阵营，朱棣除了姚广孝外几乎没有出名的谋臣，历史上的谋臣相当重要，少者如项羽仅因失去了范增就自刎于乌江，多者如魏武帝曹操能白手起家定鼎中原。在缺谋少士的燕军阵营，姚广孝的谋划对朱棣的事业起到了至关重要的作用。

可以说，姚广孝一直在用各种方法坚定朱棣起兵靖难的决心，用各种奇谋妙算帮助燕军将士取得胜利，没有姚广孝的鼓励、建言与谋划，朱棣也许早已泄气，燕军将士也许早已离心，因此燕军的灵魂人物当数姚广孝无疑。这也是为什么朱棣在姚广孝死后，追赠其为推诚辅国协谋宣力文臣、特进荣禄大夫、上柱国、荣国公，配享太庙的原因。

除了黑袍宰相姚广孝外，燕军武将里同样也有影响燕军的关键人物，这人就是朱能。朱能身高八尺，勇武刚毅。一提起朱能，人们往往会联想到那个手持长槊于万军之中冲锋陷阵的先锋大将常遇春。朱能之于朱棣，犹如常遇春之于朱元璋，他和曾经的首席上将张玉一起辅佐朱棣，俨然是朱棣帐下的左膀右臂。

朱能在燕军中的战绩相当辉煌，他是首攻北平九门的将军之一，有攻陷蓟州，斩杀马宣，攻破雄县，俘虏杨松、潘忠的功劳。他的第一次高光时刻发生在真定，当时耿炳文退守真定城下，尚余数万人马可用，

---

① 《明史·姚广孝传》："道衍语成祖：'毋下城邑，疾趋京师，京师单弱，势必举。'"

但是朱能仅率三十余名骑兵便敢冲入南军阵中，一顿砍杀竟然使得数万南军望风而逃。

朱能的第二次高光时刻发生在东昌，朱棣中了盛庸的诱敌之计，深陷重围，如果不能将其救出，靖难之役恐怕就会提前结束，这时还是朱能跃马驰入阵中，掩护朱棣杀出重围，然而张玉却阵亡于此役。

朱能的勇猛无畏在实战中得到了很好的证明，单看他只身入阵的孤勇，人们很容易认为朱能是有勇无谋的武夫，但事实上却不是这样的，朱能不仅勇敢，而且同样有智慧，最重要的是，他还很有远见。滹沱之战时，燕军遭遇何福、平安领导的南军主力，当时燕军千里奔袭，补给断绝，兵马损失也非常大，猛将王真等人均在此役中阵亡，所以燕军上下士气非常低迷。这时的姚广孝远在千里之外，无法现场给将士们打气，诸将都有回师北平的想法，唯有朱能坚决反对，他按着剑说道："诸君勉旃！汉高十战而九不胜，卒有天下。况敌已饥疲，邀其饷道，可以坐困。利已在我，岂可有退心！"[1]

诸将看到的只是眼前的胜败，朱能却能体会朱棣的内心，也能看到长远的胜败得失，他的话很大程度上让众人羞愧难当，也让朱棣坚定了继续南下的信心和决心，燕军随后才继续南下，终于在灵璧击败了何福、平安领导的南军主力，完成了靖难之役最终的逆袭。

由此可见，朱能不仅是战场勇者，也是燕军中的主心骨，没有他的话，朱棣可能已经战死于东昌，也可能在滹沱之战后黯然退兵，彻底失去击败建文帝的可能。

虽然姚广孝和朱能两人一文一武相得益彰，却无法掩盖朱棣起兵之

---

[1] 出自《明通鉴·卷十三》。

初兵力匮乏的现实，就算有再好的谋臣和大将，没有足够的士兵同样也不可能逆袭强者，扳倒如同参天大树的建文朝廷。因此，影响燕军的关键人物中，还有一位是能给他们带来足够兵马的人，这人就是曾经的燕山左护卫指挥金事、北平都指挥使——陈亨。

陈亨在太祖朱元璋时期便身经百战、战功赫赫，洪武末年时负责训练北平都司的军队，与当时镇守北平的朱棣关系很好，两人的同袍之谊对靖难之役的影响相当大。靖难之役发生时，陈亨、卜万手里有大宁都司的兴州、营州等二十余卫，不算上朵颜三卫的话，大宁都司的兵马基本都听两人调遣。如果按照明初一卫五千六百人来计算，陈亨、卜万手里的军队就多达十一万人，而且还是东北地区的精锐力量，他们一旦与李景隆的五十万大军合兵，纵然朱棣天赋异禀也难以扭转局势。

天命似乎很眷顾朱棣，陈亨对当时的建文朝廷并无任何感情，绝不是都督金事一职就能轻易拉拢的，而且陈亨常年在北平都司任一把手，深受中山王徐达、燕王朱棣的倚重，他们早已建立了同袍之谊，建文帝虽然升了他的官职却把他派去了大宁都司，听命于卜万，相当于"明升暗降"。当他得知朱棣被朝廷一帮文臣逼到整日装疯卖傻时，作为军人的他不免深有触动，军人为国家抛头颅、洒热血，难道还比不上文臣的几张嘴巴，燕王有什么过错，要这样作践自己才能保命？

朱棣敢于在李景隆五十万大军进攻北平时率领主力奔袭大宁，很大程度上是他相信陈亨会加入他的阵营，只是由于当时卜万从旁监视，陈亨才不能及时投奔燕军。为了让陈亨投奔自己，朱棣巧妙地用了一招反间计，故意给卜万、陈亨分别写信，大加赞扬卜万并诋毁陈亨，建文帝朱允炆毕竟年轻，城府没有朱棣那样深，还真就把忠臣当成了叛贼，让陈亨有理由除掉卜万，独自领导十余万军队。

等到燕军从刘家口突破大宁防线后，陈亨终于等到了归顺朱棣的机会，当即秘密拉拢徐理、陈文，夜袭忠于朝廷的刘真大营，彻底控制了兴州、营州等二十余卫的兵马。这些人全都在不加抵抗的情况下加入了燕军，使得燕王阵营在一夜之间增加了十余万精锐老兵，再加上朵颜三卫的投奔，燕军在大宁之战后鸟枪换炮，再也不是当初的八百府兵，而是一支足以横行天下的雄师，这就是李景隆五十万大军为什么败得那么难看的原因，也是为什么陈亨在靖难之役里明明没有多少抢眼的表现，反而还能在死后被追封为泾国公，并由朱棣亲自撰文祭奠的真正原因。

所以《明史·陈亨传》中才说："成祖取天下，自克大宁始。"

建文朝廷的离奇决策

朱棣这边有姚广孝智计百出，朝廷一方又有多少关键性决策呢？

如果要评一个建文帝最离奇的命令，恐怕要数那句"毋使朕有杀叔父之名"。是的，没错，建文帝虽然削夺了燕王爵位，召集了数十万大军征伐朱棣，却不允许南军伤其性命。他认为宗族之内，自相残杀是很不吉利的征兆，自然也不想背上弑杀宗亲的名声。这是一个看似矛盾实则虚伪的说辞，如果建文帝真如史书中写的那样仁慈、孝顺，他怎么会不念亲情，削藩甚急，生生将湘王朱柏逼得自焚而死。建文帝之所以会有这一决定，是想撇清自己与湘王朱柏自焚的关系，用不伤燕王来告诉众人，他连起兵谋反的朱棣都不愿意伤害，又怎么会故意逼死湘王朱柏呢？所以湘王之死是他自己太过冲动了，与朝廷无关。

也许建文帝以为燕王以北平一丘之地对抗天下是以卵击石，他似乎并没想过南军会屡屡败于燕军之手，更不会想到他的"毋使朕有杀叔父之名"会让朱棣一次次转危为安，直接影响了几场最关键的决战。

第一次受其影响的决战便是重创燕军的东昌之战，当时朱棣率部猛攻南军左翼，却不知盛庸故意放开口子诱朱棣入中坚，随后便列数重大阵包围朱棣，使其无法脱身。正常情况下，朱棣要么被南军生擒，要么就此阵亡。然而南军围了半天也不见朱棣被擒，更不见士兵攻杀朱棣，因为众人都知道建文帝的命令，不敢刀刃相向。朱棣见状，数次挥刀近战，并不断用弓矢击杀近前的南兵，直到等来朱能，方才安然离去。

此后，燕军一路败退，朱棣又一次使用了他的"护身符"，单骑殿后，引弓射翻了一个又一个来犯之敌，南军见朱棣亲自殿后，竟然不敢向前，白白放跑了溃败的燕军。

可以想象，如果没有建文帝的离奇命令，深陷重围的朱棣大概率会在东昌阵亡，就算能在朱能抵达前保住性命，后面燕军全线溃败时，盛庸、平安必定全力追杀，燕军主力也很有可能在此役中损失大半。

第二次受其影响的决战在夹河之战时。决战第一天，朱棣仗着有"护身符"保护就敢掠阵而过，亲自侦察盛庸布阵，南军将士虽然追赶，却无一人敢射箭，反倒被朱棣连连射落马下，憋屈得很。更憋屈的是，当日夜幕时分，朱棣仅带着十余骑靠着盛庸营地宿营，天亮以后，盛庸又一次包围了朱棣，然而朱棣从容不迫，引马鸣角，大摇大摆地穿营而过，扬长而去，南军上下无不退让，竟然没有一人敢射箭阻止。

第三次受其影响的大战是藁城之战。当时朱棣沿河二十里搜寻终于遭遇了吴杰、平安的南军，为避免他们撤离，朱棣又一次亲率十余骑靠敌营而宿，弄得吴杰、平安非常尴尬，也不敢轻易离去，只好于次日与燕军决战。决战时，朱棣亲率骑兵绕到南军阵后突击，南军箭如雨下，射得燕王旗帜如同刺猬一般，但偏偏朱棣本人安然无恙，这恐怕是南军有意避之的原因。按照正常情况，旗帜都被射成刺猬了，旗帜下的人多半也得成刺猬，然而朱棣仗着有"护身符"保护，又一次打出反常规的战绩，不得不说，建文帝的离奇命令才是战役失败的根本原因。

由此可见，如果没有建文帝"毋伤朕叔"的离奇命令，朱棣要么在东昌阵亡，要么在夹河被俘，至少不敢以身犯险，单骑掠阵。以上几次大战都是建文帝最有可能结束靖难之役的机会，可惜最高决策者深居庙堂之上，不察实情，不知战场胜败仅在一念之间的道理，白白拖累了自己的军队，错失了胜利的机会。

燕军的超前战略

建文朝廷这边由于离奇命令屡屡自缚手脚，燕军那边却是放开胆子搏杀，毁城、杀降都不是问题，但是平心而论，建文帝一方始终是占据绝对优势的，粮食、军队、人才都远远多于燕军，而且还站在道德制高点上，怎么看都是必胜之局，人们不禁要问，燕军能绝地反击并最终反败为胜的真正原因是什么？

事实上，建文帝并不是昏庸之君，他知道百姓疾苦，于是上位伊始就免去了浙东地区的重税；他也不是崇祯皇帝那样的刚愎自用之辈，反而屡次下诏求直言；他更不是贪恋酒色的皇帝，从未听闻他因此耽误朝政。纵观靖难四年，朝廷屡次置燕军于险境，大战略上以重兵直逼北平，在德州、济南、真定等地布防拦截，侧后方以大同、辽东兵马攻其侧翼，使燕军首尾不能兼顾，后来方孝孺策划的包围网也是多线夹击，外加离间计，怎么看都是合格的策略。

那为什么燕军最终还是攻下了京师应天呢？一是比起朝廷众臣，燕军上下更加团结，靖难四年无人叛变投降就是实证；二是因为燕军作战积极主动，朱棣更是总揽大局，能制定合理且超前的战略战术。相比之下，对靖难之役起到决定性作用的原因其实是第二点，燕军超前的大战略。

其实不难发现，整个靖难之役大致可以分成三个阶段。

第一个阶段是朱棣以八百府兵起兵，高举"奉天靖难"的旗帜，四处招降纳叛，快速平定北平、保定、永安三郡之地，燕军在这一阶段的战略目标是巩固根据地，建立自己的势力范围。主要战役：滹沱河之战、大宁之战、郑村坝之战、白沟河之战。

第二阶段是燕军在济南城下受挫后，朝廷转攻为守，重点打造山东防线，导致燕军在东昌防线遭到重挫，损失了以张玉为代表的精锐力量。朝廷在这一阶段重视防守反击，以火器列阵射杀燕军骑兵，也部署多条战线夹击燕军，使得燕军疲于奔命。主要战役：济南之战、夹河之战、藁城之战。

第三阶段才是整个靖难之役的重大转折，朱棣采纳了姚广孝"毋下城邑，疾趋京师"的大战略，调集了几乎全部精锐力量，置老巢北平于不顾，绕开了坚固的山东防线，千里奔袭长江一线，沿途以战养战，重点打击南军补给线，焚烧南军粮草数百万石，迫使以守为主的南军主力不得不放弃精心打造的坚固壁垒，也间接导致他们抛下了储存于城池内的百万粮饷，追着燕军一路南下。

这种大战略可谓置之死地而后生，燕军没有补给和援兵，沿途也没有支持者，一路孤军深入，一旦攻势受阻，被南军包围歼灭的概率非常大。然而以朱棣为首的燕军意志坚决，虽有淝河之败依然不改初衷，他们的机动作战，极大地发挥了燕军以骑兵为主的优势，转被动为主动，牵着南军的鼻子走，直到灵璧之战时，本来有极大优势的南军反而因为一路追击燕军，导致自己的粮草补给断绝，最终被燕军围点打援，损失了保护淮河一线的有生力量。

可以说，整个靖难之役最值得研究的就是第三阶段的燕军大战略，这是一种抛弃多数步兵攻城，以骑兵机动作战，围歼敌军有生力量的先进战略。要实现这种战略，领导者的决心必不可少，没有坚定意志也是很难长期坚持在外作战的。

除此之外，军队的兵种组成也非常重要，而燕军恰好是一支以骑兵为主要作战力量的军队，他们以朵颜三卫为中坚，完全可以抛弃沉重的装备，快速、高效地四处转移，沿途避开坚固的城池，以打击乡村、农庄的方式补给军粮，从而做到以战养战。

更重要的是，经过元末群雄混战、明初北伐大都等战役，中原地区人口锐减，各地均无力组织多重防线，也无法快速组建军队戍守，他们只能依靠德州、济南等几个据点，燕军得以长驱直入的另一个要素即是残破不堪的北方多为无人区。

至于南军，他们原定的战略是如同东昌之战一样就地打击燕军力量，但燕军千里奔袭后，南军为了快速追赶燕军，不得不抛弃沉重的辎重，但他们又不能如同燕军那样以战养战，只能四处调集粮草，间接影响了他们的速度，也缚住了自己的手脚。

等追到灵璧时，南军自己的粮草要么被燕军焚毁，要么还没有调至战场，拥有巨大补给优势的他们反而如同燕军一样困苦。更糟的是，南军是一支以步兵、火器为主的军队，他们最怕在平原地带与燕军骑兵交手，结果却不得不在野战里与燕军搏杀，所以纵然有平安、何福这样的大将，也无法避免他们在灵璧的惨败。

因此，让燕军赢得靖难之役的真正原因既不是建文帝错用了李景隆，也不是功臣良将被屠杀一空让朱棣没有对手，而是燕军在第三阶段充分发挥了自己的优势，战术上以诱敌伏击之策屡屡击败南军官兵，战略上放弃攻城拔寨，转而以运动作战歼灭敌军有生力量，再配合"以战养战"的补给策略，不断打击南军补给线和粮草基地，迫使敌军失去战略物资和壁垒防线上的优势，最终把敌军引入适合骑兵集团围歼对手的绝佳战场。这种"置大本营于不顾，运动歼灭敌军有生力量"的战略关键在于优秀的领导者眼光长远、决心坚定，能为常人所不敢为。

第三阶段的助攻们

必须要说的是，燕军虽然采用了先进的"运动战"，但毕竟双方实力的差距还存在，地理环境也不能完全忽视，如果朝廷一方也尽全力迎战，或者建文帝迁都到更南方，燕军还能达成既定目标吗？其实，这个运动作战在平原地区最有效，然而在沟壑纵横的江南地区，燕军骑兵能否横渡长江都很成问题，更不要说还有无数难以预测的变数。

历史是由无数小事件组成的大事件，往往一些重要事件必须要由一些小人物、小事件促成。燕军大战略的先进性是毋庸置疑的，但在具体实施时却无法忽视这样的一些小人物、小事件，没有他们依然无法促成朱棣靖难的成功。

第一个小人物和小事件就是平安横槊刺王时，因为战马失误导致平安落马，长槊几乎是从朱棣的铠甲前滑落，这么小概率的事情居然发生了，不得不说朱棣真是洪福齐天。

第二个小人物和小事件则是皇宫里的太监们，如果《明史纪事本末·卷十六》《明史·成祖本纪》记载属实，建文帝朱允炆名义上是位仁慈的皇帝，实际却御下严苛，对待内廷宦官可谓毫不留情，由此导致太监们非常怨恨他，一些胆子大的太监便串通一气，把京师应天城防空虚的消息偷偷走漏给了燕军，还建议燕军应该趁机迅速进攻京师，[①]这才有了姚广孝快速南下的战略建议，朱棣就此发动了千里奔袭战。

第三个小人物和小事件是燕军兵临长江时，建文帝让陈瑄率领水师增援盛庸。显然朝廷没有发现陈瑄的异心，居然把这么重要的事情交给了他，结果陈瑄非但没有增援盛庸，还给燕军提供了过江必需的战船。

---

① 原文："帝又御内臣甚严，皆怨望，遂密谋戴燕王，告以金陵空虚，宜乘间疾进。""无何，中官被黜者来奔，具言京师空虚可取状。"

如果没有这一小人物、小事件，如果建文帝派去的是如同方孝孺、徐辉祖一样的忠臣，燕军想要过江怕是依然没有机会吧。所以陈瑄的叛变对整个战争起到了至关重要的影响。

第四个小人物和小事件是金川门之变。如果方孝孺所言属实，京师尚有二十万大军可战，燕军大概会遇到当年李景隆遇到的问题。要知道，当时的南京城经过朱元璋的修建，防御力相当强悍，东西南北合计十三座城门，其中神策门建有外瓮城，石城门设有两层内瓮城，三山、通济、聚宝三门分别有三层内瓮城，正阳门更是有两层内瓮城和一层外瓮城，其余城门也结合地形建有足够深、足够宽的护城河，敌台也是多不胜数。

我们都知道燕军以骑兵为主，千里奔袭至京师城下后，又有多少攻坚能力呢？可历史就是这么意外，建文帝最信任的李景隆、谷王朱橞等人居然在占有优势的前提下，放弃了自己的皇帝，打开了金川门，让燕军得以轻易入城。毫无疑问，如果没有金川门之变，朱棣要打进南京是非常困难的，也许真的会出现方孝孺所说的那种"坚城久攻不下，勤王之师已至"[①]的局面。

不难发现，朱棣能赢得靖难之役的胜利，得益于自己的正确决策，得益于燕军将士的团结一心，也得益于建文帝的离奇命令，更得益于小人物们在关键时刻的"神助攻"，每一个因素，每一个事件都是不可或缺的，但凡少了任何一环、任何一人，结局就会不同，历史就会改写，个中人物的命运就会发生难以预估的变化。

---

① 《奉天靖难记·卷四》："孝孺曰：'今城中尚有胜兵二十万，城高池深，粮食充足，尽撤城外民舍，驱民入城，足以为守，城外积木，悉运入城。'"又载："方孝孺复言：'……以觇其虚实，且待援兵至，选精锐数万，内外夹击，决死一战，可以成功。'"

靖难与明初边防

提起靖难之役，人们多是关注明成祖朱棣的传奇经历，也会大谈其亲征漠北、征服安南、宝船下西洋等历史故事，甚至会大赞永乐帝是中国的千古一帝，然而仅仅只看一个人的功绩总是片面的，靖难之役本身是否值得人们称道，靖难后的大明真的比洪武一朝更辉煌、更繁荣吗？

真相总是残酷的，历史也许会把一场战争写得生动、浪漫、激昂，但身处其中的普通人却不会感受到任何快乐，更不会推崇一场内战，而靖难之役本身就是一场统治阶级的内战，一场让平民百姓饱受苦难，严重破坏北方经济的内战，也是一次改变明初边防体系的重大变故。

明初的军事制度名为"卫所制"，是由诚意伯刘基设计，基本延续了唐代的府兵制度，寓兵于农、兵农合一是它的基本思想。大抵上讲，卫所制度即是在全国范围内建立不同规模的军事组织，它们构成了明帝国的武装防卫体系，既用于抵御外来入侵者，也用于维护社会政治稳定。这些军事组织从上至下，依次是都督府、都指挥使司（行都指挥使司）、卫、千户所、百户所。

按照"度要害地，系一郡者设所，连郡者设卫[①]"的基本原则，朱元璋在全国范围内广建卫所，一卫通常有五千六百人，下辖前、后、左、右、中五个千户所；一千户所有一千一百二十人，下辖十个百户所；一百户所有一百一十二人，下辖两个总旗；一总旗五十人，下辖五个小旗；一小旗十人，如此比联成军。

卫之上设有都指挥使司，最高长官名为"都指挥使"，与管理民政的布阵使，以及管理司法的按察使，并称"三司"。各卫所通常按照地

---

① 出自《明史·志六十六·兵二》。

域关系统属在一个都司，洪武八年（1375年）至二十六年（1393年），全国划分为北平、山西、陕西、浙江、江西、福建、山东、湖广、四川、广东、广西、辽东、云南、贵州、河南、大宁、直隶十七个都司，一个中都留守司，甘州、大同两个行都司，内外共计三百二十九个卫，六十五个守御千户所。据《明太祖实录·卷二二三》统计，洪武末年全国有兵卒约一百二十万，京军卫所二十万余，边外卫所九十九万余。①

以上都司、行都司、留守司均隶属于前、后、左、右、中五军都督府，如浙江都司、辽东都司、山东都司隶属于左军都督府，云南、四川、贵州、陕西、广西隶属于右军都督府，中都留守司、河南都司隶属于中军都督府，湖广、福建、江西、广东隶属于前军都督府，北平都司、大宁都司②、山西都司隶属于后军都督府。

各卫所官兵闲时耕种，战时出征，平日由各卫所将校管理，需要集结出征时，朝廷会任命总兵官并领"将军印"，征调各卫所精锐兵丁随之，战争结束后各卫所兵丁各回本部，总兵官亦交回"将军印"，回归本职。这么设计既避免了一人长期领军，又让将不识兵、兵不识将，杜绝了军事强人出现的可能。靖难之役前期，李景隆即是以征虏大将军的名义调集了五十万卫所兵卒，后期的何福也以总兵官的名义统辖平安、陈晖等将。

事实上，卫所制度的核心并不是合理的层级划分及管理方式，而是兵农合一的制度设计。明代将百姓划分为"民""军""匠""灶"等户籍，通常户籍不同，身份亦不同，但都是代代世袭，不可轻易变更。

---

① 原文："计内外武官并兵马总数，在京武官二千七百四十七员，军二十万六千二百八十人，马四千七百五十一匹，在外武官万三千七百四十二员，军九十九万二千一百五十四人，马四万三百二十九匹。"

② 洪武二十一年更名为"北平行都司"。

究其初衷，是为了保障各行各业人丁不衰，特别是保证卫所永不缺兵，这就导致军人不只是职业，更是一种出生就定下的身份。

为了让各卫所可以无限延续，朝廷划拨土地为军屯田，交给所在卫所兵卒耕种，按比例上交军粮，从而让卫所自给自足，是为"边地，三分守城，七分屯种；内地，二分守城，八分屯种"①。朱元璋对自己设计的卫所制度非常满意，曾豪言其不费百姓一粒米而养百万雄师②就是这个原因。

对新生的大明帝国而言，维护内部安定与抵御外域之敌同等重要。随着天下统一后民心日渐稳定，抵御外域之敌便显得越来越重要，终洪武一朝，朝廷始终在思考如何保障大明疆域不受外敌入侵，特别是不能让退守漠北的北元帝国卷土重来。因此，大明对北方防卫体系尤为看重。

洪武六年起，朱元璋便决定以开国公侯长期备边的方式来加强北疆防线，他采纳了淮安侯华云龙的建议，自永平、蓟州、密云迤西二千余里，一百二十九处关隘皆派兵戍守，另设千户所守御于紫荆关、芦花岭。又诏山西都卫于雁门关、太和岭并武、朔诸山谷间，凡七十三隘，俱设戍兵。洪武九年，又敕燕山前、后等十一卫分兵守备古北口、居庸关、喜峰口、松亭关烽堠（hòu）一百九十六处要害。到洪武十五年，北平都司所辖二百关隘均以卫卒守戍。③

以上涉及的关隘均在北平都司、山西都司境内，但明初的北疆防线只有河北、山西两地吗？当然不是。洪武二十年，即平定辽东纳哈出

---

① 出自《明史·卷七十七·食货志》。
② 《明季北略·卷五·毛羽健论卫军官兵及屯田》："太祖高皇帝曰：'吾养兵百万，不费民间一钱，夫不费钱之兵，何兵也，即今各省直之卫所军也。'"
③ 《明史·志六十七·兵三》："十五年，又于北平都司所辖关隘二百，以各卫卒守戍。"

后，朝廷在大宁城设置大宁都司，后更名为北平行都司。其地在喜峰口外，西接大同，东抵辽阳，有营州五屯卫等二十余卫。李文忠等攻取元上都后，朝廷又设开平卫及兴和等千户所，东接大宁，西接独石。洪武二十五年，又筑东胜城于河州东受降城之东，设十六卫，与大同相望。自辽以西，数千里声势联络。①

基本上，明初的北疆防线完全是针对败退漠北的北元政权，包括辽东、大宁、北平、山西、陕西、甘肃沿边州府，其中尤以大宁、北平、山西为重，故而以上三个都司集中了大量卫所，所辖兵丁皆是精锐，初期由徐达、李文忠等勋贵节制。

然而外臣毕竟不受皇帝信任，为了制衡备边北疆的公侯勋贵，明太祖大搞封建，以皇子为藩王分镇全国，而放到北疆防线的藩王尤得太祖倚重，其所辖三护卫兵精将猛，且能节制所在都司的卫所将校，形成了以秦王朱樉、晋王朱棡、燕王朱棣、代王朱桂、肃王朱楧、辽王朱植、庆王朱㮵、宁王朱权、谷王朱橞为代表的"九大塞王"。

九大塞王中实力强悍者当数晋、燕、宁三王，其中宁王素有"带甲八万，革车六千"之称，也有"燕王善战，宁王善谋"②的美誉。以上三王恰恰是山西都司、北平都司、大宁都司的最高指挥官，因此在洪武末年常常负责指挥肃清沙漠的军事行动，擒获北元太尉乃儿不花之役就是燕王朱棣的成名之战。

九大塞王戍守北疆期间，每逢秋季便会按例出塞巡边，而巡边的主力部队多数来自山西、北平、大宁三个都司，其中北平都司所辖军队最

① 《明史·志六十七·兵三》："二十五年，又筑东胜城于河州东受降城之东，设十六卫，与大同相望。自辽以西，数千里声势联络。"
② 《明史纪事本末·卷十六》："初，太祖诸子，燕王善战，宁王善谋。"

多，是大明在北疆防线上的重拳。北平都司成立的时间很早，它最早的班底是由中山王徐达一手打造的燕山六卫，即燕山左卫、燕山右卫、大兴左卫、大兴右卫、永清左卫、永清右卫，共计三万兵马。燕山六卫成立时，北元势力依然在长城内外肆虐，大明尚未将其驱逐至草原深处，故而燕山六卫驻守北平城内，随时准备出塞迎战北元残余势力。

随着大明集中力量肃清沙漠，朝廷进一步制定了一系列扩军备战的政策，最为重要的便是迁徙北方百姓入卫所，变民为军，扩大北平周边卫所的规模。比如洪武四年时，中山王徐达就将北平山后之民三万五千八百户迁入卫所。而北平周边的卫所也不仅限于北平城附近，开平卫、密云卫、永平卫、通州卫、蓟州卫、遵化卫等靠近长城的卫所逐渐成立，但是这仍然不能满足北平一带的防御，所以朝廷又调山东的彭城卫、济阳卫、济州卫于北平，进一步成立了燕山前、后卫，以及北平南部的真定卫。

洪武八年，北平都司正式成立，几经扩张后的北平都司北起开平，南抵彰德，以北平城、开平城为主要军事基地，下辖二十三个卫和五个千户守御所，另有燕王府直辖的燕山左、中、右三个亲王护卫，控制着从兴和至永平的漫长防线。到洪武末年时，北平都司各卫所不断填兵补将，其所辖军队在十二万至十四万人之间，且均受燕王节制，调动他们需同时有朝廷命令和燕王指令，无燕王允许，不得擅自出兵，这恐怕就是建文帝朱允炆忌惮朱棣的原因之一吧。

大宁都司的情况与北平都司大致一样，大宁都司成立于洪武二十年，后更名为北平行都司，奠基者是宋国公冯胜，其地北起全宁，南抵宽河，统辖塞上九十余城，西侧即是北平都司，东边又是辽东都司，下辖大宁中、前两卫，营州左、右、前、后、中五屯卫，兴州左、右、中、前、后五屯卫，会州、全宁、富峪、新城、榆木五卫，另有宁王府直辖的营州左、中、右护卫，共有十七卫、一守御千户所和三个亲王护卫，估计兵力在十一万上下。

与北平都司、大宁都司不同的是，山西都司的重要性相对较低，明廷的主要精力都集中在大同、宣府一带，之前的大同行都司经过几次扩展演变成了山西行都司，下辖大同左卫、大同右卫、大同前卫、蔚州卫、朔州卫，而山西都司下的太原诸卫由于相对偏内，地位日渐下降，再加上燕王崛起后一度打压晋王府势力，进一步证明了北平都司的重要性。

从地图上看，山西行都司均在长城周边，它们连接了北平都司与山西都司，同样是北疆防线的突出部，为了保障这一位置的安全，大明重点打造了东胜、大同、宣府三个军事基地，其中东胜卫成立于洪武二十五年，宣府三卫成立于洪武二十八年，由谷王朱橞亲自镇守。这一地区的卫所或增或减，但根据《明史·志六十七·兵三》记载，东胜至宣府一线应该包含十六个卫，估计兵力在九万人左右。[①]

洪武年间的北疆防线构想是广建卫所于长城内外，迁内地百姓于卫所为军户，垦田自足，春耕秋战，以功臣勋贵、戍边塞王二元体系领导边军诸卫，逐步驱逐北元残余势力至更远的地方，为大明打造一个相对安全的战略缓冲区。在此期间，大明也不失时机地出兵北伐，三道肃清沙漠、蓝玉远征捕鱼儿海都是明军大胆深入草原深处的战役。

之所以明军能顺利出塞作战，建立在北疆的各大卫所起了很大的作用，而要巩固取得的战果，更远、更多的卫所被建立了起来。从山西行都司的东胜、大同、宣府，到北平都司的兴和、开平，再到大宁都司的

---

① 原文："二十五年，又筑东胜城于河州东受降城之东，设十六卫，与大同相望。"

大宁、全宁，大明基本把北元势力挡在了长城之外。

然而，北疆防线的二元领导体系逐渐崩塌后，塞王一元独大，权柄越来越重，在洪武一朝时还未见不妥，但是建文帝朱允炆即位后，新皇帝的威望过低，藩王们多有不敬，比如他们在太祖周年祭祀时公然走在皇道之上，朱棣更是称病不朝，再加上建文帝自己极度不自信，齐泰、黄子澄等人一再撺掇，建文一朝在削藩问题上越发激进，导致湘王自焚、燕王装疯，最终迫使朱棣举兵靖难。

四年靖难之役期间，燕军与南军长期在北方地区激战，对当地经济造成了极大的破坏，而被各卫所抽调的军户也因为常年作战，导致军屯田荒芜、被毁，卫所赖以存在的根基被破坏了很多，受此牵连的平民百姓更是不计其数，人口也大幅下降。

《明实录》统计，洪武二十四年全国共有人口五千六百七十七万，到永乐二年（1404年）全国人口却突然下降到五千万，整整六百万人在此期间消失，虽然《明实录》中也给出了永乐元年六千六百五十九万人口的数据，但这显然过于离谱，突然增加一千万人口，却又在次年下降一千六百万，数据绝对是不实的，更可能的情况是建文四年至永乐元年的数据造假，靖难之役造成了数百万人口的消失，被当时刻意隐瞒了。

靖难之役对经济、人口的影响无法准确估计，但其对明初边防的影响却是显而易见的。早在靖难初期，朱棣闪击怀来后，开平、龙门、上谷、云中诸将多降，开平卫周边兵力空虚，北平都司第一次出现漏洞。朱棣奔袭大宁后，陈亨以营州诸屯卫降于燕军，宁王朱权护卫及朵颜三卫也尽数随燕军入关，大宁都司所辖卫所几乎为之一空。

靖难之役胜利后，朱棣废除了北平都司，改为留守行后军都督府，位于第一线的开平左、右、前、后四屯卫一度被裁撤，开平中屯卫迁入真定，原卫所地仅靠游骑巡逻和罪人谪守。鉴于大宁都司所属军队已经入关多年，其卫所地早已废弃，朱棣便直接把大宁都司迁入保定，调营州五屯卫于顺义、蓟州、平谷、香河、三河，撤销应昌、全宁、榆木、新城四卫，而大宁都司原来的地盘虽无明旨交付给拥戴有功的朵颜三卫，但其牧民大量涌入已成既定事实，兀良哈所部由此深入到辽东、北平之间，大明自此弃地数百公里，仅靠永平、山海关与辽东联系。

大宁等卫所既然已经被战略放弃，山西行都司便失去了东侧的战略纵深，大同、宣府一线的压力骤然增加，而东胜卫孤悬塞外，难以守御，朝廷便调东胜左卫于永平，东胜右卫于遵化，毁弃东胜之地，河套地区由此再无屏障，逐渐被游牧民族占领。

到宣德年间，原开平卫荒芜不堪，游骑巡逻和罪人谪守都难以为继，鞑靼游骑时常侵扰，朝廷干脆把重置后的开平卫迁入独石，宣府也孤绝塞边，难以守御，大明逐渐把长城之外的卫所通通废弃。以放弃整个大宁都司为起点，大明的疆域大幅度缩减，辽东也成了四战之地，常受到来自兀良哈方向的袭扰，自此，大明北疆沿线终无宁日矣。作为马上天子，朱棣为什么不恢复大宁都司等卫所，反而一弃到底呢？

结合洪武、永乐两朝在北疆防线上的政策来看，朱棣对北疆防线的构想不同于太祖皇帝，他没有坚持广建卫所防御塞外之敌的原有政策，也不再执着于每年出塞巡边，而是收缩兵力于北平，然后集中力量出塞征讨，一劳永逸地解决来自塞外的威胁。

这种思路确实符合马上天子的身份，但也不可避免地要集中过多的军队，原来的北平都司变得越来越重要，大明朝的各项资源都开始朝这一地区倾斜。粗略估计，除了北平都司原来的卫所，永乐年间将皇帝直辖的上十二卫扩充至二十二个，从山西、大宁、南京等地迁移了几十个卫所到原北平都司附近，还成立了一批拱卫北平的新卫所，北平一带由此成为全国精锐军队的聚集地，累计驻守多达五十万兵马。北平一带集结如此多的卫所，原来的军屯田足以负担这么多钱粮吗？

如果是在太平盛世迁入如此多的卫所，河北、河南一带肯定拿不出足够的土地作为军屯田，因为土地数量是固定的，分一些给军屯田，百姓的民田就会减少。然而永乐初期并不存在这样的情况，因为刚刚经过靖难之役，北方地区人口下降得很厉害，民田损失也非常大，不少土地成了无主之地，急需朝廷迁入新人开垦。这样一来，不用朝廷从百姓手里强征土地，外迁而来的卫所也有土地可以耕种，五十万兵马钱粮就得到了保证。

明眼人都能看出，朱棣牺牲塞外卫所的代价是巨大的，而迁入原北平都司后的河北、河南集兵甚多，军事地位远超其余都司，再加上北方自然环境不如南方，即便卫所军户大力开垦，也不见得能让北方恢复唐宋时的繁华，而朱棣依然坚持这么做，说明他集中卫所的动机并不简单，正如他对北疆防线的全新构想，集中兵力的目的是握紧"拳头"，"拳头"既然已经有了，那接下来该干什么呢？

毫无疑问，朱棣握紧的"拳头"即将重重打向辽阔的塞外世界，似乎正如太祖朱元璋当年所预言的那样："肃清沙漠者，燕王也！"

天命的证明

洪武元年，明军北伐攻克大都；建文四年，燕军南征占领应天。三十四年时间，作为中国南北政治中心的南京、北京就迎来了一次战略大反转，昔日元帝国统治中原时，没人相信在南京的大明朝廷能入主大都，因为在中国历史上还没有任何一个南方政权能够消灭北方政权。同样，当燕军南下起兵靖难时，也没有人相信朱棣能推翻建文朝廷，因为自古藩王成功取代正统皇帝的概率几乎为零。世家大儒以为天命在皇室正宗一方，却不想靖难之役把这一切摔得粉碎，终究还是北方政权击败了南方政权，燕京里诞生了新的大明皇帝。

夜深人静时，身着皇袍的朱棣睡得并不安稳，应天皇宫里那突然烧起的熊熊大火至今让他寝食难安，因为建文帝的尸首并不在大火扑灭后的废墟里。按说京师已经被燕军完全占领，各路南军也都跟着投降，皇宫里的飞禽走兽、宦官宫女无一不是束手就擒，然而偏偏是目标最大、最显眼的建文帝不见了，他是被大火烧得灰飞烟灭了？恐怕很难吧，即使是用今天的设备焚烧一具尸体，也不见得能把骨头渣子都烧没，更何况温度远远不够的普通大火。

那么就只有一个解释——建文帝逃走了。

靖难之役真的结束了吗？朱棣似乎知道答案，又似乎不知道答案。可以确定的是，朱棣曾尝试找到建文帝的行踪，为此以各种名义审问有能力庇护建文帝的旧臣，也派胡濙四处寻访，甚至有人怀疑郑和下西洋也是为了寻找朱允炆。可惜结果让朱棣失望了，建文帝的行踪成谜，也许他剃度出家了，也许他漂泊海外了，又也许他早已死在了人们不知道的地方，但朱棣无法弄清楚，这也就意味着他无法让建文帝把皇位禅让给他。

没有合法皇帝的旨意，没有公开禅让的仪式，永乐皇帝的名号便像篡位者的同义词，虽然他的确是篡位者，但没有人愿意顶着这个名号统治天下，更不愿意看到子孙后代效仿他的所作所为，怎样才能坐稳大明的皇位，成了新皇帝急需解决的问题。

从周朝开始，统治者喜欢自称天子，意为上天之子。之所以要把自己和上天联系在一起，是因为当初的周国并不具备统领殷商旧领的正统性。据《史记·周本纪》所述，武王伐商攻入殷都时，曾说道："膺更大命，革殷，受天明命。"他把伐商说成是上天的旨意，借此安定人心。但武王返回周地后却夜不能寐，忧虑地说道："我未定天保，何暇寐？"可见若没有合理的说辞，就算是胜利者也难免惶恐不安，故而周朝以"天子"的身份统领那些本不属于他的子民，才得以存续数百年，如今的朱棣也需要用天命来宣称自己的合法性。

宣传天命观念其实就是利用古人对上天的敬畏之心，告诉人们天子其实是"天意"的选择，也是上天认可的"天道"执行者，如果朱棣有天命，那么靖难之役就是顺应天意，就不算是篡夺皇位。当年姚广孝曾以"不论民心，只知天道"来鼓励朱棣起兵靖难，如今的朱棣已经是永乐皇帝，要坐稳皇位，就要把自己塑造成天选之子，还要用实际行动表明自己在执行天道，如此便能加强自己的正统性。

如何才能把自己塑造成天选之子呢，难道真要让上天显灵吗？这显然是不切实际的。在天命思想中，除了虚无缥缈的上天外，公认的天子也能算成天，上一个天下公认的天子无疑是大明的开国皇帝朱元璋，如果朱棣是上一任天子的继承者，天命不就自然属于他了吗？

朱棣首先想到的是彻底抹杀合法皇帝朱允炆，具体的做法就是把建文四年直接改成洪武三十五年，之前的三年也不再称建文年号，仅称"元年""二年"等，这一时期从此被称为"革除年间"。朱棣这么做似乎是想表明永乐朝的正统性来自太祖皇帝，与建文帝没有任何关系。那么仅仅禁止人们提起建文年号就能证明自己是天命唯一的继承人吗？当然还不够。

紧接着，朱棣开始抹去建文帝时期制定的法律、制度，最重要的是修改留给后世的史书《明太祖实录》。《明太祖实录》是明代记录洪武帝朱元璋的官方文献，具有绝对的合法性和不可辩驳性。然而当时的《明太祖实录》是由建文帝编纂的，内容利于大宗，不利于燕藩小宗，于是朱棣前后两次大修《明太祖实录》，篡改了其中关于他本人的内容，最重要的一条就是掩盖了朱棣乃是庶出的真相，把燕王朱棣、周王朱橚直接改成了高皇后马氏的嫡子，与懿文太子、秦王、晋王成了一母同胞，如此就由"庶"变"嫡"，继承皇位的合法性就大大增加了。

篡改出身大大加强了朱棣继承皇位的合法性，但却没有证明他是天选之子，因为不仅建文帝是太祖嫡孙，而且秦、晋二藩也是太祖的嫡出子孙，他们都有优先继承权，凭什么轮到排在第四的朱棣呢？

看着乱糟糟的北疆边报，朱棣逐渐意识到，既然不能从形式上接过上一任天子的政权，那就用自己的文治武功去证明他才是天命所归，是合格的大明皇帝，就像唐太宗李世民那样威服四方，到那时便不会有人再质疑他的皇位，更不会有人再说"靖难"半句不是。总之，朱棣要通过四夷宾服和万邦来朝来证明他是能够守护天下百姓的真龙天子，是上天选定的大明皇帝。

可是如何才能做到四夷宾服呢？结合朱棣的一生来看，他主要从三个方向来达成这一目标：一者，盘踞漠北的北元残余势力长期威胁大明的北疆防线，视大明统治下的中原和江南为其固有领土，不承认大明的政权，当然更不会承认通过靖难之役登上皇位的永乐帝，征服漠北是四夷宾服所不能绕过的事业。二者，明初周边的异域诸国较多，如朝鲜、安南、占城、日本等都是大明已知的邻国，传播华夏文化，促使诸国朝贡，等于让四夷承认永乐朝廷，肯定也能增加朱棣的正统性。三者，正所谓"乱世用兵，盛世修书"，如果朱棣能创建一个永乐盛世，留下一部盛典流传后世，子孙万代又有谁人能诟病靖难之役呢？

从永乐元年开始，朱棣就为四夷宾服的伟大事业制定相关政策，最直接的政策就是恢复中央王朝的朝贡制度。朝贡，是属国臣服于宗主国的外交形式，也是双方开展贸易往来和文化交流的有效途径。朱棣之所以要推动朝贡，很大程度上是想借诸国朝贡来证明自己的皇位得到了四夷诸国的认可，从而证明自己的正统性。

为此，刚刚登上皇位的朱棣立即遣使朝鲜、安南、日本、琉球、占城等国，一是告知他们新的大明皇帝是谁，二是重新确定双方的臣属关系。同时，朱棣还恢复了宁波、广州、泉州三地的市舶司，作为各国朝贡进京的通道。

不过，以上诸国加起来也不超过十个，远远达不到万邦来朝的标准，自然也无法有力证明永乐朝廷得到了世界的认可。于是，朱棣自永乐三年起便组织庞大的船队下西洋，以三保太监郑和为总兵官，每次出动二万七千余人，前后六次下西洋（明宣宗时期为第七次），最远抵达了非洲东海岸和红海沿岸，一度促使前来朝贡的国家超过了三十个。

在朱棣的朝贡政策下，大明的国威得到了极大宣扬，包括忽必烈都不曾征服的日本，也在这一时期遣使求封，大明在不费一兵一卒的情况下封日本征夷大将军足利义满为"日本国王"，再加上朝鲜、安南、爪哇等国的臣服朝贡，大明在整个东亚地区确立了中央王朝的权威，作为实际统治者的永乐皇帝自然也就得到了诸国的认可和臣服，正统性也就进一步提升了。

然而，朝贡贸易只解决了外邦认同的问题，却没有解决大明百姓认同的问题。故而朱棣在大力推动朝贡制度的同时，也于永乐元年起组织学士编著《永乐大典》，此书于永乐五年著成，搜罗了当时几乎所有的古籍文献，书中大力宣传传统礼法、制度，意在总历代之典，同天下之风俗，本质上是想通过文化宣传巩固永乐朝廷的地位，用文化盛世证明朱棣是天选之子，从而让天下人承认永乐皇帝，承认他的靖难之役。

有了朝贡制度和《永乐大典》的加持，朱棣逐渐摆脱了篡位者的身份，但是他非常清楚，无论是万邦来朝还是盛世修书，其实都是从"务虚"的方面证明自己是天选之子，并不能真正说明问题。要让后人彻底认同靖难之役，认同永乐朝廷，就要让他们看到靖难之役后的大明远比之前的更强盛，而证明强盛最有效的办法就是用"拳头"说话，即达成太祖皇帝不曾完成的伟大事业——征服盘踞塞外的北元残余势力。永乐帝如果能征服漠北的游牧政权，他的天命便无人能质疑了。

征服盘踞塞外的北元残余势力，就是要让兀良哈、鞑靼、瓦剌三部俯首听命，要做到这一点，大明帝国就必须在北疆防线上集结足够多的兵力，做到随时随地都能远征塞外。在这一问题上，朱元璋的策略是塞王戍边，每年秋季出塞巡边，形成防御常态，而朱棣的策略却是继续削藩并且收缩防线。

看上去，靖难后的边防政策调整是卫所的大规模内迁，是放弃土地与边塞来缓解财政压力，但本质其实是集中各精锐卫所于原北平都司，以便集重拳出击漠北，一劳永逸地征服蒙古人。而要统领超过五十万兵马的军队，北疆防线上必须要有一个类似于指挥部的大本营，一个方便御敌的前沿基地。北平，这座永乐皇帝的龙腾之地自然是最合适的地方。

永乐元年正月，朱棣为了早日实现他肃清沙漠的伟大目标，便开始刻意抬高北平的特殊地位，改"北平"为"北京"，称顺天府，定为大明王朝的陪都，同时按照京师应天的编制设置朝廷机构，称"行在"。当年八月，他强行发配流罪以下犯人垦田北京，迁移南直隶、苏州等十郡，浙江等九省大量江南富户到北京落籍，还前后两次从山西等较近的州府迁上万户百姓入京，用以充实北京人口。

永乐四年（1406年），朱棣正式下令按照京师应天府的规制，建造北京皇宫。一时间，来自浙江、四川、山西、湖广、江西等地的木匠、石匠纷纷奉命前往北京，随之而来的还有大量优良的木材和石材，国库里的黄金白银也一批接一批地投入到营建北京城的各项开支中，北京无疑成了全国的焦点。

事实上，朱棣是鼓起了莫大的勇气才决定迁都北京的，因为这座城市所在的北方经济凋敝，人口也远远低于南方，就连粮食也产不了多少。也许有人会说，中国历史上定都北方的王朝不胜枚举，凡是大统一的王朝几乎都建都北方地区，比如汉唐的长安、洛阳，北宋的开封，似乎定都就必须选在北方一样。其实这个说法根本不符合实际，汉唐时期的北方远比明初的北方繁荣昌盛，那时的经济重镇都在北方，人口也相当密集，所以定都北方地区是统治全国主要人口的必要措施。

然而明初的情况却完全不同，以洪武二十四年为例，京师应天府及周边四州十三府被合称为直隶，该地区包括应天、凤阳、苏州、松江、常州、镇江、庐州、淮安、扬州、徽州、宁国、池州、太平、安庆、徐州、广德、滁州、和州，就这么点儿大的地方居然集中了一百八十七万多户，一千多万人口，而同一时间的北平都司仅有三十四万户，一百九十八万人口，还不到直隶的五分之一，这之间的差距一目了然。更离谱的是，据《明史·成祖本纪》记载，明初的北平、山东、河南就常常爆发饥荒①，刚登上帝位的朱棣就多次面临运粮赈灾的尴尬局面。

不仅如此，由于北方人力资源不足，当地经济环境差，隋唐时期繁荣的大运河也不复当年之貌，地方政府很难拿出钱来维护运河航道，结果河道泥沙淤积严重，很多地方已经不再通航。

这么一来，没有足够人口的北方既不能自己种出足够五十万兵马的粮食，也没有通畅的大运河帮助他们从江南运来粮食，如果永乐帝在

---

① 原文："甲午，振直隶、北京、山东、河南饥。"

北京建都，光是北京城的粮食支出就够他头疼的，更不要说用于远征漠北的军粮了。因此，要迁都北京，除了花大价钱建造北京城和新皇宫外，朝廷还要拿出足够多的钱来开凿运河，保证江南的粮食能迅速运至北京。

永乐九年，朝廷开始疏通大运河，当年即命宋礼开会通河，四年后又让陈瑄凿清江浦，恢复北京至通州的河运，同时还组建了一支多达十二万人的漕运官军，设漕运总兵管理，专门负责运河航道的运输及维护，他们必须定时清理河道，保证从京师应天府来的任何船只都能直接抵达北京。这自然是一项花钱的差事，朝廷为了保证十二万漕运官兵能正常工作，相应的拨款肯定是少不了的，这也是一项巨大的负担。

迁徙人口、建造皇宫、维护运河三大工程是永乐朝廷最费钱却不增加收益的项目，更让人心疼的是，这三大项目不仅费钱而且还是长期项目，绝非两三年就能结束的，其中北京皇宫的修建就断断续续持续了整整十四年时间，直到永乐十八年（1420年）才正式落成。这十四年来花费的黄金白银已经很难查清，但可以肯定绝不是一笔小数目。

因此，群臣反对迁都北京的声音很大，特别是南方士族的反应最为激烈，朱棣为了压制反对的声音，不惜大开杀戒，狠狠清理了一批人，这才勉强止住了反对的声音，但并没有让人真正心服口服。

永乐十八年十一月，朱棣正式诏令北京为"京师"，所设机构不再称"行在"，改"应天"为"南京"，颁布迁都令，次年正月正式定都北京。而原都城南京被降为"留都"，保留六部在内的相应机构，依旧派重兵镇守，但失去了领导全国的政治地位，仅剩下象征意义。

以迁都北京为起点，大明王朝真正走出了太祖朱元璋时期的政治框架，原先以塞王戍边镇守北疆的防御体系也荡然无存。朱棣在这十八年间以"温水煮青蛙"的方式推行削藩政策，诸王之权一再受限，所辖护卫也一削再削，其中宁王被徙至南昌，辽王落户荆州，代王、岷王被削夺护卫，晋王、谷王、齐王均被废黜，连亲兄弟周王也被削夺了三护卫。显然，永乐帝不想看到第二个燕王的出现，也就不得不像建文帝那样收回诸王兵权，而且他做得更彻底，把北疆防线上的辽王、宁王、代王、谷王、晋王全都削了，塞王戍边就此成为历史。

　　塞王们相继失势，塞外卫所也逐渐内迁，但是保卫大明北疆防线的任务却依然存在。迁都北京便是对此做出的补充，未来的大明不依靠勋贵功臣和皇室宗亲坐镇边塞，而是由皇帝本人守护国门，由帝国都城作为第一防线，集全国之力消除来自塞外的威胁，即是把原来的"塞王戍边"变成了"天子御边"，用天子一个人代替原来的塞王们，这样既不会再出现另一个强大的藩王，又能有效发挥北疆防线的作用，相信没有任何一个大明天子会不在乎自己的安全，这正是"天子守国门，君王死社稷"[1]的开始，也是永乐皇帝朱棣证明他是天选之子的终极挑战。

---

　　[1] 这一说法出自阎崇年的《正说清朝十二帝》。

第八章

开疆，天命战争

乱局与欺骗

永乐帝朱棣得位不正是很难掩盖的事实，他的后半生几乎都在为自己争取天命，大力恢复朝贡制度，建立大明王朝与周边诸国的主从关系，是能有效证明他是天选之子的证据，因此他非常执着于维护大明在天下人眼中的形象以及在整个东亚地区的权威，不允许他所建立的华夷秩序被挑战、亵渎、质疑，然而朝贡诸国中偏偏有人胆大到触及了永乐帝最敏感的神经。

洪武初年，当时的安南君主陈日煃（kuǐ）遣使来朝，受封为"安南国王"，初步建立了明朝与安南的主从关系。对于受封国而言，大明皇帝是天子，有天命，执天道，能得到中央王朝的册封便等于得到了统治本国的大义名分，这对维护其在地方的统治大有裨益，故而东亚诸国对朝贡一事并不完全抗拒，甚至有人积极求封。

安南，即是今天的越南国，古时被称作"交趾"，秦朝时归象郡管理，汉初为南越王赵佗的地盘，汉武帝时被彻底征服，设交趾、九真、日南三郡管理，唐初改为安南都尉府，隶属岭南，安南之名由此开始。

安南陈氏一族本为国王外婿，但由于王室男嗣断绝，国王死后，外婿陈日燇被立为国王，陈氏由此得到了政权。陈日燇又传位给陈日烜（xuān），陈日烜在位时僭称"越皇帝"。到元朝时，元世祖忽必烈曾多次派兵攻打安南，但始终没能够将其并入元帝国，仅与其保持了名义上的藩属关系。

洪武初年遣使求封国王的陈日煃就是陈氏后裔，但是此人很快就去世了，王室旋即发生内斗，本来被推为国王的陈日熞反为陈叔明所杀，陈叔明由此自立为王。消息传回大明后，朱元璋拒绝承认陈叔明为王，陈叔明害怕大明干预，只好退位为"上皇"，先后立陈日煓（tuān）、陈日炜（wěi）两兄弟为傀儡国王。时间一晃到了靖难之役后，刚刚登上帝位的朱棣很快就迎来了安南的使臣，对方所奉国书中的安南君主却不是陈氏，而是自称先王外甥的胡苍。

据说胡氏一族源自浙江，五代后汉时期迁入安南，因拜高门黎氏为义父，改姓“黎”。数代之后传至黎季犛（máo）时，该家族已经与安南王室联姻并生有王子，是实打实的外戚。黎季犛利用自己的外戚身份不断集中权力、排除异己，得到了上皇陈叔明的宠信，顺利扶持女婿陈日焜（kūn）即位为王。然而黎季犛仍不满足，又架空陈叔明和陈日焜，胁迫陈日焜迁都至其大本营清化并传位给其年仅三岁的幼子。

不久后，黎季犛先杀女婿又杀外孙，大肆清除陈氏宗族，终于在建文二年时恢复祖姓胡，并接受党羽推戴，自立为帝，国号“大虞”。考虑到自己并没有陈氏血统，不容易得到整个安南的认可，胡季犛很快传位给儿子胡苍，此人乃是胡季犛与陈氏公主所生，算是沾了点儿王室血统，于是胡苍便以此为由向刚刚即位的朱棣朝贡，意图得到册封。

安南局势纷繁复杂，本国百姓尚且不能完全弄清楚，远在数千里外的大明就更不清楚了。朱棣起初对安南国王改姓一事颇为怀疑，并没有立即承认胡氏为新的安南国王，而是派大臣前往安南实地调查，但是调查是公开透明的，胡季犛等人立即安排亲信负责沿途接待事宜，安南的真实情况就这样被掩盖了，朱棣这才同意册封胡氏为新的安南国王。

然而变数很快出现。永乐二年八月，前安南王孙陈天平在老挝军民宣慰使刀线歹的护送下逃到大明，详细陈述了胡季犛父子杀戮安南王室的悖逆之举，哀求大明庇护。几乎是同一时间，安南故臣裴伯耆（qí）也到大明求援，痛陈胡氏一族篡位之事，请求大明派兵讨伐，助陈氏一族复国。两件事情均把矛头指向胡季犛父子，朱棣不得不重视起来。恰逢安南使臣前来朝贡，朱棣旋即让陈天平出来相见，使臣一见陈天平当即跪倒在地、痛哭流涕，唯唯诺诺不敢言语，朱棣这才知道胡季犛父子篡位竟然是真的，不由得龙颜大怒。

永乐三年正月，朱棣派遣监察御史李琦、行人王枢等至安南斥责胡季犛父子篡夺陈氏王位之事，始有干预安南内乱之兆。六月，预感到大事不妙的胡季犛父子与臣僚商议后决定做两手准备，一边派人上表谢罪，表示愿意迎陈天平归国即位，同时归还以前侵占云南土官的思明地区；另一边却悄悄扩军备战，征发民夫打造兵器铠甲，准备武力对抗大明。

由于安南地域偏远，大明又刚刚经历了靖难之役，中原地区百废待兴，北疆防线又亟待重建，永乐帝无意在安南大规模用兵，见胡季犛父子愿意让出王位，于是决定暂缓军事干预的计划，但也没有立即答应胡季犛父子所请。

鉴于永乐帝态度不明，陈氏后裔又有大明庇护，心怀不安的胡季犛父子于当年十二月再次派使臣阮景真携带大量礼物朝贡，其目的仍是迎回陈天平。此时的永乐帝对大明的国威非常自信，认为安南两次请罪应该是害怕大明治罪，于是诏谕胡季犛父子称："果迎天平归，事以君礼，即当建尔上公，封之大郡。"[1]

朱棣之所以愿意赦免胡季犛父子篡夺王位之罪，一是为了借保护陈氏王族之事来吸引更多的外邦加入大明的朝贡体系，巩固自己天下共主的地位；二是因为大明北疆防线不稳，鞑靼、瓦剌两部之事颇为棘手，朱棣急于将注意力转移到漠北地区，不想在安南花费太多精力。

永乐四年正月，朱棣派征南副将军黄中、吕毅、大理卿薛喦率兵

---

[1] 出自《明通鉴·卷十四》。

五千，护送陈天平返回安南即位，同时下诏封胡季犛为顺化郡公，以顺化郡作为其食邑，赋税钱粮均由其节制。如果事情真能如大明设计的剧情那样发展，安南很可能成为第二个朝鲜，但是胡季犛费尽毕生精力才把王权握在手中，对陈氏王族更是大加屠戮，又怎么会把到手的权力拱手让出？而陈天平虽然是王族，却没有军事力量作为支持，仅靠大明的几千军队就能得到整个安南吗？

永乐朝廷显然低估了胡季犛父子的狡诈。

三个月后，陈天平在大明军队的护送下抵达安南丘温，胡季犛遣大臣黄晦卿等人迎接，礼节周到并用大量酒肉犒劳明军，而黄晦卿等人对陈天平也行跪拜之礼，意在迷惑明军，使其放松警惕。

然而，作为大明皇帝封的顺化郡公，最该出现的人应该是胡季犛，毕竟陈天平也是他的主子。征南副将军黄中于是责问胡季犛所在，安南人似乎早就想好了对答之策，诈称胡季犛因为突然生病耽搁在了嘉林江，所以没能一起前来丘温。黄中有些怀疑，便让黄晦卿立即前往嘉林江催促胡季犛前来，同时派少许骑兵前往一探究竟。没想到胡季犛早有准备，派了不少人假装百姓迎接明军，沿途箪食壶浆，一片其乐融融的景象。

黄中见安南百姓如此友善，便打消了顾虑，没有再次催促胡季犛前来，而是带兵穿过隘留、鸡陵二关，在即将抵达芹站时，山路变得越来越险峻，茂密的林木几乎遮蔽了天空。恰逢天降大雨，道路变得泥泞不堪，明军大部队无法按照原来的阵形行军，只好拆分成小队依次前进，驮马、车辆多陷入泥中导致行进缓慢。正当明军艰难行军时，远处隐约出现一座桥梁，河水汹涌，再加上四周密林高耸入云，道路狭窄难行，黄中一行人在不知不觉中已经进入了兵家所谓的"险境"。

突然，原本安静的山林鼓声雷动，无数安南伏兵鼓噪着从密林四周杀出，无数弓矢、飞石也从天而降，明军在这极短的时间内难以列阵，各部均仓促迎战，很快就被安南伏兵截成数段，彼此间难以呼应，而跟随明军一路而来的黄晦卿等人早已把陈天平所在位置报告给了胡季犛，安南军队有针对性地直奔陈天平所在，当即俘杀陈天平，大理卿薛嵓、行人聂聪均当场阵亡。

等到明军反应过来时，安南军队已经完成既定目标并开始撤退，黄中杀退突袭伏兵后才发现陈天平已经不知所踪，旋即命令明军追击安南伏兵，可是等到他们追杀到桥梁边时才发现，安南人早就摧毁了桥梁，河水湍急又难以抢渡，一时之间竟无法过河。没想到安南人不忘讽刺明军，称还会上表谢罪。黄中无可奈何，手中的兵力又不足以作战，只好带兵撤回大明，并详细报告了陈天平被杀一事。

得知安南背信弃义后，朱棣雷霆震怒，当即对成国公朱能说道："蕞尔小丑，乃敢欺我，此而不诛，兵则何用！"①

《韩非子·存韩》载："兵者，凶器也。"凡是穷兵黩武的皇帝必定会招来祸端，因此对于是否远征安南，大明朝廷争论不休，不少文臣认为安南地理环境艰险，粮草补给运输不易，而且云南、贵州等地常常叛乱，贸然深入安南丛林极有可能导致西南地区叛乱。诚然，文臣的判断并非没有道理，但对于靠靖难之役上位的朱棣而言，大明在朝贡体系中的权威是证明自己拥有天命的必备条件，如果安南能无视大明而废立君主，甚至袭杀大明官员，那大明的权威何在，朱棣的天命何在？

成国公朱能一如既往地支持朱棣的一切想法，正如当年千里奔袭南京时，朱能始终坚定地站在朱棣这边，支持朱棣的冒险。对于用兵安

---

① 出自《明史纪事本末·卷二十二》。

南，朱能当即表示愿意亲冒矢石为大明讨伐胡季犛父子。朱能的表态让朱棣信心大增，他立即封朱能为征夷大将军。

七月，大明正式组建安南远征军，以成国公朱能为大将军，西平侯沐晟、新城侯张辅为左右副将军，丰城侯李彬、云阳伯陈旭为左右参将，外加清远伯王友，神机将军程宽、朱贵，游击将军毛八丹、朱广、王恕等，横海将军鲁麟、王玉、商鹏，鹰扬将军吕毅、朱吴、江浩、方政，骠骑将军朱荣、金铭、吴旺、刘札出等二十五员大将，号称八十万大军。

远征军兵分两路南下，西路军由左副将军西平侯沐晟统率，调四川、云南、贵州等都司兵马七万余人，从云南蒙自发兵入安南；东路军由大将军成国公朱能亲自领兵，麾下包括京军神机营、湖广、福建、浙江、广西等都司精锐，自广西凭祥攻入安南。兵部尚书刘俊参赞戎务，尚书黄福、大理寺卿陈洽转运粮饷。

安南之战爆发。

第一次安南之战

为了展现大明帝国作为天下之主的公正，朱棣在远征军出征前定下了三条规矩，一是胡氏父子必不赦免，但胁从之臣均可释放；二是与民秋毫无犯，不得滋扰当地百姓；三是寻找陈氏子孙贤明之人立为新的安南之主。①

①《明史纪事本末·卷二十二》："是日，上幸龙江祃祭，誓众曰：'黎贼父子，必获无赦，胁从必释。毋养乱，毋玩寇，毋毁庐墓，毋害稼穑，毋恣取货财，毋掠人妻女，毋杀降。有一犯者，虽功不宥。毋冒险肆行，毋贪利轻进。罪人既得，即择立陈氏子孙贤者抚治一方，班师告庙，以次定功。'"

三条规矩无一不是大明帝国气量的体现，也表明永乐帝并不是要打一场毁灭安南的战争，而是帮助安南人的"吊民伐罪"之战。不得不承认，朱棣很有战略眼光，他几乎可以预见不加约束的明军会给当地百姓带来的灾难，而安南的土地东西有上千里，南北也超过了两千里，这样辽阔的国家人口不会少，与其一城一池地攻略，不如以恢复陈氏王位为名，争取安南反胡季犛势力的支持，如此便可重创胡氏伪王，快速占据优势地位。

　　冬十月，噩耗突然而至，朱能出师未捷身先死，竟然于龙州病逝，朱棣不得不让右副将军张辅代领大将军一职，领兵继续南征。事实上，朱能病逝后，东路远征军面临两难的抉择，继续南下前途堪忧，撤回南京又会被皇帝责罚，众将士都很忧虑。但是张辅立即站了出来，力排众议决定继续南下，他认为主帅虽暴毙，远征军的使命却没有结束，大丈夫建功立业正在今朝，岂能一战未打就匆匆归国。于是在还没有得到朝廷命令前，张辅便以副将军之职领导东路军展开军事行动。

　　张辅，字文弼，河间王张玉的长子，《明史·张辅传》赞其"雄毅方严，治军整肃，屹如山岳"。少时的张辅随张玉研习兵法、武艺，思维敏捷，能融会贯通，很快就展现出其在带兵打仗上的指挥天赋。靖难之役爆发后，张辅随燕军转战各处，极大地锻炼了他的军事指挥能力。东昌之战时，张玉为拯救朱棣于乱军中被杀，张辅由此继承了父亲的职务。在之后的战役中，张辅既有先父张玉的智谋，又有大将朱能的勇武，在夹河、灵璧等大战中均有战功，凭自己的功劳得封信安伯，永乐三年又加封为新城侯，可谓虎父无犬子的最好诠释。

　　张辅领导的东路军很快便抵达凭祥，那里早已按照朝廷指示准备了兵器钱粮，正所谓"兵马未动，粮草先行"，东路军几乎没有休整便从凭祥南下，以迅雷之势攻破隘留、鸡陵两座关隘，当地的安南守军虽然知道明军会来，却没想到来得这么快，他们根本无法做出有效抵抗。入境后，张辅立即以恢复陈氏王位的名义列胡季犛父子谋朝篡位二十条大罪，号召安南百姓加入明军，一同推翻胡季犛的伪朝，一时间明军到来的消息传遍安南，给了胡氏伪朝极大的心理压力。

很快，东路军在张辅的率领下抵达了芹站，同样的地方，同样的陷阱，安南军队以为张辅会像黄中一样大意轻敌，先断桥，后伏兵，本想打明军一个措手不及。然而，张辅并没有立即进入，而是把军队一分为三，左右两翼在前，中军在后，四面由京军神机营护卫，大军先取道密林，搜寻、扫荡藏匿于林中的伏兵，一旦发现便以火器射击，既能远程打击对手，又能起到警示后面友军的作用。安南军队见明军战术得当、无懈可击，不敢接战，居然全数逃走，拱手让出了阵地。东路军由此穿过芹站并搭浮桥渡河，直抵富良江。

西路军此时在西平侯沐晟的带领下也从蒙自南下，相比东路军的战斗，西路地区人口相对较少，安南并没有在当地派驻重兵，这可能是因为当地道路不通，密林远远多于东部地区。沐晟不得不让明军将士伐林开路，一部分人专门负责披荆斩棘，另一部分人负责运输粮草物资，剩下的人沿途警戒，以防安南军队突然出现。不久后，西路军攻克猛烈栅、华关隘，以同样的声势宣告了明军的到来，安南守军兵力不足，胆气泄得干干净净，全都抛弃城池关隘逃跑，西路军造船至白鹤，与张辅的东路军会师。

大明远征军会师后，兵锋直逼安南东都升龙，直到这时，明军才见到真正的安南军队。原来，伪胡政权仗着宣江、洮江、沱江、富良江河水湍急，相互交错险峻，便把兵力集中于河岸沿线，明显是要借助天险阻挡明军攻势，待明军体力耗尽后再发动反击。

考虑到明军多来自中国南部，对波涛汹涌的长江早就习以为常，所以安南军队半渡而击的战术非常冒险，很可能被明军强渡得手，于是安南军队沿着江河两岸广修栅栏，栅栏紧靠河流北岸，辅以箭楼于交通要道，还加筑了多邦城，城栅相连，连绵九百余里，尽发江北诸郡百姓戍守，对外号称两百万大军。另外，安南在富良江南岸缘江置椿，把从全国征集的船只统统派到这里，组成舟师防线，还在各处海口扎下木桩，以防明军偷渡。

单看安南的防线，简直是明初的安南版"马奇诺防线"，看起来无懈可击，其实破绽也很致命，因为整条战线都依托河流设置，也就意味着每一处防线都必须派兵戍守，纵然安南号称有两百万大军[①]，可是一旦分散防守便不及明军兵力，明军完全可以集中力量突破其中一处，而这一处致命的"七寸"很快被张辅找到，即新筑的多邦土城。

这座城池两翼设置的栅栏、木桩都直逼河流，明军如果发动渡河作战，基本找不到登陆点，但偏偏多邦城前有一处沙滩，刚好可以用作抢滩登陆的阵地。张辅、沐晟决定集中兵力突破多邦城，当即移营三带州招市江口，打造渡河船只。为了转移安南军队的视线，明军骑兵将领朱荣突袭了位于嘉林江的安南军队，而沐晟也率领大军袭破了洮江北岸的安南军队，张辅的主力借机迅速移动至多邦城前的沙滩立寨。

不过，多邦城并非轻易可下的城池，安南军队早就想到明军会利用这片沙滩，所以加强了多邦城的防御能力。首先是加高了多邦的城墙，站在城下让人感到高峻难登，其次在城墙外挖了多重战壕，战壕里插了很多竹刺，最后还在战壕外挖了坎池陷阱。至于坎池究竟是怎样的，可能是一段被砂石遮盖的护城河，也可能是位置不定的陷阱。

---

① 《明史纪事本末·卷二十二》："……尽发江北诸郡民守之，号二百万。"

张辅、沐晟倒也不急于攻破多邦城，占据沙滩阵地后便派人四处搜寻木材器具，用以打造攻城器械，只是因为时间仓促，沙滩地面又非常软，明军无法使用如同攻城塔那样的重型攻城器械，而是用竹子、树干拼接了很多梯子，同时找来了不少易燃物。

　　时机成熟后，张辅决定夜袭多邦城，他豪情万丈地传令中军："贼所恃者此城，大丈夫报国立功，在此一举，先登者赏不次。"①明军因此十分踊跃，士气大振。恰逢夜色昏暗，伸手不见五指，张辅命令军队全部熄灭火苗，人衔枚，马裹蹄，悄悄接近多邦的西城墙。负责夜袭城墙的是都督黄中，他此前带兵护送陈天平时丧师辱国，如今张辅将其派为先锋，意在激发他的雪耻之心。黄中严令麾下士卒不得发出任何声响，尽数绕过了安南军队设置的多重城壕，直抵城下。

　　明军动作非常迅速，分成前后两个梯队，前队部署云梯，一旦绕过壕沟就直奔城下并迅速将云梯靠上城墙，后队则手持没有点燃的火把、刀剑，紧紧跟在前队身后，只等前面的云梯靠上墙，他们便立即借云梯攀登。

　　明军先锋的行动看起来简单，其实非常复杂，这么多人要不发出声音地越过陷阱本就困难，而他们抵达城下后更是时间紧迫到不容任何犹豫，因为云梯一旦搭上就有可能被巡逻的多邦城守军发现，万一对方反应过来，明军的奇袭就会失败。

　　然而，经历过靖难之役的明军没有让人失望，云梯刚一靠上城墙，他们就迅速向上攀登，指挥蔡福等人率先登城，后面的明军也接连不断，西城墙上的安南军队还没来得及反应，便被明军杀死，巡逻兵几乎

---

① 出自《明史纪事本末·卷二十二》。

无一幸免。得手后，城墙上的明军立即取下没有点燃的火把，等到黄中一声令下后同时点火举起，城下的明军见状立即吹响铜角，刚刚还寂静无声的战场顿时人声鼎沸。

明军士气大振，各路人马相继展开攻城作战，一时间多邦城各处都遭到明军的攻击，安南军队早前准备好的箭矢来不及射出就被明军夺走，城墙、城门很快失守，张辅指挥主力大军入城，安南军队不得不退守城中抵抗，试图与明军打巷战。明军倒也不惧，逐渐缩小包围，一点一点向城中央逼近。

明军步步紧逼，安南军队逐渐被逼到一起，他们拿出了最后的撒手锏，列战象为阵，以为能吓住明军将士。然而，安南人怎么都没有想到，明军早就想好了对付战象的办法。张辅让游击将军朱广把画着狮子的布蒙在战马身上，夜晚本就昏暗难辨，再加上明军士兵鼓噪呐喊，远处的战象以为面前真有无数狮子，顿时惊惧不已。但这还不是张辅的全部战术，他及时调整了部署，以神机营为左右两翼，对着安南战象就是一顿猛射。

火光在夜色下分外显眼，如同一条条火蛇，枪枪命中庞大的战象。巨大的枪炮声震得多邦城几乎要地震，漫天的硝烟让人分不清这是人间还是地狱，野兽仅剩的一点儿坚持也在火铳的射击下彻底崩溃了。害怕被"狮子"和"火蛇"攻击的战象纷纷掉头逃窜，哪里还会顾及是友军还是敌军，只管一个劲儿地逃离战场，结果把面前的安南人撞得人仰马翻、哀号满城。明军趁机发动总攻，一路追击至伞圆山，杀得安南人丢盔弃甲、尸横遍野，多邦和东都升龙相继落入明军手中。

张辅、沐晟驻兵抚谕，左参将李彬受命杀奔西都清化，明军一路来势汹汹，刚开始还持观望态度的安南反胡氏势力纷纷举兵响应，各路人马聚集在大明帝国的军旗下，李彬所部如雪球一样越来越大，胡季犛父子终于感到了绝望，连夜收拾金银细软，焚毁了宫室仓库，乘船朝海上逃跑，于是三江路、宣江、洮江等州县均向明军开城投降。曾经不可一世的胡季犛怎么也不会想到，大明帝国的军队竟然在这么短的时间里就突破了他的多邦防线，还击败了有大量战象加持的两百万大军。

更让胡季犛父子绝望的是，明军不但陆战厉害，水战也毫不逊色。张辅亲率水师直逼胶水县，于永乐五年正月再次击破安南在沿江的防线，先在万劫江普赖山斩首三万安南陆军，后在木丸江击破五百余艘战舰组成的安南水师。到三月时，明军已经抵达闷海口。

由于安南军队不敢正面迎战明军，且闷海口一带地势低洼潮湿不适合扎营，张辅又想了一条妙计，假装还师咸子关，仅留下都督柳升守备。胡季犛父子以为明军真的撤退了，当即组织最后的人马追击明军，试图杀败殿后的军队，恢复一下士气。没想到，张辅前军变后军，后军改前军，突然折返富良江，决战就此爆发。

安南军队虽然惊讶，但毕竟实力犹在，战舰沿河十余里，横截江中，以木立寨，又把数万精兵部署在陆地上，与明军主力展开决战。张辅一路追击安南军队，要的就是与安南主力打一场，现在安南主动迎战正合其意。明军将士从水陆两线铺开兵力，步骑左冲右突，生生冲破了安南军队的防线，水师配以各类火器，打得安南水寨烈火四起，安南士卒纷纷跳水逃命。

明军水陆追击，斩首数万人，一时间江水尽赤，尸横遍野，胡季犛父子仅乘小舟逃奔义安。四月，张辅所部追至海门泾鹊浅，本来天气炎热，久不下雨，河水由此干涸，明军水师不得前进，没想到就在这时天降甘霖，河水突然上涨，明军水师全数通过。

五月，明军攻势更加凌厉，张辅、沐晟等率步骑夹江两岸而击，柳升率舟师横冲其阵，于茶龙、奇罗海口再败安南军队，俘获战舰三百艘，伪胡政权的军队至此全数崩溃，不是投降，就是藏匿深山，而始作俑者胡季犛父子也在东躲西藏中被明军捕获，于当年九月献俘京师。

《明史纪事本末·卷二十二》载："乃置交趾布政使司、都指挥使司、按察司，分十七府，曰交州、北江、谅江、三江、建平、新安、建昌、奉化、清化、宣化、太原、镇蛮、谅山、新平、义安、顺化、升华，四十七州，一百五十七县，卫十一，所三，市舶司一，改鸡陵关为镇彝关，安抚人民三百二十万，获蛮人二百八万七千五百，粮储一千三百六十万石，象马牛十三万五千九百，船八千七百，军器二千五十三万九千。"

永乐五年六月，大明远征军凯旋，永乐皇帝大喜，于次月犒赏三军，晋封新城侯张辅为英国公，西平侯沐晟为黔国公，清远伯王友为清远侯，丰城侯李彬、云南侯陈旭各增食禄五百石，都督金事柳升封安远伯，战死的都督金事高士文追封建平侯，其余将士各按功劳封赏。

至此，安南恢复交趾旧称，并入大明帝国，第一次安南之战结束。

远征军再征安南

回看第一次安南之战，明军在张辅、沐晟的率领下攻城拔寨，破多邦，战胶水，决胜富良江，几乎势不可当。究其原因，除了明军自己的军事素养远高于安南军队外，朱棣定下的三条规矩也起了极大的作用。

张辅等将严格按照朱棣的指示行事，开战伊始便打着"吊民伐罪"的旗号，天命、大义、民心无疑都属于大明军队，当明军在初期的战斗中证明了自己的实力后，那些蛰伏各处的反胡氏势力纷纷举兵响应，相继加入大明远征军，有来当向导的，有来助战的，甚至有人临阵倒戈加入明军的，明军由此带着全体安南人的希冀讨灭了伪胡氏政权。

在安南人看来，大明帝国是天下共主，是朝贡体系的宗主国，完全有能力帮助他们恢复曾经的国家，然而随着明军完全控制了安南后，张辅等人忽视了一个最重要的问题，即安南人甘心臣服于大明的真正原因，这个原因就是朱棣三条规矩的最后一条：扶立陈氏后裔重登王位。

安南虽然是汉唐时期的交趾，但时过境迁，四百年的岁月让两者已经慢慢"疏远"，而且安南在自身文化的影响下自成体系，独立倾向非常高。张辅没有意识到这一问题，他恐怕并没有全力寻找在世的陈氏后裔，草草上书朱棣，称安南已无陈氏后裔，建议将安南并入大明帝国，如此朱棣便有了开疆扩土之功，交趾承宣布政使司自此诞生。

问题随之而来，大明征讨安南的初衷并不是开疆扩土，是为了维护大明在朝贡体系中的权威，是为了证明朱棣是天命所归，是帮助安南人推翻篡位弑君的伪胡政权，可是一旦大明自己兼并了安南，安南人会怎么看待大明帝国，是拯救者，入侵者，还是欺骗者？如果大明能按照安南自己的传统治国，轻徭薄赋、与民休息，也许还有机会同化安南，然而大明派去的官吏并没有这样的大局观。

《明通鉴·卷十七》："是月，巡按交趾御史黄宗载上言：'交趾人民新入版图，劳来安辑，尤在得人。而郡县官多，两广、云南举贡，未历国学，遂授远方牧民之任，若俟九年黜陟，恐益废弛。宜令至任二年以上者，巡按御史及两司核实举按以闻。'"

正如巡按交趾御史黄宗载所言，交趾人民新入版图，最重要的在于争取当地民心，然而朝廷派来的官吏多是来自两广、云南的贡生，这些人水平参差不齐，也没有从政经历，更不知如何处理政务，牧民者不知抚字，理刑者不明律意，如此治理交趾百姓，当地人能不产生怨恨吗？而朝廷派至交趾的高级官僚中，有人视交趾为发财之所，肆意搜刮民脂民膏，比如中官马骐就大肆贪墨，导致交趾百姓苦不堪言，这些无一不是失去民心的事情。

当大明渐渐显露出抛弃陈氏后裔的苗头后，一些原来支持明军的安南人开始背叛明军，其中一个名叫简定的武将在看清了明军的真实想法后，便带着部曲悄然离去，此人原是陈氏王室的武将，后来追随明军征讨伪胡政权，立下了很多战功，他宁可放弃大明的封赏，也不愿意追随明军，充分说明了安南人复立陈氏为王的决心。

明军显然没有重视这些悄悄叛离的安南人，简定离开明军后，潜入了化州，当地官员邓悉、阮帅等都对大明心怀不满，他们很快联合在一起。永乐六年八月，即朱棣封赏远征军的次月，简定举兵造反，自立为"南王"，改元"兴庆"，立国号"大越"。

由于明军主力早已返回，安南境内的守军稀少，叛军由此攻城略地，首先攻克了咸子关、盘滩，截断了三江府的交通线，原来效忠于伪胡政权的人因为没有了主心骨，于是也加入了简定，两支叛军一经联合，声势浩大，慈廉、威蛮、上洪、天堂、应平、石室等州县一齐响应，交趾布政使黄福等人根本镇压不了。

大明遂诏令沐晟调四川、云南、贵州各都司精兵四万人马南下，以尚书刘俊参赞军务，征讨安南远征军再次成立。当年十二月，明军重新推进至生厥江一线。沐晟以为叛军实力不济，毫不犹豫地引军直击叛军中坚，大战遂在江上展开。然而简定等人熟悉水战，把明军引诱到了逆流之处，使其攻势受阻，兵马船只错落不一，阵形已乱。突然，江上乌云密布、飓风大作，飞沙走石击得明军几乎不能睁开眼睛，天空也因此一团漆黑，如此天象实乃大凶之兆，明军由此动摇起来。

等到沐晟等人反应过来时，简定叛军已经从四面合围而来，一些远离队伍的明军船只迅速被包围歼灭，大火开始在江面燃烧，沐晟当即下令突围撤离，然而叛军已经掌握了战场主动权，顺流而下又战力惊人，各部明军虽然且战且退，却依然免不了被围歼的命运，尚书刘俊不愿被俘受辱，自缢而死，交趾都司吕毅、参政刘昱皆力战阵亡。

消息传回大明后，举朝震惊。朱棣旋即重新任命英国公张辅为总兵官，清远侯王远为副将，征调南京、浙江、江西、福建、湖广、广东、广西各都司精兵四万余人，号称二十万，南下征讨安南叛军。

永乐七年五月，南王简定拥立陈氏后裔陈季扩为大越皇帝，改元"重光"，意为重新光复安南之意。不管陈季扩是不是真的陈氏后裔，安南百姓无不痛恨明军，纷纷加入叛军队伍，陈氏王旗所到之处，州县无不改旗易帜，一时间群盗四起，烽火遍野。叛军将领邓景异于当年八月攻打盘滩，守将徐政奋力抵抗，被叛军飞枪贯穿肋骨，徐政一剑斩断飞枪，依然督师力战，直到叛军撤退后才力竭而死。

这就是英国公张辅重新回到安南时的局势，明军几乎是要重新征服一次安南，第二次安南之战开始。

英国公张辅的军事才能远在黔国公沐晟之上，他没有像明军之前那样孤军深入，而是步步为营，沿途建立补给据点。当他发现叛军依托江海作战后，便在北江游仙一带建立大本营，一方面大肆砍伐树木，打造战船、弓弩；另一方面广发委任状，以官职、金银等策反叛军兵马，并用这些人组成了一支先锋部队。

明军准备充分后，张辅正式发动攻势，以安南人的军队为先锋，连破慈廉、广威等营寨，进兵咸子关。叛军在该处留有重兵防守，一路由大将邓景异为主将，扼守南策州卢渡江太平桥，另一路以大将阮世每为统帅，领兵两万、战船六百余艘扼守江面东南侧，沿岸均立有木桩为屏障，战术与之前的伪胡政权别无二致，就是要把明军挡在江河对岸。

张辅仔细分析了叛军部署，发现邓景异所在易守难攻，而阮世每有战船六百艘，一旦明军无法立即攻破邓景异，阮世每的战船可以顺流而来，夹击明军后侧，反而是邓景异无法快速移动，因此应该先去收拾阮世每的水军。于是，明军移师挑战叛军水师。

正值秋高气爽，西北风强劲，张辅发现叛军大营恰好位于江口东南侧，他当机立断，要全军抢在西北风停下前迅速攻入叛军大营。明军诸将都明白主帅的战术，旋即挑选轻舟为前锋，载满了火矢、火油和火器。明军乘风而南，杀声震天，火铳、箭矢齐发，连破叛军各处营寨。大火迅速在江面燃烧，叛军逆风迎战不敌，当即阵亡三千余人，被俘战船四百余艘。

水师既破，张辅旋即转身攻打叛将邓景异，叛军没有了友军作为依靠，根本无法有效组织防御，军心早已涣散，邓景异不战而逃，明军乘胜追杀，又在太平海口歼灭叛军战船三百艘，连续收复交州、北江、谅江、新安、建昌、镇蛮诸府，战局开始发生逆转。

永乐七年十一月，伪王陈季扩遣使上表求封安南国王，承诺按时朝贡大明，以大明为宗主国。陈季扩明显感受到了明军的巨大压力，担心继续作战终将会步胡氏后尘，不得不放下脸面来求和。然而，陈季扩等人并不理解明军，也不理解朱棣，明军的一切行动都在于扬大明国威，若是此时接受和谈，放弃交趾全境，等于自己承认失败，承认朱棣无力开疆扩土，所以从大明决心兼并安南起，朝廷就不会再册封安南国王，陈季扩的请求被张辅驳回。

紧接着，张辅兵分三路推进，以朱荣、蔡福为左右两翼，走陆路先行，自己则率领中军走水路压阵，明军又一次高举王旗，连破沿线城寨，直抵清化，叛军首脑简定一退再退，被明军追杀至演州。张辅让沐晟从磊江南下掠定州县，朱荣率舟师逼近牛鼻关以截断叛军退路，简定逃无可逃被迫躲入美良山中，最终被张辅俘送至京师斩首。

剩下的时间基本是明军的表演，叛军首脑简定被杀后，陈季扩四处逃窜，失去了对全局的掌控力，其部下阮师桧拥兵两万，自立为王，割据东潮州。张辅首先发兵东潮州，斩首五千，生擒叛军将领范友、陈原卿等两千余人。为了震慑叛军势力，张辅下令斩杀全数俘虏，用尸骸筑为"京观"[1]。

此时，朱棣的另一场战争即将打响，他无意在安南派驻过多的兵力，决定召回英国公张辅随驾亲征。至于安南战场，朱棣仍以黔国公沐晟为总兵官，追剿陈季扩残部。陈季扩见张辅等主力离去，一度诈降称臣，被大明授予交趾右布政使之职，属下多被授予都指挥、佥事等职。这一变化导致本来是一边倒的安南战局发生逆转，陈季扩等叛军势力得到了喘息之机，队伍再次壮大起来。

然而，陈季扩只是缓兵之计而已，并不愿意当大明的官吏，依然劫掠交趾各处州县，其目的恐怕是要大明册封其为安南国王。永乐九年正月，大明再次派出了威震西南的英国公张辅，领四川、广西、江西、湖广、云南、贵州六都司以及安庆十四卫，共计两万四千兵马，会同黔国公沐晟追剿陈季扩。永乐十年，明军于神投海口大破叛军。永乐十一年十二月，两军决战于爱子江。

彼时，叛军以数万象兵伏击明军，但张辅素来重视情报工作，也擅于侦察敌情，发现叛军伏兵后，张辅以远程步兵为前锋，专门射击战象的驭手，一箭射死象奴，再一箭射中大象鼻子，大象再一次失控，纷纷转身奔逃，反而把叛军踩死踩伤了大半。明军趁机进攻，再次大破叛军，斩敌、擒将无数。

---

[1]《明史纪事本末·卷二十二》："八年春正月，张辅败贼党阮师桧于冻潮州，斩首五千级，生擒伪将军范友、陈原卿等二千人，悉坑之，筑尸为京观。"

永乐十二年正月，叛军已成穷寇。沐晟、张辅督师至罗濛江，道路狭窄，两侧均为悬崖峭壁。张辅命令明军舍马步战，于混战之中射中叛军主将邓景异，终于将其擒获。接着，又在南灵州俘获僭越称王的阮师桧。兵穷人困的陈季扩被迫逃入老挝躲避，他以为明军不会越境攻击。没想到张辅毫不犹豫地率领明军连克老挝三关，吓得老挝蛮兵四散溃逃，陈季扩这才被明军俘送至京师斩首。

至此，第二次安南之战以明军大获全胜结束。不过，这并不是安南的最终结局，大明对安南的统治非常不稳定，由于明朝管理方面的问题，争取民心的工作始终没有成功，而安南人也仇视占领家园的大明军队，即使没有陈氏后裔领导，各地安南人时叛时降，大明帝国始终无法真正统治安南全境。到朱棣驾崩为止，安南人的小规模叛乱依然在继续，大明在这片土地上的战争似乎没有尽头。

朱棣为什么对征服安南如此执着？

我们常说位置决定行为，人性就是站在自己的角度去做利益最大化的事情。如果朱棣还是燕王，大概会认为陈氏失国是理所当然的，是昏庸、无能、丧失民心的结果，因为那时的他是藩臣，与胡氏父子有许多相似之处，自然认为天命不一定属于当权者，所以他会发动靖难之役。但是已成为皇帝的朱棣绝对不会这么想，身份改变后心态也就跟着改变了。作为最高统治者的他不会允许任何人质疑他的皇位，故而一定是坚决拥护陈氏复国的，因为保护属国的原有统治者本身就是强化自身皇权的体现，是大明天下共主身份的证明，也是间接告诉天下人，朱棣的大明皇位同样不容侵犯，毕竟现在的统治者已经不是建文帝朱允炆了。

第九章

拓土，塞上风云

漠北争端再起

永乐七年，正当张辅率领的远征军奉命追剿陈季扩等叛军势力时，朱棣突然一纸诏书召回了总兵官张辅，对陈季扩的叛军势力改剿为抚，是什么急事让大明帝国放缓了安南之战的攻势呢？

洪武二十四年，联合瓦剌首领猛可帖木儿袭杀北元合法皇帝脱古思帖木儿的也速迭儿病逝，其子昂克继承汗位。昂克汗一支属于阿里不哥后裔，并不是忽必烈系的大汗。由于昂克过于年轻且手无强兵，自恃有拥立之功的猛可帖木儿自任太师，把持了汗廷大权，昂克汗几乎成为傀儡。这让忠于忽必烈系的部分大臣非常不满，其中以太尉浩海达裕为代表的势力与猛可帖木儿的矛盾越发激烈，时刻想着推翻阿里不哥系的大汗。

洪武二十七年，汗廷的两股势力终于翻脸，内乱爆发，以太尉浩海达裕为首的东蒙古派意在推翻昂克汗，猛可帖木儿麾下的瓦剌势力与之不相上下，很难分出胜负，最后昂克汗被杀，两方势力反而达成一致，共同推举忽必烈系后裔买的里八剌为新的大汗，汗廷暂时东迁。

这位名叫买的里八剌的新汗，正是应昌之战时被俘虏的北元王子，也就是脱古思帖木儿的次子，被朱元璋封为崇礼侯。当时为了扶持亲大明势力，朱元璋将买的里八剌无条件放回草原，他的忽必烈系后裔身份迅速让其成为各路首领争相抢夺的"奇货"，因为在当时的蒙古草原，各部落都认为只有黄金家族后裔才有资格成为大汗，其余贵族可以执掌政权，却不能自封为大汗，买的里八剌就这样成了新的大汗。

买的里八剌汗上位后，汗廷有意脱离瓦剌人的控制，以浩海达裕为代表的东蒙古派始终与瓦剌首领猛可帖木儿明争暗斗，如果买的里八剌始终支持东蒙古派，也许还真能达成目标。然而，买的里八剌并非他父亲那样的君主，他不仅为人好色、短视、忘恩负义，而且毫无道德，也无羞耻之心。据说因为他发现胞弟哈尔古楚克都古楞特穆尔鸿台吉（简称哈尔古楚克鸿台吉）的妻子洪高娃美艳无比，便杀了胞弟，霸占了弟媳，可又由于洪高娃在枕边进谗言构陷浩海达裕，买的里八剌又处死了浩海达裕。

事后，买的里八剌为了安抚东蒙古派，便把女儿萨穆尔公主嫁给了浩海达裕的儿子马哈木，还承诺将扶持马哈木统领瓦剌四部，马哈木一派由此开始崛起。然而，买的里八剌能坐上汗位全靠浩海达裕的拥护，杀死拥护他的浩海达裕就等于自毁长城。猛可帖木儿得知这一变故后大喜，立即以买的里八剌擅杀胞弟、霸占弟媳、扶植马哈木等为由，出兵讨伐买的里八剌。

建文元年，瓦剌部首领猛可帖木儿一路征讨，大破买的里八剌的军队，没有东蒙古派的支持，买的里八剌和他的长子很快在混战中被杀死，唯有次子本雅失里逃走，投奔了西边强大的帖木儿帝国。由于本雅失里有黄金家族血统，"跛雄"帖木儿把本雅失里留在了撒马尔罕，猛可帖木儿所领导的瓦剌势力远不是帖木儿帝国的对手，只好放弃。

猛可帖木儿杀死买的里八剌后，他再次从阿里不哥后裔中寻找可以扶持的傀儡，新的大汗名叫坤帖木儿，这彻底激怒了东蒙古势力，瓦剌、鞑靼至此完全分裂为两支政权，相互之间水火不容，攻伐不断。让猛可帖木儿没有想到的是，之前被买的里八剌赏识的马哈木日渐壮大，此人还真有成为瓦剌四部首领的野心，双方很快发生战争。

建文四年，也是靖难之役即将结束的那一年，曾经雄霸草原的瓦剌之主猛可帖木儿兵败，马哈木联合其他瓦剌首领杀掉了猛可帖木儿及其拥立的坤帖木儿汗，瓦剌内部发生分裂。新一代的年轻领袖马哈木、太平、把秃孛罗三人分掌瓦剌事务，割据额尔齐斯河、科布多河、准噶尔盆地一带。而东蒙古鞑靼以阿鲁台、也孙台、马尔哈咱三人为领袖，盘踞在贝加尔湖至呼伦贝尔一带。

坤帖木儿汗被杀后，瓦剌内部一时无主可立，看准时机的鞑靼人转而从窝阔台系后裔中选出月鲁帖木儿为新的大汗，号"鬼力赤汗"，马尔哈咱任右丞相，也孙台任太傅、左丞相，阿鲁台任太保、枢密院知院，三人分掌汗廷大权。

时间一转眼来到了永乐元年，结束靖难之役的永乐帝为了答谢朵颜三卫在战争中的支持，便把整个大宁都司都交给他们，兀良哈人由此再次崛起。得到了整个大明天下的永乐帝并没有忘记明太祖留给自己的使命，"肃清沙漠者"的赞叹至今言犹在耳。如果说建文帝朱允炆的削藩政策破坏了太祖皇帝定下的塞王戍边，那朱棣的奉天靖难无疑让大明的北疆防线濒临崩溃，盘踞在草原的瓦剌、鞑靼、兀良哈完全可以借机突破长城。

初登帝位的朱棣并没有忘记修补北疆防线，永乐元年二月即遣使漠北，试图与鬼力赤汗建立一种互不侵犯的关系，这时的朱棣不想肃清沙漠了吗？当然不是，他不过是假借友好之名行缓兵之实，因为大明的北方经过靖难之役后残破不堪，还没有恢复防御能力，北疆防线需要时间来重建。可惜，朱棣的小把戏没有骗过鞑靼人，鬼力赤汗表面上没有回复大明的国书，实际上却兵犯辽东、永平。

面对鬼力赤汗的军事挑衅，尚未恢复北疆防线的大明选择了隐忍，朱棣虽然没有明说，却已经开始筹备迁都北京城，组建全新的京军三大营，以及集结各精锐卫所兵力于漠北沿线，这些无一不是针对鞑靼、瓦剌的军事准备。这些军事准备中，迁都北京是为了建立一个能够有效指挥北疆战事的指挥部，集结卫所兵力是为了日后重拳出击，而组建全新的京军三大营则是朱棣在靖难之役后对大明中央军的重大改编。

在这场改编中，朱棣增加了更多京军卫所，成立了由中军、左右掖、左右哨组成的五军营，以边外三千降卒设立的三千营，以及用从安南得到的火器之法装备的神机营。通常情况下，五军营负责阵形，三千营负责巡哨，而神机营专事远程射杀敌军，他们按照"步兵于内，骑兵于中，火器在外"①的原则组成阵形，尤其适合与漠北的游牧骑兵作战。

京军三大营中，神机营的设置史无前例，其前瞻性常常被今天的学者盛赞。根据《明史·志六十五·兵一》记载②，神机营火器的使用之法由安南（即交趾）传入中原，这并不是说火器的制作工艺是从安南那里引进的，毕竟火药是中国的发明，从唐代开始便有应用于军队的案例，而这里所称的火器之法是指火铳的列阵战法。

关于火铳的阵法，后世往往喜欢称其为"三段射击"，它的核心思想即是缩短火铳发射的时间，形成密集打击。当然，以当时的火器制作工艺来看，要减少每次射击的时间，除了加强操作手的日常训练外，几乎没有任何办法，但是明军在征讨安南时发现了队列交替射击的妙处。

第一种方案是把军队分成三排，由第一排的士兵负责瞄准、射击，第二排和第三排分别负责填装、传递，这样便让军队有了齐射的可能，而且随着后两排填装的速度加快，第一排的射击也会更加密集。

第二种方案同样是把军队分成三排，但不再相互传递火铳，而是队列交替转换，当第一排的士兵完成射击后，他们就会从队列缝隙处快速跑到第三排处，开始缓慢填装火药，原来的第二排士兵则上前变成第一

---

① 《明史·志六十五·兵一》："大驾征行，则大营居中，五军分驻，步内骑外，骑外为神机，神机外为长围，周二十里，樵采其中。三大营之制如此。"

② 原文："征交趾，得火器法，立营肄习。"

排，继续瞄准、射击，然后再到最后一排填装弹药。三排士兵交替射击，使得军队火力持续不断。

具备火器的制作工艺，又得到了先进的阵列射击，明军神机营的战斗力堪称世界一流，为大明王朝的征战提供了强有力的支持，对征服漠北诸部有了科技上的碾压优势。

永乐初年，大明朝廷之所以没有立即行动，除了北疆防线本身需要时间重建外，另一个原因是鬼力赤汗统治的汗廷并不齐心。瓦剌人拒不听命于新的大汗，右丞相马尔哈咱、太傅左丞相也孙台、太保枢密院知院阿鲁台三人之间也矛盾重重，鬼力赤汗能控制的部众非常有限，这代表鞑靼内部可能出现变数。

消息很快传到大明，鬼力赤汗联合阿鲁台等人与瓦剌马哈木儿经大战，非但没有征服瓦剌，反而一溃千里，他本就不高的大汗威望严重受挫，麾下各部落首领越来越不看好他。由于鬼力赤汗属于窝阔台系后裔，北元旧臣认为他并不具备担任大汗的资格，阿鲁台敏锐地发现鬼力赤汗有被各部首领抛弃的趋势，为了巩固自己的地位，他只好厚着脸皮入贡大明，试图单独与大明建立友好关系。几乎在同一时间，连番大战的瓦剌马哈木也想到了拉拢大明牵制鬼力赤汗的策略，同样遣使大明。

这段时间依然是大明在靖难之役后的恢复期，朱棣还是没有采取任何针对漠北的直接军事行动，但是他却不忘利用蒙古各方势力的争斗来收集情报。永乐五年，逃往帖木儿帝国的买的里八剌次子本雅失里得到了察合台汗国的支持，他在这一年率领军队重返草原，高举恢复北元的旗帜，大举征讨岌岌可危的鬼力赤汗。

本雅失里的出现让勉强平衡的草原各方势力迅速重新洗牌，鬼力赤汗的汗廷爆发内乱，也孙台为阿鲁台所杀，马尔哈咱只身投奔瓦剌，鬼力赤汗与阿鲁台的关系急转直下。如此一来，鬼力赤汗几乎失去了所有的支持者，瓦刺马哈木、阿鲁台均与之不和，本雅失里毫不费力地逼近鬼力赤的汗廷，在即将与鬼力赤汗展开决战时，阿鲁台率先动手杀了鬼力赤汗，主动归顺了本雅失里。阿鲁台的投诚为他赢得了太师的职位，本雅失里就此接管了鞑靼各部。

得益于忽必烈后裔身份，登上汗位的本雅失里明显比鬼力赤汗更受欢迎，各部首领均愿意接受他的调遣，本雅失里由此萌生恢复大元帝国的野心，很快就出兵控制了哈密地区，并向东与兀良哈人建立了臣从关系。本雅失里的扩张不免让朱棣心生忧虑，哈密和兀良哈都是大明曾经控制的区域，是与草原政权间的缓冲区。本雅失里的军事行动让朱棣不得不立即把精力集中到漠北，而同一时间的安南问题已经无法与之相比。

永乐六年春三月，朱棣遣鸿胪寺丞刘帖木儿不花出使本雅失里，试图缓和双边关系，争取更多时间重建北疆防线，但本雅失里根本不予理会。一年后，朱棣派遣都督指挥金塔卜歹、给事中郭骥再次出使本雅失里，没想到这一次本雅失里直接把使臣郭骥给杀了，与明为敌的态度已经再明显不过了。

"两军交战，不斩来使"是最基本的外交准则，如此行径只能说明本雅失里即将对大明用兵，可是他为什么急于向大明宣战呢？有资料[①]认为，朱棣派遣郭骥出使鞑靼并不是简单的示好，而是在策反、拉拢本雅失里的廷臣，其目的是阻止本雅失里继续扩张，不希望他兼并瓦刺后重新统一蒙古。这是本雅失里所不能忍受的。

本雅失里的出现让鞑靼势力大增，除了大明不开心外，瓦刺马哈木

---

① 《蒙古历史一百名人·本雅失里汗》载："其实，朱棣派郭骥到北元去更主要的目的是干涉北元内政，阻止忽必烈后裔本雅失里回蒙古本土即汗位。"

等人同样也不开心，毕竟他们是支持阿里不哥系后裔的，如果在位的大汗是忽必烈的后裔，那肯定没有瓦剌人的好果子吃。朱棣经过多年的情报收集，基本掌握了草原各方势力的关系，他决定采取拉一派打一派的策略，联合处于劣势的瓦剌对付日渐强大的鞑靼。

永乐七年五月，朱棣册封瓦剌首领马哈木为顺宁王，太平为贤义王，把秃孛罗为安乐王，瓦剌暂时加入了大明王朝的朝贡体系，针对鞑靼的军事联盟初步建立。

同年七月，朱棣以鞑靼擅杀大明使臣为由，以淇国公丘福为征虏大将军，武城侯王聪为左副将军，同安侯火真为右副将军，靖安侯王忠、安平侯李远为左右参将，领步骑十万北伐鞑靼。

北伐军的阵容非常强大。总兵官丘福是追随永乐帝起兵的元老级人物，名声不在张玉、朱能之下，真定之战时曾率领骑兵随朱能突入城池杀敌，不避斧钺的勇猛仅次于朱能。决战白沟河时，丘福又承担了直击中坚的困难任务，夹河、沧州、灵璧几场大战均担任先锋作战。

在整个靖难之役里，张玉、朱能无疑是最抢眼的大将，丘福虽然也是元老级人物，性格却相对内敛一些，《明史·丘福传》称其"朴戆鸷勇"，每每到了上报功绩和上交俘虏时，丘福总是站在最后，等其他人报告完了才上前，永乐帝看在眼中，赞叹道："丘将军功，我自知之。"①因此，靖难胜利后，永乐帝把丘福定为第一武将功臣，位次竟然在朱能之上。

除了淇国公丘福外，北伐大军的其他主帅同样是军中名将。安平侯李远早年任蔚州卫指挥佥事，靖难之役爆发后举城归降燕军，此人智勇

---

① 出自《明史·丘福传》。

双全，曾在靖难包围网时受命焚毁南军粮草，仅带六千轻骑纵横济宁、谷亭、沙河、沛县等地，纵火焚毁南军上百万石粮草，之后又设法击败前来追击的三万南军。千里奔袭战时，李远在藁城一役仅以八百轻骑击溃上万南军，被永乐帝大赞："万古名将不能过也[1]。"

至于武城侯王聪、同安侯火真、靖安侯王忠，他们无一不是追随朱棣奉天靖难的功臣，其中火真还是蒙古人，作战勇猛无畏，擅长苦战、硬战。王聪、王忠也都是靖难之役中脱颖而出的优秀骑兵指挥官，非常适合漠北这样的骑兵战场。

这是一支朱棣满意、信任、报以巨大期待的北伐军。然而，永乐七年八月，大明帝国却接到了一份让人震惊的战报：十万北伐军在胪朐河全军覆没，淇国公丘福、武城侯王聪、同安侯火真、靖安侯王忠、安平侯李远全数阵亡，无一幸免。

胪朐河的噩梦

"北风卷地百草折，胡天八月即飞雪。"[2]以此句来描述草原战场再合适不过了。

永乐七年八月，淇国公丘福率领武城侯王聪、同安侯火真、靖安侯王忠、安平侯李远等靖难元勋，以十万步骑的优势兵力浩浩荡荡地踏入荒凉的漠北草原。和洪武年间相比，漠北的游牧政权更加分裂，实力更加衰弱，大明帝国却如骄阳般急速上升，即便经过了四年靖难之役，大

---

[1] 出自《奉天靖难记·卷四》。
[2] 出自（唐）岑参《白雪歌送武判官归京》。

明依然具有征伐草原的实力，两者在国力上的差距早已不可同日而语。

与靖难之役不同，北伐草原最大的难题是搜寻敌军所在，茫茫草原没有固定的城市、村庄，也就意味着明军无法轻易找到补给，粮草物资全靠自己提前准备和后勤运输。朱棣之所以选择丘福作为北伐军总兵官，一是因为成国公朱能英年早逝，无法领导这场大战；二是因为蒙古骑兵来去如风、作战狡诈，唯有老成持重的将领可以应付。在朱棣的眼中，丘福从不与人争功，为人谦虚谨慎，又敢于担任先锋突袭[①]，善于把握战机，是绝佳的总兵官。

出征前，朱棣拉着丘福面授机宜，再三强调："毋失机，毋轻犯，毋为所给。一举未捷，俟再举，尔等慎之。"[②]从朱棣的话来看，他本人对征讨本雅失里是非常谨慎的，并不期望丘福像蓝玉突袭捕鱼儿海一样搞快速推进，而是要他稳扎稳打，见机行事，不求一举成功，但求徐徐图之。

事实上，明军北伐的时机非常好，本雅失里怒杀大明使臣时正值鞑靼与瓦剌交战，瓦剌四部一路转战，连败本雅失里、阿鲁台所部，迫使鞑靼汗廷向东退至胪朐河，而明军由南向北杀来，断了鞑靼南下的通道。如果瓦剌愿意与明军协同作战，两支军队便可对鞑靼形成钳形攻势，让本雅失里首尾难顾，只要明军在胪朐河取得胜利，东边摇摆不定的兀良哈势必也会加入战局，三方一同围剿鞑靼，可以直接消灭忽必烈后裔的汗廷。

以上就是大明帝国调整北疆防线后第一次重拳出击漠北的局势。为

---

① 《明史·丘福传》："福为人朴戆鸷勇，谋画智计不如玉，敢战深入与能埒。每战胜，诸将争前效虏获，福独后。"

② 出自《明史纪事本末·卷二十一》。

了抓住剿灭鞑靼的时机，朱棣窥探漠北多年，多次遣使结交瓦剌权贵，终于让瓦剌四部接受册封，而兀良哈本就是朵颜三卫之一，虽然摇摆不定并一度倒戈到鞑靼一方，但他们往往趋利避害，还没有与大明帝国彻底翻脸，肯定愿意站在有战争优势的阵营里。

时机好是毋庸置疑的，但让人想不到的是，好时机却让一向谨慎的明军主帅丘福过于乐观了。

对征虏大将军丘福来说，这次北伐是他第一次独立领导如此庞大的军队，麾下精兵良将无数，背后又有整个大明帝国支持，大丈夫征战沙场的最高成就是"封狼居胥"，千古留名的机会现在几乎摆在了他的面前，还有什么比这更让人兴奋的呢？

一踏入草原，丘福便开启了突袭模式，这是他擅长的作战方式，曾在靖难之役里屡试不爽。由于十万明军是步骑混编，行动难免快慢不一，丘福始终记得朱棣那句"毋失机"，对缓慢的行军速度非常不满，于是从各部骑兵中挑选了上千燕云铁骑，带着武城侯王聪、同安侯火真、靖安侯王忠、安平侯李远迅速北上胪朐河，想打本雅失里一个措手不及。

在胪朐河以南，千余燕云铁骑首先遭遇了一支小股部队，丘福兴奋地发动了进攻，杀得鞑靼骑兵溃不成军，一路向北败逃。在漠北作战，这种小规模的遭遇战往往是大战的前奏，朱棣本人就多次靠小规模遭遇战获得重要的战场情报，丘福也采用了类似的策略，即是不把鞑靼人一杀了之，而是好酒好肉地招待被俘的鞑靼人，以便从中套取重要情报，其中一个自称是尚书的鞑靼人让丘福重视了起来。

这个自称是尚书的鞑靼俘虏称，本雅失里对明军突然到来感到非常意外，正收拾金银细软准备向北逃窜，现在就在胪朐河以北三十里处。

丘福听后大喜，对诸将说道："当疾驰擒之。"①

这可把诸将吓了一跳，要知道现在的明军只有千余燕云铁骑，而本雅失里有多少军队还不知道，连他在三十里外的情报也是真假难辨，明明还有十万大军可以调动，为什么非要用这么小的部队去突袭敌军汗廷呢？其实，站在丘福的角度来看这一决定是非常有魄力的，游牧民族长期在马上生活，除了"快"，还是"快"，现在本雅失里因明军突袭而内心震惊，正好可以在他们没有准备前杀个措手不及，如果等到大军会合，恐怕本雅失里早已逃得没影了。

"毋轻犯"的告诫言犹在耳，诸将都劝丘福不要贸然深入敌军腹地，最好先派斥候查探一番，等到大军抵达后再向北推进。问题就出在这里，诸将的建议都很正确，可以说是万无一失，但丘福全都没有采纳，就连派轻骑侦察虚实的正确建议都否决了，理由是兵力不足，不宜再分兵行动。他忘了蓝玉突袭捕鱼儿海时总是派出去很多斥候，其目的就是避免被错误的情报误导。

作为最高指挥官，最不应该的就是把三军将士的性命当成赌注，丘福无疑是把千余骑兵的性命当成了他成就功名的工具，坚决要去本雅失里的汗廷。于是丘福以尚书为向导，向北搜寻本雅失里的踪迹，连续奔袭两日都遭遇了不同数量的鞑靼骑兵，而且每战必胜，鞑靼骑兵似乎根本不敢与明军交手，总是一触即溃，这更加坚定了丘福一举打垮本雅失里的信心。

但是连番胜利却让诸将们不安，安平侯李远劝谏道："将军轻信敌间，悬军转斗。敌示弱诱我深入，进必不利，退则惧为所乘，独可结营

---

① 《明史纪事本末·卷二十一》："福大喜曰：'当疾驰擒之。'"

自固。昼扬旗伐鼓，出奇兵与挑战；夜多燃炬鸣炮，张军势，使彼莫测。俟我军毕至，并力攻之，必捷。否，亦可全师而还。始上与将军言何如，而遂忘之乎？"[1]

安平侯李远的建议无疑是正确的，他已经看穿了尚书不过是鞑靼人的间谍，而本雅失里一再溃败无非是诱敌深入的低级把戏，现在明军孤军深入，早已不是讨论追不追本雅失里的时候了，而是解决怎么才能让千余骑兵全身而退的问题。为此，李远建议用虚张声势之计，白天让一支骑兵外出骚扰敌军，避免他们窥探明军虚实，晚上多点篝火营造大军在侧的假象，时而鸣炮又能让鞑靼骑兵不敢靠近，如此一来，丘福等人就可以坚持到十万大军抵达，到时再向北追击便没有隐患了。

然而，丘福被蒙蔽了双眼，失去了最基本的判断，他始终不相信尚书是间谍，坚持认为本雅失里就在不远处，而且可以一举击溃。赌徒一旦掷下骰子，便不会再走回头路，此时的丘福无疑就是这样的赌徒，他厉声大喝道："违命者斩！"[2]说罢，丘福率先带领骑兵向北追击，诸将见状只好策马跟随，毕竟服从是军人的天职。千余明军骑兵就在鞑靼间谍的引导下，一路向北疾驰，战马在荒凉的草原上越跑越远，沿途没有饮水、食物，所有人都筋疲力尽，但丘福依然相信本雅失里就在不远处，再坚持一下就可以了。

终于，疲惫不堪的丘福见到了他期待已久的鞑靼主力，只不过那不是一支慌乱的乌合之众，而是严阵以待的伏兵。本雅失里的军队早就布下阵地，形成了一个巨大的口袋阵，只待丘福麾下的千余燕云铁骑踏入口袋后，便从四面八方围了上来，封锁了明军南撤的通道。

---

① 出自《明史·丘福传》。
② 出自《明史·丘福传》。

鞑靼骑兵围着明军骑兵高声号叫，不断挥舞着手里的弯刀，那刀刃上的寒光刺得丘福睁不开眼，明军开始慌乱，战马也不停打转。战机已至，鞑靼骑兵先是以密集的弓矢射杀最外围的明军骑兵，密密麻麻的飞箭如同骤雨一般倾泻而来，来不及躲闪的明军将士很快中箭落马，武城侯王聪当即阵亡。战局再清楚不过了，鞑靼骑兵试图用弓矢围歼明军，如果不快速突破口袋阵，所有人只有阵亡这一种结局。

安平侯李远回首一望，身边将士竟然已经阵亡了一半，但他依然是最清醒的那一个，当即召集五百骑兵突围，这位曾经纵火焚烧徐、沛百万粮草，以轻骑八百破敌万人的名将，用最后的勇气突入鞑靼军中，挥舞着冰冷的长刀利刃，举手之间血肉横飞，惊得鞑靼骑兵四散而退，顷刻间便斩敌数百人。

然而，鞑靼骑兵以机动闻名草原，他们很快回过神来，旋即以更快的速度脱离接触，以便拉开距离继续射击明军，李远等明军骑兵长途奔袭本就疲惫不堪，如今又与伏兵血战，体力消耗得非常快，很难咬住鞑靼骑兵，距离就这样被轻易拉开。一旦双方脱离接触，李远手里的大刀便没有了用武之地。只听"嗖嗖"几声箭鸣，无数箭矢从明军身边穿过，哀号、坠地的声音交织在一起，犹如死神降临前的丧钟。李远的战马在无数箭矢中横冲直撞，最终连中数箭后重重栽倒在地上，李远也因此跌落，久久不能起身，鞑靼骑兵见状纷纷策马上前捕获明军士兵。没有战马的帮助，李远的突围终究只是徒劳。丘福、李远、火真、王忠等均被鞑靼俘杀，千余燕军铁骑全数阵亡。

"誓扫匈奴不顾身，五千貂锦丧胡尘。可怜无定河边骨，犹是春闺梦里人。"①

---

① 出自（唐）陈陶《陇西行四首·其二》。

丘福等人阵亡后，朱棣引以为傲的十万铁骑在没有主帅的前提下进退失据，本雅失里大举反攻，不断消耗他们的兵力，相继围歼了溃散的明军主力，侥幸逃出生天的人也因草原上没有粮食、饮水而死，无数明军铠甲、旗帜落入本雅失里之手，茫茫草原上又增添了无数白骨，这无疑是对大明帝国的重创，也是对朱棣的沉重打击。

大明帝国在靖难之役后第一次针对漠北的军事行动就这样以失败收场，这是朱棣所不能忍受的，他筹划多年才抓住的战机怎么能是这样的大败，他该如何面对天下臣民的质疑？如何证明自己的天命？又该如何震慑朝贡诸国，稳住瓦剌、兀良哈两部呢？

永乐的漠北首战

永乐七年的惨败又一次激起了朱棣的雄心壮志，辽阔的漠北草原是无数华夏男儿舍身报国的战场，那里有"大漠孤烟直，长河落日圆"[①]的荒凉无垠，也有"醉卧沙场君莫笑，古来征战几人回"[②]的视死如归，那里曾是匈奴骑兵纵马驰骋的天下，也是成吉思汗挥鞭炫耀的江山，更是大汉冠军侯"胡尘千里惊"[③]的见证，是大唐李卫公踏破阴山逐突厥的传奇舞台。每一个有热血的男儿无不向往着按剑策马封狼居胥的赫赫武功，朱棣——这位曾经被太祖皇帝誉为"肃清沙漠者"的马上皇帝，终于决定御驾亲征了。

---

① 出自（唐）王维《使至塞上》。
② 出自（唐）王翰《凉州词二首·其一》。
③ 出自（南北朝）孔稚珪《白马篇》。

胪朐河之战后，朱棣立即做了三件事，一是遣使联络瓦剌马哈木等三王，让其警惕可能用明军装备、旗帜伪装的本雅失里军队，并称自己将在来年亲征漠北；二是命刑部、都察院暂缓处决死刑犯，将天下坐罪发配、监问未决的一律送至北京自陈罪行，意在从中拣选悍勇之人充实军队；三是让武安侯郑亨、成安侯郭亮各率本部兵马同往开平备边，同时命镇守甘肃的宁远侯何福节制迤北王子等归附的鞑靼部众，准备随驾亲征。

　　朱棣的危机处理大有深意，遣使瓦剌明着是提醒马哈木等人小心本雅失里的袭击，实际上却是把大明天子即将亲征漠北的消息散布出去，意在提醒瓦剌四部不要轻举妄动，大明实力犹在。

　　关于亲征漠北，朱棣时刻不忘情报收集工作，很快就掌握了本雅失里等人的最新动向，他们的汗廷因为大胜丘福而迁移到东南方，那里气候更加温暖，适合过冬休整。朱棣急于亲征，是因为他判断本雅失里、阿鲁台必定以为明军刚遭惨败无法再次北伐，他们很可能在冬季结束后向西征讨瓦剌，如果鞑靼大军一路向西，明军便很难追上，因此必须在次年二月开始行动，那时鞑靼的战马最瘦，明军仅需携带二十日的粮草便可抵达胪朐河，就算鞑靼人此时远遁，明军也可用轻骑快速追击。[①]

　　作战时间就这么定了下来，来年春二月朱棣便要御驾亲征。

　　征讨漠北草原最大的难题就是粮草补给问题，朱棣的思路是稳扎稳打，沿途建立补给据点，一点一点逼近鞑靼汗廷。关于这一点，户部尚书夏原吉给出了自己的具体方案，即是用三万辆武刚车运送二十万石粮

---

　　① 《明太宗实录·卷九十七》："上召诸将谕以亲征之策曰：'昨有自虏中归者，言本雅失里、阿鲁台志骄气盈，谓我师新挫，不能再出，渐移营东南过冬。朕今秣马厉兵，来春必再举。虏果在东南久住，则我师可缓出；虏若乘新胜之势往攻瓦剌，则其众西行矣。我俟草青启行，其去渐远，追之无及。朕拟来春二月行，是时胡马疲瘦未可动，我师约载二十日刍豆可至其地，虏觉而遁亦可追及。尔等之意如何？'"

草随军北行，每隔十天便就地修筑一座城池，专门用于存放部分粮草，进可以追击鞑靼人至草原深处，退可以保证大军粮草不缺。[①]这种作战策略与蓝玉、丘福快速突入漠北腹地截然不同，它的优点是能保证己方军队的后勤补给线，不会冒大的风险，缺点是限制了大军的速度，一者临时修筑城池需要时间，二者稳步推进肯定无法做到严格保密，敌军斥候会立即发现明军位置及动向，相对被动。

永乐八年二月，朱棣正式发布亲征胡虏诏，调集各地卫所精锐，连同京军三大营，以清远侯王友督中军，安远伯柳升为副将，宁远侯何福、武安侯郑亨督左右哨，宁阳侯陈懋（mào）、广恩伯刘才督左右掖，都督刘江督前哨，合计五十万大军北伐草原。五十万兵马同时出塞在大明王朝的历史上还从未有过，其震撼程度足以让己方士气大振，也足以让敌人胆寒心忧。

三月，五十万明军浩荡出塞，抵达凌霄峰，年过半百的朱棣登上峰顶，看着荒凉的大漠，不禁对身边的众人感叹道："元盛时，此皆民居也。"[②]如今大元帝国早已烟消云散，剩下的黄金家族成员也沦为各部首领的傀儡，四分五裂的草原从此再难统一，大明王朝起自草莽，驱逐鞑虏而有天下，现在正是彻底征服草原，建立华夷新秩序的最佳时机。

四月，明军抵达长清塞，深夜里，朱棣站在大帐前遥望星空，见北斗星已偏于南方，便指着北斗星说道："地极北，夜望北斗已在南矣。"[③]此时的朱棣无疑是豪情万丈的，眼前的荒凉异域即将成为他名

---

① 《明通鉴·卷十五》："于是原吉等议：'用武刚车三万辆，约运粮二十万石，踵军而行。过十日程筑一城，再十日程亦如之。每城斟酌贮粮以俟回军，仍留军守之。如寇觉而遁，则蹑其后，亦如前法筑城贮粮。'诏如法行之。"

② 出自《明史纪事本末·卷二十一》。

③ 出自《明史纪事本末·卷二十一》。

垂青史的见证，辗转人生五十年的他，终于到了实现梦想的时候了。

五月，明军终于抵达了丘福惨败的胪朐河，前哨于苍山峡击退了一支鞑靼骑兵，缴获箭矢一支、战马四匹。战利品虽然很少，但鞑靼骑兵的出现表明本雅失里的大营并没有西征瓦剌，而是在附近过冬，明军此行的目标即将出现。

于是，朱棣命令前哨增派轻骑侦察本雅失里所在，指挥款台果然在五天后又一次捕获了鞑靼骑兵，从他们口中，朱棣得到了本雅失里就在兀古儿札河（今蒙古国乌勒吉河）的重要情报，而且鞑靼汗廷因为明军突然来袭发生分裂，大汗本雅失里意在向西逃窜，投奔宿敌瓦剌，而阿鲁台却不信任瓦剌，认为应该向东联合兀良哈人，据守兴安岭一带，鞑靼由此兵分两路，各地逃散。

大战未开，敌军却先内讧了，这对明军来说是绝好的战机。朱棣当然不会放过各个击破这样的好时机，当即以清远侯王友、广恩伯刘才统领马步大军就地修筑杀胡城驻扎，自己率领精锐轻骑，仅携带二十日粮草，快速向西追击正在逃窜的本雅失里。四天后，朱棣所率轻骑终于在斡难河（今蒙古国鄂嫩河）追上了本雅失里的军队。

本雅失里自与阿鲁台闹翻后，双方发生了火并，部众死的死，逃的逃，能跟随本雅失里的都是老弱残兵和妇孺，明军精骑杀来后，这些人早就没了士气，匆匆拔剑迎战，很快就被明军驱散，而本雅失里身边的精锐本想抵抗一番，但明军的攻势急如闪电，快比奔雷，根本不给鞑靼人重整的机会。

大明的军旗在狂风下猎猎作响，大明天子横刀立马的英姿在阳光下是如此耀眼，犹如天兵降临，鞑靼骑兵顿时胆气全失，本雅失里慌乱之中只带着七个骑兵渡河逃走，其余人马均被击溃俘虏。

五月二十日，朱棣下诏分兵，命清远侯王友、广恩伯刘才率领各自人马先撤回开平休整，成安侯郭亮督运粮草、战利品返回应昌，而朱棣则率领京军三大营的精锐人马继续向东转进，追击正在逃往兴安岭一带的阿鲁台。

六月初八，朱棣追至飞云壑，依然坚持昼夜追击，仅三天后，明军前哨便发现了阿鲁台大军的踪迹，此时他们正在前方不远处的山谷中布阵。朱棣大喜，当即亲率数十骑登上山谷顶峰侦察阿鲁台阵地，他自信地说道："吾已悉破虏之方矣。"①旋即命令明军按作战阵形结阵前进，左右相距数十里，如同一双巨大的翅膀把整个山谷尽数包围。阿鲁台见状，率领鞑靼骑兵且战且退，既无法突围，又不能击溃明军，一时惊慌之下只好遣使求和。

朱棣根本不相信阿鲁台会投降，但也表示愿意接受鞑靼人投降，给出的条件是封侯赐官、世代统领旧部，这算是相当有诚意的条款。然而即便条款如此宽大，阿鲁台依然犹豫不决，因为鞑靼人内部分裂很严重，有一半人同意接受大明册封，另有一半却坚持与明军决一死战，阿鲁台本人虽有意投降却不敢违逆众意。朱棣得知这一情况后，决定不再等待阿鲁台的答复，毕竟明军所带粮草有限，如果阿鲁台是故意拖延，明军恐怕会因缺粮而撤退。

终于到了决战时刻，朱棣命令大军严阵以待，自己又一次亲率数百骑兵直冲敌阵。这一战法是朱棣在靖难之役中惯用的手段，勇气不减当年的老皇帝纵马驰骋而去，身边数百燕云铁骑亦挥舞着长槊大喝，仅有数百人的骑兵竟然踏得烟尘四起，几乎遮蔽了阳光，而战马奔腾的阵阵蹄响，又如地震一般震得鞑靼人惊慌不安。

---

① 出自《明太宗实录·卷一〇五》。

朱棣所率骑兵很快就与鞑靼骑兵撞在了一起,长剑相互砍杀,弓矢来回飞射,鲜血四溅,哀号震天,五十岁的朱棣依然如当年那样豪情万丈,挥剑的英姿还是让人既钦佩又畏惧。大明天子亲自担任先锋的这一击,完全打乱了阿鲁台的原定计划,他本打算原地不动,消耗明军的士气和体力,但没想到朱棣如此不要命的攻击方式居然把鞑靼骑兵的阵线杀得一片大乱,如果再不行动,自己的军队反而会先崩溃。

阿鲁台终于下达全面进攻的命令,鞑靼骑兵立即全线杀出,明军见敌军开始行动,也按照朱棣的命令列阵向前推进,其中明军右哨人马率先与敌军接战,各部兵马先后进入血战模式。随着军旗挥动,神机营的火铳齐鸣,齐刷刷地穿过鞑靼人的铠甲、战马,一批又一批的鞑靼骑兵坠落马下,但他们的攻势并没有削弱,鞑靼骑兵很清楚此战的关键在朱棣,攻势越发集中于明军中坚。

阿鲁台以数千精锐骑兵直冲明军中军,试图擒贼先擒王。朱棣看出了鞑靼人的意图,也毫不示弱,旋即亲率千余精骑与之对冲。在皇帝旌旗下的大明天子大呼奋击,冲杀在最前面,明军士兵见天子如此舍生忘死,顿时士气大振,纷纷追着天子杀出,左右两翼一边以火铳射杀鞑靼侧翼的骑兵,一边派骑兵向鞑靼两翼迂回,试图从侧面包围敌军。

在血与火、刀与剑的交锋中,鞑靼骑兵这支曾经雄霸欧亚的陆上力量终于败下阵来,无数精锐的草原勇士落马阵亡,阿鲁台所率中军也损失惨重,他本人的战马也在火铳、长枪的攻势下倒毙而死,从泥里翻身而起的阿鲁台回头望向战场,只见鞑靼骑兵已经被斩杀大半,死者枕藉,不由得大骂道:"不从吾言至此,今无及矣!"①随即抛下辎重、

---

① 出自《明太宗实录·卷一〇五》。

伤兵，仅带着亲眷逃走。

战场形势在这一刻完全倒向明军，随着阿鲁台精锐人马的溃败，其余鞑靼骑兵纷纷逃窜，朱棣下令追击，明军由此乘胜追杀了上百里，不断有落单的鞑靼人被捕获。朱棣又一次自任先锋，亲率精锐骑兵在最前方冲杀，直到咬住了鞑靼人后，才令柳升所率的神机营当先射击，火铳发出的枪响在荒凉的草原上声震数十里，弹矢不仅能贯穿两人，还能射杀其胯下坐骑，鞑靼骑兵闻之惊溃，一路丢弃牛马辎重无数，明军大获全胜，斩其名王以下百数十人，俘虏的辎重、牛羊不计其数。

由于当时天气炎热，加之缺水，明军无法继续扩大战果，也不能长期待在草原，朱棣决定班师回朝，但他料定鞑靼人会尾随而来，袭击殿后的明军。当大军抵达广漠镇时，朱棣命令大军大张旗鼓地渡河，但悄悄在河曲柳林里埋伏了数百骑兵，同时从神机营里选了十余人在大军的最后，还故意留下了一些粮草物资诱敌。

事实上，朱棣并没有得到任何相关情报，仅是凭借他常年的带兵经验，认为鞑靼人可能败而不溃，会有部分人马孤注一掷杀个回马枪。另外，朱棣行事谨慎，对于未知的草原异域，能防备的就不应该大意。

这一次，朱棣又赌对了。一支装备精良的草原骑兵突然出现在远处的地平线上，他们见明军大部队已经渡河，又有不少财物被丢弃在河边，果然大举杀来，本想趁明军不备时劫掠一番，顺便杀杀永乐帝的威风。然而，当他们刚刚杀至河边时，明军火铳手立即开枪射击，刺耳的枪声再次震得人畜皆惊，虽然没有击中多少鞑靼骑兵，但他们的枪响声正是远处伏兵出动的信号，数百骑兵立即从树林里杀出，从左右两侧突袭这群精锐骑兵。

草原骑兵们发现中计，当即拍马转身欲逃。没想到的是，朱棣本人并没有随大军渡河，而是带着上千骑兵严阵以待，从后面包围了这些胆大妄为的草原骑兵。战斗的结果毫无意外，被四面包围的蒙古骑兵大败而逃，溺死河中的不计其数，被生擒的也有数十人。然而被俘的人却让明军非常意外，这些人竟然是被大明视为塞外藩屏的兀良哈人，也就是当年的朵颜三卫。曾经的盟友竟然在明军征讨鞑靼时背信弃义，还妄想嫁祸鞑靼人，从中获利。朱棣这才看清了这些蒙古首领的真面目，当即将他们全数推出斩首，以儆效尤。至此鞑靼彻底远遁，无人再敢靠近明军。

永乐八年七月，五十万明军凯旋北京城，盛大的凯旋仪式让满朝文武既叹服又振奋，威严的仪仗和威风凛凛的大明将士让全城百姓无比安心，永乐帝于奉天殿大宴群臣，在这座大明帝国最辉煌的宫殿上，从征塞外的大小文武官员、留守公侯伯文武三品以上者、各处进表官及四夷使臣，[①]一起见证了大明王朝北伐鞑靼之战的胜利，也宣示大明王朝取代了元帝国的天命。

有了大明帝国对本雅失里、阿鲁台的致命一击，本雅失里这位忽必烈后裔的汗廷摇摇欲坠，本指望与之有姻亲关系的马哈木能助其重建汗廷，没想到瓦剌人居然落井下石，马哈木终于在永乐十年九月杀掉了本雅失里，兼并了他的部众。穷途末路的阿鲁台在瓦剌的打击下连连败退，不得不向大明帝国奉表请降，朱棣为了牵制瓦剌势力，无意彻底消灭鞑靼，于是接受了阿鲁台的投降，册封其为和宁王，命其仍居漠北。朱棣的第一次亲征漠北之战结束，但他与草原诸部的战争才刚刚开始。

---

① 《明太宗实录·卷一〇六》："癸未，大宴群臣于奉天殿，凡从征至斡难河及答兰那土儿哥地面大小武职官、侍从文职官、留守公侯伯文武三品以上官、各处进表官、四夷使臣皆预。"

决胜忽兰忽失温

第一次亲征漠北之战后，朱棣在草原的威望与日俱增，他的英姿，他的军队，他的战绩，无一不是大明帝国强盛的证明。仅仅过了五个月时间，曾经的鞑靼太师阿鲁台就面临彻底覆灭的危险，不得不向大明帝国称臣贡马。朱棣本可以拒绝接受他们的朝贡，再接再厉消灭阿鲁台，但鞑靼使臣却把话题转向瓦剌人，称瓦剌绝非诚心归附，否则他们不会私自藏匿本雅失里的传国玉玺。

传国玉玺，大元帝国天命的象征。当年中山王徐达攻克大都时，元顺帝带着传国玉玺逃至上都，后来明军占领上都又奔袭应昌，但都没有捕获北元君主，自然也没有得到传国玉玺。如今草原上的大汗已经换了好几位，却依然没有找到传国玉玺，朱棣相信这尊玉玺尚在草原诸部手中，而本雅失里系忽必烈后裔，又被鞑靼拥立为大汗，极有可能继承了元顺帝从大都带去草原的玉玺。虽然朱棣对鞑靼使臣脱忽歹解释"盖帝王之宝在德不在此"[①]，但对瓦剌的真实态度却有了变化。

大明帝国接受鞑靼太师阿鲁台朝贡的消息让瓦剌人惴惴不安。次年二月，顺宁王马哈木就遣使贡马，名义上是向宗主国朝贡，实际却是借机挑拨大明与鞑靼之间的关系，称鞑靼人素来狡诈又桀骜不驯，如果得到喘息之机可能会再次祸害边境，西北诸国会因此失去与大明的联系，不如乘胜追击，彻底消灭鞑靼人。结果让瓦剌人大失所望，朱棣一如既往地重赏了瓦剌使臣，却丝毫不接他们关于鞑靼的话茬儿，完全没有讨论这一问题的意愿，仅是赐了些财物就把他们草草打发了事。

[①]《明太宗实录·卷一一一》："自昔尧舜禹汤文武数圣，人主天下，岂有此宝？盖帝王之宝在德不在此，如必以此为宝则元氏得之当永保天位，福及子孙，何至衰败凋落如今哉！"

瓦剌人碰了一鼻子灰后，鞑靼人看到了机会。太师阿鲁台在永乐九年里大力推动两国邦交，分别于六月、十二月两次遣使朝贡大明，先后向明廷进献了上千匹优良战马。朱棣自然积极回应鞑靼的善意，两次都派使臣回访阿鲁台，还把蓝玉在捕鱼儿海擒获的阿鲁台同胞兄妹二人一并送还草原，拉拢鞑靼针对瓦剌的意图已经非常明显了。

大明帝国对瓦剌态度的转变让马哈木等人察觉到了危险，也许是旁敲侧击打探到了情报，也许是对问题的根源心知肚明，永乐十年五月，瓦剌马哈木遣使臣知院海达儿来朝，称瓦剌欲献上传国玉玺，但因为害怕鞑靼人拦截他们，故而乞求大明派兵消灭阿鲁台。

此言一出，朱棣对传国玉玺的兴趣再次提了起来。然而让他想不到的是，要瓦剌人献上传国玉玺，马哈木还提了三个条件，一是要大明放回脱脱不花之子，此人具有黄金家族血统，有权登上大汗宝座；二是要大明对瓦剌一众首领、将军分别赐予爵位、官职，外加各种赏赐；三是要大明向瓦剌军队提供上等的装备铠甲以及各种兵器。

马哈木的三个条件简直是狮子大开口，不仅要大明消灭鞑靼，还要给瓦剌送上人、钱、兵器，他们要干什么？朱棣不仅是久经战场的军事家，也是领导大明帝国的政治家，他一眼就看穿了瓦剌人的心思，表面上是进献传国玉玺，实际是借刀杀人，让大明当他们的马前卒，等鞑靼覆灭后，瓦剌就可以把大明送还的脱脱不花之子立为新的大汗，然后号令整个草原，并利用大明赠送的武器装备反过来攻击大明，真是一步好棋啊！

朱棣能上当吗？当然不可能，但也没有完全和瓦剌撕破脸，仅是赐了钱币打发了事。

次年正月，瓦剌使臣又跑来大明贡马，提出了更过分的要求，即是要朱棣把甘肃、宁夏一带归附大明的鞑靼部众全部交给瓦剌管理。如果朱棣答应，瓦剌人的势力就会向大明西北地区扩展，战略上的威胁就会进一步增加。朱棣勃然大怒，遣使大加斥责，威胁道："能悔过谢罪，待尔如初，不然，必举兵讨罪。"①可惜，这种威胁在瓦剌人眼中如同笑话。

这一年，瓦剌人仗着拥立阿里不哥后裔答里巴汗的威势，频频在草原各处用兵，特别是在大明边境劫掠各部落的贡使，抢了不少财货，使得漠北道路阻塞。同时，马哈木对大明使臣的态度也越发傲慢，竟然胆大到扣留使臣，即使这般挑衅大明他也不忘继续朝贡，一再向大明索要更多的财物。

通过这几年的一系列边境事件，朱棣已经明显感觉到瓦剌部在草原扩张的势头超出了控制，再加上他们拒不上交玉玺并拥立答里巴汗号令草原，一个试图取代北元的势力在漠北抬头，早已不是鞑靼一部所能制衡的了。

有鉴于此，永乐十一年七月，大明帝国正式册封鞑靼太师阿鲁台为和宁王，默许其拥立阿岱台吉汗与瓦剌汗廷对抗。曾几何时，只有瓦剌人的首领才能得到大明封王的恩赐，如今和宁王阿鲁台似乎更受大明优待，大明帝国抛弃瓦剌，扶持鞑靼人的态度已经非常明显。

听闻鞑靼太师阿鲁台被册封为王，瓦剌马哈木等人勃然大怒，当即挥师东征，杀至斡难河一带。十一月，镇守开平的成安侯郭亮快马驰奏：瓦剌马哈木兵犯斡难河，名为征讨鞑靼阿鲁台，实际是要突袭大明边城。看到这样的急报，朱棣还有些怀疑，瓦剌人真有胆子向大明宣战吗？不久后，鞑靼和宁王阿鲁台遣使入朝，上奏称瓦剌大军已经渡过斡

① 出自《明太宗实录·卷一三六》。

难河，占领了哈拉和林，对外宣称要消灭鞑靼，实际将引兵南下，攻打开平、大同、兴和等重镇。

前有大明镇守总兵的驰报，后有鞑靼阿鲁台的上奏，无论是自己的将军，还是新近臣服的首领，所有人都出奇一致地判断瓦剌大军将要袭击大明，如果这都是巧合，那就太不可思议了。朱棣意识到，大明帝国与瓦剌的战争已经不可避免，若是大明继续任由瓦剌发展，草原很可能被他们重新统一，战火难免不会烧到北京城下。

出征，永乐皇帝又一次决定御驾亲征。

永乐十一年十二月，大明帝国开始战争总动员，北疆防线上的各都司侯、伯、都督、指挥均接到了整备兵马的命令，明军即将大举征讨瓦剌的军事行动几乎是直接公开了。这么公开的目的，一是要让各卫所都督、指挥知道此战的重要性，让他们不敢怠慢；二是间接警告各关隘守军不要接纳任何与瓦剌有关的商队、贡使，以免被人偷袭；三是要大造战争声势，意在让瓦剌人未战先惊，杀杀他们的锐气。

永乐十二年春暖花开，北疆防线上的明军将士在厉兵秣马三个月后全部进入战斗状态。这一次，朱棣还是选择在当年三月展开军事行动，神机营、三千营、五军营的精锐兵马几乎全数出动，加上各卫所挑选的精兵，明军西征瓦剌的大军同样有五十万。

四月，朱棣于兴和大阅六师，以安远侯柳升、武安侯郑亨统率中军，宁阳侯陈懋、丰城侯李彬指挥左右哨，成山侯王通、都督谭青分掌左右掖，都督刘江、朱荣为前锋，浩浩荡荡地踏入了荒凉的漠北草原。

与北伐鞑靼相同，朱棣依然选择稳扎稳打，命令户部尚书夏原吉负责筹措西征粮饷，由忻城伯赵彝、刑部尚书吴中等负责转运粮草辎重。不同的是，明军采取先运粮后进兵的策略，即是先让一部分明军冒险深入漠北筑城，运粮队随后将粮食存放于城中并留忻城伯赵彝守备，待明军主力抵达后便可直接补充各种军需，从而加快五十万大军的推进速度。

历朝历代在用兵时往往最担心军粮问题，没有充足的军粮，任何军队都无法安心作战，而辽阔的草原四面都没有可以倚仗的据点，很难保证补给线的安全，故而常常采用小股部队快速突袭的战术。然而朱棣两次征讨漠北均没有选择快速突袭，而是步步为营，也许有人会疑惑为什么只有朱棣敢这么干？不得不承认，大明帝国采用的筑城储粮之策是在极强的国力支持下才能干的事，但凡钱财、人力有一点跟不上都不可能做到，因此这一时期的大明帝国是相当强大的。

粮食补给问题虽然无法让明军烦恼，但来去如风的瓦剌骑兵能快速转移，确定他们的位置便成了明军的新问题。在这一点上，朱棣让担任先锋的都督刘江、朱荣兵分数路快速向斡难河推进，因为根据鞑靼太师以及和宁王阿鲁台的情报，瓦剌大军不久前曾渡过了斡难河，斡难河是最容易找到敌军踪迹的地方。

五月，明军先锋派出的哨骑发现了一支多达数千人的蒙古骑兵，方向是由西向东，但他们身份不明。朱棣认为，这些骑兵如果是鞑靼人的，由西向东只可能是攻击瓦剌后的返回部队，但是瓦剌目前军势正盛，连续击败鞑靼人的军队，阿鲁台在短时间内是不可能反击对手的，故而不可能派一支数千人的骑兵西征瓦剌。所以这支由西向东的军队只可能是瓦剌人。[1]

既然斡难河出现了数千瓦剌骑兵，那么马哈木的瓦剌主力肯定也在不远处。基于这样的判断，明军大部队开始朝斡难河方向前进。不久后，先锋都督刘江在康哈里孩（同"康哈里该"）遭遇了大量瓦剌骑

---

[1]《明太宗实录·卷一五一》："都督朱荣报虏寇数千人东行，上曰：'此必瓦剌所遣。'"

兵，双方在此正式交战。激战中，明军骑兵快速突袭，直扑敌阵，瓦剌骑兵虽然有强大弓矢火力，却很快败下阵来，数十人当场被俘。

战报传至中军，朱棣判断瓦剌大军必定大举来犯，严令各营加强防备，警惕瓦剌人劫营，特别是要小心那些会汉语的瓦剌细作。为了查出军中是否真有混进来的间谍，朱棣让各营主官特别留意夜间相互攀谈的士兵，因为瓦剌人极有可能在夜间通过蒙古语交换情报。①

果然，前锋营按照朱棣的命令还真抓获了一些瓦剌间谍，这些人多是在明军向斡难河推进时悄悄混进来的，有的甚至可能长期潜伏在北疆各卫所。通过严刑逼供，明军终于得到了最想得到的情报：瓦剌主力距此仅剩百余里。

五十万明军有了目标，立即向瓦剌间谍招供的方向快速移动。情报很快就得到了证实，当前锋都督刘江抵达三峡口时，瓦剌大军已经全数出现。朱棣不敢耽搁，立即率领主力兼程前进。

六月，明军抵达忽兰忽失温（今蒙古国温都尔汗），瓦剌太师马哈木、太平、把秃孛罗以及他们拥立的大汗答里巴均在此处。

六月的天气极为炎热，在荒凉的漠北草原，阳光几乎是毫无阻挡地直射每个角落，这让阵前的两军将士更加躁动，热血已然沸腾，刀剑亟待出鞘。然而，骄横无比的瓦剌人却没有行动，因为眼前的一幕太过骇人，五十万明军的旌旗遍插原野，一眼望不到头，整个地平线上尽是大明将士耀眼的甲胄，犹如天兵降临。

瓦剌人非常狡猾，也很懂兵法，眼前的明军数量极为庞大，而他们只有三万骑兵，平原交战是没有任何优势可言的。因此，马哈木、太

---

① 《明太宗实录·卷一五二》："上度虏必大至，命江等严哨瞭，下令各营曰：'虏中亦有能汉语者，或夜假言语相通，因而劫营，当谨备之。'乙巳，前锋获虏谍，言马哈木、太平等兵距此百余里……"

平、把秃孛罗故意放弃了平地，将军队分成左、中、右三部，全都部署在高高的山巅之上，形成了互为屏障的三角阵，企图利用居高临下的优势与明军周旋。

瓦剌人占有地理优势，自然不愿意贸然行动，但是明军却无法长时间按兵不动，毕竟天气炎热，数十万大军的体力会因此快速消耗，时间一久，明军的士气、锐气都会大打折扣，不利于长时间的决战。

望着自己强盛的军队，朱棣无意与敌军长期对峙，他知道这些瓦剌人大都是莽夫，一冲动什么事都干得出来，就算马哈木等人不愿意轻易下山，其他瓦剌人却不一定能坚持住，毕竟明军携带的辎重就像是近在眼前的战利品那样诱人，所以朱棣决定派人到两军阵前挑衅，又是辱骂，又是嘲笑，顺便展示了明军的铠甲武器。

素来看重荣誉、勇武的瓦剌人哪有这么多心机，见几个明军骑兵就敢跑到阵前放肆，都气得要求立即开战。马哈木等首领本不愿意立即行动，奈何明军的挑衅越来越过分，竟然敢冲杀到瓦剌前军面前，所有人都坚持不住了，一些人大胆地打马向前，如同全军出击的信号，数万瓦剌骑兵顿时纵马杀出，决战就此打响。

瓦剌人在这几年的征战中越发强大，他们的骑兵虽然不如鞑靼人那样轻便灵活，但着甲率却相当高，而且兵种更加齐全，既有手持长矛的重骑兵，也有能够快速射击的轻骑兵，一经杀出便是地动山摇。

明军自靖难之役后大量普及火器装备，通常在三军外围首先部署的是神机营，背后便是能够快速支援的骑兵，再往后才是手持长矛大刀的重步兵精锐。这么部署的意图是在两军短兵相接前，先利用火器的发射声惊吓敌军士兵和战马，利用火器产生的烟尘增加战场的恐怖感，同时掩盖明军大阵的具体行动。一旦得到"第一血"，明军骑兵就会快速上前，换下填装缓慢的神机营，从而避免敌军骑兵斩杀来不及再次发射的神机营官兵。

"啪，啪，啪……"

神机营的火铳在安远侯柳升的指挥下万枪齐发，贯穿了冲锋在前的瓦剌勇士的身体，数百人旋即倒毙阵亡。本应该坐镇中军的朱棣一如既往地亲临第一线，身边是精锐的燕云铁骑，他见神机营完成了第一次齐射后，立即拔剑大喝，亲率数千铁骑直扑敌阵。还没从火铳齐射中缓过神来的瓦剌骑兵旋即被明军骑兵撞翻在地，整齐的重骑兵冲锋让那些试图翻身站起来的瓦剌人都变成了肉泥，惊恐的瓦剌人不得不暂时退却。

各路明军在皇帝的鼓舞下纷纷发动冲锋，左右掖、左右哨均奋起直追，武安侯郑亨更是一马当先，试图在瓦剌退却时彻底击溃他们。然而，瓦剌不是鞑靼，他们的军事素养远胜阿鲁台的骑兵，三路瓦剌兵马很快在各部首领的组织下恢复镇定，既没有向两侧溃散，也没有相互踩踏的情况，而是有序地退回了高地。

凭借身在高地的优势，瓦剌人立即恢复了战斗力，三路兵马各自迎战对面的明军，刀剑与长矛在空中来回博杀，弓矢与火铳相互射击，鲜血飞溅的战场让人恐惧。在第一轮快速出击后，明军装备沉重、仰面进攻的劣势很快就显现出来，位于第一线的明军骑兵费劲儿地向山上进攻，却无法撞翻眼前的瓦剌士兵，反而是己方的战马因为地势不平而多次失误。而瓦剌人的弓矢由上向下射击，威力和射程都大大增加，再加上弓箭搭弦即射，明军神机营中箭阵亡者比比皆是，武安侯郑亨的攻势被削弱，飞矢旋即贯穿了他的甲胄，他不得不提前退出战斗。

其他各处的明军情况大抵相当，宁阳侯陈懋、成山侯王通率兵猛攻瓦剌右翼，几次强攻均不能向前推进一步；丰城侯李彬、都督谭青的左翼攻势同样遭遇了瓦剌人的殊死抵抗，都指挥满都在双方的近距离交锋中当场阵亡。明军几乎都被瓦剌人抵挡在山下，不断有人中箭退出战斗，前面的冲不上去，后面的又被堵在路上，明军人数的优势在僵持下反而成了劣势。

如果战斗照这个局面继续发展，瓦剌人仅凭山地优势便能把明军的锐气耗尽，届时便是明军更大范围的退却和混乱，瓦剌人就可以利用这个机会发动反攻，把明军驱逐至平原歼灭。

朱棣遥见自己的军队陷入苦战，知道大战已经到了生死存亡的危急时刻，再有一丝犹豫就会满盘皆输。阳光下的草原本是天地相接的美景，但眼前的战场却如同地狱一样恐怖骇人，身为大明帝国的皇帝，除了和自己的将士一起踏入地狱，直面死亡外，还有什么选择呢？

"瀚海为镡、天山为锷，一扫胡尘，永清沙漠。"①

朱棣大声召集所有还能作战的明军骑兵，命令他们全部集结在一起，跟着自己做最后的冲锋。直扑敌前的皇帝旌旗在烈风中犹如一只引领百兽的雄鹰，让早已疲惫不堪的明军将士士气大振，数万骑兵的呼声惊天动地，他们汇聚成了一股钢铁洪流，如同坚不可摧的铁拳正中马哈木的瓦剌中军，"杀其名王以下数千人"②。

战场形势顿时逆转，抵挡在前的瓦剌人被强大的冲击力掀翻，他们的阵形因此发生混乱，明军各路人马乘势猛攻，终于在最要害的位置撕开了口子，纵然马哈木奋力抵挡，瓦剌人的溃败都已经不可避免，其余的瓦剌人也在惊恐下相继败逃，原来的阵地就此被明军占领，瓦剌人不得不一退再退。

然而瓦剌人败而不溃，在连续放弃了两座高山阵地后，他们强行勒马转身，又一次集结起来，试图就地阻挡明军攻势。可惜这样高素质的

---

① 出自《明史纪事本末·卷二十一》。
② 出自《明太宗实录·卷一五二》。

骑兵是大明的敌人，更可惜的是天命已经不属于蒙元帝国了，视死如归的瓦剌人在更强大的攻势下没能改变战局，这一次他们再也集结不起来了，三万瓦剌骑兵几乎阵亡殆尽。意识到大局已定后，马哈木、太平、把秃孛罗等瓦剌首领各自逃跑，明军一直追击到土剌河，全因天色已黑才不得不停下。

忽兰忽失温之战以明军的大获全胜而结束，朱棣兴奋之余下旨将当地命名为"杀胡镇"，并刻下石碑纪念此战的胜利。不可否认的是，瓦剌在此战中的表现相当抢眼，既有抢占高地的智谋，又有卷土重来的勇气，是大明建国以来遇到的最强对手。而明军在此战中的损失也相当大，单就阵亡人数的记载便不低于瓦剌一方，可见此战的惨烈程度。

然而，在是否继续追击瓦剌的问题上，朱棣选择了放弃，或许是因为明军已经非常疲惫，无法在存粮不足的前提下快速追击，又或许是因为对瓦剌的错误判断，以为他们就此一蹶不振，总之明军在皇太孙朱瞻基的建议下班师回朝，[①]这让残余的瓦剌人得到了喘息之机。没人预料到，大明与瓦剌在不久的将来还会发生一场生死之战，只不过那时的结局就大不相同了。

---

①《明太宗实录·卷一五二》："皇太孙对曰：'陛下督战勤劳，天威所加，虏众破胆矣。今既败走，假息无所，宁敢返顾乎？请不须穷追，宜及时班师。'"

第十章

曲终，靖难遗战

三征漠北

"于铄（shuò）六师，用歼丑虏。山高水清，永彰我武。"①

永乐十二年，驱逐鞑靼本雅失里，血战瓦剌马哈木，五十四岁的大明天子朱棣挟忽兰忽失温大胜之势君临漠北草原，在他奉天靖难后的这十二年里，他的殚精竭虑，他的夙兴夜寐，他的不避斧钺，无一不是为了证明自己乃是天命所归，是比建文帝朱允炆更合格的皇帝。看着战后更加荒凉的塞外世界，朱棣认为他给太祖朱元璋交了一份合格的答卷，也更加坚信自己改"塞王戍边"为"天子御边"的正确性。

不过，朱棣真的君临天下了吗？

同年六月，一直关注着大明与瓦剌之战的鞑靼人来了，明着是朝贺大明天子征服瓦剌，实际是想窥探明军虚实。按说自大明册封鞑靼太师阿鲁台为和宁王后，鞑靼人就算是加入了大明的朝贡体系，算是大明的属国。现在大明天子亲临漠北，身为下臣的阿鲁台不应该亲自前来朝拜吗？然而阿鲁台本人却称病不朝，究竟是害怕明军趁机绑了他，还是根本就不把天子放在眼里呢？

三个月后，鞑靼使臣又一次前来朝贡，只为给一百六十三个鞑靼首领请封官职。朱棣倒也大方，授予其都督同知、都指挥使、都指挥同知、都指挥佥事、指挥使、指挥同知、指挥佥事、千户、镇抚等职，另赐米三千石。又过了三个月，阿鲁台再次遣使朝贡，又送上了一份多达二百七十五人的名单，目的还是求封官职，顺便再要点儿大明的钞币、绢布。这些鞑靼人在忽兰忽失温之战中没有出一点儿力，事后又称病不朝，但要官、要钱倒是非常积极，这岂是有恭顺之心的表现？

---

① 出自《明太宗实录·卷一〇三》。

瓦剌经过忽兰忽失温之战的重创，实力、威望无不受损，他们总算看清了自己与大明帝国的差距，至少在朱棣这一朝，瓦剌并没有战胜大明帝国的可能。永乐十三年（1415年）春，害怕大明追亡逐北的马哈木、太平、把秃孛罗急不可耐地遣使谢罪，把之前的两国争端都归咎于部属不听号令和奸臣恶意挑拨。瓦剌之所以急于求和，除了继续战争的前景堪忧外，鞑靼在这段时间里的快速恢复也让他们颇为担忧。要知道鞑靼拥立的阿岱台吉汗与瓦剌所立的答里巴汗是水火不容的，因此瓦剌需要立即重整力量应对鞑靼即将发动的战争。

　　大明朝廷虽然不信任瓦剌人，但考虑到鞑靼人潜在的威胁，还是决定放瓦剌一马，继续用制衡之策保持草原各部的稳定，这一思路与当初扶持鞑靼对付瓦剌是一模一样的。当瓦剌使臣观音奴塔不哈等人准备告辞返国时，朱棣便派深受其信任的太监海童作为特使，一同回访瓦剌。次年三月，海童带回了一条重要的消息：瓦剌太师马哈木、答里巴汗双双被杀。

　　原来，自鞑靼太师阿鲁台向大明求封官职时，鞑靼便开始整备兵马，联合兀良哈等部落组成了一个反瓦剌联盟。本着"趁你病要你命"的基本原则，反瓦剌联军在明军撤走后立即开始了西征，阿鲁台把他在明军那里受的气通通撒在了瓦剌人的身上，欺负老弱病残是毫不留情，最终在哈密以东的扎勒满山附近重创了瓦剌军队，斩杀了马哈木，还俘虏了他的妻子和儿子脱欢。永乐十四年（1416年），鞑靼遣使入朝，进献击败瓦剌时缴获的战利品，名为"献捷"，实际也有炫耀之意。

　　这一变故证实了朱棣的担忧，鞑靼人果然做不到安分守己，阿鲁台打着阿岱台吉汗的名义征讨瓦剌，实际是想借机吞并瓦剌，再次统一蒙古草原。无论是瓦剌还是鞑靼，两部都是一边向大明朝贡称臣，另一边却始终不肯放弃黄金家族的大汗，如果让他们任何一方被消灭，剩下的便会成为另一个蒙元政权。因此，朱棣及时调整外交政策，限制鞑靼对瓦剌的战争，瓦剌深知大明帝国在草原的影响力，在永乐一朝期间再也没敢挑衅大明。

瓦剌问题暂时解决了，鞑靼问题却日渐显现。

从永乐十二年到十九年间，漠北草原基本还算稳定，瓦剌、鞑靼的朝贡队伍络绎不绝，仅鞑靼就前后朝贡十次，而且规模一次比一次大，从最初的几十个人到后来的数百人，贡马也从几十匹涨到九百匹之多，朝廷的赏赐也水涨船高，以永乐十五年（1417年）为例，阿鲁台八十三人的使团就带回了钞银四万八千锭，文绮、彩绢各两千匹。

鞑靼热衷于朝贡真是因为甘心向大明王朝臣服吗？当然不是。永乐帝的朝贡政策始终伴随着贸易往来，大明往往以远高于贡品的价格回赠财货，这就是阿鲁台几十人的小使团能带回那么多财货的原因，鞑靼人频繁朝贡的真实意图就是赚取大明的钱财，用大明的钱壮大自己的实力。可是，即使永乐朝廷再慷慨，鞑靼人的贪欲还是不能满足，永乐十七年就发生了鞑靼人在北京集市上强抢商品的恶性事件。朱棣盛怒之下还是给了鞑靼人一次机会，警告阿鲁台严格约束部属，勿使朝贡贸易就此中断。可惜鞑靼人越来越嚣张，到永乐十九年（1421年）时竟然发展成朝贡使团公开在边境抢掠商旅，与土匪无异。

一而再再而三的无礼终于激怒了朱棣，他决定中止鞑靼人的朝贡，征调兵马亲自巡视北疆防线。消息传到塞外，阿鲁台不仅不请罪，反而宣布不再朝贡大明，并带着部属向北迁徙以躲避明军的攻势。阿鲁台的态度无疑是对大明的宣战，这意味着近七年的外交努力都白费了，也表明朱棣力主的朝贡体系并不稳定，他的"天命"又受到了挑战。

这一年，朱棣已经是六十一岁的老者了，岁月磨白了他的双鬓，也折起了他眼角的皱纹，但他的雄心壮志并未磨灭，他依然是那个横刀立马、目光坚定的明军统帅。为了让子孙后世有一个安宁的北疆,朱棣毅然决定亲征漠北,用更大规模的战争消灭那些虏寇。

要亲征,大明朝廷首先要做的就是集结五十万大军,好在集中精锐卫所于北直隶的政策已经推行多年,再加上不断增加的京军三大营,大明要拿出五十万大军是没有问题的。然而,军队有了,军饷和粮草却不一定都有,距离上一次亲征已经过去了七年时间,七年的和平并没有让大明休养生息,朝廷的财政因为下西洋和朝贡贸易反而变得更加干瘪,再加上天灾和朝廷日常用度,户部尚书夏原吉、兵部尚书方宾、刑部尚书吴中等都反对再次北伐草原。

六部尚书中有一半都反对再次用兵漠北,这倒不是他们不支持朱棣的伟大功业,而是北疆防线上各卫所、关隘的存粮严重不足,夏原吉就明确指出粮食"仅给将士备御之用,不足以给大军"[①],可见前两次亲征对北疆防线的消耗巨大。然而,征战半生的朱棣心意已决,纵然粮饷如此空虚,他依然要征讨那些无视大明、无视永乐天威的跳梁小丑。在他的眼中只有打不赢的仗,没有不能打的仗,更不会有不敢打的仗,不管那些在困难面前找借口的人是谁,都一律丢进狱中待罪,夏原吉、吴中等大臣全都下了诏狱,方宾甚至因恐惧而自杀。

宁可拿下一半的尚书大臣,朱棣也要再次亲征漠北,他知道人终有死去的那一天,既然人终有一死,为什么不在死前做更多的事情,为什么不收拾掉对大明未来最有威胁的势力?

永乐十九年十一月,朱棣下诏,命令山西、山东、河南三布政司,直隶辖下的应天、镇江、庐州、淮安、顺天、保定、顺德、广平、真

---

① 出自《明史纪事本末·卷二十一》。

定、大名、永平、河间等府，滁州、和州、徐州三州，立即打造运粮车，征发民夫北上，务必在明年二月前将北伐所需的粮食物资全数运抵宣府。

我们不禁想问，朱棣搞这么大的动作，究竟征调了多少人力和物资呢？

英国公张辅在制定后勤运输方案时，明确提到了这次亲征漠北的动员情况，前后共征调运粮驴三十四万头、车辆十一万七千五百七十三辆、挽车民丁二十三万五千一百四十六人，运粮合计三十七万石。[1] 如果这些人马是包括在北伐的五十万大军之列，明军实际动员的军队就有二十六万人，可如果这些人并不算在其中，那么这次亲征前后涉及的军队、民夫就超过了七十万，这在中国历史上是罕见的，当年隋炀帝就因为过度征伐而亡国，难道朱棣不害怕吗？事实上他真不怕。

永乐二十年（1422年）三月，边将奏报鞑靼太师阿鲁台兵犯兴和，都指挥王祥战死。朱棣听后大怒，他不想再等了，也不能再等了，当即命令五军都督府整备兵马，户部转运粮草物资，大明天子亲征了！

面对大明帝国的五十万大军，鞑靼太师阿鲁台知道明军战力彪悍，神机营的火铳无甲能挡，三千营的骑兵无人能追，五军营的大阵无战能破，所以他立即放弃了兴和，带着大部队连夜撤离。消息传至明军大营，诸将建议立即派轻骑追击阿鲁台，但总指挥朱棣不以为然，他亲征的目的不是解救兴和那么简单，而是要打垮鞑靼，因此他的策略是取道开平、应昌，出其不意，直抵鞑靼巢穴。

四月，明军抵达龙门，鞑靼人不敢交战，丢下两千匹马后仓皇逃

---

① 《明太宗实录·卷二四六》："辅等议：'分为前后运，前运随大军行，后运稍后……前后运共用驴三十四万头、车十一万七千五百七十三辆、挽车民丁二十三万五千一百四十六人，运粮凡三十七万石。'"

走。五月，明军翻越偏岭，大阅三军。六月，明军抵达威远川，开平来报阿鲁台正引兵攻打万全，诸将立即建议大军转向万全，围歼阿鲁台。

朱棣再次反对，他深知明军规模庞大，阿鲁台不敢在大明的城池下与之决战，现在明军大举北上，阿鲁台反而绕过他们跑到南边去了，明显是要把明军引到万全，消耗明军的体力和军粮，如果阿鲁台去哪儿，明军就追到哪里，不等交战明军的粮草就会用光，因此他还是采用如同靖难时的军事策略：勿问其他，直驱虏巢。[①]

事实上，明军直奔鞑靼腹地的决策是正确的，阿鲁台并不打算真的攻下兴和、万全，他见明军根本不肯掉头，知道诱敌之计被识破了，只好带着军队从万全撤离，连忙奔回老巢，组织人马向北方逃窜。

七月，明军抵达煞胡原，前锋都督朱荣从擒获的鞑靼俘虏口中得知，阿鲁台已经完全放弃了留在大本营阔滦海的马驼牛羊，带着部属家眷连夜向北逃走了。朱棣听后非常遗憾，遗憾自己兴师动众却不能和鞑靼主力一较高下，只好命令前军焚毁鞑靼留下的全部辎重并牵走马驼牛羊。

驱逐鞑靼的目的达到了，但消灭鞑靼的任务并没有完成。朱棣不甘心第三次亲征就是这样的结局，回想起这些年在塞外的征战，鞑靼之所以敢与大明叫板，实力恢复只是其中一个原因，另一个原因是兀良哈三卫自得到大宁后便不再效忠大明，屡次派兵支援鞑靼作战，阿鲁台斩杀马哈木一战中就有他们的身影，而他第一次亲征漠北时，兀良哈也曾出兵袭击明军殿后部队，这一桩桩一件件，都是兀良哈不肯臣服的表现。

现在阿鲁台远遁北方，继续向冰天雪地的北方前进是不现实的，但鞑靼的爪牙兀良哈人没有走，而且并不认为明军会来打他们，既然如

①《明史纪事本末·卷二十一》："……诸将请分兵还击之，上曰：'此诈也。彼方虑吾捣巢，故为牵制之术。'"

此，不如掉转方向，改北向东，趁兀良哈没有防备时突袭他们，保障辽东至大同一线的稳定。

决策已定，为了迷惑草原各部落，明军一边装出班师回朝的样子，另一边却精选了两万步骑，兵分五路向东部兀良哈属地疾驰。不久后，两万明军抵达屈裂儿河（今归流河），兀良哈人驱兵数万抵挡，两军在此展开决战。

朱棣依然是那个深谙用兵之道的统帅，他了解兀良哈人的战斗力，并没有与他们硬碰硬，而是制订了两步走的作战计划。

第一步，朱棣亲率郑亨、薛禄等少量明军深入敌军腹地挑衅。兀良哈见朱棣只有这点儿人马，立即派出数千人马来战，明军几乎是一击即溃，兀良哈高兴得奋起直追，结果被明军诱入了一片沼泽，士兵和战马都失去了作战能力。明军由此反攻，斩首数百级，剩下的兀良哈人为了逃命互相践踏，死伤无数，此举意在彻底激怒兀良哈人。

第二步，朱棣将明军一分为二，让五军营张开两翼向兀良哈主力方向推进，如同一个口袋要吃下他们，另外又把神机营全部藏在左翼后方不远处的树林里，命令他们不见敌军主力不得暴露自己。

当数万兀良哈人因暴怒与五军营作战时，明军故意加强右翼和中军的攻势，一点一点包围他们。兀良哈在激战中本能地朝左边攻杀，明军左翼立即快速后撤至树林。兀良哈不知道树林里有埋伏，结果一接近就被神机营一顿射杀，阵亡者不计其数，大部队顷刻崩溃。明军乘胜追杀至其巢穴，一把火烧了兀良哈人的全部辎重，明军这才凯旋。

凯旋，第三次凯旋，明军似乎已是一支战无不胜的军队，凡是敢与之交手的敌人没有谁能改变战败的结局，天下还是那个天下，草原还是那个草原，但军队却已不是当年的宋军，天子也不是当年的宋皇。横刀立马前，金戈铁甲下，哪里有大明天子朱棣的身影，哪里就有大明军队胜利的消息。

到永乐二十年底，朱棣三征漠北，先后重创鞑靼、瓦剌、兀良哈三部，漠北草原上最强大的几股势力都被他挨个揍了一遍，臣服者按时朝贡，畏惧者远遁北方。这一年，朱棣威震草原；这一年，明军雄视塞外。毫无疑问，大明帝国最鼎盛的时代来临了，一个万国来朝的时代来临了，朱棣用其赫赫武功践行了他心中的天道，也证明了他是天命所归的皇帝，再也没有人质疑靖难之役的合法性，更多的人把他尊为"永乐大帝"。

落幕，榆木川

永乐二十年，大明帝国的威势令四夷战栗，陆地上有京军三大营的金戈铁马，海洋上有郑和宝船队的乘风破浪。无论是鞑靼、瓦剌这些北元残部，还是安南、老挝这种域外小邦，没有任何人敢挑战大明帝国的权威，没有任何军队敢说他能击败永乐帝的明军。只要有明军出现的地方，无不是捷报频传，只要是永乐帝亲临之处，无不是四夷宾服，那段岁月无疑是让华夏民族骄傲的黄金时代。

永乐三征漠北后，草原上大战再起。虽然阿鲁台溜得很快，然而自以为从明军手里逃出生天的他很快就发现自己已是腹背受敌，因为明军虽然会撤走，却把战事通报给了瓦剌。瓦剌自马哈木被杀后一直等待着复仇的机会，如今大明横扫东蒙古草原，兀良哈又受重创，还有哪个盟友能帮助鞑靼呢？瓦剌抓住了这难得的机会，迅速起兵东征，他们在马哈木之子脱欢的带领下一路追杀阿鲁台，于永乐二十一年七月大破鞑靼，阿鲁台几乎成了惊弓之鸟、无家之寇，只得四处逃窜，勉强维持着部众。

永乐二十一年七月，朱棣以阿鲁台将欲犯边为借口，再次集结起数十万大军，以安远侯柳升、遂安伯陈英为中军统帅，武安侯郑亨、成国公朱勇、英国公张辅、成山侯王通为左右军指挥，宁阳侯陈懋为前锋大将，再次挥师讨伐鞑靼太师阿鲁台。

不到一年时间，朱棣再次挥师亲征，糜费军粮超过三十五万石，征发民夫也不低于二十万，着实让草原各部震惊不已。毫无疑问，大明每动员一次都会耗费大量的人力、物力，若征讨对象是如同安南那样富裕的国家，明军还能收获部分战利品，但荒凉的草原要粮食没有，要黄金白银也没有，更没有可以占领的城市、村庄，在这里作战完全是有投入没产出的冒险，非常不划算。

其实，朱棣很清楚亲征漠北的收益微乎其微，但他站在统治者的角度看问题，更注重战争对大明未来的影响，如果今天的忍痛能换来明天的太平，那就是值得的。朱棣之所以这么急于再次亲征，是因为他判断鞑靼一定想不到明军会在这么短时间的内再次出塞，现在先把兵马集中到塞外以逸待劳，一旦鞑靼人来了，明军可以立即将其击溃。①

八月，明军从宣府出发，过沙岭，越万全，穿沙城，抵上庄堡，浩浩荡荡连营数十里，白天行军掀起的沙尘遮天蔽日，夜晚点燃的篝火照得亮如白昼。几乎不用怀疑，仅这骇人的兵威就足以让鞑靼人再次拔营远遁，那些对战争失去信心的草原首领纷纷南下归降，鞑靼知院阿失帖木儿、古纳台主动率部来降，迤北王子也先土干也在宿嵬山口举起了白旗，这些无不证明阿鲁台的威望已经在大明帝国的打击下跌入谷底，鞑靼部已成困兽。

相信只要明军追上阿鲁台，鞑靼就将成为历史。只可惜草原过于辽

---

① 《明太宗实录·卷二六一》："朕当率兵先驻塞外以待之，虏不虞吾兵已出而轻肆妄动，我因其劳而击之，可以成功。"

阔，阿鲁台放弃辎重快速向北逃窜，朱棣却无法让明军也像他那样轻装疾驰，毕竟淇国公丘福的往事还历历在目，随着明军的粮草消耗殆尽，朱棣只好再次班师，当他回到北京时已是当年十一月了。

时间很快到了永乐二十二年（1424年），那一年的朱棣已经六十五岁了，距他首次受命镇守北平已经过去了整整四十四年。四十四年间，从将军到统帅，从燕王到天子，朱棣始终不肯休息，不肯脱下那身战甲，不肯放下争取天命的理想。在结束上一年亲征的三个月后，朱棣再次下达动员令，于当年正月集结北疆防线上各卫所精兵，准备再次出塞，目标依然是鞑靼太师阿鲁台。

这一次，明军得到了比较准确的情报，阿鲁台穷困之余竟然冒险深入漠南地区，跑到大同附近打草谷。连连征战的朱棣早已疲惫不堪，身体也大不如前，可是在一封封战报面前，他很快就恢复了年轻时的精气神。既然阿鲁台自己来了，那就没有听之任之的道理，谁敢践踏天朝子民，无论他是谁，无论他在何处，大明势必要出兵严惩，正是"虽远必诛"①。

夏四月，朱棣似乎意识到了什么，诏令皇太子朱高炽监国，全权监理六部事，在做好了相关的人事安排后才离开北京城。明军队伍还是那样气吞山河，大明天子还是那样雄心不已，谁能想到朱棣这次将再也无法返回北京城，那座恢宏的城池是他梦起的地方，那里也见证了他一生的戎马征程，二十多年前的他从这里起兵靖难，二十多年后的今天他依然从这里决然出征，试问谁人不想暮年时候安享天伦之乐，可是天子的责任和使命不允许他这么做，既然选择了成为凌绝顶峰的第一人，那就

---

① 出自《汉书·傅常郑甘陈段传》。

只能独自忍受高处不胜寒的孤独。

五月，明军抵达开平。按照掌握的情报，阿鲁台所部因为风雪交加的恶劣天气，损失了大量牛马，现在已经逃到了答兰纳木儿河，几乎是穷途末路。前路艰险难测，沙漠气候无常，朱棣决定加快速度追击，于六月抵达玉沙泉，距离答兰纳木儿河已经非常近了。老将的血脉再次觉醒，他似乎看到了一个杀声震天的战场，一个血流成河的埋尸处，当即命令各部做好战斗准备，严格按照明军作战队形向前搜寻。

然而，前锋宁阳侯陈懋在搜寻数百里后，带回的却是"弥望荒尘野草，虏只影不见，车辙马迹皆浸灭，疑其遁已久"①的结果，英国公张辅分兵搜寻山谷三百里后，也没有发现一人一马。朱棣仍不甘心，命令前锋快马追击至白邙山附近，直到粮食耗尽才无奈返回，结果还是没有任何发现。天意如此吗？朱棣耗尽最后气力的亲征，还是不能彻底消灭鞑靼人，他在这一刻失望了，眼神逐渐黯淡下来，身体也突然憔悴了许多。英国公张辅也不甘心，请命由他带领一支轻骑兵继续深入，以一个月为限，必定带回鞑靼罪人。

朱棣很欣慰，他一手培养的将领都是镇国上将，可是冒险追击并不是理智的决策，草原补给困难且气候多变，一旦有风雪之变，远征军进不能追上敌军，退没有粮食补给，再加上返回北京的路程太过遥远，在茫茫草原上只有死路一条，于是他否决了张辅的建议，决定班师回朝。

七月，明军在清水源旁发现了一座高达数十丈的石崖，疲惫的朱棣突然恢复了往日的神气，带着一众文臣武将登上了崖巅。站在石崖上的朱棣眺望整个草原，寒风在山间狂啸，孤雁在苍穹下嘶鸣，天空与大地

---

① 出自《明太宗实录·卷二七二》。

在大漠的尽头合二为一，多么美的景色，多么好的战场，只可惜斯人已老，日薄西山，那征服蒙元帝国的千古伟业终究无法实现。

此刻的朱棣久久不能释怀，想他少年从军，一生征战上万里，一剑曾当百万师，如今岁月蹉跎人已老，但大明的敌人依然没有消灭，北疆防线能永享安宁吗？罢了，罢了，"神龟虽寿，犹有竟时，腾蛇乘雾，终为土灰。"①他的时代终究会结束，又有谁能把后世子孙的事都做完呢？纵然不能实现伟业，也要鼓舞后世子孙继续下去，于是他让大学士杨荣、金幼孜刻石碑于石崖之上，要让万世子孙知道他曾亲征至此处。②

七月十六日，明军抵达苍崖，朱棣的身体状况已经明显恶化，他命令大军保持警戒，加强巡哨，不能让任何人有可乘之机。恐怕朱棣早就知道自己的身体不行了，但是他依然决定亲征，回想起夏原吉曾经反对他亲征时的话，不禁感叹道："夏原吉爱我。"③不知道此时的他是否后悔关押夏原吉呢？

十七日，明军驻扎榆木川（今属内蒙古多伦县），朱棣再也走不动了，那个横刀立马的老皇帝再也站不起来了，他只能躺在病榻上召见英国公张辅并传达遗命，传位皇太子朱高炽。躺在病榻上的朱棣疲了，累了，不想动了，耳边似乎响起了明军的鼓角声，他似乎看到了自己曾经的戎马征程，那是一个勇擒乃儿不花的青年，一个装疯卖傻的藩王，一个转战千里的统帅，也是一个踏平草原的皇帝。次日，戎马一生的永乐帝朱棣永远地闭上了眼睛，时年六十五岁。

---

① 出自（东汉）曹操《龟虽寿》。

②《明史纪事本末·卷二十一》："秋七月庚辰，清水源道旁有石崖数十丈，命大学士杨荣、金幼孜刻石纪功，曰：'使万世后知朕亲征过此也。'"

③ 出自《明史·夏原吉传》。

因为皇帝驾崩于军中，为避免消息走漏引来敌人，也为了避免国内发生变乱，内臣马云秘不发丧，联络大学士杨荣、金幼孜隐瞒消息，就地融锡为棺，装载朱棣尸身，每日早晚像往常一样进奉饮食，大军在不发丧的情况下迅速朝北京撤退。同时，他们另外派人飞马回报京师，把永乐帝驾崩的消息转告给太子朱高炽。朱高炽得知后立即派皇太孙朱瞻基前往开平迎接皇帝灵车，大军在皇太孙抵达后才正式发丧，于八月初十安全返回北京。

一个时代落幕，另一个时代开始了。

作为明太祖朱元璋的第四子，朱棣并不是老皇帝钦定的皇位继承人，虽然他不愿意承认，但他并不是太祖嫡子，没有继承皇位的资格，从一开始就是被当成塞王培养的。然而命运无常，长兄朱标早逝，秦、晋二王也先后离世，就在这最关键的时刻，他的父亲，大明的开国皇帝也去世了。他，大明四皇子，燕王朱棣成了众王之首，成了皇室里最年长的宗亲，成了兵权最重的塞王。

客观上看，朱棣一开始未必不像后世评价的那样有觊觎皇位之心，因为太祖朱元璋驾崩的那一年，晋王朱㭎才是唯一嫡出的皇子，不仅手握重兵，而且与朱标生前的关系很紧密，完全站在侄儿朱允炆一边，只要他还在，庶子朱棣怎么都不会有机会接近皇位。然而晋王朱㭎却早朱元璋几个月而死，二元体系的突然崩塌连老皇帝都始料未及，也根本没有时间部署更多的事情，只能把舞台交给孙子朱允炆和儿子朱棣。短短几个月时间，大明王朝的命运骤然改变。

天命有时候是一种机遇，看似空洞、虚无，实际却是肉眼可见的。朱允炆有天命吗？他有太祖皇帝留给他的百万雄师，有忠于他的文臣武将，有长江天险和坚城要塞，也有君临天下的皇帝身份，这每一个都是他必胜的筹码。可惜，他没有天命，他的对手是朱棣，是那个勇武、智谋、心性都远胜于他的燕王，是坐拥大元旧都的塞王，是少年从征的百战将军，他有智计百出的姚广孝，有阵前尽忠的张玉、誓死追随的朱能，他也有三十万不畏生死的燕军将士。

朱棣一辈子都在证明自己是天命所归，其实他真的是天命选中的人。他的封地是北方的中心，据幽燕形胜之地，占地利；他的父亲、兄长去世的时机恰到好处，大明主少国疑，逢天时；张玉、朱能、陈亨乃至数十万燕军将士对他不离不弃，得人和。

天命选中朱棣是有道理的，青年的他是敢于千里奔袭草原的将军，是不惧生死的马上英雄，中年的他是能屈能伸的大丈夫，是敢于向命运说不的挑战者，是不避斧钺的前军先锋，是百折不挠的明军灵魂，正因为有他推心置腹的用人，有他冲锋陷阵的果断，有他千里南下的坚持，建文朝廷才会一次次的溃败和失算，才有了这最终的失败。

朱棣也没有辜负时代赋予他的使命，在挺过了最艰难的四年靖难之役后，他修大典、定祖制、下西洋、征安南、开朝贡、征漠北，每一件事都是了不起的成就。这一时期，大明疆域远迈汉唐，明军战无不胜，天子号令四方，《明史·成祖本纪》评价他："文皇少长习兵，据幽燕形胜之地，乘建文孱弱，长驱内向，奄有四海。即位以后，躬行节俭，水旱朝告夕振，无有壅（yōng）蔽。知人善任，表里洞达，雄武之略，同符高祖。六师屡出，漠北尘清。至其季年，威德遐被，四方宾服，明命而入贡者殆三十国。幅陨之广，远迈汉、唐。成功骏烈，卓乎盛矣。然而革除之际，倒行逆施，惭德亦曷可掩哉。"

不过，朱棣也是一个矛盾体，他既可以是爱民如子的仁君，终日为水旱灾害忧虑难眠，一生为天下子民殚精竭虑；可以是与战士同甘共苦的将军，士兵未食前绝不忍心先饱，伤兵难行时绝不忍心独骑；他也可以是杀人不眨眼的屠夫，诛孝孺十族于殿前，烹铁铉尸身于油锅；他还可以是喜怒无常的君王，昨日备受倚重的重臣，今朝就可能是诏狱里的囚犯。

这就是朱棣，明成祖，永乐皇帝，一个集天时、地利、人和于一身的藩王，一个征战沙场到最后一刻的统帅，一个开创大明盛世的皇帝，一段中国历史上不可复制的传奇。

照猫画虎的新靖难

明成祖朱棣用一生证明了他是合格的大明皇帝，却依然无法掩盖其得位不正的事实，奉天靖难表面上是朱棣为了自保的不得已之举，本质上依然是对大明原有等级秩序的重大破坏，这势必会带来很多新的问题，其中最重要、最危险的便是削弱了人们对皇权的敬畏心，改变了传位规则的唯一性，让更多大明宗室找到了成功的"先例"。有了朱棣的不良示范，是否会有新的藩王也以奉天靖难为口号起兵谋反呢？

与明太祖朱元璋相同的是，永乐帝朱棣的长子朱高炽一直有贤德的名声，为人仁慈、孝顺，和当年的懿文太子非常相似。在靖难之役期间，朱高炽负责镇守北京城，成功挡住了李景隆的五十万大军，后来方孝孺试图离间朱棣父子，故意私下送信规劝朱高炽归顺朝廷，同时又把消息透漏给朱棣，朱棣勃然大怒，差点儿回兵斩杀"逆子"。没想到朱高炽却非常聪明，连信都没有拆开，直接把信使和信一起交给了朱棣，这才保住了自己。

可是，朱高炽虽然能力、心智都不差，但身体很不好，不但体形肥胖，而且完全不能带兵打仗，所以一直都留在后方。反倒是朱棣的次子朱高煦英武过人且能征惯战，奉天靖难期间随驾南征，常常率领一支骑兵转战各处。在白沟河之战时，朱棣险些被平安的军队包围，朱高煦在关键时刻带兵赶到救了朱棣。南渡长江浦子口时，朱棣一度有了退兵的念头，还是朱高煦给了他信心。因此，一直有传言称朱棣曾抚摸着朱高煦的背说道："汝努力，世子多疾①。"言外之意即是暗示他有继承大位的可能。

靖难之役结束后，朱棣如愿登上了大明帝国的皇位，册立东宫便成了新的问题。东宫之争历来是朝廷的头等大事，稍有不慎便会导致内乱，因此朱棣非常慎重。按照儒家传统，大位的传承规则是"立嫡立长"，也就是先立嫡子中最年长的，没有嫡子则选年纪最大的。这套传承了上千年的规则从来不关心继承人是否贤明，究其原因是贤明的标准很难量化，一旦错立了伪装的贤者，国家将面临很大的灾难，而且一众皇子中贤明的也不一定只有一人，难保他们不会为了皇位明争暗斗。

不难发现，推行"立嫡立长"制度的目的并不是要选一个千古明君，而是要保证皇位传承秩序的稳定，避免皇室内部争夺皇位。至于继承者如何治理国家的问题，到时候自然会有大臣帮助皇帝解决。然而靖难之役本身就是对"立嫡立长"规则的破坏，朱棣的成功表明了"非嫡非长"也有资格继承皇位，而且也能够成功，觊觎者、效仿者也就多了起来。

永乐二年，出于维护大明皇室稳定的考量，朱棣还是选择册立长子朱高炽为东宫太子，封次子朱高煦为汉王，三子朱高燧为赵王，这表明朱棣在内心深处还是想淡化靖难之役带来的不利影响，不想后人继续效仿他。可惜，战功赫赫的汉王朱高煦素来野心勃勃，凭借靖难之役期间

---

① 《明史纪事本末·卷二十七》："江上之战，文皇兵却，高煦适引骑兵至，文皇抚其背曰：'吾病矣，汝努力，世子多疾。'"

与武将们建立的私人友谊，淇国公丘福、驸马都尉王宁都倾向于朱高煦，多次建议朱棣立汉王为太子，朝中分成了东宫派和汉王派。

为了避免汉王派威胁到太子朱高炽，朱棣有意打压汉王派，淇国公丘福在漠北阵亡后，朱棣不但褫夺了他的爵位，还把他的亲眷发配到海南。而汉王本人，朱棣起初把他的封地定在了遥远、贫瘠的云南，这样他就不可能威胁到朱高炽。但是朱高煦拒不奉命，愤怒地说道："我何罪，斥我万里。①"太子朱高炽也站出来力保弟弟不会谋反，再加上朱棣心里也有些愧疚，便默许朱高煦留在了南京，并改青州为其封地。

从这时起，朱高煦渐渐意识到从父亲那里继承皇位的可能性几乎没有了，于是从两个方面开始了自己的谋权之路，一是扩充兵权，二是打击太子党。这期间，朱高煦一方面相继求得包括天策卫在内的三个护卫军为王府护卫，另一方面频频构陷太子党核心成员，比如《永乐大典》的编撰者解缙就因党争惨死雪中，黄淮也因"奉表不敬"之罪被抓捕下狱。

在长达十多年的时间里，朱高煦想尽一切办法待在南京，其势力也越加膨胀，除了本来的护卫军外，他还招募了不隶属兵部的三千私兵，这些人没有编制，自然也缺乏约束，他们常常在京城内外劫掠，甚至把反抗的人肢解后投入江中，兵马指挥徐野驴将这帮人抓获后，朱高煦竟然亲自带人杀了徐野驴，几乎把南京当成了他的封地。

永乐十五年，朱高煦的所作所为逐渐传到了朱棣的耳中，朱棣非常愤怒，当即返回南京询问百官，众臣都不敢回答，唯有杨士奇说道："汉王始封国云南，不肯行，复改青州，又坚不行。今知朝廷将徙都北

---

① 出自《明史纪事本末·卷二十七》。

京，惟欲留守南京。此其心路人知之，惟陛下早善处置，使有定所，用全父子之恩，以贻永世之利。"①

几天后，朱棣得知朱高煦除了私募兵马外，还私自打造铠甲兵器、蓄养死士并教习水战，这不就是在为起兵谋反做准备吗？朱棣终于怒了，他再也不能容忍儿子的一再僭越，当即褫夺其衣冠，软禁在西华门内，准备废为庶人。这个时候，又是太子朱高炽站了出来向父亲求情。朱棣只好下旨削夺汉王三护卫，将其贬到狭小的乐安州（今山东惠民）。可惜这依然没能改变朱高煦的野心，反而让他越来越反感父亲和兄长，太子朱高炽多次写信劝诫他，朱高煦始终不肯听。

永乐二十二年，明成祖朱棣于榆木川驾崩，太子朱高炽继承皇位，年号"洪熙"，是为明仁宗。当时，朱高煦的儿子朱瞻圻（qí）留在北京城内探听情报，私下遣人飞马驰报朝廷大小事务，一昼夜多达六七次，朱高煦本人也秘密派遣数十人潜伏北京城内，准备伺机而动。这些都没有逃过锦衣卫的眼睛，洪熙帝朱高炽依然像当年那样宽容仁慈，非但没有惩处弟弟，反而增加了他的食禄，赏赐更是不计其数，期望弟弟能幡然悔悟。

洪熙元年（1425年）五月，即位还不到一年的明仁宗朱高炽于北京驾崩。消息传到乐安后，汉王朱高煦大喜过望，因为仁宗皇帝死在北京，而太子朱瞻基却在南京，朱瞻基要想即位肯定要从南京赶赴北京，而乐安州地处山东，恰好在两京之间，于是朱高煦打算派兵埋伏在朱瞻基的必经之路上，待他匆忙赶来时，一举诛杀未来的天子。

可惜计划虽好，但由于准备仓促，汉王的伏兵还没按计划埋伏好，

---

① 出自《明史纪事本末·卷二十七》。

太子朱瞻基就已经抵达了北京。一种可能是，朱高煦的情报应该远远晚于太子朱瞻基，当年成祖皇帝驾崩时，大臣和内官就知道秘不发丧，第一时间把消息告知仁宗皇帝，故而仁宗驾崩的消息应该也被短期隐瞒了，直到朱瞻基抢先穿过山东后，朱高煦才收到消息。还有一种可能是，朱瞻基故意绕开了原定的官道，或者从汉王党羽们想不到的地方穿过了山东，总之朱高煦没有掌握朱瞻基的具体路线和行程。

当年六月，太子朱瞻基即位，年号"宣德"，是为明宣宗。宣德帝与汉王一侄一叔，如同当年的建文帝与燕王。唯一不同的是，建文帝坚持强力削藩，而宣德帝有意安抚藩王，对汉王府的赏赐特别丰厚，那是要钱给钱，要马给马，要袍服给袍服。七月，汉王朱高煦向朝廷上奏了四件利国安民之事，宣德帝无不照办，并以书信感谢。次年正月，汉王再次遣人入京，以进献元宵灯为名探听情报，宣德帝明知如此还是不加追究，再次以书信感谢。

宣德帝的多次示好并没有让汉王感动，反而让他觉得朱瞻基软弱可欺，他忘了当年永乐皇帝带着朱高炽、朱瞻基和他一起拜谒孝陵时，朱高炽因为行动不便屡屡失足摔倒，朱高煦意味深长地说道："前人失跌，后人知警。"没想到站在他身后的朱瞻基接着说道："更有后人知警。"[1]其言外之意同样耐人寻味，朱高煦回头一看，朱瞻基的鹰视狼顾之相不禁让他脸色大变。

宣德元年（1426年）八月，北京发生地震，这被朱高煦认为是天下有变的征兆，当即给真定诸卫所散发弓箭、旗帜，尽数收缴周边郡县的

---

① 《明史纪事本末·卷二十七》："上尝命太子及汉王高煦、赵王高燧、皇太孙同谒孝陵。太子体肥重，且足疾，两中使掖之行，恒失足。高煦从后言曰：'前人失跌，后人知警。'皇太孙应声曰：'更有后人知警也。'高煦回顾色变。"

马匹，还暗中联络英国公张辅、山东都指挥靳荣，试图策反两人为内应。然而英国公张辅忠心不二，立即把朱高煦派来的密探枚青执送宣德帝，都指挥靳荣也因为山东布政使、按察使的监视不敢响应。可是这些依然没能阻止朱高煦的"新靖难"。

同月，朱高煦以诛杀夏原吉等奸臣的名义，正式起兵靖难，成立了汉王五军，以指挥王斌为前军都督，指挥韦达为左军都督，千户盛坚为右军都督，知州朱暄为后军都督，指挥韦贤[①]、韦兴，千户王玉、李智分别统领四哨，汉王朱高煦自领中军，诸子朱瞻垐（cí）、朱瞻域、朱瞻垪、朱瞻㙓各监一军，世子朱瞻垣镇守乐安州。

消息很快传至北京，宣德帝起初还不肯相信，当即派大臣侯泰到乐安州安抚汉王，试图再次用诚心打动朱高煦。然而，抵达乐安州的侯泰见到的却是整装待发的汉军兵马和南面而坐的朱高煦，侯泰让朱高煦接旨，朱高煦反而大言不惭地说："我何负朝廷哉！靖难之战，非我死力，燕之为燕，未可知也。太宗信谗，削我护卫，徙我乐安。仁宗徒以金帛饵我。今又辄云祖宗故事，我岂能郁郁无动作？汝循营视汉士马，岂不可洸洋天下耶？速报上，缚奸臣来，徐议吾所欲。"[②]

朱高煦反状已明，除了武力镇压已经别无选择。关于如何平定叛乱，朱瞻基起初准备任命阳武侯薛禄为大将军讨伐汉王，但大学士杨荣坚称不可，提醒宣德帝不要忘记李景隆的旧事。英国公张辅则上奏道："朱高煦素懦，愿假臣兵二万，擒献阙下。"[③]

亲征还是遣将？这让朱瞻基犹豫不决，最终起决定性作用的还是那

---

① 《明史纪事本末·卷二十七》记载为"韦贤"，《明史·汉王朱高煦传》则记载为"韦弘"，尚需考证。
② 出自《明史纪事本末·卷二十七》。
③ 出自《明史·汉王朱高煦传》。

位被永乐皇帝称为"夏原吉爱我"的夏原吉。

夏原吉，字维喆。湖广长沙府湘阴县人，祖籍江西德兴。他出生的时候恰值元末，天下动荡，贪官横行，父亲很早就去世了，家里全靠他一人干活赚钱养家，而这时的夏原吉才十三岁。这样的日子坚持了三年时间，夏原吉天资聪颖、勤奋好学，艰苦的生活磨炼了他的意志，终于在洪武二十三年时，夏原吉因乡荐进入太学，由于学业优秀，很快又被推荐进宫撰写皇帝诏令。

在那里，夏原吉得到了朱元璋的赏识，升任户部主事，在任上把户部事务打理得井井有条。建文帝即位后，夏原吉的理政能力得到进一步认可，被提拔为户部右侍郎，第二年就被委以重任，受命巡视福建，有权力纠察百官、整顿吏治。但是夏原吉为人处世懂得换位思考，从不因为是皇帝的"钦差"就欺压地方官吏，反而不断帮助当地官员和百姓，即便有人犯错，他也会给别人将功补过的机会，甚至自己担下责任，所以深受当地百姓爱戴，此时的他才三十三岁。

靖难之役结束后，夏原吉作为建文帝的宠臣一度被捕，但永乐皇帝并没有杀他，反而把他提拔为左侍郎，继续管理户部大小事务。当时有人暗中警告皇帝，说夏原吉是建文帝的人，不能委以重任，但永乐帝反而把夏原吉升为户部尚书，正二品，还常感叹："高皇帝养贤以贻朕。欲观古名臣，此其人矣。"①

在永乐一朝，夏原吉始终坚持轻赋税、薄徭役，减轻人民疾苦，然而明成祖一生好战，一边征发数十万大军攻打安南，一边大修北京皇宫，朝廷的花费数以万计，户部所有官员都建议增加赋税，但夏原吉

---

① 出自《明史·夏原吉传》。

始终不许，他想方设法地增加财税来源，不仅没有给百姓增加负担，而且还充分保障了永乐帝的一切战争花销。直到永乐十九年冬，夏原吉不惧帝威，直言国库钱财、粮食已经严重不足，又说："况圣躬少安，尚须调护，勿烦六师。"①惹得永乐皇帝大怒，认为夏原吉明着关心自己身体健康，实际还是不同意他亲征漠北，于是将夏原吉关进内官监，但是在抄夏原吉家时，除了当年皇帝赐给他的钞币外，只剩下布衣和坛坛罐罐。

不久后，当朱棣驾崩的消息传来时，夏原吉哭倒在地，许久不能起身。仁宗皇帝令他出狱，商议丧礼事宜，又问赦免诏书该写些什么。夏原吉回答说要赈济饥民，减轻赋役，停罢下西洋以及向云南、交趾地区各道采办金银宝石，仁宗全都照办了。凭着卓越的政绩，夏原吉在仁宗一朝官至少保兼太子少傅、尚书，享受三职俸禄。

杨荣的一番论述明显不足以坚定宣德帝的心，夏原吉当即给出了不能派将领出征的理由。一是当宣德帝下令薛禄等人领兵出征时，这些武将不禁脸色大变，散朝后竟然还哭了起来，由此可见他们并无征讨叛军的决心和能力。二是自古用兵贵在神速，现在应该趁叛军还没有壮大时，由皇帝御驾亲征，凭借天子声势震慑敌军，使其军心动摇，如此便可一鼓而定。宣德帝听后决定御驾亲征。

不久后，宣德帝令郑王朱瞻埈（jùn）、襄王朱瞻墡（shàn）、广平侯袁容、武安侯郑京留守北京，平江伯陈瑄防守淮安，指挥芮勋守备居庸关，以阳武侯薛禄、清平伯吴成为先锋，丰城伯李贤、侍郎郭琎、郭敬、李昶负责督运军饷，少师蹇义、少傅杨士奇、少保夏原吉、太子

---

① 出自《明史纪事本末·卷二十一》

少傅杨荣、太子少保吴中、尚书胡濙等人随驾，倾数十万京军南征。

朝廷南征大军浩浩荡荡，一路上旌旗蔽日、声如万鼓，当大军抵达杨村时，汉军依然没有任何具体行动，朱瞻基于是让众人推断叛军下一步会如何行动。一些人认为朱高煦起初准备拉拢济南守将，肯定是因为乐安城太小，不足以支持他谋反，故而要先打下济南，以济南为军事基地，毕竟当年永乐皇帝也不曾攻破济南城。另一些人认为，朱高煦常年待在南京，应该会带兵南下占领江淮一带，凭借长江天险与朝廷对峙。

然而宣德帝却不以为然，他认为既然善战的永乐皇帝都无法攻破济南，朱高煦的叛军当然也不可能在短时间内拿下济南，更何况朝廷大军朝发夕至，朱高煦根本不会这么冒险。而南京他就更不会去了，因为汉军家眷都在乐安州，朝廷大军马上就要杀来了，他们怎么会抛弃家人跑去遥远的南京呢？为今之计，无非是就地防守，拖延时间而已。

不久后，一些害怕叛乱的乐安人主动归降朝廷大军，他们带来的情报与宣德帝的猜想相差无几。起初，叛军大将朱暄的确建议立即攻取南京，但众人都不愿意远离乐安州，而朱高煦约定的济南内应也无法响应，夺取南京和济南的目标都没有可行性，汉军只好守在乐安城内。除了这些，宣德帝还得知，朱高煦刚开始以为朝廷是派阳武侯薛禄带兵，不禁兴奋地挥动双臂笑道："此易与耳！"[1]当他得知宣德帝御驾亲征后，这才开始恐惧起来。

如此看来，汉军将士瞻前顾后，朱高煦本人也胆战心惊，这些人既没有永乐皇帝奔袭大宁的勇气，又没有千里转战南京的深谋远虑，和真正的靖难之师无法相提并论。而宣德帝朱瞻基做事果决、判断准确，他

---

[1] 出自《明史纪事本末·卷二十七》。

亲自带兵平叛的勇气也不是建文帝朱允炆所能相比的，这场"新靖难之役"的结果已经可以预判了。

叛军这边没有任何行动，朝廷一方却开始部署。比起朱高煦的寡谋少断，朱瞻基继承了成祖和仁宗两代帝王的智慧，他在行军路上就开始了对叛军的攻心之术，先是以皇室亲情来规劝朱高煦早日投降，并表示只惩罚挑唆他的奸臣，对他是既往不咎。接着又给城中守军射去劝降信，要他们早日拨乱反正，捉拿逆贼朱高煦，顺带挑拨两者的关系。

一番操作下来，还没等叛军有所行动，朝廷大军就已经包围了乐安四门。交战首日，叛军在城上举炮，朝廷大军便以神机营的火铳回击，一时间声震如雷，城内叛军无不胆战心惊，一些人为了保命试图捉拿朱高煦，这让曾经不可一世的汉王非常狼狈。见叛军军心如此，朱瞻基没有立即攻城，而是再次遣人劝降朱高煦，这让心绪未定的朱高煦彻底崩溃，最终决定向朝廷投降，宣德帝遂亲临乐安南门等待。

不过，汉军大将王斌等人拒绝投降，他们告诉朱高煦宁可血战而死，也不能投降受辱。但是此时的朱高煦早已胆气全无，见诸将不让他出城，只好假装返回王府，等到众人离去后，他又悄悄从小道逃到城外，投降了宣德帝。失去了谋反的主心骨，叛军很快分崩离析，各处城门相继打开，朝廷大军顺利接管了整个乐安。

事后，宣德帝遵守了自己的承诺，饶恕了朱高煦和他的儿子们，但朱暄、王斌等六百四十余人被诛杀，剩下一千余人被发配边疆。至此，历时不过月余的叛乱被轻松平定，乐安州也改名为武定州，宣德帝还亲自写下《东征记》一书流传后世。

至于朱高煦的结局，宣德帝把他囚禁在西华门内，各种饮食、衣物均按照藩王的标准供应，时间一久，这位汉王又开始飘飘然了。直到有一天，宣德帝亲自前往探视朱高煦，没想到这位王爷突然伸脚把宣德帝勾倒在地，如此奇葩的举动只能说他已经疯了。盛怒之下的宣德帝下令用一口重达三百斤的铜缸盖住朱高煦，朱高煦自恃力大无穷，竟然托缸而起。宣德帝大怒，下令把大量的木炭堆在大缸上，然后让人点燃，最终铜缸被炭火融化，朱高煦就此殒命缸中。[①]

靖难余波至此彻底结束，与朱棣的靖难之役比起来，朱高煦一败涂地至少有五个方面的原因。

一是朱高煦志大才疏，远没有朱棣的智慧和决心，既不敢快速南下攻打南京，又不敢出城与朝廷决战，这才导致宣德帝的攻心之策轻易成功，可见朱高煦虽有志向，却没有相匹配的才能，终究难成大事。

二是朱高煦的新靖难并不得人心，仁宗、宣宗两朝都对他恩赏不减，而他所指的奸臣又是公认的贤臣，他的起兵更像是照猫画虎，没有任何大义可言，自然也没有文臣武将支持。

三是宣德帝朱瞻基不但能够采纳大臣正确的建议，而且敢于亲临战场，他的御驾亲征和正确决策是建文帝朱允炆所不能做到的。

四是宣德朝的大臣们有远见，夏原吉、杨荣等人深谋远虑、智计百出。

最后一点也是最本质的原因，宣德时期的大明已经根除了藩王对抗朝廷的土壤，因为经过永乐一朝，各地藩王都被削夺了兵权，在经济、政治上也被严格限制，没有足够的实力起兵。而朱高煦的三个护卫已经提前被削了两个，再加上乐安州并不是战略要地，朱高煦的新靖难从一开始就没有天时、地利、人和，自然也不会成功，所以永乐皇帝曾对仁

---

① 《明史纪事本末·卷二十七》："……一日，帝往，熟视久之。庶人出不意，伸一足勾上踣地。上大怒，亟命力士异铜缸覆之。缸重三百斤，庶人有力，项负缸起。积炭缸上如山，燃炭，逾时火炽铜镕，庶人死。诸子皆死。"但《明史》中并无此记载。

宗说道："（乐安）距北京不远，一旦有变，朝廷大军早上出发，晚上就可以擒获逆臣。"①

由此看来，明成祖朱棣早就给子孙后世做好了安排，靖难之役再也无法复制了。那么，靖难之役到底是什么，我们该如何看待靖难之役，它只是一场皇室内部的权力争夺战吗？

其实不单单是这样，靖难之役发生在明初，战争前后的大明虽然有很大的不同，但都绕不开同一个问题——北疆防线，即是对蒙作战的问题。明太祖朱元璋有自己的塞王戍边模式，这也是他能安心在南京建都的原因，然而建文帝朱允炆却因巩固皇权而大肆削藩，本质上是直接破坏塞王戍边的行为，也等于否决了明蒙战争的长期规划。朱棣自幼便被灌输了守卫疆土的思想，既是在捍卫既得利益，也是在捍卫明太祖对明蒙关系的军事政策，靖难之役就是这一时期的一个爆炸点。

胜利后的朱棣改变了身份，突然意识到建文帝也许是对的，塞王戍边是危险的，根本不能让大明长治久安，于是他继续削藩，而且削得更加彻底。可是明蒙问题不能不解决，于是他改造了大明的北疆防线，内迁卫所、削弱藩王、迁都北京、亲征漠北，这一系列政策其实都是围绕解决明蒙问题的，只不过换成了用大明天子本身去履行戍边的职责，是为"天子守国门"。

---

①《明史纪事本末·卷二十七》："上厉声曰：'吾为尔计大事，不得不割。汝欲养虎自贻患耶！今削两护卫，处之山东乐安州。去北京甚迩，即闻变，朝发夕就擒矣。'"

第十一章

靖难七名将

靖难第一骑将：东平王朱能

谈起大明王朝的文臣武将，人们首先想到的往往是明太祖朱元璋屠戮功臣的旧事，似乎大明朝是一个君臣可以共患难却难以同富贵的王朝。有时，笔者常常会思索这样一个问题：功臣武将和太平王朝之间是否真是不可相容的，难道非要杀了他们才能保证新王朝的长治久安吗？

和明太祖朱元璋一样，明成祖朱棣也面临一个类似的问题，这位打着奉天靖难旗号上位的新皇帝，造就了一大批靠刀剑上位的武将，他同样需要巩固自己的皇位，对这些军中宿将的处置则成了他能否坐稳皇位的关键之一。很幸运，明成祖选择了善待功勋这样一条与先帝截然不同的路，也造就了一个传承百年的功勋世家——成国公府。

一、承父职，逆境之下挺燕王

若论靖难之役期间的燕军首席武将，朱能绝对当之无愧。

朱能，字士弘，怀远人，其父朱亮是早期追随明太祖朱元璋渡江占领南京的武将之一，虽然此人在史书中没有多少记载，但他凭战功官至燕山护卫副千户，算是卫所官员中的高级武官，朱能因此得以承袭父职，早早就在燕王府中效劳。

那时的朱棣是大明最善战的藩王，受命坐镇北平，节制诸王肃清沙漠，故而燕王手下的护卫军都是要带兵打仗的，并不像南边的藩王护卫那样轻松，朱能便在燕军中指挥作战，这锻炼了他的带兵能力。

洪武二十三年，晋、燕二王奉命率领沿边卫所精锐出击漠北，目标是叛离大明的北元太尉乃儿不花。这一战，晋王朱棡或是因胆怯或是因谨慎而没有出塞，燕王朱棣却冒险在大风雪之际北征，逼降了乃儿不花，被明太祖大赞为"肃清沙漠者"，而朱能就是追随朱棣冒雪北进的主要武将之一。

建文元年，随着新皇帝对各大塞王的忌惮日益加深，朱棣的性命岌岌可危。六月，朝廷正式对燕王府展开削藩行动，燕军中的朝廷内应倪谅告发官校于谅、周铎谋反，朝廷立即将两人诛杀并下诏斥责朱棣，吓得朱棣靠装疯卖傻保命。不久后，更大的内奸，燕王府长史葛诚向朝廷揭发朱棣装病，都指挥使谢贵、张昺奉命率部包围燕王府，准备擒拿朱棣。

这时的朱棣已经被剥夺了三护卫，手里只有几百人的亲兵，而朝廷一方有数万大军部署在北平四周，谢贵、张昺手里也有数千人马，怎么看都是必输之局。然而在这样的局面下，朱能选择与朱棣站在一起，和张玉一起率领仅有的八百燕兵入燕王府，准备与朱棣同生共死。如果不出意外，燕王府的八百壮士肯定会在朝廷大军的杀伐下全数牺牲，但意外却出现了，而制造这个意外的就是朱能。

当年七月，谢贵、张昺率领在北平城内的七卫及屯田军士包围了燕王府，试图捉拿朱棣及其党羽，局势非常危急。朱棣召集诸将询问对策，大多数人都不知如何是好，只想着与朝廷大军拼死一战，只有朱能站了出来，对朱棣说道："先擒杀谢贵、张昺，余无能为也。"[①]

没错，擒贼先擒王是当下局势最好的策略，朱能的一句话让朱棣看到了生机，他们立即制订了假装投降并诱使谢贵、张昺入府的计划。朱棣为此亲自上场配合表演，假装把朝廷要抓捕的燕王党羽全部给捆了，让谢贵、张昺入府拿人。

实际上，朱棣什么人也没有捆，而是把八百府兵埋伏在端礼门内，

---

① 出自《明史纪事本末·卷十六》。

等谢贵、张昺入门察看时，突然擒杀两人并封闭府门。本来谢贵、张昺是不想入燕王府的，奈何朱棣两次催请，又送来了被捆人员的名单，再加上两人有数倍于燕的兵力优势，过于自信反而让他们上了当。

没有了主帅，数千朝廷大军便成了无头苍蝇，在这关键时刻，张玉、朱能率领仅有的八百士兵出府逆战，朱能勇猛无畏，冲杀在前，于巷战中击败朝廷将领马宣，和张玉一起夺取了北平九门，就此控制了整个北平城，朱棣这才转危为安，朱能可谓功不可没。

二、敢死战，三十骑兵破万军

控制北平后，燕军以闪电战的攻势连续攻克通州、蓟州、遵化、怀来等地，基本控制了北平周边地区，朱能在这些战斗中担任先锋，屡获战功，直到建文帝以长兴侯耿炳文为总兵官，率三十万大军至真定，燕军的恶战才真正开始。

由于当时朝廷大军的规模过于庞大，各路兵马集结困难，真正跟随耿炳文抵达真定的军队只有十三万人。虽说少了一半多，但和燕军比起来还是有数倍之多，胜负依然难料。

为此，朱棣的策略是前后夹击，由他本人率领一支精锐绕到敌军后方，打耿炳文一个措手不及。要实现这样的战术，就必须有人正面攻击敌军，完全拖住对方，让他们无暇顾及身后，这样才能在敌军没有发现时绕到背后夹击。

很明显，绕路的任务能否成功，负责正面拖住敌军的兵马非常关键，而且他们正面迎战数倍于己的军队，压力非常大，稍有不慎就会被对方吃掉，可谓异常危险，谁能接下这一艰巨的任务呢？当然还是朱能。

据《明史纪事本末·卷十六》《明通鉴·卷十二》记载，[①]耿炳文得知燕军即将抵达真定后，立即把军队集中起来，待燕军来攻时主动出城进攻。

可以想象，任何人看见十余万大军结阵而战的场景都会战栗，但朱能没有，他和张玉等人率领人数不多的燕军奋起迎战，在朝廷大军面前横冲直撞、杀敌甚众，不仅自己没有崩溃，反而把耿炳文的军队吸引到自己这边。朱棣利用这关键时期成功实现了战术迂回的策略，从后方夹击耿炳文，迫使朝廷大军放弃野战，全数朝城内溃退。

不过，耿炳文虽然溃退，但他的军队没有崩溃，只是向真定城撤退，等他们全数回到城内，燕军将很难越过城墙继续进攻，后面的战斗就会变成围城战，而没有攻城武器的燕军绝对打不赢，因此燕军要想赢得真定之战的胜利，他们就必须追击，一直追杀到耿炳文军崩溃为止。

朱能不愧是燕军的第一先锋大将，他很清楚扩大战果的重要性，也顾不上和其他将领合兵，仅带着自己麾下的三十多名骑兵就纵马追去，那些失去勇气而逃的士兵大多被他刺死阵前，朱能就这样一路追杀至滹沱河。然而，耿炳文的军队还有数万人马可以战斗，他立即在城门前重整了兵马，以尚能作战的数万精锐组成防御阵形，准备迎战追来的朱能。

三十骑对阵数万人，这恐怕比北平之战还要悬殊险恶，但朱能毫无惧色，也没有任何犹豫，当即大喝杀出，纵马驰入耿炳文军中，身边的三十余骑也随之冲杀，他们犹如无坚不摧的刀锋，所过之处无不披靡，把数万大军的阵形搅得天翻地覆，那些刚刚才恢复镇定的士兵顿时胆气

---

① 原文："壬戌，燕王率三骑先至真定东门，突入其运粮车中，擒二人，讯状，南岸营果北移。""炳文闻保言，果移南营过河。"

全失，争相逃命，不计其数的人被踩死。

《明史纪事本末·卷十六》载："能奋勇大呼，冲入炳文阵，阵众披靡，自相蹂躏，死者无算，弃甲降者三千余人。"

朱能的这三十骑创下了靖难之役初期最惊人的战绩，不但让数万大军全线败退，阵斩敌兵无数，还逼降了三千余人，驸马都尉李坚坠马被擒，宁忠、顾成均被抓获，耿炳文更是退入真定城中不敢再战，燕军由此得到了靖难以来的第一次大捷。

三、陷重围，东昌阵中智救主

真定之战后，建文帝以李景隆为大将军，集结五十万大军再次讨伐北平。相比耿炳文的真定之战，李景隆的五十万大军同样是不堪一击的乌合之众，朱棣采取了正确的策略，长途奔袭大宁，得到了宁王的数万精锐，然后返身杀回北平，连续击破李景隆的数座大营，迫使五十万大军一路败退至济南。

在此期间，朱棣始设五军，朱能被任命为左军指挥官，随朱棣支援永平击败吴高，又参与了攻打广昌、蔚州、大同的战斗。白河沟之战时，朝廷军先锋平安非常难缠，击败多路燕军，甚至重创燕军的宿将陈亨，三次射杀朱棣坐骑，还差点儿擒获朱棣。这时又是朱能出手稳住局势，出其不意地绕到平安后侧发动猛攻，这才击溃平安所部，让燕军赢得白沟河之战的胜利。

然而，随着建文帝抛弃李景隆，改用盛庸、平安等大将，燕军的局势越发艰难。东昌之战，盛庸以逸待劳，屯兵坚城之下，事前埋伏了大量火器，待燕军杀来后突然发射，当场射杀了大量燕军骑兵。等到平安大军抵达后，朝廷大军发动攻势，朱棣多次猛攻敌军左翼都没能成功。

盛庸发现朱棣所在后，故意放开一个缺口诱其入阵，然后派兵连围朱棣数重，朱棣发现被围后数次冲击都无法突围，几乎到了生死关头。燕军首席大将张玉为了救援朱棣，率部突入盛庸阵中，结果当场阵亡。

这时还是朱能扭转了局势，他率领一支蒙古骑兵奋力进攻盛庸军的东北角，迫使盛庸调动西南角的军队增援。看准时机的朱能立即绕到西南处，强行杀入阵中，在乱军之中找到了朱棣，然后保护他强行突围，这才保住了朱棣的性命。而燕军在此战中大败，损失的兵马多达数万，最后一路逃回北平，可谓是靖难之役中最惊险、最惨烈的一场战役。

朱能在这场战役中的表现既有勇武又有智谋，其佯攻东北实入西南的战术至为关键，如果没有他在这极短的时间里想出这一战术，朱棣恐怕会在东昌被俘，甚至阵亡。

四、定军心，追随主君终不悔

对燕军来说，朱能始终是不可或缺的大将，更是扭转战局的关键。东昌之战后，燕军与朝廷大军互有胜负，战事逐渐变成拉锯战，建文帝一方始终有用不完的军队，燕军也在不断探索获得最后胜利的办法。

夹河之战时，朝廷又一次出动大军压迫燕军，燕军大将谭渊在第一轮交锋中就阵亡了，这是朱棣自靖难以来损失的第二员高级将官，而朱能总是会在关键时刻发挥作用，屡屡击败敌军，稳定军心，为燕军反败为胜奠定基础。此后，朱能再度击败平安所部，参与攻打彰德、定州、西水寨的几次重要战役，他也曾率领一千骑兵劫掠衡水，俘虏朝廷指挥贾荣，还攻破了东阿、东平、汶上诸寨，战功赫赫。

事实上，朱能对燕军乃至朱棣的影响并不只是以上战斗，他真正的过人之处是永远站在朱棣的角度看问题，永远支持朱棣的一切决定，即使是在众人都反对朱棣的决策时，朱能依然不改初心，坚定支持朱棣，这对稳定军心起到了至关重要的作用。

睢水之战时，燕军又一次到了生死存亡的危急时刻，当时燕军放弃了步步为营的策略，改为千里奔袭南京的大冒险，这非常考验燕军将士的意志。他们起初在朝廷没有发觉时一路南下，屡次击破追击之敌。但是随着燕军越来越接近南京，朝廷的军队也越来越难打，何福、平安等朝廷大将在这里与燕军决战，其中平安一度横槊刺王，差点儿阵斩燕王，而燕军悍将陈文、王真都在此战中阵亡，燕军补给断绝，进退两难，又在齐眉山遭遇挫败，不少人建议回师休整。

回师就是放弃继续深入朝廷腹地，也等于放弃了千里奔袭战，更意味着燕军无法战胜建文朝廷。当朱棣让大家表态，同意渡河撤军的站左边，不同意的站右边，几乎所有将领都同意撤退，唯有朱能一人反对撤兵并站在右边，他知道这是朱棣最后的机会，如果不能打到南京，燕军早晚有一天会被消耗殆尽，所以他按剑说道："诸君勉矣！汉高十战而九不胜，卒有天下，岂可有退心！"[1]

正是朱能的这一席话让诸将面带愧色，也让朱棣下定决心继续南下。最终，燕军在接下来的灵璧之战中大破何福、平安的朝廷主力，各路人马开始投奔燕军，李景隆等人在金川门前开门投降，建文帝永远地消失在熊熊烈火中，朱棣历经磨难总算登基称帝，是为"明成祖"。

毫无疑问，如果没有朱能在这关键时刻坚持南下，燕军恐怕真的会撤兵返回，这样就不会发生接下来的灵璧之战，更不会有永乐大帝和全新的大明王朝，朱能真的是燕军的灵魂人物，是朱棣永远可以信赖的刀锋利刃。

因此，新朝建立后论功行赏时，朱能被授奉天靖难推诚宣力武臣、

---

[1] 出自《明史纪事本末·卷十六》。

特进荣禄大夫、右柱国、左军都督府左都督，封成国公，食禄二千二百石，位列功臣榜第二位。须知靖难之役中因功被封为公爵的，只有丘福、朱能二人而已，而张玉、陈亨都是死后追赠。

五、传百年，一门三王的家族

成国公朱能始终是永乐帝的支持者和拥护者，他把自己的坚持奉行到了生命的最后一刻。

永乐四年，安南发生内乱，伪王黎季犛欺骗明成祖说安南王陈氏一族已经绝嗣，自己因百姓拥护而称王，因此得到了大明的册封。可是不久后，一个自称安南王族的陈天平历尽艰辛抵达大明，控诉了黎季犛篡位的罪行，明成祖这才知道真相，自然是震怒异常，当即遣使斥责安南伪王。

伪王黎季犛则马上表示要迎陈天平回国即位，实际上却设伏截杀了明军护送回国的陈天平，如此欺辱大明在国际上还是首次。再也无法容忍的明成祖决定出兵讨伐安南，但又因为北疆战事迫在眉睫而拿不定主意，故而询问大臣们是否应该对安南用兵。

其实，明成祖是想发兵的，他靠靖难起家，对自己的皇权威信非常敏感，自然不能容忍别人欺骗他，更不能容忍大明帝国权威被践踏。

朱能最懂明成祖，当即表态："臣等请伏天威，一举殄绝之。"[1]他的这一表态让朝廷大多数反对者都不敢再说什么了，也因为他的支持，朱棣才以朱能为征夷将军，新城侯张辅、西平侯沐晟为左右副将军，集结数十万大军征讨安南。不过，朱能最终没有坚持到战争开始的那一天，他于当年七月病逝在行军途中，时年三十七岁。消息传到朝廷，明成祖震惊之余哀痛万分，当即下旨为朱能辍朝五日，要知道按照

---

[1] 出自《明史纪事本末·卷二十二》。

大明的规矩，亲王死后也才辍朝三日，朱能的待遇竟然超过了亲王，可见他在明成祖心中的地位。

《明史·朱能传》评价朱能是"雄毅开豁，居家孝友"，说他身长八尺、勇武刚毅，在家中孝顺父母、友爱兄弟，即便位列上公也不曾骄傲自大，总是谦虚谨慎，待人接物很有风度，而他治军有方，善于抚恤士兵，也得到了全军上下的拥戴，据说他死的时候，军队不少士兵都为此痛哭，可见朱能在军中的威望和人心，朱棣也因此追赠朱能为东平王，谥"武烈"。

第一代成国公朱能无疑是靖难的头号功臣，他作战勇猛，智救燕王，他坚定南下，为主解忧，是明成祖最信赖的武臣功勋，除了阵亡的张玉，燕军中只有朱能的作用不可替代，人们也常把他比作明成祖的"常遇春"。

朱能死后，其子朱勇继承爵位，成为第二任成国公，新的成国公没有让父亲蒙羞，依然驰骋在战场上，还为朝廷出谋划策。朝廷也格外重视朱氏一门，委任朱勇执掌都督府事务，留守南京，成国公府的威望和地位依然不减当年。

永乐二十二年，朱勇继承其父遗志，跟随明成祖征战漠北，多有功勋。明宣宗朱瞻基在位时，朱勇依然是明军中的主要大将，参与镇压汉王朱高煦之乱，也因曾征战漠北而得以继续参与征讨兀良哈的战争，逐渐成为朝廷柱石。

朱勇虽然不如其父朱能那样威武勇猛，但在当时也是明军中的关键人物。他曾主导改革明军，一是制定了"南军转运粮饷，北军专事征战"的制度；二是增加十万京军，强化中央军兵力；三是让公、侯、伯、都督子弟操练军事成为惯例，保证高级将官不缺编。这些对明军战力的加强都有影响，可见成国公府对大明是有辅佐之功的。

正统十四年（1449年），年轻的明英宗好大喜功，贸然出兵讨伐瓦剌，又听信太监王振之言，不采纳正确的军事建议，导致英宗被俘，英国公张辅战死，而成国公朱勇也因随军作战，在土木堡时遭遇敌军埋伏，五万兵马全军覆没，朱勇本人也因此壮烈殉国。天顺初年，第二代成国公朱勇被朝廷追赠平阴王，谥"武愍（mǐn）"。

到第七代成国公朱希忠时，朱氏一门依然是大明皇帝信任的肱骨重臣。当时明世宗嘉靖帝的彰德行宫失火，朱希忠冒死进入火海救出皇帝，这让嘉靖皇帝非常感动，派他入值西苑，专门负责保护皇帝安全。看来，无论是什么时候，成国公永远是皇帝最忠实的护卫。朱希忠也因此深受朝廷信任，先后担任都督府都督等职，总领神机营、五军营以及提督十二团营，官至太师，增食禄二百石，死后被追赠定襄王，谥"忠僖（xī）"。

成国公朱氏一门三代追赠王爵，一直守护大明王朝，历任成国公都有在朝廷中担任要职，他们虽然也会像其他豪门那样逐渐腐化，但总算没有让祖先蒙羞，保持爵位一直传承不断，前后多达十二代。直到崇祯皇帝时期，李自成的闯军逼近京师，崇祯皇帝本试图让最后一代成国公朱纯臣总督京师内外诸军、辅佐太子，但诏书还没有下达，京城就被叛军攻破，崇祯皇帝上吊自杀，朱纯臣最终也被乱军所杀。

无论如何，朱能开创的成国公府在大明历史上的荣宠贯穿王朝三百年，他们因靖难之役起家，在历次恶战中立下了汗马功劳，是一手扶着明成祖登上皇位的功勋，而他们的子孙后代也在大明担任要职，供职于军中，参与了大明不少重要对外战争，最终也在大明灭亡时跟着崇祯帝一起消亡，留在了史书之中。

靖难第一良辅：河间王张玉

　　建文二年十二月，起兵近三年的朱棣第一次感到了恐惧，他刚刚经历了一场实力悬殊的血战，鲜血、泥土、汗水乃至火药爆炸后的灰烬都让他看起来神色黯然，这位高举"奉天靖难"大旗的大明塞王，曾是长城内外最善战的新一代统帅，曾是太祖皇帝朱元璋赞誉有加的"肃清沙漠者"，如今他失去了往日的自信与骄傲，倒在地上痛哭流涕。

　　然而朱棣并非因为刚刚的大败而悲伤痛哭，"胜败乃兵家常事"，作为早已身经百战的大明塞王，朱棣当然知道一场大战的失利并不能决定整场战争的胜负，他还有机会，也还有实力，那又是什么让他如此悲伤失神？最后，还是朱棣自己给出了答案，他失声说道："胜负常事，不足虑。艰难之际，失此良辅，殊可悲恨。"[①]

　　这位被朱棣称为"良辅"的究竟是何人？

一、识天命，旧元战将归大明

　　张玉，字世美，祥符人。《明史·张玉传》中没有记载他的具体出身，也不知道他所在的家族究竟是豪门贵族，还是普通军户，唯一可以确定的是，张玉生于元至正三年（1343年），元末任枢密知院。什么是枢密知院？换言之就是权知枢密院事，是元朝枢密院的最高长官之一，而枢密院又是元朝管理军务的中央机构，秩从一品，类似于大明的五军都督府和兵部。

　　从名字上看，张玉有汉姓，应该不是蒙古人或者契丹、女真人，能

---

　　① 出自《明史纪事本末·卷十六》。《明史·张玉传》亦有记载："成祖曰：'胜负常事，不足计，恨失玉耳。艰难之际，失吾良辅。'因泣下不能止，诸将皆泣。"

做到知院一职，要么是因为他的家族有显赫的背景，要么就是他才能过人，被元廷委以重任，还有可能是当时的元朝出逃塞外，为了能早日反击大明，北元不得不大量封赏虚职笼络汉族将领，张玉恰恰是这一时期随元廷逃去塞外的将领之一。

无论如何，张玉能官至枢密院知院，足见他是元末杰出的指挥官，是北元认可的军事人才。然而，洪武十八年，四十二岁的张玉逃离北元归附大明王朝，被编入军中效力。

这样的结果其实并不意外，随着大明王朝不断远征漠北，元帝国丢失的领土越来越多，仅元王庭就前后三次被明军驱逐，从大都到开平，从开平到应昌，从应昌到和林，一次次溃逃，一次次兵败，谁都能看出来北元终究不是大明的对手，那些知院、同知一类的官职又如何能留住人才呢？本就有汉人血统的张玉这时便选择了大明王朝。

事实上，张玉的选择非常明智，他放弃北元知院就任明军总旗、百户之职相当及时。就在张玉归附大明两年后，明军就在宋国公冯胜、永昌侯蓝玉的带领下发起了对北元太尉纳哈出的总攻，逼降辽东元军十余万。洪武二十一年四月，蓝玉率领十万大军北征，于捕鱼儿海大破北元王庭，俘获元主次子地保奴、后妃公主一百三十余人，吴王朵儿只等将相官校三十人，男女七万，马驼五万。蓝玉凭此功劳获封凉国公。

作为熟悉北元军队作战风格的归附将领，张玉也在此次远征的明军之中，他的任务很可能是帮助蓝玉搜寻北元王庭所在，毕竟在辽阔的草原上很难摸清一支骑兵的动向，需要熟知对方习惯的人做向导，而蓝玉能在千里之外准确找到北元王庭的位置，张玉这样的北元旧将是立了大功的，故而他在战后被授予济南卫副千户之职，不久又被提升为安庆卫指挥佥事。

《明史·张玉传》中并没有记载张玉在捕鱼儿海战役之前的官职，

然而像北元枢密院知院这样的高官投效不应该没有官封，所以笔者猜想张玉在这之前并没有得到大明的重视和信任，甚至被怀疑是间谍，直到他帮蓝玉打垮了北元王庭，明军才正式接纳了他，授予其副千户一职。

从副千户到卫指挥佥事，张玉晋升得很快，《明史·张玉传》中没有提到他在这一时期有什么新功勋，但他的官位却由从五品升为正四品，可见张玉的才能已经在军中显现了出来。此后，张玉仍旧得以参与明军的大小征战，洪武二十三年随蓝玉征讨远顺、散毛诸洞，再次立下战功，接着又多次参与北疆战事，屡次随军驱逐骚扰边塞的北元军队，一度远征至鸦寒山。

从这些战事来看，张玉虽然是安庆卫指挥佥事，但他却没有常驻安庆，而是作为随军主力参与明军的主要战役，一会儿南下贵州，一会儿北上草原，忙得不可开交。由于他是北元旧将，熟悉草原战事，张玉在塞外作战时表现惹眼，很快让人看到了他的闪光点，当即被调任燕山左护卫，而燕山左护卫又是朱棣的直属亲军，两人就此建立了主从关系。

在燕军阵营中，张玉注定要继续发光发热，因为朱棣受命节制北疆防线上的诸卫所，各大塞王都要配合他肃清沙漠，燕军因此年年出塞。张玉凭借他对北元军队的了解，屡次出奇制胜，先随朱棣杀至黑松林，后又征讨野人诸部，在这些战事中他身先士卒，展现出惊人的勇气，而他善于谋划，也让人看到了他的统兵才能，在燕军中的地位直线上升，逐渐成为朱棣麾下的第一武将。《明史·张玉传》评价张玉"以骁果善谋画为王所亲任。"

二、挑重担，靖难首战总指挥

在燕山左护卫任上，张玉的地位越来越高，作用也越来越大，只是官职没有更进一步，本以为此后就将终老于征战塞外的他怎么也没有想到，历史的车轮正快速滚动，人生的岔路口随即出现。

洪武三十一年，明太祖朱元璋驾崩，皇太孙朱允炆登基即位，年号"建文"。建文帝一上位便立即改弦更张，肃清沙漠的政策被废止，建文朝廷凡事均以削藩为第一要务，所有政事均让位于削藩事宜，而坐镇北平的燕王朱棣功劳最大，又是诸王叔中最年长者，手里的三个护卫军都是身经百战的北方精锐，其中甚至还有不少来自北元的蒙古骑兵，也有像张玉这样的北元旧将，这些都让年轻的建文帝非常忌惮。

为了消除燕王的威胁，建文帝按照齐泰、黄子澄等人的谋划，展开了一系列针对燕王的削藩行动。

第一步即是让驸马都尉耿璇执掌北平都司事务，以都御史景清为北平布政司参议，都御史暴昭为北平采访使，他们的作用是收集燕王不法的证据，为朝廷公开削除燕藩找借口。

第二步则是以"防备边关"的名义，让都督宋忠统率包括燕军护卫精锐在内的三万兵马进驻开平，同时让耿璇统兵于山海关，让徐凯练兵于临清，形成一个三角包围网。

第三步是调走燕府中的蒙古骑兵指挥观童，派张昺、谢贵监视燕王府的一举一动，随时准备削藩。

不得不说，建文朝廷的针对性过于明显，无论是官员选拔还是军队备边，均不能掩饰他们削除燕王兵权的本意，而燕王也非常配合，没有任何反抗之举，在此期间还一度靠装疯卖傻来博取同情。按说都这样了，建文帝也该收手了，但他非要按照齐泰、黄子澄的谋划把燕王一削到底，于建文元年七月派兵包围燕王府。这样一来，燕王和建文帝就成了生死相搏的敌人，再无妥协的可能。

此时的燕王府只有府兵八百人，而包围燕王府的军队至少有数千人，北平城外用来牵制朱棣的野战军也有三万至五万人，这就像一个双重包围，先由张昺、谢贵率领北平城内的数千兵马抓捕燕王府官僚，如果不成功，再由宋忠统率三万大军攻打北平，将反叛镇压在燎原之前。如此布局可谓完备，根本看不出任何破绽。然而，不论局势如何不利，朱棣都不会束手就擒，他必须用这八百人破局，难度不可谓不大。

可是，即便看上去是必输之局，张玉依然毫不犹豫地选择站在朱棣这一边，人生总有无数选择，有些看上去是生路的实际可能是死局，有些明明是绝路实际却是柳暗花明，归附大明、效忠朱棣是张玉人生无法预知的重要决定。

所幸，在朱棣采纳朱能之计诱杀张昺、谢贵后局势逆转，失去了指挥官的北平官军群龙无首，不知所措，朱棣要破局就在此时。不过，要破局就必须出府战斗，朱棣有必要亲自带兵出府战斗吗？当然不行，因为两军兵力悬殊，如果朱棣在冒险战斗时被敌军所杀，这次起兵自然也就失败了，因此朱棣只能坐镇王府等待消息。那由谁来担任作战总指挥呢？朱能、丘福都无法担当此任，只有张玉才有这样的资格。

张玉要用朱棣交给他的八百府兵破局，至少有三个任务，一是要击败城内数千官兵，二是要控制整个北平城，三是要安抚城中百姓。这三个任务中，击败包围王府的数千军队是第一要务，难度却不是最大的，因为当官军得知张昺、谢贵被杀后，他们的战斗意志已经所剩无几，燕军大将们一经杀出，这些人立马乱成一团，各自逃散。在张玉的指挥下，燕军又于巷战中击败了试图抵抗的马宣、彭二后，基本算是完成了第一个任务。

接下来就是控制北平城，北平城的规模相当大，仅城门就设了九座。论数量，除了包围燕王府的官兵，九座城门各有各的守军，平均算下来，张玉的八百人平分到九门还不够每门百人，怎么打才能以最小的损失控制整个北平呢？

虽然《明史》没有具体记载，但张玉应该是策划了合理的作战方案，当天即发动夜袭，连续攻克除了西直门外的八座城门，剩下的西直门也在唐云的劝说下投降，北平九门就此落入燕军之手。至于第三个任务，张玉用三天时间完成了安抚城中百姓的任务，《明史纪事本末·卷十六》载："三日，城中大定。"

北平争夺战是靖难的首战，张玉的作用毋庸置疑，《明史·张玉传》明确记载："玉帅众夺北平九门，抚谕城内外，三日而定。"这段话充分表明整场北平争夺战，张玉是燕军的实际指挥官，朱能、丘福都是按照张玉的指挥作战，其战绩也显而易见，燕军不仅击败了数千朝廷官军，顺利占领了北平九门，还在三天后完全控制了北平城，并没有造成混乱和更多的死伤，算是一场精彩的指挥作战。

三、定方略，辅佐燕王得大胜

北平城攻陷后，朱棣以"奉天靖难"为名举兵对抗朝廷，但这并不表示燕军已经脱离了险境，当时建文朝廷部署在北平周边的军队远远多于燕军，而且一旦消息传至应天，建文帝势必组织更多的军队北上讨伐燕藩。如何扩大燕军规模，在北平一带站稳脚跟便成了燕军的新问题。当时燕军刚刚攻克通州，房胜举城而降，该向哪个地方发动新的攻势变得尤为关键，而不少人建议应当迅速向西占据居庸关。

张玉看得很明白，他告诉燕王："不先定蓟州，将为后患。"①在张玉看来，燕军向西打居庸关固然能阻绝宋忠三万大军，但从北平逃往蓟州的马宣却能借此快速恢复元气，蓟州位于北平东北，距离很近且城

---

① 《明史纪事本末·卷十六》："甲戌，燕王以郭资守北平，出师次通州，指挥房胜以城降。张玉曰：'不先定蓟州，将为后患。'"

防坚固，现在正是趁马宣惊魂未定时袭破蓟州的好机会，若是此时不打蓟州，等马宣缓过来，蓟州的军队必定从后方威胁北平，到时候燕军就会被开平的宋忠和蓟州的马宣同时困住，东、西线受敌很难有胜算。

朱棣采纳了张玉的计策，再次委托他负责攻取蓟州事宜。张玉又一次独立指挥燕军作战，他带着燕军几乎全部主力向东直奔蓟州，围着城池设下大寨，在得知马宣拒不投降后，张玉亲自指挥了对蓟州的攻城作战。面对张玉的挑衅，马宣因过于自信，竟然率众出城，结果在交战中被俘杀，蓟州落入燕军之手。

打下蓟州后，张玉的任务已经完成，但他并没有停下，而是抓住战机趁夜突袭遵化。连续作战非常考验军队耐力，也考验军队指挥官的指挥能力，张玉带领燕军在遵化打了一场出其不意的奇袭战，他亲自挑选了一些勇士，于夜四鼓登城而上，杀死了巡逻的士兵，打开城门迎燕军主力入城。遵化卫指挥蒋玉、密云卫指挥郑亨都率卫所官兵投降燕军。

张玉一经出战便给燕王攻克了蓟州、遵化、密云三卫，他的功劳不仅在于帮助燕军平定了东部地区，消除了隐患，更重要的是他严明军纪，禁止将士滥杀无辜，三卫官兵除了极少数抵抗的，大多数人都在张玉的劝说下直接投降燕军，这让兵力不足的朱棣得以增兵数千乃至上万人，使他有了直接攻打怀来的资本和底气。

怀来之战后，张玉依然作为燕军的资深战将制定作战方略。当时耿炳文率领三十万大军抵达真定，都督徐凯驻扎河间，潘忠屯兵莫州，三人都是燕军的主要对手，其兵力不低于十万，而且潘忠所部先锋杨松已经率领九千人据守雄县，距燕军已经非常近了。怎么打，先打谁，张玉为此冒险到南方侦察敌情，回来后给出的方案是先打莫州，因为潘忠、杨松的位置相对较近，而两人有勇无谋，适合用来提高燕军士气。

燕军因此选择在敌人庆祝中秋节时发动对雄县的攻势，也就是在杨松的兵马喝得酩酊大醉时一举歼敌九千。这一战，朱棣又是以张玉为直接指挥官，还把亲兵一并交予他指挥，张玉也不负众望，在袭击雄县得手后，他像打蓟州时那样善于抓住战机，当即马不停蹄地直奔莫州，趁潘忠率部救援雄县时，在月漾桥成功伏击了他们，当场擒获潘忠。

消灭潘忠、杨松所部后，燕军下一步该进攻何处，众将都无法给出合适的方案和理由，他们因为耿炳文兵马多、士气盛而有些畏惧，建议暂时屯兵新乐观望一下。这时还是张玉给朱棣吃了颗定心丸，他认为耿炳文兵马虽多却毫无纪律，说明这些人马并没有被耿炳文有效整合起来，现在燕军刚刚大胜，士气很高，而朝廷大军听说潘忠所部全灭后肯定士气受挫，正好可以直趋真定与之决战。[①]果然，燕军直趋真定后，耿炳文的十余万大军不堪一击，仅一战便被斩首了三万主力，建文朝廷组织的第一次平燕战役以燕军全胜而结束，张玉的谋划之功不可替代。

接下来，建文帝改用李景隆为大将军，统兵五十万攻打北平，同时又派江阴侯吴高率领辽东军队攻打北平东面的永平，如此一来，朝廷大军便从两个方向威胁北平。关于选择哪个方向破敌，大多数人认为李景隆的数十万大军是主要对手，应该先向南，但张玉给出的建议却是先打永平驱逐吴高，朱棣又一次采纳了张玉的建议，当即抛下李景隆的主力，向东逼退吴高后，又向北直逼大宁，这才有了奔袭宁王兼并朵颜三卫，赢得了日后的郑村坝之战。

后来张玉随朱棣攻打广昌、蔚州、大同、沧州时，又立下了赫赫战功，而当李景隆收拢溃兵，组织第二轮伐燕攻势时，又是张玉给出了正确的方略，不再坚守北平城，而是主动阻击敌军于白沟河，以逸待劳击

---

① 《明史纪事本末·卷十六》："玉曰：'当径趋真定。彼众新集，我军乘胜，可一鼓破之。'"

溃数十万李景隆大军，还乘胜占据德州，于济南城下歼灭李景隆所有兵马，一时间燕军士气大振，威名远播四海。

四、舍性命，乱军之中救主阵亡

从年龄上看，张玉年长朱棣整整十七岁，他并不像后人以为的那样，是一个年轻的仆从武官，是一个与朱棣志趣相投的同龄玩伴。实际上，张玉是燕军中的老将，德高望重，他对于朱棣更像是老师之于学生，是他教会了朱棣如何在草原上与蒙古人作战，又如何与朝廷优势兵力周旋。

优秀的领导者之所以优秀，除了他们自己本身眼光独到外，能制定合理的方略，采取正确的决策都是非常关键的，而方案的有效执行又是大战略能否达成的重要一环，就好像每一个优秀的将军一定有一个杰出的参谋长帮他调度军队，幸而朱棣有张玉这样的战将谋划，靖难早期的几场大战才能以最小的损失获得最大的胜利。

可惜，命运并不是一直眷顾燕军。当建文帝改用真正善战的盛庸、平安后，朱棣也迎来了人生中最大的一场恶战——东昌之战。素来以骑兵闻名天下的燕军，第一次在战场中被南军火器杀得丢盔弃甲，而朱棣因为贸然突入敌军大阵，结果中了盛庸的圈套，被重重包围在阵中，危在旦夕。作为一直以来教导朱棣的老将，张玉不愿意看到朱棣被俘，于是当即率部冲入阵中，手刃南军官兵数十人，四处寻找朱棣的下落。

要知道，当张玉决定入阵救援时，他并不知道朱棣所在位置，也不知道敌军有多少埋伏和陷阱，但他依然不顾一切冲进阵中。最终张玉在盛庸等人的围攻下于东昌阵亡，时年五十八岁，但是他一心要保护的朱棣顺利被朱能救出，也算是让他得以安息了。

《明史纪事本末·卷十六》："燕王以精骑冲左掖，入中坚。庸军厚集，围燕王数重，燕王自冲击不得出。朱能、周长率番骑奋击东北角，庸等撤西南兵往御，围稍缓。能冲入，奋力死战，翼燕王出。张玉不知王已出，突入阵救之，没于阵。"

古人常说"忠臣不事二主"。张玉最初侍奉元朝，官至枢密知院，可他却归附了大明，这很容易让人觉得他不忠不义。但事实上，张玉的决定并不是为了荣华富贵，也不是为了苟且偷生，他在燕军的奋战证明了他的才能，他在东昌之战中舍身救主也证明了他的忠义，他是一个值得尊敬的老将军，也是一个智勇双全的大将军，后世也常常把张玉比作明成祖的"徐达"。

朱棣也曾直言道："吾倚玉足济大事！"[①]难怪当他得知张玉阵亡时会失去王者应有的矜持，倒在地上痛哭流涕，哀不自禁，这并不是朱棣为争取人心而做的虚假表演，而是真情流露。

建文四年六月，朱棣在南京即位称帝，年号"永乐"，史称"明成祖"。三个月后，永乐帝朱棣想起的第一件事便是追封张玉为奉天靖难推诚宣力武臣，特进荣禄大夫、右柱国、荣国公，谥"忠显"。须知当时因靖难之功被封公爵的，只有张玉、朱能、陈亨、丘福四人而已，其功劳之大，地位之显赫，可见一斑。

洪熙元年（1425年），明仁宗朱高炽感念张玉功劳，曾评价他道："张玉识见谋略，卓然老成，非诸侯所及，且端方有匡直之益，诚难得也。"[②]为此进一步追封张玉为河间王，与黑衣宰相姚广孝、东平王朱能、金乡侯王真一起配享成祖庙。

张玉生前为明成祖立下汗马功劳，死后他的家族依然守护着大明王朝，他的三个儿子都凭借自己的功勋获封爵位，其中次子张辄（ní）封

----

① 出自《明史·张玉传》。
② 出自《明名臣琬琰录·卷十四》。

文安伯，三子张轵（yuè）封太平侯，而长子张辅更是数征安南的最高指挥官，为大明征服了整个安南，完成了朱能未能实现的安南远征，他也因功被封为英国公，食禄三千石，死后追赠定兴王，开创了又一个拱卫大明王朝的公爵府。

从开国到靖难的老将：泾国公陈亨

　　笔者常常被一个问题反复困扰：以八百府兵起事的燕王朱棣，是如何扩大燕军规模，一步一步击败建文帝百万大军的？按照太祖朱元璋的分封制度，藩王"分封而不锡（赐）土，列爵而不临民"①，这意味着藩王是没有封国土地和子民百姓的，更没有完全属于自己的军政资源，纵然有三个护卫军的兵力，但实际上都受兵部节制，而朱棣在起兵前已经被完全抽走了军队，难道他是临时征集军队击败朝廷百万大军的吗？

　　纵观靖难之役始终，朱棣真正的转折只有两处，一处是北平争夺战反杀数倍于己的朝廷大军，另一处则是收编大宁都司的卫所军队和朵颜三卫，前者靠的是张玉、朱能等人的奋战，后者却不得不提一位太祖时期的老将。

一、投义军，扬州万户任铁长

　　陈亨，寿州人，生于元朝至顺三年（1332年）。《明史》并未记载其家族的具体情况，甚至连陈亨的字也弄不清楚，更不要说他的早年经

---

① 《清史稿·诸王传序》："有明诸藩，分封而不锡土，列爵而不临民，食禄而不治事，史称其制善。"

历了，可见在后人看来，陈亨不过是明初勋贵中的小角色，远不能和徐达、常遇春、张玉、朱能这样的一代名将相比，但事实真的是这样吗？

确实，陈亨的早年经历我们已经不得而知，《明史·陈亨传》中关于他的第一句话是"元末扬州万户"，这表明陈亨早年效忠于元帝国，而且官至万户。这就相当了不得了，万户一职最早出现在金朝时期，属于军政一体的官职，元朝的万户基本类似，同样是负责地方军政的高级官员，最高可以授予正三品的官位，其所辖军民多的可以达到七千户，少的也有两千户，而陈亨是扬州万户，纵然不是地方最高长官，也是不小的官员。

奇怪的是，身为元朝万户的陈亨却毫无征兆地投奔了当时才刚刚起步的朱元璋，那时的朱元璋还是濠州一带的义军，让人看不出有统一天下的本事，陈亨来投究竟是什么原因使然？

关于这段历史，史书中似乎无法找到线索，那时的扬州应该人口不少，而且也有重兵把守，去投奔朱元璋真是相当大胆的决定。

不管原因为何，陈亨投奔朱元璋无疑是他人生中最正确的决定，他自己可能都想不到，这位新主公就是未来大明王朝的开国皇帝。不过，陈亨投奔朱元璋极有可能是只身来投，并没有带上一支兵马，按照《明史·陈亨传》记载，朱元璋接纳陈亨后给他的第一个职务是铁甲长。[①]

这怎么看都不是上台面的职位，有点儿类似于特种部队的指挥官，只比一般的部队高级一点点，好在他们可以装备铁甲，这种重型装备在义军早期应该还不多，算是精锐中的精锐。

因此可以大胆推断，陈亨虽然是元末的万户，但他不过是无兵无民的

---

① 原文："陈亨，寿州人。元末扬州万户。从太祖于濠，为铁甲长，擢千户。"

光杆司令，只身投靠朱元璋后并未得到高人一等的待遇，考虑到他曾是元军的高级将领，故而把最精锐的铁甲军交给他指挥，也有考验他之意。

显然，陈亨通过了朱元璋的考验，不久即被提升为千户。千户和万户虽然看起来不对等，但义军的千户是实打实的指挥官，手下有不少可以指挥的兵马，和扬州万户的虚名相比，义军千户的含金量明显高了不少，陈亨就此在朱元璋的义军中转战各地。

可同样奇怪的是，千户陈亨并没有在朱元璋统一南方的一系列战役中崭露头角，《明史》对他在这段时期的表现只字未提，也没有看到职务的提升。

二、守重镇，太祖旧将镇北疆

所幸，陈亨很快就迎来了他的转机，随着明军开始北伐大都，由大将军徐达领导的二十五万大军开进山东，一路上是势如破竹、攻无不克，很快就平定了整个山东地区，陈亨奉命镇守重镇东昌。东昌对于明军来说非常重要，它的位置在黄河以北，是明军从山东转战河北的交通要道，自然也被元军看重。

不久后，元军果然来犯东昌，兵力远远多于陈亨手里的军队。这时的陈亨应该是第一次独当一面，也是证明自己能力的最好机会，故而陈亨没有向徐达、常遇春求援，而是独自加筑城防工事，准备和来犯之敌一决胜负。如果以为陈亨要像朱文正那样打一场艰难的守城战的话，那就低估他了，陈亨压根儿没有坚守的意识，他的战略思想是"进攻就是最好的防守"。

为此，陈亨制订了一个精妙的伏击计划，先由一支兵马埋伏在城门前不远处，不竖旗帜，也不带战马，然后他率领主要军队正面对阵元军先锋，一经交战立马"溃败"，沿途丢弃辎重、武器，惹得元军一路追来争抢战利品。见明军如此不堪一击，元军也不"矜持"了，直接追杀陈亨，准备一鼓作气拿下东昌城。结果，当元军即将抵达东昌城前时，陈亨的伏兵突然从两侧杀出，打得元军猝不及防，而陈亨本人也率领主力转身反击，三路人马一会合便如神兵天降，当即反杀了元军，东昌大捷。

有了东昌的杰出表现，陈亨在明军的地位肯定有所提高，当即被调至前线，随大将军徐达征讨尚未投降明军的城池、关隘，一路杀入山西境内。由于陈亨在东昌时的表现证明了他是合格的指挥官，他的第一个任务便是镇守大同重镇。比起东昌，大同更加重要，而且是山西北边的主要防线，元军要入山西，大同是他们的必经之地。

关于陈亨在大同的表现，《明史·陈亨传》中并没有明确记载，但是笔者注意到书中提到的时间——洪武二年。要知道在洪武二年时，大同正好发生了一场规模较大的战役，当时常遇春于七月突然于柳河川（今河北张家口市宣化区）病逝，他麾下的军队都由李文忠接管，李文忠的任务是立即赶赴关中增援徐达。然而，元军却在这时突然兵指山西，目标就是大同城，统帅是北元悍将脱列伯。

大同危急的情况很快传至李文忠处，经过仔细思考后，李文忠决定暂时不去关中，而是立即掉头北上大同，因为如果大同失守，元军便会像洪水般淹没掉整个山西地区，斩断徐达与北平方面的联系。然而，李文忠要抵达大同还需要一段时间，这意味着陈亨必须坚守大同城，直到李文忠的主力抵达。

需要说明的是，当时的陈亨并不知道李文忠要来增援大同，因为朱元璋的命令是让李文忠去关中，所以陈亨大概率以为自己将成为一支留在北疆上的孤军。若是贪生怕死之辈，最佳的选择便是把大同"卖"给元军，说不定还能换个真万户，但陈亨没有这么做，他带领人数不多的守军咬牙坚持着，本打算与大同共存亡，没想到李文忠冒着忤逆朱元璋的风险增援大同，一战生擒北元统帅脱列伯，俘虏上万兵马。

大同得救了，陈亨也得救了。

鉴于陈亨孤军守城，于东昌、大同两战都有功勋，他很快就被提拔为燕山左卫指挥佥事，其驻地也就大致固定下来，任务也一并变成镇守北疆防线上的卫所。不过，朱元璋的守边政策是"攻守兼备"，陈亨因此多次追随朱棣等塞王出塞讨伐北元游骑。

在这段岁月里，陈亨凭借其稳重的作战风格，屡屡立下功勋，被任命为北平都指挥使，成为北疆防线上的高级将官，算是镇守北平都司的一方大员，也因为他所在辖区是朱棣的地盘，两人的关系日渐紧密。

三、使离间，兵不血刃除卜万

历史的车轮总是在不经意间把人们推到时代的风口浪尖，陈亨在洪武一朝虽然被提拔至高位，却始终没能封侯赏爵，这对戎马一生的老将来说还是很遗憾的，也许那时的陈亨还没有放弃封侯的志向，毕竟只要朝廷还需要武将们征讨漠北的蒙古势力，他们就有机会等到战功，更何况他追随的是大明最善战的燕王朱棣，战胜对手的概率更大。

洪武三十一年，太祖皇帝驾崩，新帝朱允炆即位后想到的第一件事就是削藩。若他只是削夺藩王们的兵权，那还不要紧，可是建文帝的削藩却是要命的，湘王朱柏就成了第一个因削藩而死的藩王，一时间"十王并戮，七国行诛"①，其恐怖程度足以让天下藩王侧目，连诸王之首的朱棣也不得不装疯保命，天下舆论不可避免地偏向藩王们。

---

① 《明史纪事本末·卷十五》："谷应泰曰：'……况又中涓入燕，逮系官属，几于十王并戮，七国行诛，衅起兵端，非无口实矣。'"

在建文帝看来，湘王、周王、齐王之流都不值一提，真正的大敌是坐镇北平的燕王朱棣，毕竟只有燕王有善战之名，也只有燕王被太祖批准节制沿边诸王，他麾下的燕山卫以及繁华的北平城都是朝廷不可忽视的威胁。

为了削掉燕藩，建文朝廷可谓绞尽脑汁，不是以提拔任用为名调走燕军的主要将领，就是以守备边塞为由把燕王护卫军全数调到不同地方，但这些都还不够，建文帝全面更换了北平方面的文臣武将，让驸马都尉耿瓛执掌北平都司事务，以都御史景清为北平布政司参议，都御史暴昭为北平采访使，原来与燕王走得近的人自然要被调开。

作为北平都指挥使，陈亨是有权节制北平都司所有卫所的总司令，他如果和朱棣是一条心，那削藩肯定难以成功，或者说变数很多。故而，建文帝一上台就对陈亨来了招明升暗降，表面上提升他为都督佥事，实际却把他调到了大宁都司，与大宁都指挥使卜万一起管理当地军队。

不懂政治的大臣多会祝贺陈亨高升，但陈亨自己很清楚这两者之间的巨大差异，原先的他是在北平都司说一不二的总司令，算是军方一把手，现在却跑到卜万那里插了一脚，论话语权他又不及卜万，毕竟人家才是大宁都指挥使，纵然自己的官职高一点儿，但实权在卜万之手，大宁都司还是卜万说了算，陈亨的地位就变得很尴尬了，这和坐冷板凳又有什么区别？

调走陈亨后，建文帝还是不放心北平都司的军队，直接任命了两个都指挥使——谢贵和张信，另外还重新任命张昺为北平布政使，再加上都督宋忠部署在开平的三万野战军，建文帝这才放心，并按照齐泰、黄子澄的谋划开始削除燕藩。

看着自己的军队、将领都被一一调离，朱棣肯定是不甘心的，凭着过人的智慧和心机，朱棣判断老将陈亨是可以争取的主要对象，他相信陈亨能看出建文帝并不信任他，也相信陈亨是有胆子做大事的。

就在杀死张昺、谢贵后，朱棣便开始暗中拉拢周边卫所的将领，除蓟州马宣殊死抵抗外，遵化、密云、永平几乎都是不战而降。这是一个极好的信号，表明并不是所有人都站在建文帝一方，陈亨便成了朱棣下一个要拉拢的对象，可是他远在大宁，又受到卜万的监视，怎么才能联系上陈亨呢？

恰在这时，大宁都指挥使卜万带着陈亨、刘真等大将，引兵十万出松亭关，屯驻沙河，谋攻遵化。朱棣得知后，立即率领马步精锐万余人救援遵化。看起来这会是一场兵力悬殊的战斗，但朱棣用兵精妙，他没有直接去打卜万的大宁兵马，而是大张旗鼓地杀向松亭关。卜万见后果然上当，以为燕军要切断自己的退路，也不管什么遵化了，当即退守松亭关。

大宁兵马虽然没有与燕军较量一番，但朱棣的收获却非常大，因为他抓了两个大宁兵卒。聪明的朱棣立即想到了联系陈亨的办法，他故意写了一封给卜万的信，里面的内容全是两人关系如何如何好，什么将军英名盖世，什么事成之后封侯拜相，同时还大肆鞭挞陈亨，暗示卜万除掉和自己关系不好的陈亨。

接着，朱棣便找来其中一个大宁降卒，"悄悄"把信交给他，让他回大宁后把信交给卜万，并重金赏赐。实际上，朱棣故意让另一个大宁降卒看到这一幕，然后也把他给放了。那个没有得到赏赐的人出于嫉妒，回去之后第一时间揭发了此事，陈亨似乎心领神会，立即抓来另一个兵卒审问，当着众人的面搜出了书信，大家一看内容无不震惊，都指挥使卜万竟然通敌了。

也不等卜万解释，陈亨立即带人拿下了他，并联名将领刘真迅速把此事上报给了朝廷。建文帝一看奏报，毫不犹豫地把卜万抄家灭族。估计卜万自己都得蒙圈，他不是建文帝的亲信吗，怎么皇帝这么容易就相信陈亨了呢？

或许是因为卜万之前率领十万大军攻打遵化，结果一枪没放就跑回去"保护松亭关"了，这操作不是让人匪夷所思吗？在一个不懂军事的皇帝看来，卜万明显就是在做样子，看起来好像与燕军开战了，实际却是虚晃一枪，给朝廷交差而已。再加上如今的话语权都握在陈亨手上，他完全可以说卜万无故退兵，有通敌之嫌。看着这封燕王密信，再加上卜万退兵的实际行动，建文帝自然相信卜万是燕王的人，于是立马将其除掉，可怜卜万没有死在战场上，却被燕王的离间计给拉下了马。

《孙子兵法·计篇》有云："兵者，诡道也。"用兵打仗可不是简单的战场厮杀，那些看不见的战场比真刀真枪更可怕。

四、谋兵变，十万宁军归燕王

除掉大宁都指挥使卜万后，陈亨在大宁都司的话语权大幅上升，这无疑是朱棣下的一步好棋，建文帝怎么都不会想到，他失去天下就从失去卜万开始了。

建文元年九月，建文帝撤回长兴侯耿炳文，改用年轻的曹国公李景隆为大将军，命其统兵五十万讨伐北平。同一时间，镇守辽东的江阴侯吴高等人也率部包围永平。在这样的局势下，朱棣采纳了张玉等人的建议，先不管李景隆的大军，所有力量都杀向永平，这让军事能力一般的吴高大为惊讶，几乎是一路溃逃回了辽东，沿途丢下了上千人的首级，永平之围轻松化解。

解决辽东兵马的威胁后，朱棣丝毫没有回援北平的意思，他应该能够预知贸然回去后的结局，没有足够精锐的燕军如何与五十万大军相抗衡呢？这时，朱棣想到了陈亨，他相信陈亨愿意帮助他，也许这是两人多年前的约定，又也许这是领导者天生的直觉，朱棣决定奔袭大宁。

冬十月，燕军开始朝大宁转进。此时的大宁兵马都在陈亨、刘真等人之手，他们为了防备燕军进入大宁都司，把包括兴州、营州在内的二十余卫兵马都集中在松亭关。朱棣当然知道强攻松亭关几乎是不可能的，所以他换了一条路线，改道刘家口入关，那里的守军恰好没有防备，很快被燕军突袭得手。

袭破刘家口后，燕军马不停蹄地直奔大宁城，仅用了几天时间就抵达城下。宁王朱权对燕军的这一行动毫不知情，更没有防备，这直接导致燕军轻松攻克了大宁城的西门，斩杀大将朱鉴、囚犯卜万，俘获了都指挥房宽，整个大宁城除了宁王府外都落入燕军之手。

朱棣的策略相当高明，当大宁城沦陷的消息传到松亭关后，几乎所有的大宁军将领都慌了，因为他们的家眷都在大宁城中，现在全部落入燕军之手，自然战心全无了。陈亨的情况与其他人差不多，他的家眷同样也在大宁城中，考虑到自己与燕王的关系，陈亨决定投奔燕军了，只是需要更多人支持才行。

事实上，和陈亨有相同心思的人还有很多，大家都觉得为了皇室内战犯不着把自己的家人也搭上，陈亨便与将领徐理、陈文密谋一起投降朱棣。可是，并不是所有的将领都想投奔燕军，与陈亨有同等指挥权的刘真就不想投降，如果让他知道陈亨等人有意投奔燕军，后果将不堪设想。为此，陈亨、徐理、陈文于夜二更突然举兵，突袭了刘真大营。毫无防备的刘真在乱军之中找来了匹快马，连夜杀出重围，单骑逃去了辽东。

这样一来，兴州、营州二十余卫官兵全数听命于陈亨，他当即带着十万大宁兵马归降了朱棣，而大宁军马中最有战斗力的福余、朵颜、泰宁三卫也在这次变乱后选择了朱棣，宁王朱权又是孤家寡人，只能在朱棣的胁迫下一起入关去了北平。

兼并大宁军马是朱棣靖难的真正转折，这些久驻边关的军队不仅身经百战而且兵种齐全，其中最引以为傲的就是以弓骑兵闻名草原的朵颜三卫，他们的到来解决了燕军没有足够骑兵的问题，而且朵颜三卫中的蒙古将领对建文朝廷并无敬畏之心，作战时毫不留情，杀意更浓。

关于大宁军马的实际兵力，史书上并无准确的数字，如果按照大明每个卫有五千六百人来计算，二十个卫就有十一万兵马，这还没有算上朵颜三卫的兵力。再者，《明史·宁王朱权传》描述宁王时称其"带甲八万，革车六千"，也从侧面证明大宁军队的兵力并不少。

从八百到三万，从三万到十三万，兼并大宁军马让燕军实力有了质和量的双重飞跃，陈亨的功劳不可谓不大，故而朱棣对陈亨礼遇有加，只要是陈亨上场作战，朱棣一定让他独当一面，负责一支大部队；凡是有重大战略决策，朱棣也会询问陈亨的意见，充分尊重这位老将。

五、博功名，老将阵前勇陷阵

然而，岁月总是催人老，如今的陈亨已经六十八岁了，早已不是当年那个担任铁甲长的扬州万户，在新人辈出的靖难之役里，无论南军还是北军，几乎都是年青一代的后起之秀。燕军这边有张玉、朱能、李远、丘福，建文帝那边也有盛庸、平安、何福，这些人的带兵能力都不输陈亨，当年在洪武一朝没能封侯拜相的窘境似乎又一次重现了，难道陈亨又将湮没在他们中间，成为另一个"李广难封"吗？

陈亨不甘心，不愿意，更不想等待，他要把握住现在唯一的机会，纵然前面是刀枪剑戟，纵然自己已经老迈不堪，他依然要像最年轻时的自己那样冲锋陷阵，让天下人都看看谁才是当今时代的"廉颇"。

随着盛庸、平安等新一代将领出现，南军的战斗力越来越强。白沟河之战时，燕军正面撞上了南军先锋大将平安。平安早年随明军出塞，熟知朱棣的战法，而他本人又是勇将一员，擅长指挥骑兵作战，白沟河交战的第一天就以上万骑兵伏击燕军，作战时亲自提矛冲杀，所向披靡，杀伤甚众。

次日，两军展开决战。燕军一方由张玉指挥中军，朱能指挥左军，陈亨指挥右军，他们作为交战的先锋部队，背后是丘福领导的骑兵，合计马步军十万人。南军一方，则由瞿能、平安为先锋，直扑房宽后军所部，他们似乎看出了房宽兵马实力最弱，抓着房宽人马反复冲杀不止，房宽力不能敌，果然溃败。

朱棣见事情紧急，亲率数千兵马反攻南军左掖，试图扭转战况，但南军飞矢如骤雨而下，连续三次射杀朱棣战马，朱棣本人也被逼退至堤坝处，若非朱高煦率领骑兵及时赶到，朱棣怕是要被平安等人擒获。

战况如此危急，陈亨依然奋战不休，他带领麾下将士力战平安。《明史纪事本末·卷十六》记载"平安善用枪刀，所向无敌"，陈亨很快与平安短兵相接，年龄上的差距顿时显现出来，无论是力量还是速度，陈亨都不能和平安相比，当即被平安重创。

事情发展到这时出现了一些不同的记载，《明史·陈亨传》认为陈亨被平安打成重伤，被迫退出战场，后来他在重伤未愈时又在济南战役遭遇平安，结果又一次大败受伤，伤势非常严重，朱棣不得不把陈亨送至北平休养，[1]不久即病逝。至于《明史纪事本末·卷十六》则认为，此战平安攻之甚急，陈亨连连败退，退无可退，最终被平安当场斩杀。和陈亨协同作战的徐忠也被平安砍伤两指，为了继续作战，徐忠不得不

---

[1] 原文："白沟河之战，亨中创几死。已，攻济南，与平安战铧山，大败。创甚，舆还北平。"

自己斩下了受伤的两指，撕碎衣服包裹伤口再战。①

不管事实为何，老将陈亨在遭遇平安后，他的戎马征程也就走到了终点。如果《明史·陈亨传》属实，燕军撤回北平后，朱棣见陈亨伤势严重，亲自前往府邸慰问，并提升他为都督同知，但在当年十月，陈亨便因伤重不治而死，时年六十八岁。朱棣感念陈亨率领大宁十万军马来归的功勋，亲自撰写文章祭祀陈亨。靖难之役结束后，已经是永乐帝的朱棣论功追封陈亨为靖难一等功臣，赠泾国公，谥"襄敏"。

纵观整个靖难之役，年迈的陈亨并没有打出朱能、张玉一样的战绩，两军阵前也不是平安等年轻将领的对手，但明成祖依然视陈亨为靖难第一等功臣，究其原因，还是他在燕军最艰难时主动率领十万大宁军马来归，让燕军实力连续上了好几个档次，这才使得燕军能在郑村坝以少胜多，击溃李景隆的五十万大军，后来燕军转战南北，也是大宁军马为燕王冲锋陷阵，最终赢得了胜利。

陈亨一生共有两次重大抉择，第一次是放弃扬州万户之职，投奔还是义军的朱元璋；第二次是主动归降了朱棣，给燕军带去十万大宁兵马。这两次重大抉择无疑都赌对了，朱元璋建立了明朝，朱棣登上了皇位，陈亨似乎有识人之明，这最终让他实现了封侯赏爵的人生目标，而他的家族也因此受到大明重用，其子陈懋因靖难之功被封为宁阳伯，其后镇守宁夏，随永乐帝北征草原都有功勋，因此进爵为宁阳侯。

宁阳侯陈氏一族在明朝荣宠不减，前后共传九代侯爵，直到明朝灭亡为止。不得不承认，这都是陈亨正确选择的结果。

---

① 原文："平安善用枪刀，所向无敌，北将陈亨、徐忠皆被创。已而安斩亨于阵，忠两指被砍，未断，自断而掷之，裂衣裹创而战。"

名不副实的首功：淇国公丘福

得益于靖难之役的胜利，永乐一朝被封侯赐爵的武将有很多，不同于太祖朱元璋屠戮功臣，明成祖朱棣对靖难功臣相当厚道，该给爵位的给爵位，该加食禄的加食禄，该袭爵的让袭爵，算是难得的君与臣同富贵，因此后世常有人说那些跟着朱棣起兵的人都赌赢了子孙后代的富贵。

事实上，这话并不完全正确，大多数靖难功臣都能把功名爵位延续给子孙后代，成国公府、英国公府都是勋贵代表，但有一人却落得爵位革除、家人流放的悲惨下场，谁都不会想到，此人曾被明成祖钦定为靖难第一功，连东平王朱能都屈居其下。

一、起卒伍，小兵也能当千户

丘福，凤阳人，出身行伍，生于元至正三年。与大多数靖难名将一样，《明史·丘福传》对丘福的早年经历只字未提，也不知道他的字是什么，可能要弄清楚丘福的家世确有一定困难。不过，从丘福的出生地来看，凤阳是太祖朱元璋的家乡，也是他曾打算迁都的中都府，当地百姓的待遇自然好于普通平民，在家乡观念盛行的封建社会，皇帝尤为照顾自己的同乡，也更容易提拔这些人担任要职，丘福应该也是受益人。

明代的户籍制度很特殊，百姓被分为"兵户"和"民户"两种。所谓"兵户"，就是世代为兵的人，他们不允许从事其他职业，只有当兵吃粮一条路而已，所生育的后代也要接着当兵，但是兵户们所吃的食粮却必须由自己耕种，也就是靠经营军屯田维持生活，战时从征，闲时种地。

丘福出身行伍，大概率就是早期被划入兵户的民兵之一，此生只有当兵一条路可走。如果是一般的兵卒，丘福这辈子估计难有出头之日，但《明史·丘福传》提到丘福"事成祖藩邸"，也就是说他是被选入燕王府的亲兵，这极可能是因为丘福是凤阳人，太祖皇帝信得过，才会派给自己儿子当卫兵。丘福在朱棣的王府当兵，很容易被燕王瞧见，稍微做事认真，打仗勇敢一点，自然会被燕王发现。

更幸运的是，这位燕王不是安于现状的富贵王爷，他是太祖皇帝放到北平的塞王，没事就喜欢出塞收拾北元游骑，丘福在这样的环境下很容易获得军功，他也就逐渐成长为一位优秀的骑兵，靠着打杀蒙古人积累军功。从兵卒到小旗，从小旗到总旗，从总旗到百户，从百户到千户，丘福一路过关斩将，成了燕王身边的高级军官，调入燕山中护卫。

丘福能升任燕山中护卫千户，靠的绝不是朱棣的优待，《明史·丘福传》评价他是朴实憨厚、机警勇敢，谋略虽不如张玉，但却像朱能一样敢于陷阵。[1]这么一看，丘福是比较靠得住的将领，老实人一般更好用、更忠诚，丘福就此成了燕王的心腹。

二、敢靖难，从征燕军任先锋

命运的转折从建文元年开始，朱元璋驾崩后，皇太孙朱允炆登基，史称"建文帝"。建文帝一上台就大肆削藩，削的都是他的亲叔叔，那些兵权不重、能力不足的藩王，要么被削夺爵位，要么被流放云南，好一点儿的还能被软禁在京城应天，惨一点儿的竟然被迫自焚而死。

当湘王朱柏自焚而死后，藩王与皇帝之间的矛盾便公开化了，作为众王之首的朱棣忧虑不安，送儿子去应天，自己装疯博同情，这些都不

---

① 原文："福为人朴戆笃勇，谋画智计不如玉，敢战深入与能埒。"

能让建文帝放过他，除了起兵靖难，朱棣实在想不到可以保命的其他办法了。

藩王谋反肯定是建文帝最不愿意看到的事情，为了削藩能够顺利进行，他采纳齐泰、黄子澄的建议，以提拔任用为名，抽调了不少燕王护卫的高级将领，比如蒙古骑兵指挥官观童。但朱棣还是费了点儿心思，张玉、朱能、丘福这些还没有崭露头角的将领们都被留了下来，他们便组成了燕军靖难的早期班底。

丘福能入选燕王的靖难班底，他的性格、忠诚、能力都是原因之一，虽然史料没有明说，但可以猜想丘福绝不是被迫起兵，而是主动追随朱棣靖难的将军。北平争夺战时，张玉负责指挥调度八百府兵，丘福、朱能则作为具体执行人，带着数百人到处袭杀朝廷官兵，《明史·丘福传》记载"与朱能、张玉首夺九门"，他们三人便是燕军最早的三大指挥官。

与张玉、朱能不同，丘福既不能给出燕军大战略的决策方案，也无法在关键时刻稳定军心，但丘福作战勇猛，敢于死战，《明史·丘福传》明确提到了他的两次精彩表现，一是真定之战时，丘福面对十三万耿炳文大军，敢于冲杀敌军至子城，这就非常了不起了，因为攻城的兵马很容易被瓮城困住，如果敌军关闭城门，来个瓮中捉鳖，进攻方大概率会全军覆灭，所以敢于突入城池的丘福是相当勇敢无畏的。

第二次则是在白沟河之战时，燕军在第一天吃了南军先锋大将平安的亏后，决战的第二天便改变了部署，让张玉、朱能、陈亨分别领导中军、左军、右军，排成一线作为先锋，丘福则被派到他们身后，负责指挥战力最强的燕云铁骑，其作用是支援三军的攻势，收割人头，扩大战果。

但是这一战打得非常艰难，燕军右军大将陈亨被平安打成重伤，后军都督房宽直接全线溃败，张玉都因局势危急而面有惧色，只有丘福所部骑兵打出了气势，《明史·丘福传》载："战白沟河，以劲卒捣中坚。"可见丘福还是那个最不要命的，根本不畏惧战场杀神平安的兵锋，带着部队就往敌军最坚固的中部突击，战果自然是丰厚的，燕军最终获得大胜。

白沟河之战结束后，朱棣看到了丘福的能力，当即任命他为燕军先锋，夹河、沧州、灵璧几场大战中，丘福都以燕军先锋的身份发起进攻，所面对的敌人都很危险，但他出色地完成了任务，杀敌甚众，战功赫赫。

三、战淮河，百骑先锋破盛庸

以上两场战斗都不是丘福的高光时刻，真正的地狱级难度其实是在燕军抵达盱眙时，当时燕军千里奔袭南京，沿途多次与平安、盛庸交手，已经到了不能回头的地步，而要渡过长江攻打南京，燕军只有两条路。一条是走凤阳，那里有充足的补给，可以稍微休整下；另一条是打败守在盱眙的盛庸水师，直接绕到扬州，再渡江攻取镇江。

凤阳这一条路是行不通的，那里有驸马都尉梅殷的"四十万"大军，而他又不愿意借道给朱棣，燕军只能正面突破盛庸的水师。可是盛庸的水师也不好对付，他麾下至少有数万兵马和数千艘战船，难度一点儿不比梅殷的"四十万"大军小。

面对此等局面，朱棣把所有赌注都押在了丘福身上，他的计划是大张旗鼓地打造战船，决战之日由他亲自领兵正面进攻盛庸，以求吸引其注意，让人以为他要靠水战决出胜负。实际上，朱棣交给丘福、朱能"骁骑数百"[①]，让他们向西潜行二十里，在盛庸不易发现的地方用小

---

① 《奉天靖难记·卷四》："上命丘福、朱能、狗儿等将骁骑数百人，西行二十里，泛小舟潜济。"

船悄悄渡河。

这期间，丘福充分发挥了天才骑兵指挥官的优势，他的骑兵不但行动迅速，而且动静很小，盛庸完全没有发现这支规模不大的骑兵队伍。直到决战之时，盛庸正与燕军主力杀得难解难分，丘福的数百骁骑突然出现，旋即鸣炮冲杀，南军官兵完全没有心理准备，无不惊恐失色。

这一次，丘福还是先锋大将，领着麾下勇士冲杀在最前面，南军官兵很快被他的攻势击溃，皆弃甲而走。盛庸本人也被这攻势吓得战栗不已，连马都爬不上去了，只能在部下的保护下跳到一艘小船上，单舸逃走。燕军就此大破盛庸水师，几乎俘获了全部战船。

须知，这一大战的首功当属丘福，因为他是朱棣任命的骑兵指挥官，连朱能都是在丘福的领导下作战，而且丘福所带的骑兵加起来也就几百人，却一举击溃数万南军官兵，吓走盛庸，其勇猛程度很难用语言表达出来。燕军也因为丘福的突袭，俘获了所有战船，这对他们接下来的渡江作战意义重大，其功勋不下于陈亨带着十万大宁军马归附。

如果当时对燕军将领的位次进行排序，顺序应该是张玉、丘福、朱能、陈亨，这四人乃是燕军阵营里的头号大将，只不过张玉、陈亨都因作战而死，剩下的丘福、朱能自然成了燕王最后的王牌。关于两人谁功劳更大的问题，历史上学者争论不休，但《明史·丘福传》评价丘福每次战胜时都很谦虚，别的将领抢着上报战功，只有丘福站在最后等待，朱棣常常感叹："丘将军功，我自知之。"①

这恐怕就是史料里并没有太多丘福作战的记录，战功反而排在朱能之前的原因。

---

① 原文："每战胜，诸将争前效虏获，福独后。成祖每叹曰：'丘将军功，我自知之。'"

因此，靖难之役结束后，朱棣大封功臣时认为丘福的功劳最大[1]，应该推丘福为第一功臣（除去阵亡的将士），授其奉天靖难推诚宣力武臣、特进荣禄大夫、右柱国、中军都督府左都督，封淇国公，禄二千五百石，与世券。

四、征漠北，十万铁骑赴黄泉

登上帝位后，朱棣的注意力开始向北转移，那时的蒙古草原依然是游牧骑兵驰骋的天下。自北元王庭被大明攻破后，元世祖忽必烈的后裔日渐没落，北元政权旋即分裂成鞑靼、瓦剌、兀良哈三部，其中鞑靼、瓦剌实力最强，是大明帝国的主要对手。

第一个敢与永乐帝叫板的就是鞑靼，鞑靼可汗名叫本雅失里，此人的父亲是明太祖亲封的崇礼侯买的里八剌，正宗的黄金家族后裔，所以本雅失里并不愿意接受大明占领中原的既成事实，他一直想恢复元帝国的疆土，自然也就不断来找大明的麻烦。

起初，朱棣是不想用兵漠北的，于是他在永乐六年三月遣使觐见本雅失里，试图缓和双方矛盾，但本雅失里根本不给任何回应。第二年，朱棣派使臣都督指挥金塔卜歹、给事中郭骥再次出使觐见本雅失里，结果郭骥直接被他杀了祭旗，这终于惹怒了大明皇帝。

永乐七年八月，大明帝国以淇国公丘福为征虏大将军，武城侯王聪为左副将军，同安侯火真为右副将军，靖安侯王忠、安平侯李远为左右参将，领兵十万北伐鞑靼。

《明史·丘福传》提到北伐军数量时用了一句"以十万骑行"，这是什么意思？从字面意思上看，十万骑行意味着有十万骑兵，如果真是

---

[1]《明史·丘福传》："即位，大封功臣，第福为首。"

如此，大明朝可算是下了血本了。冷兵器时代的骑兵相当昂贵，战马畜养也非常不容易，能组建一支十万规模的骑兵是难上加难，丘福能指挥这样一支大军，一是因为他长期指挥骑兵，又多次担任先锋，经验肯定丰富很多；二是因为塞外作战必须使用骑兵才能捕捉到敌军，步兵在那里几乎是活靶子。

在朱棣看来，丘福性格稳重、机警，人又很老实，应该能把这十万骑兵安全带去又安全带回来。考虑到丘福从未独自指挥过这么庞大的一支军队，朱棣多次嘱咐他要谨慎行事，绝对不可以轻敌，就算眼前没有任何敌人，也要时刻保持戒备，一旦交战不利，该撤回的时候就要撤回，一战不胜还可以等待时机再战。朱棣的话，简单来说就是两个字——谨慎。

然而，胪朐河之战时，丘福却像是变了一个人，孤军深入且不听诸将建议。当时明军击败了一些鞑靼小股部队，俘获了一个自称是"尚书"的鞑靼人，丘福好酒好肉招待这位尚书，从他那里得知本雅失里就在前面三十里处，当即决定追击本雅失里。

按说这样的决定是很正常的，指挥官的首要素质就是要善于把握战机，一旦失去战机，再想得到几乎是不可能的。丘福得知本雅失里准备向北方逃窜，第一时间想到的就是抓住战机。可是其余将领都反对追击，一是因为他们身边只有一支数千规模的小部队，大部队都还未抵达战场；二是担心这个尚书是本雅失里专门派来诈降的，其目的就是诱使明军追击。

故而，安平侯李远建议先派游骑去侦察情况，等待大军抵达后再向北追击。这个方案很稳妥，但容易丢失战机，丘福听后直接否决，当即带着先锋部队向未知方向推进，沿途两天都遭遇了鞑靼骑兵，而且都是大获全胜，这让丘福坚信鞑靼人已经被明军吓破了胆，更不愿意停下观望了。

这时又是安平侯李远站了出来，他再次恳求丘福不要深入，而是应该就地扎营，多竖旗帜，多点火把，白天擂鼓，晚上鸣炮，让鞑靼人弄不清明军的虚实，等大部队抵达后，再一起向北追击本雅失里。武城侯王聪也认为这是最稳妥的方案。

丘福听后大怒，认为这是浪费时间，会让本雅失里逃走，厉声说道："违命者斩！"随即便拍打战马，率先驰马而走，其余的人不得不跟着一起走，据说连牵马的人都因此流下了眼泪。[①]这一幕怎么看都是要"大结局"的前奏。果然，丘福深入草原一段距离后，还真就遇到了本雅失里的主力，只不过他们不是要逃走，而是四面包围了明军，一场伏击战就此打响。

这一战的细节已经很难得知，但结果是明军全军覆没，淇国公丘福连同安平侯李远、武城侯王聪、同安侯火真、靖安侯王忠等人全数阵亡，《明史·丘福传》称其"一军皆没"。可怕，可叹，胪朐河之战直接折损了五位靖难功臣，以及多达十万的铁骑，这对大明的打击可谓前所未有，对朱棣本人也同样如此。

也因为这一战，朱棣认为漠北的战争是大明最难打的战争，普天之下除了他自己没有人能担负起此等大任，于是他决定亲征漠北，历史上著名的"永乐五征漠北"由此开始。

五、干储位，插手党争终被弃

对丘福来说，胪朐河之战也改变了淇国公府的命运，永乐帝对他丧师辱国之耻久久不能释怀，最终下旨削除丘福的淇国公爵位，还发配丘家老小到海南开荒。这位曾被誉为第一功臣的淇国公就此被贬为罪人，

[①]《明史·丘福传》："福皆不听，厉声曰：'违命者斩！'即先驰，麾士卒随行。控马者皆泣下。"

一生奋战的功勋都成了泡影，其结局可悲可叹又可惜。

很多人在提到丘福时，都认为他被削除爵位全是因为北征草原时不听成祖皇帝告诫，孤军深入导致十万大军溃败，其实笔者有不同的看法。结合明成祖的一生来看，他对有罪的功臣多是很宽容的，比如张信等人。大多数人犯错后，成祖皇帝都会赦免、告诫，再犯的也没有夺爵这么严重的处罚，但是丘福却被夺爵，家人也被连累，这并不符合成祖皇帝善待功臣的行事作风。

丘福被夺爵的真正原因会不会不止他兵败胪朐河一件事，还包括他草率地插手储君废立之事？《明史·丘福传》记载丘福与汉王朱高煦关系要好，可能这是因为他们都是军人，又都指挥骑兵，难免在战场上结下生死情谊。战争结束后，丘福就是力推朱高煦当太子的主要人物，多次在成祖皇帝面前举荐朱高煦，建议废掉世子朱高炽，这一度让成祖皇帝非常犹豫。①

然而纵然有丘福力荐，朱高煦还是输给了朱高炽，丘福也因为立场有问题被朝廷猜忌，等到他兵败辱国后，成祖皇帝便借机夺去其淇国公的爵位，意在警告那些还在观望，甚至帮助朱高煦的人，让他们不敢再动非分之想，朱高煦本人也因此被削夺了两个护卫，封地也一迁再迁。

由此看来，不管是不是功臣，只要贸然插手只有领导者才能做的事，那就不可避免地会被抛弃，过去的功勋也都会化为泡影，再也无人提起。

---

① 原文："汉王高煦数将兵有功，成祖爱之。福武人，与之善，数劝立为太子。帝犹豫久之，竟立仁宗。"

成祖的万古名将：莒国公李远

明成祖朱棣曾夸赞李远说："将军以轻骑八百，破敌数万，出奇应变，虽古名将不过也。"[1]

明成祖的靖难二十六功臣中，以四大国公张玉、朱能、陈亨、丘福为首，其余封侯爵、伯爵者多为偏将，或是战场勇武如火真、王聪，或是陷阵战死如谭渊、王真，但有一人虽然没有位列公爵，却是骁勇、智谋、忠节皆备的统兵大将，他的功绩看似不如四国公，实则远超万古名将，他的谏言如能被采纳，历史或将改写，成祖皇帝也不会亲征漠北。

一、承父职，蔚州守将投燕王

李远，怀远人，生于元至正二十三年。不知道是元朝时期的汉人不再取字名，还是难以找到记载，《明史》同样无法弄清李远的字和详细出身。不同于丘福这种行伍小卒的开局，李远的父亲是官至蔚州卫指挥佥事的高级武官，而明代的军户可以世袭，李远由此承袭父职为蔚州卫指挥佥事，开局就是正四品的武将，起步高出别人不少。

然而李远一家的武职也不是天上掉下来的。虽然《明史》没有记载，但结合李远的出生地来看，李远的父亲应该是早期追随太祖朱元璋征战江南的将领，而李远出生的那一年，太祖朱元璋正和汉帝陈友谅决战，大明王朝的国运从那时候开始，李远的人生也从那时开始。

李远当上蔚州卫指挥佥事的时间已经无法得知，他在蔚州任上的表现也没有记载，但是就在他三十六岁的那一年，朱棣高举奉天靖难的大

---

[1] 出自《明史·李远传》。

旗，正式举兵对抗朝廷，须知北平距离蔚州也就一百四十多公里，年纪轻轻的李远不得不立即做出选择，是坚守蔚州，还是追随燕王？

他的决定出乎意料，投奔燕王固然能暂时保护蔚州城的安全，但加入燕军却会被建文朝廷贬为逆臣，稍有不慎整个家族都将被牵连。可是李远还是决定追随燕王，而且是带着整个蔚州卫投奔了燕军，这是非常冒险的，也是非常无奈的，没有谁不想留下一世忠名，但命运总是不给人这样的机会。

《明史·李远传》载："燕兵攻蔚州，举城降。"

二、露头角，六千轻骑焚万船

建文三年的夹河、藁城之战后，朱棣面临的局面越来越困难，虽然他屡次击败朝廷百万大军，但燕军所控制的地区只有北平、永平、保定三地而已，山东济南始终是无法攻破的坚城，朝廷的军队源源不断，大将张玉、谭渊又相继阵亡，除了议和，朱棣好像没有别的选择。

现实总是残酷的，举兵谋反这种事一旦开始便很难有圆满的结局，作为朝廷第一智囊的方孝孺看出了燕军的窘境，极力建议建文帝把战争打下去，而建文帝内心深处也不想与燕军议和，因为一旦同意燕王的请求，也就等于开了一个不好的先例，似乎在告诉天下人造反也不算大事，也是有机会被赦免的，其他藩王岂不是都可以效仿，以后动不动就来个"奉天靖难"，那朝廷还有什么权威可言，还有安宁日子可过吗？

方孝孺很聪明，他虽然是读书人，却并不算迂腐，他建议建文帝不要直接拒绝朱棣的求和，反而要假装答应，留够时间让朝廷准备下一步的军事行动，简单来说就是"缓兵之计"。

为了实现这一计策，方孝孺给建文帝策划了多路围攻的包围网，其中南路军的任务就是要切断燕军与北平之间的联系，让燕军无粮可吃。当时的燕军正好在大名一带，那里气候不佳，城池又不算坚固，一旦没有了粮食，他们很难长久坚持，议和这段时间就是要燕军待在大名不要乱动。

朱棣是什么人，时人都说他智虑绝人，这样的领导者会这么轻易被骗吗？从截获的朝廷文书以及建文使臣的对答中，朱棣很快就猜出了方孝孺的"缓兵之计"。不过，朱棣是真的想议和了，他再次派使臣武胜入京求和，言辞恳切地写了一封给建文帝的家书，试图打动这位年轻的侄子，结果方孝孺直接把武胜丢进了大狱。消息很快传至大名，朱棣终于被激怒了，也终于明白议和是行不通的，战争就此继续。

建文三年五月，南军在吴杰、平安的指挥下发兵截断燕军粮道，看上去好像方孝孺的谋划要起作用了。然而，朱棣很快就看出了朝廷部署的重大漏洞，他们的主力驻扎在德州，虽然能截断大名与北平的联系，但德州城存放的粮饷经过几次大战已经被消耗一空，现在朝廷军队的粮饷都由徐州、沛县转运，大名不正好在这条路线上吗？如果燕军反过来向徐州、沛县发动进攻，德州的朝廷大军岂不是也要跟着断粮，到时候他们还怎么战斗？

燕王决定抽调六千精锐骑兵，让他们抛弃重型装备，以最快的速度杀奔徐州、沛县，目标即是切断朝廷军队的粮道，受命担任这一任务的指挥官正是李远。

这是李远第一次单独指挥作战，对他来说意义重大，毕竟他不是燕王府的旧部，能得到这次作战的统兵大权是非常难的，一者显示了朱棣对他的信任，二者是朱棣对他的考验，三者也是他证明自己的最好机会。如果李远不能完成朱棣交给他的任务，同样擅长指挥骑兵的朱能、丘福很可能会出来收拾残局，那样他在燕军中的地位就不会有任何改变，出头之日也将遥遥无期。

从大名到济宁再到沛县，前后保守估计也要二百三十公里，路途遥远不说还都是朝廷的地盘，当地守军会让这六千人安然通过吗？若是李远一路攻城拔寨，没有重步兵配合的轻骑兵估计打不了几座城就拼光了，所以李远必须想办法瞒过朝廷守军。

为此，李远找来了六千套南军官兵的衣服、旗帜，这对燕军来说并不困难，因为之前几次大战俘获的南军官兵远远超过这个数字。李远让士兵们通通撤下燕军旗帜，全部穿上南军的衣服，打起建文朝廷的旗帜，每人在背上插上一根柳枝作为辨别敌我的标记，然后大摇大摆地从朝廷的城池旁鱼贯而行。

别说，这还真有用。朝廷留在各地的守军都是普通军户，将领也没有多少实战经验，看着这些盛气凌人的骑兵，他们很自然地以为这是大将军盛庸或者副总兵平安的军队，根本不敢细细查问，任由他们离去。李远就此一路奔驰，沿途经过济宁、谷亭、沙河、沛县，可谓畅通无阻。

深入敌境的李远似乎到了另外一个世界，那里未经兵祸、粮食满库，简直是劫掠者的天堂。这让李远等燕军将领非常高兴，他们立即改换身份，高举长矛利刃大肆烧杀官军粮仓，纵火焚烧运粮船只。数十公里的江面上，六千燕军骑兵如同鬼魅一样来回驰骋、忽东忽西，杀得南军官兵手足无措，他们可不知道燕军背上的柳条就是标记，想出手反击又怕伤了友军，真是又被动又憋屈，很快就被杀得大败，尽数抛弃粮仓、运粮船。

一时间，火光冲天，江水尽赤，被李远及六千轻骑兵烧毁的粮食多达百万石，沉没水中的船只也多达上万艘，熊熊燃烧的烈焰把河水煮得沸腾，鱼鳖都因此烧死，浮上了水面，看起来如同末日来临一样恐怖，德州官兵的粮饷几乎是全数被毁，消息传到朝廷，京师大震。[①]

三、出奇谋，八百骑兵破万军

尽焚朝廷百万石粮食后，李远威名远播，但危险也同样来临。在公开身份作战前，李远还能假冒朝廷官兵，如今周围的城池、百姓无一不知他的真实身份，李远要从全是敌对势力的沛县一带返回大名，难度明显比之前大很多，而且朝廷也立即展开补救行动，裨将袁宇受命率领三万步骑追杀李远，大战一触即发。

面对五倍于己的追兵，李远首先想到的是快速撤退，可是袁宇所部也有骑兵，速度并不比他慢，被追上是迟早的事。因此，李远决定改变策略，主动迎战身后的三万追兵。当然，李远也知道硬拼是没有胜算的，只有用计才能险中求胜，可是什么样的计谋才能击败袁宇呢？

伏击，这是李远唯一的办法。

骑兵的速度是胜于一般步兵的，现在李远在前而袁宇在后，燕军便处于主动地位，而朝廷官军处于被动，他们只能沿着燕军所过的路线追杀，要是李远于途中设伏，袁宇能够及时发现并改变路线吗？

为此，李远一路奔驰寻找适合伏击的战场。很快，一处密林出现在他的眼前，李远当即将数千主力骑兵埋伏于林中，自己则挑选了几十个精锐骑兵跟着。眼见袁宇即将追至此处，李远旋即带着几十精骑跑到大路上诱敌，当然样子肯定要装像一点，遇敌惊溃、慌乱无措的表演果然迷惑了袁宇所部，南军官兵毫不犹豫地发动追击，试图把李远这几十个人全数围歼。

---

① 《奉天靖难记·卷三》："……乃烧贼粮船数万余艘、粮数百万石、军资器械不可胜计，河水尽热，鱼鳖皆浮死，贼运粮军士尽散，京师大震，德州粮饷遂难，贼势稍不震。"

就这样，李远带着几十精骑且战且退，一点一点把三万朝廷官兵引到密林位置。就在袁宇以为要抓住李远时，突然杀声四起，燕军旗帜从密林四周高高举起，六千燕军骑兵当即杀出，从左右两翼冲杀南军官兵。由于受到地形限制，三万步骑无法及时展开，夹在伏击圈内手足无措。燕军骑兵就此大显神威，在李远的指挥下很快就贯穿了官军大阵，袁宇单骑逃走，余军皆溃。

此战，李远出奇制胜，大破数万官军步骑，斩首万余级，俘获战马三千匹，可谓战绩辉煌，他的首战算是交了一张让燕王满意的答卷。

建文三年十一月，朱棣论功大封诸将，李远因功晋升为中军都督府都督金事，官至从三品。两个月后，朱棣决定放弃一切幻想，不再执着于朝廷各地的城池要地，率领全部主力直奔建文帝所在的南京，不久即抵达蠡县（今属河北保定，蠡音lǐ）。在这里，朱棣又交给李远一个艰巨的任务，他说道："今驻营于此，真定、德州必出游兵侦我动静，尔可领骑八百往哨，待其至击之。"①

朱棣判断，燕军一路快速南下，官军肯定会派兵追击，李远正好可以留下，再次用伏兵之计袭击他们。可是问题来了，上次出兵沛县一带，朱棣给了李远足足六千轻骑兵，如今却只有八百骑，这是考验他，还是燕军战力不足？不待李远多想，他当即答应下来，带着这数百骑兵就奔赴战场。

建文四年正月，李远率领八百骑兵刚刚抵达藁城，就碰到了德州都指挥葛进率领的一万马步军先锋。上次还是五倍于己的普通难度，如今难度增加到了十二倍有余的地狱级，要是换成其他人，估计见这阵势会直接蒙圈，打马而逃，但是李远没有，他不仅毫无惧色，而且也没有退

① 出自《奉天靖难记·卷三》。

兵的打算，反而策马直上，观察敌军阵形。

葛进见眼前的燕军只是一支八百人的小部队，立即命令步兵快速渡过滹沱河，试图到对岸列阵迎敌。李远见后迅速做出决断，命令所有人快速杀向河岸，试图半渡而击，先行击溃敌军先锋。可是，八百人毕竟太少了，官军即便被杀伤了不少，还是如同群蜂一样拥向河岸，李远越打越艰难，不得不快速向后撤退，让出河岸。

登上河岸后的官军并没有因为李远的勇猛而提高警惕，他们视八百燕军骑兵为待宰的羔羊，居然悉数下马，把战马系在林子里，以步兵队列上前厮杀。优秀的指挥官能在瞬息万变的战场上找到克敌制胜的法门，李远看见敌军放弃战马而来，脑海里又生出一计，再次使出诱敌之术，且战且退，一点一点把官军引离之前的林子。待官军逐渐远离了马匹后，李远便分出一部分骑兵，让他们从侧面快速绕到官军后侧，其目的在于击杀、解开被绑在林子里的马匹。

葛进放弃战马作战导致他们的机动性大为降低，即便发现身后的战马正被燕军击杀，也来不及返回救援。不久后，数千战马从林间四散而出，它们一部分害怕被燕军砍杀而逃，另一部分直接被燕军杀死在林子里。

葛进本来还算坚固的步兵阵形在身后战马的冲击下顿时大乱，李远的八百骑兵混在中间，前后夹击，如同砍瓜切菜般袭杀官军兵马，大破万余敌军。惊恐的官军士兵也顾不上反击，一个劲儿地往河边溃逃，会游泳的还能逃出去，不会游泳的直接被河水吞没。

得益于李远等人的奋战，燕军主力在朱棣的统率下快速南下，一路过馆陶、克旧县、拔东平、占汶上、攻沛县，前后歼敌万余人。两场大战，李远破敌四万有余，斩首上万人，俘获战马也多达数千匹，朱棣因而称赞道："将军以轻骑八百，出奇应变，破贼万人，功亦伟哉！万古名将不能过也。"①

四、征漠北，绝骑五百死社稷

靖难之役胜利后，明成祖朱棣大封功臣，李远因功被封为奉天靖难推诚宣力武臣、特进荣禄大夫、柱国，爵号安平侯，食禄一千石，赐予其子孙后代世袭伯爵的铁券，位列第二等奉天靖难功臣。

永乐元年，安平侯李远、武安侯郑亨一起奉命镇守北疆重镇宣府，负责保护边塞，游击蒙古草原上的鞑靼、瓦剌骑兵。之所以被派到宣府，是因为李远善于指挥骑兵作战的能力是成祖皇帝最看重的，当时大明内迁卫所精兵于北平都司，其目的是收缩战线，但这不表示大明会听任鞑靼、瓦剌等游牧政权骚扰，很快大明就组织了一支多达十万人马的北伐军。

永乐七年八月，大明帝国以淇国公丘福为大将军，武城侯王聪为左副将军，同安侯火真为右副将军，靖安侯王忠、安平侯李远分为左、右参将，领兵十万北伐鞑靼可汗本雅失里。

淇国公丘福率领的大军很快抵达胪朐河，明军不出意外地击溃了一支鞑靼游骑，其中一个自称"尚书"的俘虏告诉丘福，鞑靼可汗本雅失里听说明军来了，吓得向北逃窜，目前距此只有三十里。丘福认为机不可失，也顾不上后面没有抵达的明军主力，只带着几千先锋骑兵就发起追击。李远等将领劝谏他不要轻信间谍，但丘福不予采纳。

接下来的两天，明军每天都会遭遇小规模的鞑靼骑兵，但他们都是一触即溃，不断向更远处撤离，却迟迟没有看到本雅失里的主力。这一幕与李远当年用的诱敌之计几乎一模一样，李远因此再次劝谏道：

---

① 出自《奉天靖难记·卷四》。

"将军轻信谍者，孤军深入，进必不利，莫若结营自固，以待我军毕至。"①害怕不能说服丘福，李远还给出了自己的作战方案，即全军就地扎营，以坚固的营盘阻止鞑靼骑兵的袭击，同时多竖旗帜，多点火把，白天擂鼓，晚上鸣炮，故意营造明军规模很大的假象，让鞑靼人弄不清虚实，等明军大部队抵达后，再一起向北追击本雅失里。武城侯王聪也认为这个方案非常稳妥。

然而，丘福根本听不进去，他自恃为总兵官、大将军，认为李远的方案是在耽误时间，如果这么办的话肯定会让鞑靼可汗本雅失里逃走，于是挥鞭纵马，强行拔营向更远处追击，李远等将颇感无奈，又不能抛弃主帅，只好跟着一起追击。据说牵马的士兵都因此流泪，似乎除了丘福，所有人都知道此去必定中伏。

果然，当明军孤军深入后，鞑靼可汗本雅失里的主力突然出现，他们根本不是因为明军追杀而逃走，而是诱敌深入、以逸待劳，就地包围了丘福等人，准备大开杀戒。这一战，明军寡不敌众又毫无防备，完全不是鞑靼骑兵的对手，不少士兵当场阵亡。

李远还是那个勇猛无畏的将军，他从来不会因为敌军数倍于己就感到害怕。纵然身边只有五百骑兵，他依然高举着长剑冲入敌阵，连续斩杀数百人，直到战马精疲力竭而倒，李远方才被俘，但他依然不肯投降，对着鞑靼人骂不绝口，最终被鞑靼人当场斩杀，时年四十六岁。

胪朐河一战，淇国公丘福、安平侯李远、武城侯王聪、同安侯火真、靖安侯王忠等十万将士全数阵亡，可谓前所未有的惨败。这一战的失败让明成祖失去了再次派大将远征的勇气，他认为整个明朝都没有将

---

① 出自《明史纪事本末·卷二十一》。

军能独自指挥与鞑靼、瓦剌人的战争，因此决定御驾亲征，连续五次出塞。假如丘福采纳了李远的谏言，十万明军可能不至于大败，李远也许能在塞外建立更多的功勋，有朝一日或许会让他领兵出塞，大明的历史兴许也会就此改写。

笔者研读《明史》时常常遗憾安平侯李远之死，这位将军有良好的出身，开局就是蔚州卫指挥佥事，本来可以安稳度日，但他依然选择了最艰难的道路。他孤军深入沛县，焚毁朝廷百万石粮食，其胆量远超常人；他用六千骑兵诱敌击败三万官军，以八百轻骑迫使万人逃窜，其谋略不输名将；他在胪朐河之战中，拼死一搏，被俘不屈，足见他的胆识与忠诚。

这样一位有勇有谋又忠诚的将军难道不应该封公爵、拜元帅吗？可惜他最终没能留下更多的事迹。明成祖感念李远功勋，追封其为莒国公，谥"忠壮"，命其子李安承袭伯爵之位，算是对他一生最后的肯定。

建文最强先锋：平安

长期以来有这样一种观点，认为明太祖屠戮功臣导致了建文帝无将可用，所以朱棣才能在靖难之役里击败朝廷上百万大军。这种观点是典型的结果论，从事件结果反推事件原因有时确实能得到正确的结论，但并非一直有效。不可否认，明太祖屠戮功臣确实从一定程度上影响了靖难之役的结局，但这种影响并不是决定性的，说建文帝无将可用未免过于片面。事实上，建文帝阵营里依然有很多能征惯战之将，有这样一员大将，他曾多次担任先锋，也曾几次把朱棣逼到绝境，只差毫厘就能取朱棣性命，他就是平安。

平安，小字保儿，滁州人。他的父亲名叫平定，很早就追随朱元璋起兵，由于他的家乡在滁州，而朱元璋又曾以滁州为事业的起点，平定可能就是在这一时期投奔朱元璋的将领之一。关于平定的戎马生涯，现有史料已经无法完整还原，但据《明史·平安传》所述，平定因功官拜济宁卫指挥佥事①，秩正四品，可见平定是一员战功赫赫的武将，不过他在追随常遇春进攻大都时阵亡了，具体经过已经不得而知。

但有一点值得注意，朱元璋曾收平安为养子，这可能与平定战死疆场有关，也从侧面反映出平氏一家与朱元璋的关系很亲。能作为太祖皇帝的养子，平安的人生注定会不平凡，当时名震天下的李文忠、朱文正、沐英、何文辉等都曾被太祖皇帝收为养子，然而终洪武一朝，平安始终未能从群臣中脱颖而出。

是因为平安过于平庸吗？当然不是。《明史·平安传》很直白地评价平安"骁勇善战，力举数百斤"，这么看来，平安应该继承了父亲平定的勇武，作战勇猛且力大无穷，这不正是名将的好苗子吗？

稍稍长成后，平安继承了父亲生前的职位，任济宁卫指挥佥事，开局就是正四品武官，这比很多同龄人都有优势，再加上有太祖皇帝的恩宠，平安很快就改迁为密云指挥使，不久又升任右军都督佥事。平安的官位上升了，却没有能写进史书的功绩，所以这些升迁大概率与战功无关。

历史注定不会让平安就此默默无闻下去。建文元年，靖难之役正式爆发，朱棣以八百府兵夺取北平城，相继控制通州、蓟州、密云、永平等地，部署在开平的三万兵马原本是用来镇压朱棣的，没想到怀来

---

① 原文："父定，从太祖起兵，官济宁卫指挥佥事。"

一战，都督宋忠一败涂地，朝廷不得不组织五十万大军浩荡北伐，统帅就是长兴侯耿炳文，而平安作为太祖皇帝的养子，自然也深受建文帝信任，因此平安得以用列将的身份参与征战。

然而，朝廷从真定之战到北平攻防战都无法击败朱棣，反而损失兵马多达数十万，平安在这段时间既无出彩的战绩，也没有丢人的表现，但这并不意味着平安能力平庸，恰恰相反，平安在主帅丧师辱国的大前提下依然保证自己处于不败之地，不正说明平安能力不凡吗？

转折出现在白沟河之战。当时曹国公李景隆虽然在郑村坝损失了五十万大军，但齐泰、黄子澄等人依然力荐李景隆担任主帅，建文帝便再次征召了近六十万大军，由李景隆、吴杰、郭英等人率兵进逼朱棣，双方在白沟河会战，平安受命担任先锋大将。

这注定是不平凡的一战。朱棣自起兵以来连战连胜，如今燕军上下士气正盛，他们沿着河流寻找适合大部队渡河的地点，很快就开始渡河。可是朱棣万万没想到，本来安静的河岸突然杀声四起，一支多达上万人的精骑突然出现，领兵的正是平安。

这让燕军很意外，因为论伏击，骑兵的难度要大于步兵，毕竟战马要像士兵一样时刻保持安静非常难，还要避免马蹄踏起烟尘，这就更加难了。然而平安指挥的一万精骑却成功隐藏了自己，直到燕军半渡时，他们才举旗杀出，着实让人十分吃惊。

朱棣当时为了安抚士兵的不安情绪，故意佯装镇定地说："平安竖子，往从我出师塞北，频见吾用兵，故敢为前锋，用兵机变，神妙难测，吾今日破之，要使其心胆俱丧，不知所生。"[1]

---

① 出自《奉天靖难记·卷二》。

可是结果呢？《奉天靖难记·卷二》对此战的描述倾向于燕军大胜，但是《明史·平安传》却概括道："及战，不能挫安。"也就是说，朱棣可能美化了燕军的战斗，真实情况是平安高举长矛，跃马而战，都督瞿能父子也挺枪而进，平安军所向披靡，杀伤燕军甚众，燕军遂狼狈退回河流对岸。之后，平安率领麾下骑兵发起渡河追击，直接冲杀至白沟河北岸的燕军阵地，身后的南军主力大受鼓舞，纷纷渡河来战，决战就此爆发。

战斗打得非常激烈，朱棣充分发挥了燕军的机动优势，一边派悍将严守阵地，一边率领骑兵迂回夹击南军，虽斩首数千级，却依然不能结束战斗，大战持续到深夜，两军才各自回营。这一战，燕军大概处于下风，因为朱棣在战后率领三个骑兵亲自殿后，还一度迷失了方向，而平安的骑兵总共也就损失了数百骑而已，这就很能说明问题。

次日，白沟河的决战爆发。平安以瞿能为前部大将直捣房宽阵，自己率领骑兵紧随其后，旋即大破房宽所部，斩首数百级，连燕军上将张玉看到这一幕都有了惧色。房宽在会州整军时被朱棣委任为五军统帅之一，是燕军中与张玉、朱能地位相同的大将，他的溃败几乎是一边倒的，可见平安的勇猛。

平安的战绩还不止于此。当日，平安屡屡冲阵，局势危急到朱棣不得不亲冒矢石，而他的坐骑在激战中被连续射杀了三匹之多，弓矢也全部用尽，连他的剑都折断了，平安、瞿能等人硬是把朱棣一人逼到了河流堤坝处，眼看就要擒获他了，若不是李景隆怀疑有伏兵，叫回了平安，朱棣就要在此阵亡了。

突然，战场上狂风大作，直击南军正面，燕军及时采用火攻，这才转危为安，迫使李景隆、郭英等人败退，否则燕军很可能力战不敌，最终落败。即便没能擒获朱棣，平安的战绩还是相当惊人。

《明史纪事本末·卷十六》记载："平安善用枪刀，所向无敌，北将陈亨、徐忠皆被创。已而安斩亨于阵，忠两指被砍，未断，自断而掷之，裂衣裹创而战。"

《明史·平安传》也记载道："当是时，诸将中安战最力，王几为安槊所及。"

这是平安第一次差点儿逼死朱棣。

时间转眼来到济南之围，燕王自击败李景隆六十万大军后，包围济南长达三个月时间，如果济南失守，燕军退可割据山东以北，进可直逼淮南。这时的史料多侧重于描写铁铉、盛庸的守城作战，但是我们不应该忽略平安对济南之战的贡献，正是由于平安主动率部进抵单家桥，多次夺取燕军运输粮食的船只，一再打击燕军补给线，然后又精选五千水兵渡河攻打德州，燕军担心后路被平安截断，这才不得不仓惶退兵，放弃了夺取济南的战略目标。

到第二年的夹河之战时，南军虽然败于燕军，但平安及麾下骑兵却独能破敌，还擒获了燕军大将薛禄。藁城之战时，平安所部再次重挫燕军，《明史·平安传》载："发强弩射燕军，死者甚众。"若不是狂风再次出现，平安未必会败给燕军。故而《明史·平安传》直接评价说："燕王与南军数大战，每亲身陷阵，所向皆靡，惟安与庸二军屡挫之。"

建文四年，朱棣采纳姚广孝直奔京师的大战略，不再执着于山东的坚城要塞，开启了传奇的千里奔袭战。平安本来镇守真定一线，但燕军直接穿越山东南下，他也只好放弃大本营发动追击。

当时，南军追得最急的就是平安麾下的四万兵马。到淝河时，朱棣实在是疲惫不堪，知道若是再一味蒙头南下，早晚会被平安咬住，不如设伏歼灭平安的四万兵马，结果在这场朱棣精心准备的伏击战中，平安不仅杀退了燕军，而且还斩杀了燕军悍将王真。平安部将火耳灰甚至差点儿刺中朱棣，全因战马突然失误才没能成功。这是平安第二次险些逼死朱棣，也是南军中第一个挫败朱棣伏击的战例。

接下来的睢水之战，燕军数战不利，不得不造浮桥渡河，留下大将陈文镇守桥边，以阻止南军追击。平安见状，率领麾下骑兵列阵夺桥，当即阵斩陈文，随后顺势追杀燕军至北坂。平安冲锋在前，杀入万军之中，直至朱棣近前，旋即横槊刺之，只差几厘米就能刺中朱棣，却因为战马体力耗尽摔倒，平安的长槊才从朱棣的铠甲前滑落。这时燕军番将王琪跃马入阵，几乎是抱着朱棣杀出重围，这才让他脱离险境，这就是平安第三次差点儿逼死朱棣。站在朱棣的角度看，平安简直是太可怕了，不仅多次威胁到自己的性命，而且连斩王真、陈文，重挫房宽、陈亨、徐忠，燕军中除了朱能几乎无人能敌。

奈何平安虽勇，南军整体实力却很低下，就算是平羌将军何福亲自指挥作战，也不能改变灵璧之战的结局。当时平安率领六万步骑增援何福，结果反与何福等人一起被困在灵璧，哪知燕军的进攻信号竟然与何福的突围信号完全一样，数万南军盲目拥向寨门，最后被全数擒获。平安，这位叱咤风云的南军先锋就算再英勇，也无法在混乱的人群中再现之前的战绩，他就这样结束了自己的戎马征程，成了燕军的俘虏。

《明史·平安传》记载，燕军上下听说平安被俘后都非常兴奋，他们痛恨平安之前多次把燕军逼入险境，纷纷要求朱棣就地斩杀平安，但朱棣考虑到平安是太祖皇帝的养子，又很有军事天赋，不愿意就此杀戮名将，遂力排众议赦免了平安，还挑选了不少精锐将士护送平安返回北平休养，生怕其他将领趁机刺杀平安。[①]

---

① 原文："至是被擒，军中欢呼动地，曰：'吾属自此获安矣！'争请杀安。燕王惜其材勇，选锐卒卫送北平，命世子及郭资等善视之。"

朱棣正式称帝后，立即任命平安为北平都指挥使，须知北平都司是朱棣重点打造的北伐基地，他当时已经在为征讨漠北做准备了，而都指挥使是都司的最高司令员，平安的任命说明朱棣还是很重视平安的。不久后，朱棣又升平安为后府都督佥事。但是之后不知道出于何种原因，平安突然就从众人的视线里消失了，朱棣似乎也忘记了他。

直到永乐七年三月，朱棣亲征漠北在即，平安的名字才再次出现，但是他这一次不是作为即将上阵杀敌的大将，而是因为名字在奏折里被朱棣意外看到，朱棣才想起平安还在北平任职，于是随口说道："平保儿尚在耶？"[①]平安听后当即自杀而死。

关于平安的死，史书中一定抹去了很多细节，平安明明已经被朱棣赦免还被任命为都督佥事，断不该因为一句话就把他吓得自裁谢罪。

无论如何，平安在靖难之役里的精彩表现还是留在了史书之中，我们这才得以看到这样一员大将：他曾是太祖皇帝的养子，多次担任南军先锋；他曾三次把朱棣逼到绝境，只差毫厘就能取朱棣性命，他就是建文帝麾下堪称名将的第一先锋。

平燕将军：历城侯盛庸

战场搏杀首推猛将勇士，平安绝对是建文帝手里最能打的先锋大将，他的勇猛奋战多次把还是燕王的朱棣逼入绝境，但是打仗并不是光靠勇猛就能胜利的，猛将如同一把尖刀利刃，用得好才是致命的武器，

[①]《明史·平安传》："将至，览章奏见安名，谓左右曰：'平保儿尚在耶？'安闻之，遂自杀。"

用不好便只是一块废铁，而能否用好他们，很大程度上取决于战场总指挥的调度。战争既是面对面的搏杀，更是战略战术的较量，故而孙武认为兵行诡道，可见"用刀人"比"刀"本身更重要。那么建文帝阵营里有没有合格的"用刀人"呢？

盛庸，一个连出身都没能载入史书的将军，《明史》不仅弄不清他的出身，而且连他早年的经历也是一无所知，一句"不知何许人"[①]就带过了，看来要么是永乐朝廷故意抹杀了他的过去，要么就是他的出身实在不高，没有什么值得记录的。不过，盛庸有大志向，也有能力，凭借功劳在太祖皇帝一朝官至都指挥。如果他确实出身不高的话，能成为高级武官中的一员间接证明了他的能力。

盛庸与平安有很多相似之处，比如早期都没有大的名声，但他的开局肯定远不如平安，平安好歹还是明太祖的养子，靖难开始前就已经是都督佥事，盛庸却只能以参将身份随耿炳文、李景隆作战，而且平安早年曾随明军出塞作战，有实战经验，但盛庸有没有实战经历就不得而知了。

人们常说"时势造英雄"，机遇对于英雄来说是必要条件，没有机遇，再优秀的人才也只能安于平庸，毕竟金子要发光的前提是首先得把它从土里挖出来。盛庸很快就迎来了他的闪光时刻——济南之战。

建文二年四月，拥有六十万兵马的李景隆在白沟河之战再次败给燕军，平庸不堪的李景隆狼狈逃向济南，须知他当时还有十余万人，完全可以再与燕军一较高下，但结果真是很意外。朱棣本着痛打落水狗的原则，既不庆祝，也不休息，先克德州，再逼济南，硬是把来不及

---

① 出自《明史·盛庸传》。

布阵的李景隆又狠狠羞辱了一次，十余万惊魂未定的南军最终在济南城下全数溃散。李景隆这下也不抵抗了，直接向南逃跑，把济南丢给了朱棣。

主帅逃走了，下属该怎么办呢？相信大多数人会选择跟着主帅走，这似乎是最稳妥的方案，但盛庸、铁铉两人没有走，他们紧闭城门、固守城池，拒绝向燕军投降，竟然坚持了整整三个月时间。在这三个月时间里，燕军又是炮攻，又是水淹，朝廷没有任何援兵，盛庸、铁铉面临粮草不足、士气萎靡、长期苦战、外援断绝等一系列问题，但盛庸没有放弃，而是苦苦坚持着。

为了打破僵局，盛庸与铁铉决定向朱棣诈降，当时的济南刚刚遭受水淹，城内惨不忍睹。朱棣听说济南要投降，立马就相信了。在他看来，建文朝廷短时间内不会派出援兵，而济南又被燕军用水灌城，城破几乎已是板上钉钉的事情，投降是很明智的选择，但是朱棣想错了。

得知朱棣上当后，铁铉、盛庸让壮士埋伏在城墙上，待朱棣进入，便抛下铁板袭击他，还在城外断桥设伏，一旦朱棣过桥就立即摧毁桥梁，截断他的归路。可惜，朱棣命不该绝。当朱棣即将入城时，铁板提前掉落，当即砸中了他胯下坐骑的头部，却没有伤到朱棣，而负责拉起吊桥的伏兵也没能及时毁掉吊桥，朱棣得以改乘亲卫的坐骑逃离了城门。历史差一点儿就要改写了。

"一鼓作气，再而衰，三而竭。"①

士气尚且会因为时间而衰减，燕军又如何能长期坚持在济南城下。盛庸在济南的坚守成功拖住了燕军，让他们错失了快速平定山东的机

---

① 出自（先秦）左丘明《曹刿论战》。

会，使得朝廷得到了重整兵马的时间，数十万南军再次出现。此时的平安正好率领二十万将士攻打燕军后方的补给线，燕军上下担心后方被截断，只好撤离济南。盛庸抓住了这难得的战机，带着疲惫不堪的济南守军出城追击，多有斩获，成功收复被李景隆丢失的德州，夺回了朝廷的粮草辎重，燕军此前的战果几乎丢失殆尽。

当年九月，建文帝论功行赏，封盛庸为历城侯，食禄一千石。在综合考量了各路将领后，建文帝破格提拔盛庸为平燕将军，充任总兵官，负责指挥征讨燕藩的具体军事行动，而平安、陈晖都被任命为副总兵，协助盛庸作战。这样一来，盛庸就取代了李景隆，成为南军的最高指挥官，可见盛庸指挥的济南保卫战对战局发展影响重大。

那么盛庸能不能指挥好复杂的对燕作战呢？

先看大战略。燕军逃回北平后，盛庸立即在德州重建了平燕指挥部，派平安、吴杰驻兵定州，徐凯屯兵沧州。三支人马呈掎角之势，定州、沧州在德州以北，如同德州的两个拳头，刚好对着北平，形成了防御燕军的第一道防线，朱棣无论先攻打哪一处都有可能面临其他两支兵马的围剿，形势很是不利。如果燕军突破了定州、沧州防线，德州还能作为第二道防线继续抵挡燕军。这么部署比较合理，看来盛庸是擅于防守。

再来看战术。"知彼知己，百战不殆"[1]，优秀的指挥官从不打无准备的仗，更善于发现、利用敌军特点，盛庸是知道这个道理的，他没有盲目排兵布阵，而是结合之前与燕军的较量，认真研究了燕军的战法，分析了燕军的优势和劣势，这让他想到了对付燕军的具体办法——防守反击。

---

① 出自《孙子兵法·谋攻篇》。

防守反击，即以守为主，以攻为辅，意在用坚固的阵地战拖住来犯之敌，待敌军出现破绽后再进攻。之所以要这么安排，是因为盛庸看透了两军兵种间的差距，以骑兵为主的燕军擅长野战和进攻，而南军多为步兵，机动性不如骑兵，"追"无法捕捉燕骑，"退"又无法逃过追杀，最稳妥的办法是就地列阵，用坚固的盾牌和锋利的长矛作为最外层的防线，用火器密集的射击远程射杀燕军骑兵，待燕骑的冲杀被拖住后，再适时反击，打对方一个措手不及。

建文二年冬，燕军采用声东击西之计，假装征讨辽东，实际却趁沧州守军疏忽大意时突然转身南下，大破徐凯所部，攻陷了沧州，突破了盛庸的第一道防线，直逼济宁。为了阻止燕军肆虐山东，盛庸遂率领主力在东昌布阵，阻截燕军，东昌之战就此爆发，他的高光时刻也随之而来。

东昌之战的具体经过已无赘述的必要，朱棣在这一战里首次发现他的骑兵不管用了，先是冲击盛庸左翼被坚固的盾牌阵击退，接着又猛攻盛庸中军，却没想到盛庸故意打开缺口，诱使朱棣误入伏击圈，被埋于地下的火器打了个措手不及，由此陷入南军官兵的重重包围之中，朱棣本人也险些被俘。首席上将张玉在救援朱棣时于乱军之中阵亡，大将朱能起初也无法突破盛庸大阵，只好采用声东击西之计，诱使盛庸削弱了阵形的一侧，朱棣这才在燕军的协助下突出重围。

燕军兵败东昌后急于撤回北平重整，盛庸积极部署平安、吴杰等将对燕军的围追堵截，虽然最终让燕军撤回到了北平，却重创了燕军主力，杀死了不少燕云铁骑。建文帝得知东昌大捷后，开心地跑到宗庙祭祀告捷。毫无疑问，盛庸在东昌的正确部署让南军第一次大胜燕军，也让建文帝重拾了信心。

在接下来的夹河之战，盛庸依然采用了防守反击之策，以步兵列阵防守，火器辅之射击，待燕军疲惫时再发动反击。这非常像一只乌龟，它会在外敌进攻时缩在龟壳里保护自己，不时地突然伸出头咬上一口，让人防不胜防。燕军几乎没有破敌之策，燕将谭渊便于此战阵亡。

然而，盛庸的战术虽好，但并不是无坚不摧的。燕军骑兵的战斗力很强，朱棣本人又是越战越勇之人，他们总是会想方设法重新进攻，即便在南军的反复打击之下也没有崩溃，而且始终具有攻击力。恰逢当日狂风大起，飞沙走石直击南军正面，使得大多数南军士兵无法睁眼进攻。朱棣抓住了这千载难逢的战机，指挥燕军顺风掩杀，这才突破了盛庸的"乌龟阵"，打垮了南军，斩杀了大军庄得等人。

盛庸在东昌、夹河之战的战术无疑是正确的，步兵只有处于严密的阵形中才有能力对抗燕军骑兵，狂风的出现是盛庸等人完全无法预料的，也是不好应付的变数，可以说燕军胜得侥幸，胜得意外，胜得不可复制，若双方以相同的战术再决战一次，燕军未必能战胜盛庸。因此，朱棣开始思索破敌之策，而他所采用的办法是用战略胜利抵消战术失利，即避开大规模决战，转而打击南军补给线，焚毁南军粮饷，从而打击南军士气，削弱南军战斗力，并迫使南军转守为攻，离开他们坚固的阵地。

朱棣的策略是有效的，李远等将领在这一时期烧毁南军粮饷数百万石，频频打击南军补给线，可谓战绩辉煌，直接打中了蛇之七寸，这让南军无法就地防守反击，只能一路追着燕军跑，如同被牵着鼻子的耕牛，任人摆布却毫无办法。

灵璧一战，南军败就败在了粮食补给受制于人，明明不擅长运动作战却不得不运动作战，结果何福、平安均被困灵璧，南军始终无法突破包围，最终被燕军攻破了营寨，也让朝廷主力大军覆灭殆尽。

盛庸虽未参与灵璧之战，但他还是及时南下淮河一线组织抵抗，先后在盱眙、浦子口、高资港等地率领水师作战。可惜盛庸善于打阵地战、反击战，却不适合指挥水军作战，这三场战斗都是水上防御战，只因盛庸不习惯水战才连败三场，损失战船无数，再碰上陈瑄率领南军舰队集体投降燕军的突发事件，盛庸已然是回天乏术了，最终在燕军攻破京师后投降，不久即被都御史陈瑛等人反复弹劾，落得夺爵自杀的结局。

总体来看，盛庸确实是有将才的南军指挥官，他能结合燕军的特点选择正确的应对之策，给燕军造成了相当大的损失。不过，盛庸是防御型将领，矛和盾相搏还得看谁更加灵活多变，朱棣的军事天赋要高于盛庸，他能把不利变成有利，能用战略胜利替代战术失利，"攻击补给线""千里奔袭战""围点打援"都是从战略上破解了盛庸坚如铁石的"乌龟阵"，强迫南军放弃坚固阵地，从而让他们的步兵暴露在燕军骑兵面前，这才有了灵璧之战的失败。

盛庸虽然败了，也投降了朱棣，但我们不应该过多苛责他，他已经在自己能力范围内尽了最大的努力，从济南到东昌，从夹河到长江，盛庸打到无路可退，打到无兵可用，他是最后一个集结军队阻止燕军逼近京师的南军将领，若没有陈瑄的投降，长江可能在盛庸的部署下成为燕军的"天堑"，胜负如何犹未可知。

其实，建文帝阵营里除了盛庸、平安外，都督瞿能、武定侯郭英、平羌将军何福等人都是能征惯战之将，只不过他们都不能与永乐皇帝朱棣相比，最终只能如同一粒沙子般湮没在时代的洪流里，成为那个时代的配角。

参考文献

[1]谷应泰. 明史纪事本末[M]. 北京：中华书局，1977.

[2]夏燮. 明通鉴[M]. 北京：中华书局，2013.

[3]佚名. 奉天靖难记[M/OL]. 浙江：浙江出版集团数字传媒有限公司，2013［2020-11-01］https://e.m.jd.com/h5/m/p_book_detail/30687588.

[4]尹明衡. 皇明史窃[M/OL]. 北京：中国国家图书馆，明崇祯［1628—1644］http://read.nlc.cn/allSearch/searchDetail?searchType=25&showType=1&indexName=892&fid=411999030926.

[5]赵士喆. 建文年谱[M]. 北京：商务印书馆，1935.

[6]张廷玉. 明史[M]. 北京：中华书局，1974.

[7]宋濂，王袆. 元史[M]. 北京：中华书局，1976.

[8]李国祥，杨昶，主编. 明实录类纂：涉外史料卷[M]. 武汉：武汉出版社，1991.

[9]李国祥，杨昶. 明实录类纂：军事史料卷[M]. 武汉：武汉出版社，1993.

[10]柯劭忞. 新元史[M]. 上海：上海古籍出版社，2017.

[11]吴晗. 明朝简史[M]. 北京：中国华侨出版社，2019.

[12]吴晗. 大明兴衰三百年[M]. 北京：中国华侨出版社，2021.

[13]李湖光. 明帝国的新技术战争[M]. 北京：台海出版社，2017.

[14]梁方仲. 中国历代户口、田地、田赋统计[M]. 北京：中华书局，2008.

[15]孛儿只斤·苏和，孛儿只斤·苏日娜，包·巴雅尔，牧人. 蒙古历史一百名人[M]. 呼和浩特：内蒙古人民出版社，2016.

[16]袁褧. 奉天刑赏录[M/OL]. 济南：齐鲁出版社，1996［2020-05-31］. https://www.doc88.com/p-62929022392051.html.

[17]都穆. 壬午功臣爵赏录[M]. 哈尔滨：北方文艺出版社，2021.

[18]阎崇年. 正说清朝十二帝[M]. 北京：中华书局，2004.

[19]（日）檀上宽，王晓峰，译. 永乐帝：华夷秩序的完成[M]. 北京：社会科学文献出版社，2015.

[20]朱诚如，王天有，主编. 明清论丛（第六辑）[M]. 北京：紫禁城出版社，2005.

[21]（瑞典）奥斯伍尔德·喜仁龙，许永全，译. 北京的城墙和城门[M]. 北京：燕山出版社，1985.